Légende générale des cartes de l'atlas

Les couleurs indiquent le type de vin (rouge, blanc ou rosé) dans les appellations (A.O.C. ou V.D.Q.S.).
La valeur des couleurs traduit la hiérarchie des appellations (communale, sous-régionale, régionale).

Bourgogne	Autres régions	Rouge	Blanc	Rouge + Blanc	Blanc + Rouge	Rouge = Blanc	Rosé	Rosé + Rouge	Rouge + Rosé	Rouge + Rosé et Blanc	Blanc + Rouge et Rosé	Rosé + Rouge et Blanc
App. communale grand cru	App. communale											
App. communale 1er cru	*											
App. communale	App. sous-régionale											
App. régionale	App. régionale											

VINS

✱ Cette couleur représente également les appellations régionales Alsace, Champagne, Jurançon, pour une meilleure lisibilité de l'aire délimitée.

L'échelle des crus de Champagne figure dans la légende de la carte page 129.

CH. HAUT-BRION ■ Premier cru classé

CH. OLIVIER ■ Autre cru classé

CH. FORTIA □ Cru non classé

Bourgueil Appellation communale
En Bourgogne : A.O.C. communale, 1er cru ou grand cru

Clos du Roi Climat (Bourgogne)

Rivesaltes Appellation sous-régionale ou régionale

Bourgueil Appellation limitrophe

Chalonnais Région viticole

▬▬▬ Limite d'appellation

──── Limite de climat (Bourgogne)

──── Route des Vins

Vigne

Appellation limitrophe

V.D.Q.S. (vin délimité de qualité supérieure)

V.D.N. (vin doux naturel)

◗ Cave coopérative

◠ Caveau de dégustation

▽ Cuvage des Compagnons du Beaujolais

⌂ Chapelle

○ Village en pierre dorée

} Ne concerne que le Beaujolais

REIMS Capitale régionale

Vienne Autre ville ou commune

Chevrette Lieu-dit

DRÔME Département

‒ ‒ ‒ ‒ Limite de commune ou de département

2 | 1 Zone boisée   2 Prairie

LORRAINE
• Metz
Toul • Nancy
Strasbourg •
Colmar •
ALSACE
JURA
• Arbois
• GÊNÈVE
SAVOIE
Chambéry •
PROVENCE
Nice •
• Aix-en-Provence
• Saint-Tropez
• Toulon

Moselle
Moselle
Rhin
Saône
Doubs
Ain
Rhône
Isère
Durance
Drôme
Var

CORSE
• Bastia
Ajaccio •
Tarevo
Bonifacio •

© Institut Géographique National - Paris 1989

D1420685

ATLAS
HACHETTE
des VINS de
FRANCE

ATLAS
HACHETTE
des VINS de
FRANCE

Sous la direction
du professeur
Pascal Ribéreau-Gayon

Avec la collaboration
de l'Institut National
des Appellations d'Origine

Ouvrage réalisé sous la direction du professeur Pascal Ribéreau-Gayon, directeur de l'institut d'œnologie de l'université de Bordeaux II.

Avec la collaboration de l'Institut national des appellations d'origine sous la présidence de Jean Pinchon et la participation du directeur Alain Berger, de l'inspecteur général, des chefs de division, des chefs de région, des ingénieurs conseillers techniques et des adjoints techniques.

Ont également collaboré à cet ouvrage :

Jean-Luc Barbier, secrétaire général du comité interprofessionnel du vin de Champagne

Jean-François Bazin

Pierre Bedot, ancien président de l'Union française des œnologues, vice-président de l'Union internationale des œnologues

Jean Bisson, docteur en œnologie, ancien directeur de la station viticole expérimentale de Cosne-Cours-sur-Loire, Institut national de la recherche agronomique

Jean-Michel Boursiquot, maître de conférence à l'école nationale supérieure agronomique de Montpellier

Pierre Casamayor, maître de conférence à l'université Paul-Sabatier de Toulouse

Jean-Pierre Doazan, directeur de recherche à l'Institut national de la recherche agronomique

Jean-Pierre Jeancolas, vice-président de l'association française de recherche sur l'histoire du cinéma

Antoine Lebègue

Christine Montalbetti, docteur ès lettres

Alain Razungles, maître de conférence à l'école nationale supérieure agronomique de Montpellier

Hervé Renoult, agrégé de géographie

Philippe Roudié, professeur de géographie à l'université de Bordeaux II

Gérard Seguin, professeur de sciences agronomiques à l'institut d'œnologie de l'université de Bordeaux II

Pierre Torrès, directeur de la station vitivinicole du Roussillon

Direction
Adélaïde Barbey

Edition
François Monmarché
Catherine Montalbetti

Secrétariat d'édition
Evelyne Grumberg
Hélène Nguyen

Direction artistique
Bernard Père
Irène de Moucheron (assistante)
Nancy François (coloriste)
Gilles Tosello (dessins)

Iconographie
Explorer (Antoinette Charniot)

Production
Gérard Piassale
Françoise Jolivot

S O M M A I R E

LES CARTES

P R É F A C E

*L*es vins de France demeurent la référence universelle, quelles que soient les réussites remarquées ici ou là. Ils s'imposent par leur qualité, mais aussi par leur incomparable diversité qui l'une et l'autre sont la marque et la grandeur du vignoble français. Elles sont le reflet d'un environnement varié, favorable à la production de vins de styles différents : vins rouges et vins blancs, vins secs et vins liquoreux, vins tranquilles et vins effervescents ont trouvé depuis longtemps leurs terroirs de prédilection. On ne s'étonne donc pas de rencontrer un grand nombre d'appellations, adaptées aux conditions propres de chaque région. Les vignobles de Bordeaux, de Bourgogne et de Champagne, sans aucun doute les plus prestigieux de tout le monde viticole, présentent chacun une grande originalité. Cette notion d'appellation d'origine contrôlée, que le monde entier nous envie, est l'expression d'une notoriété acquise depuis longtemps.

Les conditions naturelles ont dû être valorisées par un effort constant, perpétué pendant des siècles. Il a fallu acquérir la notion de qualité, sélectionner les terroirs et les cépages, mettre au point les pratiques culturales, ainsi que les méthodes de vinification et de conservation. Et cette démarche doit se poursuivre en permanence car elle s'appuie sur des connaissances scientifiques variées dont l'affinement continu permet d'aller toujours plus loin dans la maîtrise des phénomènes naturels. La part de l'homme reste donc essentielle. Chaque génération des hommes du vin a comporté de fortes personnalités qui ont su maintenir le prestige, en adaptant la production et la commercialisation à des conditions socio-économiques en continuel renouvellement.

Tous ces aspects de la production vinicole font l'objet de plusieurs chapitres fort documentés dans ce livre ; on y trouve décrits successivement les facteurs naturels, c'est-à-dire les écosystèmes qui font les grands terroirs, la culture de la vigne, la science et l'art de la vinification ; enfin, un essai prospectif tente de prévoir les évolutions possibles dans un avenir rapproché.

Mais le vin a toujours représenté pour l'homme plus qu'un aliment ordinaire : sa dégustation présente un caractère esthétique ; elle n'est pas une simple consommation. Depuis la plus lointaine Antiquité, le vin a été associé à toutes les grandes civilisations occidentales ; la religion et la tradition populaire, comme la peinture ou la sculpture, lui réservent une place privilégiée. Il était donc normal que ce bel ouvrage comprenne plusieurs pages consacrées à l'origine et à l'histoire des vignobles français, également à la place du vin dans les arts.

Certainement, la seconde partie constitue la principale originalité de l'atlas Hachette des Vins de France. Elle nous propose un parcours à travers les différentes appellations. Le souci majeur est de faire ressortir l'existence d'une adéquation entre le sol, le climat et le cépage, mise en valeur par le savoir-faire des vignerons et justifiant la définition d'une aire d'appellation.

Pour comprendre les rapports entre l'environnement et le produit, il faut avoir parcouru les vallées et les coteaux, avoir admiré ces vignes parfaitement ordonnées, dont certaines sont accrochées aux pentes les mieux exposées ; il faut aussi être sensible à de tels paysages, austères dans les brumes de l'hiver, luxuriants sous le soleil de l'été. Par conséquent, personne ne peut affirmer connaître dans le détail la réalité de tous les vins de France. Aussi, pour atteindre les objectifs ambitieux fixés à cet ouvrage, il fallait rassembler des compétences variées. La mise au point d'une cartographie originale et précise a été confiée à l'Institut national des appellations d'origine, auquel incombe la responsabilité de la délimitation des aires des appellations ; la réalisation proprement dite a été effectuée par l'Institut géographique national, dont la compétence est unanimement reconnue.

Les textes, enrichis de belles illustrations, ont été rédigés par des spécialistes issus des organismes qui apportent à la viticulture le concours nécessaire à la pérennité des grands vins de France : l'Institut national de la recherche agronomique et les universités, acteurs privilégiés du perfectionnement des connaissances par la recherche et de leur diffusion par la formation ; l'Institut national des appellations d'origine, émanation d'une volonté commune de garantir la qualité et l'authenticité.

Ces collaborations prestigieuses permettent de présenter un véritable ouvrage de référence, dans lequel les nombreux amateurs des grands vins français trouveront des données sûres et contrôlées permettant de saisir les relations entre le terroir, le travail des hommes et le produit.

En lisant les pages de cet atlas, écrites chacune par des personnalités confirmées, j'ai personnellement enrichi ma connaissance de ce sujet passionnant et jamais épuisé. Je ne doute pas que le lecteur partagera le même plaisir et le même profit.

Pascal Ribéreau-Gayon

L' I.N.A.O. LE CODE DU

Le vin et l'eau-de-vie évoquent d'emblée l'idée de qualité liée à un terroir déterminé : Bordeaux, Bourgogne, Champagne, Cognac en sont des exemples frappants. Mais cette évocation repose sur un concept dont beaucoup ignorent qu'il est lié à des règles précises. En effet, en accord avec les viticulteurs et le négoce, le législateur codifie depuis le début du siècle une expérience ancestrale qui, à travers les âges, a reconnu les meilleurs sols, les encépagements les plus adaptés, les modes de culture et de vinification traditionnels apportant sur le marché un produit unique, alliant le terroir et le talent de l'homme.

La genèse de la notion d'appellation d'origine contrôlée, sur laquelle repose l'organisation actuelle de ce secteur, a été particulièrement lente, faite de tâtonnements, de persévérance et de foi dans un produit. La réussite n'est pas venue immédiatement : avant que leurs enfants et petits-enfants n'en bénéficient, les pionniers ont eu à subir des crises parfois très rudes, à partir desquelles s'est forgée une mentalité particulière, véritable déontologie de la profession. Il règne au sein des appellations d'origine françaises un état d'esprit qui guide et organise toutes les décisions concernant le secteur et toutes les démarches propres à le développer et à l'entretenir.

Confrontés dans les années 30 à une grave crise de surproduction, les professionnels de la viticulture de qualité, sous l'égide du sénateur Capus, ministre de l'Agriculture, ont demandé au législateur la création d'un organisme chargé de préserver ce patrimoine national que sont les vins et eaux-de-vie d'appellation d'origine contrôlée.

Le Parlement de la vigne et du vin

Ainsi naquit l'Institut national des appellations d'origine des vins et eaux-de-vie, qui depuis plus de 50 ans forge au travers de ses décisions et de son action le concept d'appellation d'origine contrôlée, à la fois fruit d'une tradition ancestrale et d'un souci constant de suivre l'évolution des techniques et l'environnement économique. Ainsi s'est mis en place, pierre après pierre, un système juridique singulier, à l'instar du produit original que sont les vins et eaux-de-vie d'appellation d'origine contrôlée.

L'instance suprême, le Comité national, s'apparente à un véritable Parlement de la vigne et du vin. Placé sous l'autorité d'un président choisi par décision ministérielle parmi les personnalités de la profession, il est composé de représentants du monde viticole, producteurs (30), négociants (20), personnalités qualifiées (16), et de représentants des administrations (11).

Le baron Leroy, qui fut le second président de l'I.N.A.O. après le sénateur Capus, a su traduire l'image de cet organisme interprofessionnel original en une courte phrase : « Production, Pouvoirs Publics, Commerce, une trinité unie en une seule personne : l'I.N.A.O. »

La force de ce « parlement » repose sur des structures régionales et locales : d'une part, les syndicats de défense, où se regroupent les viticulteurs des appellations intéressées, obligatoirement consultés avant toute mesure touchant aux conditions de production de leur appellation, et d'autre part, les comités régionaux de l'I.N.A.O., au nombre de douze,

structures consultatives créées en 1967 pour éviter les inconvénients d'une centralisation excessive : Alsace et Est, Champagne, Sud-Ouest, eaux-de-vie de cidre, vins doux naturels, Armagnac, Val de Loire, Cognac, Bourgogne, Languedoc-Roussillon, vallée du Rhône, Provence-Corse.

Le mécanisme repose donc sur la volonté et la discipline des professionnels qui gèrent, du terroir à la première mise en circulation du produit, l'édifice des appellations d'origine contrôlées construit par eux-mêmes. Ce système autogestionnaire permet aux professionnels de reconnaître les appellations d'origine contrôlées et d'en fixer les règles de production en serrant au plus près les réalités techniques et économiques.

Ainsi, le Comité national prend des décisions que certes les pouvoirs publics authentifient mais avec, toutefois, cette restriction remarquable de ne pouvoir les modifier sans avoir préalablement discuté avec lui et recueilli son accord.

Ces décisions, qui constituent la politique de l'I.N.A.O., sont appliquées par les services de l'Institut, qui regroupent quelque 200 personnes, tant à Paris que dans les régions viticoles (26 centres).

SAVOIR - FAIRE

L'I.N.A.O. a ainsi reconnu, en étroite collaboration avec les syndicats et les pouvoirs publics, plus de 390 vins d'appellation d'origine contrôlée et 66 V.D.Q.S.

Il en a fixé toutes les conditions de production : l'aire délimitée (c'est-à-dire, les parcelles qui, au sein d'une aire géographique préalablement fixée, sont reconnues par les commissions d'experts nommées à cet effet par le Comité national comme étant les plus aptes à produire le vin de l'appellation d'origine concernée), les cépages, le rendement, le titre alcoométrique, les procédés de culture et de vinification, le contrôle analytique et organoleptique.

A cette compétence décisionnelle s'ajoutent des fonctions consultatives pour tout ce qui a trait au domaine viticole des appellations : amélioration de la qualité, régularisation du produit, mesures techniques et de reconversion utiles à l'amélioration de la productivité et de la qualité, atteinte aux vignobles par des projets d'expropriation, d'urbanisme, d'industrialisation, étiquetage, plantations, etc.

La défense des appellations : un contrôle très serré

Par ailleurs, l'Institut a reçu pour mission de défendre les appellations en France et à l'étranger. En effet, toute la réglementation mise en place au plan de la production n'aurait aucune signification si des contrôles très sévères n'étaient exercés en aval. C'est ainsi qu'en France, l'Institut suit chaque année en tant que partie civile une centaine de procès auxquels donnent lieu les fraudes relevées par les services plus directement spécialisés (Direction générale de la concurrence, de la consommation et de la répression des fraudes, Direction générale des impôts).

Il est quasi impossible à un professionnel peu scrupuleux de passer au travers des mailles tissées très serrées des contrôles opérés à tous niveaux (fiche d'encépagement, contrôle de la taille, déclaration de récolte, d'enrichissement, de stocks, plantation, dégustation, documents commerciaux, titres de mouvement, etc.) : le vin est sûrement l'un des produits les plus surveillés du secteur de l'agro-alimentaire.

L'appellation : un véritable patrimoine

Enfin, l'I.N.A.O. lutte à travers le monde pour défendre les appellations d'origine contre toutes les atteintes dont elles peuvent faire l'objet. En effet, à la différence de la marque qui appartient à un individu et qui vit et meurt au gré de sa réussite, l'appellation est la propriété collective, indivisible et incessible de ceux qui travaillent la terre dont elle porte le nom. L'appellation fait partie du patrimoine d'un pays ; en tant que tel, son nom doit être défendu contre toutes les appropriations abusives dont il peut faire l'objet, sous une forme ou sous une autre. Malheureusement, dans certains pays, les noms de quelques-unes des plus célèbres appellations d'origine ont été en quelque sorte dévoyés, pour ne plus signifier qu'un type de produit : champagne est synonyme de vin effervescent, chablis et sauternes respectivement de vin blanc sec et de vin blanc liquoreux, burgundy de vin rouge, cognac d'eau-de-vie.

A une époque où le monde du vin s'internationalise, où des pays de plus en plus nombreux, jusqu'alors producteurs de vin de masse, viennent à la notion d'appellation d'origine, il convient de respecter un code de bonne conduite, seul gage de la loyauté des transactions.

Une référence internationale

En 60 ans d'existence, l'Institut national des appellations d'origine des vins et eaux-de-vie a dessiné le paysage de l'appellation d'origine contrôlée : il demeure, dans le cadre du grand marché unique de 1993, le gardien de la maîtrise du marché au travers des contraintes qu'il impose et qu'il imposera encore dans l'avenir aux produits dont il a la charge, notamment la délimitation, le rendement, l'encépagement, l'évolution des plantations.

L'I.N.A.O. a vu son texte de base modifié en 1990 pour accroître ses compétences à l'ensemble des produits agro-alimentaires d'appellation d'origine.

Il est indiscutable qu'à son nom est associée une réussite exemplaire : celle du secteur des appellations d'origine contrôlées, dont la part de la valeur dans l'ensemble de la production française des vins est passée en 30 ans de 36 % à 75 %, alors que les superficies ont augmenté dans le même temps de plus de 75 % et les volumes de production de 140 %.

Une telle progression est incontestablement un signe de dynamisme, si l'on précise que les exportations de vins d'appellation d'origine contrôlée se développent dans plus de 160 pays, rapportant à la France 18 milliards de francs en 1994 (à rapprocher des 52 milliards d'excédent en 1990 pour l'ensemble de l'agro-alimentaire).

Il est remarquable de constater que les principes posés en 1935 n'ont subi aucune entorse fondamentale : la situation a évolué, les techniques, les marchés, les consommateurs ne sont plus les mêmes, la Communauté économique européenne a bouleversé souvent les règles du jeu, mais l'I.N.A.O., que des pays de plus en plus nombreux cherchent à imiter, demeure un organisme unique en son genre comme est original et spécifique le vin d'appellation d'origine contrôlée, produit vivant et chaleureux, symbole de convivialité et de plaisir que le monde entier envie à la France.

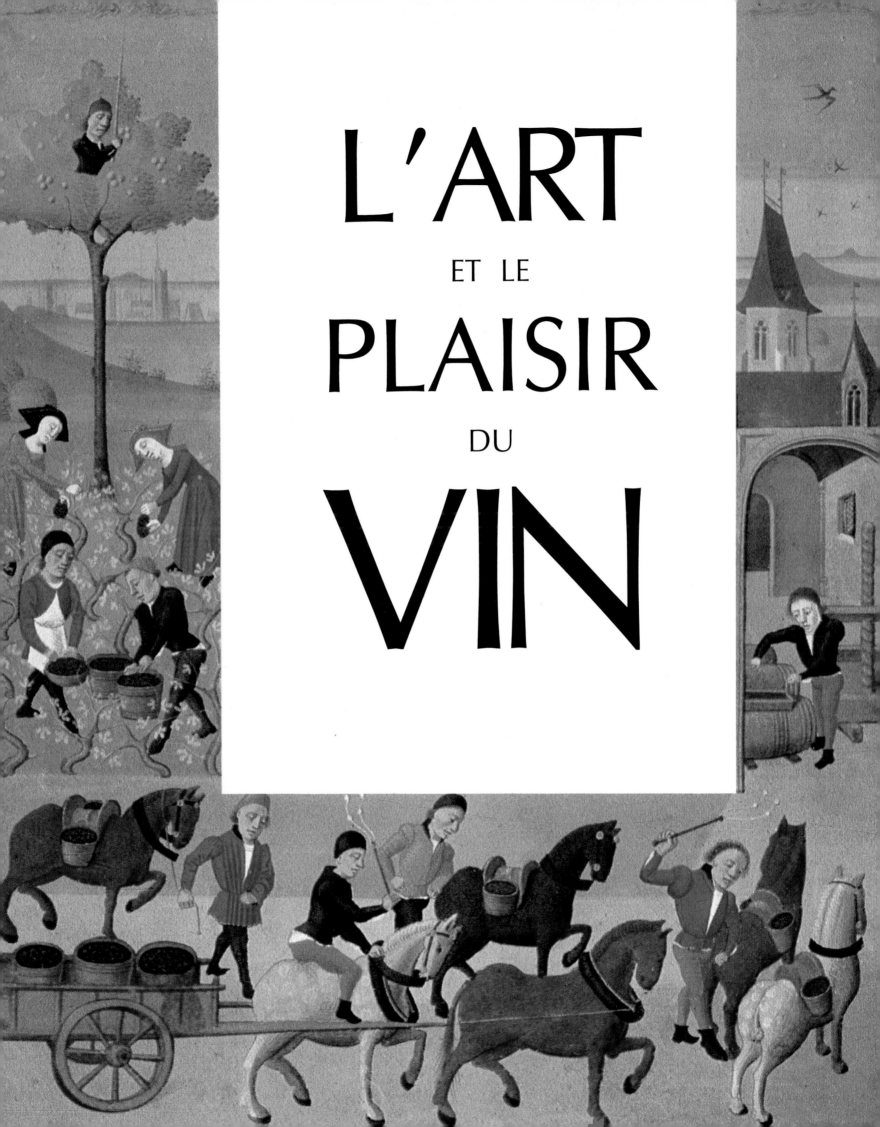

L'ART

ET LE

PLAISIR

DU

VIN

LE VIN DE FRANCE À

Un sigillé, époque romaine (musée Sainte-Croix, Poitiers). A droite, Bacchus, IIe-IIIe siècle (musée gallo-romain, Lyon).

Un legs de la Grèce

A l'origine de la vigne et du vin en Gaule, il y a les Phocéens, fondateurs de Marseille vers 600 av. J.-C., qui enseignèrent aux peuples du littoral méditerranéen l'art de tailler la vigne et de produire le vin ; dans le même temps, ils leur vendaient, en échange de métaux et d'esclaves, des breuvages que les Gaulois appréciaient.

On ne sait pas comment s'effectuait la vinification à cette époque. En revanche, on devine le processus de développement de la vigne en Gaule. Tout d'abord importateurs de vins de Grèce, les Massaliotes plantèrent des vignobles autour de leur ville. Ils commercialisèrent leur production en amphores ventrues, dites marseillaises, entre les Alpes et les Pyrénées. Puis les aristocrates autochtones de tout le littoral se mirent à cultiver la vigne, notamment sur les talus situés à proximité des marais salants qu'ils contrôlaient déjà. C'est sans doute vers le IIIe siècle av. J.-C. que se développa cette production indigène, comme semble l'indiquer l'apparition à cette époque des amphores catalanes. Pendant des siècles, cette première viticulture restera confinée à la bordure maritime jusqu'à ce que la Narbonnaise, pacifiée par la conquête romaine aux alentours de 120 av. J.-C., se couvre de vignobles et d'oliveraies.

Le choc de Rome

Les Gaulois de l'intérieur étaient eux aussi amateurs de la « liqueur des dieux et des héros » ; Marseille exportait ses produits vers le nord, empruntant le sillon rhodanien. Très florissant dès le Ve siècle av. J.-C., le commerce massaliote allait se heurter trois siècles plus tard à la concurrence des vins italiens, confortée par l'occupation romaine du Midi (qui devint la *Provincia*) puis de toute la Gaule et de l'Aquitaine. Les peuplades celtiques allaient imiter leurs colonisateurs.

La venue de Rome fut déterminante pour la naissance et le développement du vignoble : les Gaulois devinrent viticulteurs et la consommation, qui se limitait jusque-là aux seules catégories dominantes — le reste de la population buvant la cervoise —, commença à s'étendre.

Les Gaulois ont le vin gai

Sans renoncer pour autant à leurs boissons traditionnelles, les Gaulois furent séduits par le vin. Lui découvrirent-ils une vertu de communication avec les esprits divins et les autres hommes, à l'instar des Germains pour qui le « festin des guerriers » était, selon Tacite, l'endroit où l'on traitait les affaires et découvrait « jusqu'au fond de son âme » ? En tout cas, ils avaient le vin gai comme l'indiquent les inscriptions des vases à boire. Les cris des buveurs allaient des vœux de santé que l'on portait par des « Sois heureux » ou « Fais-en un heureux usage », aux fanfaronnades (« Je suis le roi des buveurs »), en passant par les appels amoureux (« Je t'aime, aime-moi ma vie ») et les dialogues tels que « Remplis, verse » à quoi l'hôtesse répondait « Je t'apporte du vin, je suis douce pour toi ».

Nouveaux vignobles, nouveaux cépages

La création des vignobles en Gaule ne fut possible que grâce à une sélection de cépages s'adaptant au climat du pays, moins chaud et plus humide que celui des régions méditerranéennes. Les Allobroges (habitants du Dauphiné) « inventèrent » une espèce de vigne plus résistante au froid, vite connue sous le nom d'*allobrogica*, qui se répandit vers le nord-est du pays. De leur côté, les Bituriges, Celtes du Sud-Ouest aquitain, adoptèrent une variété (peut-être d'origine albanaise) résistant à l'humidité, la *biturica*. Ici et là apparurent un nouveau paysage et une nouvelle société, comme en Bordelais où le poète Ausone possédait une villa.

Peu à peu, la Gaule fit connaître ses vins hors de ses frontières. Peut-être est-ce déjà pour approvisionner les légions romaines de l'actuelle Grande-Bretagne que les Bituriges se firent viticulteurs, vocation commerciale que les siècles et l'histoire confirmèrent. Après la région méditerranéenne, les vallées de la Garonne et du Rhône, la vigne gagna la Bourgogne, la vallée de la Loire et le Bassin parisien. Certes, le caractère parcellaire des trouvailles archéologiques et le laconisme des textes ne nous permettent pas de mesurer avec précision la place qu'occupaient la vigne et le vin dans l'économie et la société de la Gaule romaine.

TRAVERS L'HISTOIRE

On s'est souvent plu à souligner l'absence totale de mention de vigne dans La Guerre des Gaules de César qui pourtant y avait beaucoup bataillé. Mais la réputation de la production gauloise passa les Alpes, pour aller concurrencer la viticulture italienne elle-même. Aussi fut-elle victime, en 96 ap. J.-C., de l'ordre prescrit par l'empereur Domitien d'arracher au moins la moitié des vignes des provinces gauloises. Toutefois, cet édit protectionniste avant la lettre n'eut que peu d'effet puisque l'empereur Probus permit en 276 à tous les Gaulois d'avoir des vignes et de produire du vin.

La rencontre de la vigne et du tonneau

Les amphores, utilisées dans le monde méditerranéen pour le transport du vin, n'en garantissaient pas la bonne conservation. Les Gaulois trouvèrent une solution à ce problème en adoptant le tonneau de bois : plus commode, celui-ci assurait sans doute avec l'âge cette bonification dont les viticulteurs n'allaient découvrir les propriétés que des siècles plus tard.

L'évêque, premier viticulteur de la cité

Les grandes invasions germaniques firent se refermer sur elles-mêmes les campagnes du premier âge médiéval. Les vignes furent emportées dans la tourmente. Passées les heures troubles de la fin de l'époque antique, l'Eglise sauva la viticulture dans un pays où le christianisme s'affirmait de plus en plus triomphant. Car l'évêque, « premier personnage de la cité, en fut aussi le premier viticulteur » (R. Dion). Cultiver la vigne était en effet l'un de ses premiers devoirs. Désormais chargé de la symbolique chrétienne, le vin était lié à la célébration de la messe. A l'imitation de l'évêque, les chapitres canoniaux devin-

Un sillon de l'époque romaine à Saint-Emilion.

rent bientôt propriétaires de vignes à proximité des villes. Dans les campagnes, les monastères, centres agricoles et religieux en même temps que véritables auberges, s'intéressèrent au vin comme objet cultuel mais aussi comme produit de consommation et d'échange.

Avec une ténacité exceptionnelle, tous les religieux s'attachèrent à cette plante de civilisation. Ils en poussèrent la culture jusqu'aux extrêmes limites du monde chrétien : ils réussissaient ainsi en Normandie comme en Flandre à produire du vin dans des conditions climatiques difficiles mais techniquement exemplaires.

A gauche, Bacchus couronné, époque gallo-romaine (musée de Vichy). Ci-dessous, une lampe à huile, époque gallo-romaine (musée de Lons-le-Saulnier).

DE L'EXPLOSION MÉDIÉVALE À

Entretenant des vignobles, les abbayes médiévales prirent pour habitude de distribuer régulièrement du pain et du vin aux gens qui travaillaient pour elles. Ce fut peut-être ce qui incita certains paysans et artisans ruraux à intégrer dans leurs cultures quelques pieds de vigne afin de boire leur propre vin. En ville, en revanche, la consommation semble avoir mis plus de temps à se développer.

A Paris, le roi donnait l'exemple. En 1033, Henri Ier possédait d'importantes vignes sur la montagne Sainte-Geneviève. Les documents révèlent qu'il existait un « clos royal », sans doute situé du côté de l'actuelle faculté de droit, rue Saint-Jacques.
Le souverain fut imité par la noblesse et les riches bourgeois ; un peu partout, on vit apparaître autour des villes des vignobles destinés à alimenter la consommation urbaine. La région pari-

qui acheminaient les vins de la Loire vers la capitale).
La mode du vin et la floraison des vignobles inspirèrent à Henri d'Andeli au début du XIIIe s. la *Bataille des vins*, poème qui retraçait d'une façon à la fois précise et pittoresque la guerre commerciale que se livraient les grandes régions, notamment sur les marchés parisiens et étrangers, chaque vin dialoguant avec les autres pour montrer sa supériorité.

Ci-dessus, La Tentation du vigneron, église Saint-Pierre-et-Saint-Paul à Andlau. A gauche, tapisserie de Bayeux, détail, XIe siècle.

Des marchés en évolution

Réservée tout d'abord aux seuls privilégiés, la consommation des vins dans les villes gagna vers le XIVe s. les milieux populaires, à l'imitation des modes de vie aristocratiques. Cela favorisa l'apparition du commerce local des vins, ainsi que celle des tavernes et cabarets. Mais le développement d'un « vin roturier » ne fut pas la seule modification que connut le marché. On assista à une amorce de spécialisation due, comme le notait R. Dion, à l'évolution du goût avec « l'offensive des vins forts » : les bourgeois des villes du Nord qui jusque-là préféraient les vins légers « qui ne donnaient pas mal à la tête à moins qu'on en fît grande débauche », orientèrent leur choix vers des vins plus forts, notamment ceux du val de Loire ou de Bourgogne.
En cette période de développement de la consommation du vin dans les villes, les voies fluviales, axes de commercialisation, s'avérèrent d'un intérêt économique majeur, ce qu'un adage résuma en ces termes : « La vigne doit voir la rivière ». En réalité, il ne s'agissait guère de souligner le privilège climatique apporté par l'eau, modérateur thermique, mais plutôt le rôle des multiples ports d'embarquement fluvial des vins, la plus importante peut-être des marchandises partout ainsi transportées. Vers Paris convergeaient ainsi la batellerie du réseau fluvial d'amont, en particulier celle de l'Yonne, la Loire étant aussi descendue jusqu'à Orléans ; Lyon était desser-

vie par la Saône et Bordeaux par le magnifique réseau garonnais composé du Lot et du Tarn, voire même de l'Ariège et des rivières de la Gascogne gersoise. Quant aux vignobles du Rhin et de la Moselle, ils alimentèrent assez tôt un trafic vinicole dont les peuplades de la Frise auraient été, au moins à l'origine, les principaux bénéficiaires.
Le grand phénomène du Moyen Age fut assurément le déplacement vers la façade atlantique du grand vignoble commercial, après la réunion du duché d'Aquitaine au royaume d'Angleterre. Ce furent d'abord les vins du Poitou et de Saintonge qui en profitèrent grâce au port de La Rochelle. Mais, après la prise de celui-ci par les Français en 1224, Bordeaux prit le relais, monopolisant à son profit les relations avec l'Angleterre. Le Bordelais et son arrière-pays se couvrirent de vignes pour fournir sur le marché de Londres les fameux « clarets » (nom sous lequel sont encore désignés les bordeaux en Grande-

L'explosion médiévale

Mais la société médiévale était aussi féodale, et le pouvoir laïc ne pouvait laisser aux seuls prélats le prestige d'une culture comme la vigne. L'aristocratie avec, au premier chef, les grands princes et le souverain, se fit donc viticultrice : la plante, perçue comme signe de richesse, mais aussi comme ornement dans le jardin du château, permettait au maître des lieux d'honorer ses invités ou amis en leur faisant boire son cru ou en leur expédiant quelques tonneaux.

sienne devint alors l'un des plus importants centres de production, expédiant même une partie de ses vins vers la Normandie, la Picardie et l'Artois.
Loin de se limiter à la seule Ile de France, le phénomène fut général en France. Toutes les zones suburbaines se dotèrent petit à petit de vignobles : à Bordeaux, la région des Graves se couvrit de ceps, cependant qu'à Lyon des vignes tapissèrent les pentes, pourtant raides, de la colline de Fourvière.
Comme à l'époque romaine, mais sur une autre échelle, la géographie viticole s'articula autour des axes de navigation (avec en plus quelques routes importantes, comme celle d'Orléans à Paris, empruntées par les chars à bœufs

LA RÉVOLUTION DES BOISSONS

Bretagne). Chaque année, du port de la Lune, partaient deux flottes du vin (celle de la Saint-Martin et celle de Pâques) dont les volumes (de 100 000 à 800 000 hl par an) représentaient le plus fort trafic que le monde médiéval ait connu. L'importance de cette voie maritime était telle qu'outre-Manche l'on prit l'habitude d'évaluer la capacité des navires en tonneaux de vins (ce qui fut à l'origine des actuels tonneaux de jauge).

L'entrée des Français à Bordeaux en 1453 ralentit pour un temps le commerce atlantique des vins gascons. Mais un autre vignoble commercial de grande qualité avait aussi révélé les potentialités de son terroir : celui des Côtes de Bourgogne. L'installation de la papauté à Avignon avait amené à partir de 1342 la cour pontificale à s'approvisionner en Bourgogne et surtout à développer la viticulture de qualité autour de la ville du pontife et des princes de l'Eglise. Puis la formation d'un grand duché de Bourgogne en deux ensembles géographiques, notamment celui de la grande façade maritime flamande, d'Amiens à la Frise hollandaise, donna une impulsion nouvelle aux vignobles de l'Est. Princes

fastueux, les ducs de Bourgogne favorisèrent la viticulture, non seulement par l'ouverture de nouveaux marchés (Flandre), mais aussi par l'intervention du duc Philippe le Hardi qui fit remplacer le cépage gamay, « très desloyaut plant » (commun), par le pinot en 1395. Le résultat fut tel qu'à la fin du Moyen Age les vins de Beaune étaient au sommet de la hiérarchie de la qualité.

Jusqu'au XVIᵉ siècle, il n'y eut guère de mutations essentielles dans le domaine de la vigne et du vin. Mais il n'allait pas en être de même au XVIIᵉ siècle. A cette époque maîtres des mers, en lieu et place des Anglais, les Hollandais allaient influencer durablement la géographie viticole française. Ce sont eux qui présidèrent à la naissance des grands vignobles à eau-de-vie : pour pouvoir vendre certains vins charentais issus de cépages trop productifs comme la folle-blanche, les marchands hollandais les distillèrent et les coupèrent d'eau. Ainsi naquit le *brandewijn* (vin brûlé), d'où le nom anglais de brandy qui sert à désigner les eaux-de-vie de vin.

Du brandewijn au Cognac

De forte valeur marchande et de faible volume, l'eau-de-vie présentait un gros avantage : elle était facile à transporter partout dans le monde, notamment dans les comptoirs coloniaux qui fleurissaient le long des côtes tropicales. Mieux encore, la distillation valorisait des vins blancs sans vertu, provenant de vignes dont la culture ne demandait ni soin particulier ni terroir exceptionnel. Ainsi, la vigne blanche allait se faufiler sur des terres jusque-là restées quelque peu marginales (plateaux de l'intérieur du Bordelais ou, plus encore, Armagnac, Aunis et Saintonge, relativement proches des voies de navigation qu'étaient l'Adour et la Charente). Cognac allait devenir assez vite le grand centre de production de ces eaux-de-vie auxquelles peu à peu l'affinement des techniques, telle

l'adoption d'un long vieillissement dans des fûts de chêne ou le choix des meilleures zones de culture sur les calcaires francs, devaient donner leurs lettres de noblesse. De puissants négociants, souvent d'origine étrangère (Flamands mais aussi Irlandais ou Anglais), allaient s'implanter durablement dans la petite ville charentaise qui donna son nom à un produit appelé à une réussite exceptionnelle.

Lettrine du redevancier de Saint-Germain-des-Prés, vers 1530 (Archives nationales).

La notion de qualité devait triompher également dans d'autres vignobles au cours du XVIIIᵉ siècle avec la « révolution des boissons », suscitée en grande partie par l'évolution du goût des riches consommateurs britanniques.

Dans un Bordelais qui, petit à petit, retrouvait le chemin des îles britanniques en même temps qu'il « universalisait » les horizons de son commerce maritime, l'aristocratie parlementaire allait révéler les grands crus, ancêtres des « châteaux » du XIXᵉ siècle. Ainsi Arnaud de Pontac, le premier d'une lignée de viticulteurs modèles des Graves et du Médoc,

aurait eu, dès 1670, l'idée de faire vendre son vin d'Haut-Brion dans les grands restaurants londoniens à la mode. La renommée de ces crus gagna des horizons de plus en plus lointains, atteignant à la fin du XVIIIᵉ siècle la Russie et les Etats-Unis.

La réussite du champagne fut encore plus spectaculaire. Depuis longtemps la province produisait des vins réputés. Mais les négociants ou les monastères qui les

commercialisaient se heurtaient à un inconvénient majeur : on ne contrôlait pas la seconde fermentation du vin qui faisait éclater nombre de bouteilles. L'histoire a retenu le nom de dom Pérignon, gestionnaire de l'abbaye d'Hautvillers, dont le mérite fut de maîtriser la vinification de ces vins capricieux. Ainsi, de véritables vignobles spécialisés suscités par une consommation extra-régionale sortaient peu à peu de l'anonymat.

LES REMISES EN QUESTION DE L'HÉRITAGE

À l'aube de l'ère ferroviaire, la géographie viticole française était d'une extraordinaire complexité. La vigne, en fait, était partout, à l'exception d'une frange littorale le long de la Manche et dans quelques montagnes humides. Elle faisait plus jamais partie d'une polyculture paysanne qui fournissait la boisson quotidienne. La plus grande anarchie régnait quant au choix des cépages et aux méthodes de culture, chaque petite société vigneronne étant persuadée que ses usages, hérités de la tradition, étaient les meilleurs. Mais certains vignobles avaient connu des succès exceptionnels et devenaient exportateurs.

La tradition
face à la science

Depuis la fin du XVIIIᵉ siècle, cependant, un autre regard était porté sur la vigne et le vin par les scientifiques qui, dans la foulée des physiocrates, cherchaient à déterminer les bonnes conditions de culture. Plusieurs savants allaient s'illustrer dans cette œuvre au cours de la première moitié du XIXᵉ siècle, le plus célèbre étant sans conteste Chaptal. Fils d'un grand propriétaire terrien, il fit sous Napoléon Iᵉʳ et Louis XVIII une double carrière d'homme d'État et de chimiste qui l'amena à faire d'importantes recherches sur le-vin. Il laissera son nom à une opération : la chaptalisation.

Après lui, de nombreux autres scientifiques s'intéresseront à la vigne, doublant leur activité de recherche d'une action pédagogique auprès des viticulteurs. Leur intérêt pour la viticulture s'expliquait par le fait qu'elle était considérée comme le plus beau fleuron de l'agriculture française et que, de toutes les cultures, c'est celle de la vigne qui progressa le plus au cours du premier tiers du XIXᵉ siècle. La publication, sous le Second Empire, de la grande enquête du docteur Guyot sur les vignobles de France devait être l'aboutissement de tous ces travaux.

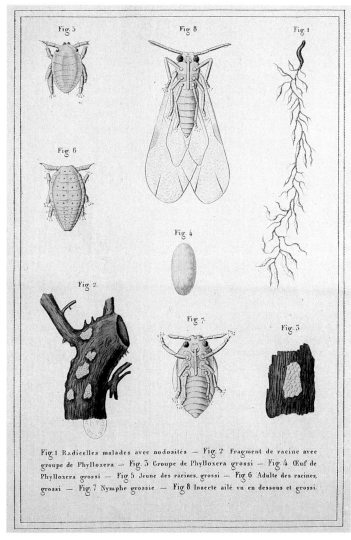

Ci-dessus, une planche éditée vers 1880, représentant le phylloxéra et l'attaque des racines par le puceron (Bibliothèque nationale, Paris). A droite, des feuilles de vigne atteintes par le mildiou, une maladie des organes verts de la vigne provoquée par un champignon parasite.

L'ouverture du marché

Si les travaux scientifiques contribuèrent à faire évoluer la viticulture française, le grand stimulus qui bouleversa la géographie viti-vinicole fut l'apparition du chemin de fer. En rapprochant les zones de production des grands pôles de consommation, le train entraîna la disparition de nombreux vignobles septentrionaux où, dans des conditions difficiles, on produisait des vins de qualité médiocre. Dans le Midi, en revanche, apparut progressivement le vignoble de masse. Sous le Second Em-

pire, la superficie plantée en vignes dans le Languedoc augmenta de plus des deux tiers et la hausse du prix du vin enrichit considérablement la région, comme le notait dans un rapport officiel un sous-préfet de Béziers : « Les capitaux immenses que l'industrie vinicole verse en ce moment dans cette région assurent une aisance qui se fait heureusement ressentir sur toutes les branches du commerce ».

La situation florissante des grandes régions viticoles fut renforcée aussi par la politique libre-échangiste de Napoléon III. Les traités commerciaux qu'il négocia entre 1860 et 1865 ouvrirent aux vins de qualité tout une série de marchés : britanniques, mais aussi belges, néerlandais, scandinaves

et allemands. Ce fut une véritable manne pour la viticulture française, la production augmentant de près de 70 % en une vingtaine d'années. Les grands vins français (bordeaux, bourgogne et champagne) reprirent le chemin de l'étranger, si bien que vers 1875, c'était environ 6 % de la production annuelle qui était exportée.

La grande crise
phylloxérique

Cette période d'expansion sans précédent laissait croire à certains que la viticulture et le négoce étaient entrés dans un âge d'or lorsque survinrent l'oïdium puis le phylloxéra. Le premier (entre 1852 et 1855), s'il fut une chaude alerte et amoindrit les récoltes, ne fut que passager, l'invention de la solution soufrée ayant apporté un remède très efficace.

Il n'allait pas en être de même du phylloxéra (petit insecte venu des États-Unis) qui fut repéré sur le Rhône en 1863 puis à Bordeaux en 1869. A partir de ces deux foyers, le mal se propagea très lentement vers le Languedoc, les Charentes et l'Aquitaine intérieure. Contrairement à l'oïdium, la maladie ne se développait que très progressivement, les vignes atteintes mouraient doucement. Aussi, dans un premier temps, les régions non atteintes (comme la Loire) allaient bénéficier de cette situation et être l'objet de spéculation ; de même, on vit renaître les vignobles du Nord que l'on croyait à l'abri. Mais vers 1880, il fallut se rendre à l'évidence : aucune région n'y échapperait. Pour lutter contre ce qui était perçu comme un véritable drame national, l'Etat promit de fortes récompenses à qui découvrirait un remède. Tous les inventeurs du pays se mirent au travail. Et l'on vit surgir des projets, allant des plus naïfs (nettoyer les tiges des vignes avec un gantelet de fer) aux plus sophistiqués. Certains, tel le sulfure de carbone ou le sulfocarbonate de potassium, montraient une relative efficacité mais ils étaient très coûteux (il fallait traiter le pied de chaque cep avec un pal injecteur, sorte de grande seringue de cuivre...).

Un seul remède : l'eau

On opta donc pour la submersion hivernale des vignes pendant les trois à neuf semaines du cycle de reproduction de l'insecte. Empêchant la prolifération de l'animal, ce système s'avéra très positif. Mais il présentait l'inconvénient d'exiger des terrains inondables. Ce fut là la revanche des terres humides ; la vigne abandonnait les terroirs de qualité (coteaux et terrasses

Ci-dessus, les nouveaux quais de Bercy, le Monde illustré, 1860-1880.
Ci-dessous, un dessin de Claverie, 1878 : les pouvoirs publics et les scientifiques interviennent dans les vignobles suspects de phylloxéra, action justifiée par les répercussions économiques et sociales des maladies de la vigne.

graveleuses) pour se réfugier sur les basses plaines ou vallées fluviales dont on s'arrachait les parcelles à haut prix. Dans de nombreuses régions (Languedoc, Roussillon, Quercy, Périgord, arrière-côte bourguignonne, etc.), les meilleures terres à vigne perdirent leurs ceps, parfois à tout jamais. Dans les Charentes ce fut un désastre, la viticulture glissant vers les terrains argileux, alors que les sols calcaires se couvraient de prairies, faute de pouvoir trouver assez vite des porte-greffe résistant à la chlorose particulièrement redoutable sur ces terrains de craie. Des campagnes entières prirent de nouvelles orientations agricoles : en Côte-d'Or on se dirigea vers la culture des petits fruits (framboises, groseilles), en Lorraine l'on planta des arbres fruitiers et ce n'est guère qu'en zone de grands crus qu'on s'entêta à sauvegarder la viticulture de qualité. La solution fut finalement trouvée dans le greffage de plants français, préservant la qualité, sur des souches américaines, naturellement résistantes à l'insecte : la reconstitution du vignoble était alors possible. Mais la crise phylloxérique devait laisser sa marque, d'autant plus qu'une autre maladie, le mildiou, vint perturber la viticulture à la fin du siècle. Partie des serres de l'Angleterre méridionale, cette pourriture provoquée par un champignon parasite qui attaque les organes verts de la vigne fut la véritable responsable de la chute des récoltes entre 1880 et

1890. Ce furent les Girondins du Médoc (E. David) et les scientifiques de Bordeaux (U. Gayon et A. Millardet) qui conjurèrent ce danger en adoptant une solution de sulfate de cuivre appelée depuis « bouillie bordelaise ».
Ainsi, à la fin du XIXᵉ siècle, le chemin de fer, le phylloxéra et le mildiou avaient curieusement conjugué leurs efforts pour donner à la viticulture française un tout nouveau visage. Les Languedociens s'illustrèrent dans la bataille de la reconstitution. Désormais implanté dans la basse plaine, le vignoble du Languedoc, devenu le plus grand vignoble de masse du monde, produisait un vin courant venu des terres profondes. On ne pouvait guère le consommer qu'après coupage avec des vins d'Algérie. En Algérie, en effet, s'était développée une intense immigration d'agriculteurs que l'on incita à produire du vin pour pallier la faiblesse des récoltes métropolitaines : ces viticulteurs firent, pour leur plus grand profit, les efforts nécessaires pour produire des vins de haut degré et de couleur intense qui, après avoir traversé la Méditerranée d'Oran ou d'Alger à Sète, allaient être irremplaçables pour améliorer les vins de la plaine languedocienne. Ailleurs, subsistaient de nombreuses petites vignes qui ne servaient plus guère qu'à l'autoconsommation paysanne, d'autant qu'on avait, pour les reconstituer, adopté souvent des hybrides américains. Le vignoble français de vin de table s'était « méridionalisé ».

XXᵉ SIÈCLE : INTÉGRATION ET ENCADREMENT

La reconstitution post-phylloxérique avait doté la France de vignobles tout neufs à forts rendements. Inévitablement, la surproduction entraîna un effondrement des prix. Dans le Languedoc, les cours passèrent de 32,50 F l'hectolitre en 1880 à 6 F en 1900. Très vite, les producteurs accusèrent les négociants de « fraude », dénonçant les importations de vins d'Algérie et les pratiques de coupage ainsi que la législation, favorable aux producteurs de betteraves du nord de la France, qui autorisait le sucrage des vins et, par voie de conséquence, les apports d'eau.

La révolte du Midi

La colère monta et, avec elle, un sentiment de révolte contre les gens du Nord que l'opinion commença à assimiler aux « chevaliers de jadis venant réduire l'hérésie cathare ». La crise déboucha sur une immense jacquerie qui allait mettre en péril la République. En avril 1907, la situation commença à se dégrader sérieusement ; les manifestations rassemblèrent des foules de plus en plus importantes. Sous l'impulsion d'un chef quasi charismatique, Marcellin Albert, petit propriétaire et cabaretier, les émeutiers se soulevèrent, appuyés par un régiment d'infanterie à recrutement régional (le 17ᵉ de ligne) qui refusa de porter les armes contre les vignerons révoltés.
Le pouvoir central parvint à calmer le jeu après avoir discrédité Marcellin Albert. Mais la révolte n'en allait pas moins marquer la mémoire collective des viticulteurs et du Midi occitan tout entier. Les vignerons tirèrent la leçon de cette crise en jetant les bases d'un syndicalisme puissant, la Confédération générale des vignerons du Midi. Ce fut aussi en grande partie pour éviter le retour de tels événements qu'on allait songer à organiser la viticulture.

Carte postale reproduisant un tract pour la manifestation viticole de Montpellier en juin 1907.

La naissance des appellations

L'une des premières réactions face à la crise fut la naissance des coopératives. Alors que le développement de la coopération paraissait jusque-là plus difficile dans le domaine viticole que dans d'autres secteurs (sans doute en raison de la diversité des vins), l'on assista pourtant à son démarrage dans le Midi méditerranéen. Dans certaines régions, l'essor fut très rapide. Ainsi les coopératives varoises contrôlaient 30 % de la production dès 1915 et 50 % au lendemain de la première guerre mondiale. En revanche, dans les pays de vins fins, les coopératives s'inscrirent plus lentement dans le paysage. Ce fut, en fait, dans les années 30 qu'elles se firent plus nombreuses, les professionnels se trouvant alors confrontés aux effets de la crise économique mondiale.
De façon paradoxale, ce fut aussi la crise languedocienne qui conduisit la France à se doter d'un procédé de protection des grands vins : celui des appellations. La crise de surproduction, en même temps que la fermeture des frontières par le protectionnisme réapparu en 1892, avait aussi frappé les vignobles de cru qui se vendaient mal et dont la production avait exigé des investissements coûteux. Pour échapper à la crise, certains producteurs, à la suite des négociants, n'hésitaient pas à parer leurs vins de noms flatteurs.
Face à l'anarchie qui se développait et à la fraude qui gagnait toutes les régions, le pouvoir politique, sous la pression des représentants des vignobles de qualité, jeta les prémisses d'une législation réglementant la géographie des vins de cru à partir de 1905. On décida de tracer les limites géographiques des zones de production autorisée. La délimitation de la zone champagne, dans les années 1908-1911, inaugura cette série. Elle mécontenta tout le monde et la troupe dut là aussi intervenir en 1911 pour remettre un peu de calme.
On étudia alors sur de nouvelles bases la géographie des appellations d'origine. Le 6 mai 1919, un texte de loi établit que les tribunaux civils pourraient reconnaître le droit à l'appellation d'origine pour les vins « ayant des usages locaux, loyaux et constants ».
Ainsi, à la veille de la première guerre mondiale, l'existence des appellations d'origine était sur le point d'être officialisée par le pouvoir central.
Interrompu par le conflit, le processus de délimitation des appellations reprit avec le retour à la paix.
Mais il fallut attendre 1927, après la vigoureuse action d'un Languedocien naturalisé girondin, Joseph Capus, pour qu'on ajoutât à l'exigence de l'origine celle de la qualité du produit : on fixa les conditions de terroir, d'encépagement, de taille, de degré alcoolique, de rendement maximum. La crise économique des années 30 entraîna une baisse des ventes d'autant plus grave qu'elle fut synchrone d'abondantes récoltes en 1934 et 1935.
Le 30 juillet 1935, le système des appellations d'origine contrôlée (A.O.C.) trouvait ses fondements dans une loi énonçant les grandes dispositions, toujours en vigueur, qui allaient présider aux destinées du vignoble de France.

LE 10 C'EST LA FIN CE QUE NOUS VOULONS NOUS L'AURONS

MANIFESTATION VITICOLE DE MONTPELLIER 9 JUIN 1907

À BAS LA FRAUDE

HONNEUR A MARCELLIN ALBERT

LOU DARNIÉ CROUSTET

LE DROIT DE VIVRE

A L'AIGUO

GUERRE A LA FRAUDE VIVE LE VIN NATUREL

SUCRE

ce que nous voulons

Le vin confronté à l'histoire

Secoué par les crises viti-vinicoles et les fluctuations socio-économiques, le monde du vin allait bientôt être confronté au poids de l'histoire. A partir de 1940, l'occupation nazie modifia radicalement le marché des vins d'appellation. D'une part, toute exportation vers les Etats-Unis, le Royaume-Uni et l'Empire britannique fut interdite. D'autre part, les exportations vers l'Europe continentale, surtout vers l'Allemagne, se trouvèrent amplifiées, avec, très souvent, un caractère se rappro-

chant plus des prises de guerre que du véritable commerce. Les Allemands étant de grands amateurs de vins fins, notamment de liquoreux et de champagne, le régime de Vichy établit une taxation et une tarification des prix, cru par cru. Un long décret, publié dans le Journal officiel, fixa les cours.

Une décennie plus tard, le vignoble fut à nouveau frappé par un grave fléau, naturel celui-là : les gelées de 1956. Rappelant les grands froids du XVIIIe siècle par leur violence, celles-ci se déclenchèrent fin février, après un hiver très doux. Surprise dans son réveil, la vigne fut littéralement foudroyée, du moins dans la moitié sud du pays où les deux tiers du vignoble disparurent.

Dans bien des cas, les viticulteurs furent dans l'obligation de replanter. Or, dans certaines régions du Midi, ils préférèrent

renoncer à l'implantation dans la plaine pour revenir aux coteaux, retrouvant les anciennes localisations du XVIIIe siècle. Cette mutation vers la qualité constituait une réponse à l'amélioration du niveau de vie en France dans les années 50 et 60. Mais elle fut accentuée aussi par la mise en place du Marché Commun qui ouvrit le marché français aux vins de table italiens.

Le nouveau visage du monde du vin

Le monde économique et social du vignoble évolua alors considérablement, la valeur des terres à vignes menaçant la traditionnelle petite propriété paysanne qui ne pouvait résister

devant l'afflux de capitaux d'entreprises investissant dans la viticulture. La décolonisation se greffa sur ce substrat ; avec la chute des importations de vins algériens, l'achat de propriétés par des rapatriés et l'expérience du vignoble corse dans la plaine d'Aléria, toutes les conditions étaient réunies dans les années 60 pour que le monde du vin pût se donner un visage nouveau.

Sur la muraille de Chine, à la conquête de nouveaux marchés. Vin et nouvelles techniques : en haut, cuverie automatisée ; au-dessous, mécanisation des vendanges.

En ce qui concerne les vins de table, secteur globalement en recul, l'époque contemporaine vit l'apparition de grandes sociétés. Elle fut aussi marquée par certaines explosions de colère qui défrayèrent la chronique. Notamment les émeutes de mars 1976, à Montredon-Corbières, près de

Narbonne, qui provoquèrent la mort d'un commandant de C.R.S. et d'un vigneron. Dans le domaine des vins de qualité, au contraire, l'évolution après 1960 fut globalement favorable, avec un marché porteur. L'expansion ne se fit pas sans mutations. La grande presse et l'opinion ont eu tendance à se focaliser sur quelques rachats de propriétés par des groupes internationaux dans des appellations prestigieuses. Mais le phénomène le plus marquant a sans doute été les transformations du négoce. D'un côté, notamment en Bordelais, bon nombre de firmes traditionnelles ont disparu ou ont été reprises par des compagnies étrangères à leur région. De l'autre, singulièrement en Champagne ou à Cognac, des entreprises de négoce ont su évoluer vers la constitution de véritables groupes agro-alimentaires. Certaines ont même su utiliser l'image de prestige du vin et le label de qualité que les pays étrangers attribuent à la France pour étendre leur champ d'action à l'ensemble des produits de luxe (comme Moët-Hennessy avec Dior). Le dynamisme commercial de ces groupes a trouvé à la fois un champ d'action et un

symbole dans la création de domaines et de sociétés dans des pays, comme ceux de l'Asie orientale, non encore consommateurs de vins. L'opération vedette dans ce domaine a été la création par le groupe Rémy Martin du vin Dynasty en Chine. En repli durant la première moitié du siècle, le monde viti-vinicole connaît aujourd'hui dans le domaine des vins de qualité un essor réel qui s'explique par l'élévation du niveau de vie et les changements des habitudes de consommation.

L'OR ROUGE

Vins. Café. Bar. » Qui n'a pas en tête le souvenir de l'une de ces petites caves dont les façades de bois faisaient jadis partie du décor des quartiers populaires ?

Du ballon de rouge...

Le petit caviste, vendant son 11° en bouteille consignée, participait de l'univers des années 50, au temps où la bouteille de vin faisait obligatoirement partie du couvert familial ; au temps aussi où le vin était associé dans l'imagerie populaire au travailleur manuel.

Mais aujourd'hui, la cave de quartier devient presque une curiosité, sa disparition progressive suivant la courbe descendante de la consommation de vin en France : vers 1950, les Français buvaient en moyenne quelque 120 l de vin par an et par habitant ; 45 ans plus tard, la chute était de l'ordre de 50 %, avec 64,5 l. Loin d'être exceptionnel, le cas français est confirmé dans les autres pays traditionnellement consommateurs de vins : en 25 ans (de 1970 à 1995), l'Italie est passée de 115 l (par an et par habitant) à 60,74 ; le Portugal de 98 à 55 ; l'Argentine de 88 à 51,63 ; et l'Espagne de 62 à 39,41.

... au vin-plaisir

Partout la baisse de la consommation peut s'expliquer par la diminution du nombre de travailleurs de force, due à la mécanisation et à la tertiarisation de la société, et par le développement de nouvelles boissons non alcoolisées, comme les sodas. Mais elle s'explique aussi par l'évolution de la demande dont témoigne l'apparition, ici et là, d'élégantes vinothèques où l'on sélectionne son vin comme on choisit un livre dans une librairie, voire une pièce de collection chez un antiquaire. Si l'on boit moins, l'on boit mieux, la

Répartition des volumes de la production française de vin.

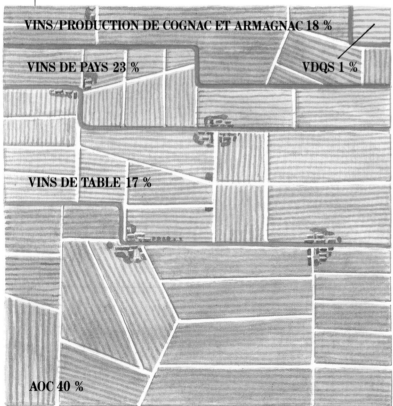

VINS/PRODUCTION DE COGNAC ET ARMAGNAC 18 %

VINS DE PAYS 23 %

VDQS 1 %

VINS DE TABLE 17 %

AOC 40 %

clientèle reproduisant en matière de vins le modèle d'évolution constaté pour les produits primaires qui conduit à rechercher la qualité supérieure avec la progression des revenus et du niveau de vie.

Les chiffres globaux de consommation ne reflètent pas la répartition par catégories de produits. Seule la consommation des vins de table a diminué ; au contraire, celle des vins d'appellation a été multipliée par 3 en 30 ans. La moyenne par habitant, qui était de 4 l d'A.O.C. par an en 1950, est passé à 28 en 1994.

Autrefois quotidienne, avec les vins de table, les petits verres de blanc ou les ballons de rouges sur le zinc, la consommation tend à s'espacer dans le temps, avec la bonne bouteille que l'on ouvre pour accompagner un repas sortant de l'ordinaire. Véritable objet de convivialité, le vin n'est plus seulement un breuvage que l'on se contente de boire. On le déguste et le commente.

Une diversité volontaire

Confronté à une demande en pleine évolution, le monde viti-vinicole y répond par la diversité de ses productions. Il est à noter que celle-ci provient en grande partie d'une démarche volontaire, celle de l'A.O.C. qui cherche à faire en sorte que chaque terroir puisse générer un vin typique avec son ou ses cépages spécifiques. Les vins de pays présentant — à un degré moindre — une large gamme de produits identifiés selon leur provenance, on obtient, du vin

La nouvelle image du vin français dans les années 80 : une qualité qui sait se vendre en France et dans le monde.

Les vins aromatisés : révolution ou retour aux sources ?
Régulièrement, la presse spécialisée fait ses titres sur la promotion des vins aromatisés. Parfois présentés comme une véritable révolution pour demain, ces vins semblent pourtant avoir eu au Moyen Age des ancêtres en Roussillon. Dans la Coutume de Perpinyà (rédigée dans le dernier quart du XIIᵉ s.), il est fait mention d'un « nectar » qui pourrait correspondre à un vin d'aromates associant divers produits, comme le miel, des herbes ou des épices. La recette de cette boisson « tuant le souvenir des choses terrestres » aurait très bien pu être léguée aux Catalans par les Grecs dès l'Antiquité. En effet, ceux-ci n'hésitaient pas parfois à mêler au vin toutes sortes d'ingrédients pour favoriser la conservation. Et, selon Pline, six siècles av. J.-C., le poète Aristée avait marié le vin au miel, « deux produits naturels par excellence ».

DE LA FRANCE

de table au vin d'A.O.C., un grand choix qui peut répondre à des goûts et à des besoins très divers, tant par les caractéristiques organoleptiques que par les images ou les prix.

La vigne occupe en France 1 million d'ha. Sur les 54,64 millions d'hl produits en 1994, on comptait (outre 10 millions destinés à la production de cognac) 22,1 millions d'hl de vins d'A.O.C. (40 % de l'ensemble), 0,541 million d'hl de V.D.Q.S. (1 %), 12,4 millions d'hl de vins de pays (23 %) et 9,5 millions d'hl de vins de table (17 %).

Aujourd'hui, donc, les vins d'appellation d'origine représentent plus du tiers des vins produits en France. Mais cela n'a pas toujours été le cas ; dans un passé récent, les professionnels du vin ont répondu à l'évolution logique de la clientèle par une progression incontestable des volumes de vins d'A.O.C.

Si nous remontons au début des années 60 (en 1962), nous découvrons un vignoble qui occupait près de 1,3 million d'ha (soit 300 000 ha de plus qu'aujourd'hui). En revanche, le volume produit était similaire à celui de 1990, mais avec une part bien plus faible destinée au cognac (4,3 millions d'hl) et aux A.O.C. (14,4 % seulement). Pour ces derniers, l'augmentation de la production est donc importante. Outre l'apparition de nouvelles appellations, elle est due essentiellement à un accroissement des superficies et non à une productivité accrue. Le phénomène est exactement l'inverse en ce qui concerne les vins de table, pour

lesquels on constate une baisse des superficies et une augmentation des rendements. On notera également une profonde modification des couleurs de vins produits : il y a 25 ans, les vins blancs représentaient 62 % des volumes d'A.O.C. ; aujourd'hui, le rapport s'est inversé puisqu'en 1994, 67 % des vins d'A.O.C. sont rouges ou rosés.

Faire trinquer le monde

La France est le deuxième producteur mondial de vin derrière l'Italie. Mais plus que par son volume, c'est par sa qualité que la viticulture joue un rôle important dans l'économie nationale : bien qu'il ne représente qu'une modeste partie des terres agricoles (3,5 %), le vignoble fournit en valeur quelque 10 % des ressources de l'agriculture française (et dans certaines régions l'écart est encore plus grand, par exemple en Bourgogne où les chiffres sont respectivement de 1 % et 25 %). Les activités viti-vinicoles sont un secteur à haute valorisation.

Cette forte valeur ajoutée s'explique en partie par la vocation exportatrice de la production française. Réalisant le vœu de l'écrivain bourguignon Gaston Roupnel (« faire trinquer le monde à la santé de la France »), viticulteurs et négociants ont placé plusieurs vedettes au hit-parade des exportateurs, notamment les vins de Bordeaux, de Bourgogne et de Champagne. C'est si vrai que, comme l'a rappelé un célèbre journaliste économique, un Etat qui a un différend politique ou économique avec Paris, s'en prend facilement au champagne.

Marketing et artisanat

Avec 36 milliards de francs, le secteur des vins représente le solde positif le plus important de la balance commerciale française en matière agro-alimentaire. Le vin est considéré par certains économistes comme un véritable or rouge. Ces performances sur les marchés extérieurs s'expliquent certes par la tradition et les conditions naturelles existant en France. Mais leur secret réside aussi dans l'effort d'adaptation effectué par les professionnels, à partir d'un produit qu'une parfaite technique a amené au plus haut niveau qualitatif. L'un des symboles les plus éclatants du souci de modernisation a été fourni au début des années 80 par l'arrivée dans l'univers de Bordeaux des hommes et des techniques du marketing. Avec, comme conséquence, la naissance du verre au nœud papillon, le petit logo fétiche qui par son succès est devenu la signature du vignoble bordelais.

Au-delà du symbole visuel, c'est tout le secteur viti-vinicole qui s'est radicalement transformé en l'espace d'une génération. Toute l'évolution ayant eu pour toile de fond la diminution du nombre de déclarants de récolte de vin (tous ne sont pas viticulteurs), qui est passé de 1,3 million en 1962 à 345 214 en 1994. Toutefois, le nombre des exploitations demeure important et leur taille réduite (4,2 ha en moyenne). La production reste donc incontestablement très atomisée, ce qui lui confère une nature fortement artisanale. Mais n'est-ce pas le charme de la viticulture française ?

RECEVEZ EN BORDEAUX.

LA COULEUR DU BON GOUT.

Qui boit ?

D'une façon générale, des classes sociales modestes aux classes aisées, le vin d'A.O.C. remplace progressivement le vin de table. Pour un indice 100 correspondant à l'ensemble des ménages français, les dépenses consacrées aux vins de qualité correspondent à 55 chez les ouvriers pour passer à 180 chez les cadres. En revanche, pour les vins courants, l'indice de 45 chez les professions libérales s'élève à 160 chez les agriculteurs. Autre phénomène d'importance, le rôle de la femme par rapport au vin a fortement évolué : elle se voyait autrefois souvent réduite au seul achat des vins du quotidien, l'homme se réservant les vins de qualité. Aujourd'hui, signe des temps, elle s'est émancipée pour aller jusqu'à exercer — en nombre non négligeable et avec une compétence incontestée — la profession d'œnologue...

LE MONDE DU VIN

our les humoristes et autres caricaturistes, l'affaire est entendue : la France est un pays peuplé de vignerons facilement identifiables à leurs bérets et grands tabliers. Pourtant, sur une population active dépassant les 21 millions d'habitants, les viticulteurs ne sont pas plus de 420 000.

Le peuple du vin

ombre d'entre eux ne sont que des vignerons d'occasion autoconsommant en famille leur petite production. On ne recense, en effet, que 236 000 producteurs qui commercialisent réellement leur vin. Si on leur ajoute les 3 000 entreprises de négoce et les 1 162 coopératives, avec les quelque 68 000 salariés qu'emploient ces différentes structures, ce sont au total plus de 300 000 personnes qui tirent directement leurs ressources du vin. C'est dire qu'une certaine diversité est de règle. Le « peuple du vin » va du grand négociant, notable établi, membre de toutes les assemblées socio-professionnelles et sociétés mondaines de sa région, à l'ouvrier de chai qui « roule » ses 120 barriques en moyenne par jour. Avec, entre les deux, tous les types d'intermédiaires imaginables, qu'il s'agisse de grands ou petits propriétaires, courtiers, œnologues, cadres, maîtres de chai, chefs de culture...

Qui produit ?

ous, cependant, ne sont pas, loin s'en faut, des producteurs de vin. Si l'on fait abstraction des vendangeoirs appartenant à des sociétés de négoce, qui sont assez rares et ne sont plus présents que dans quelques régions comme la Corse ou la Champagne, l'essentiel du travail de vinification est assuré par les viticulteurs indépendants (environ 125 000 dont certains assurent eux-mêmes la commercialisation de leurs produits par la

vente directe) et par les caves coopératives. Ces dernières regroupent la vinification de 51 % de la superficie viticole française. Elles contrôlent ainsi 40,5 % de la production des vins d'appellation d'origine contrôlée et 63 % de celle des vins de table ou des vins de pays.
Le degré de pénétration de la coopération dans le vignoble est très différent selon les régions : très fortement implantée en Languedoc-Roussillon (où 538 coopératives assurent 73 % de la production), elle ne représente que 26 % de l'activité en Bourgogne.

Qui vend ?

i la fonction principale des coopératives est de vinifier, nombre d'entre elles se consacrent aussi à des tâches d'élevage, de conditionnement et de commercialisation. En 1990, la coopération a embouteillé quelque 500 millions de cols. Sa part dans la commercialisation s'est accrue fortement dans les trois décennies suivant la seconde guerre mondiale ; le nombre de coopératives a augmenté de près de 15 % entre le milieu des années 50 et le début des années 70.

De son côté, le négoce n'intervient que relativement peu dans la production, hormis en Champagne, mais il exerce l'essentiel de ses activités en aval. Le terme même de négoce est trop vague pour définir avec exactitude ce secteur. Il convient, en effet, de distinguer les négociants expéditeurs, les négociants embouteilleurs et les négociants éleveurs. Les premiers, implantés dans les zones de production, expédient le vin, le plus souvent en vrac, vers les régions de consommation. Les deuxièmes (souvent situés dans les places de consom-

Ci-dessus, un entrepôt d'expédition à Paris.
En bas, l'arrivée du beaujolais à Londres.

mation) comme les troisièmes (établis généralement dans les régions de production) entretiennent un stock permanent jusqu'au moment le plus favorable pour la mise en bouteilles et la mise en marché. Les négociants éleveurs, au nombre de 800, emploient 18 000 salariés et représentent un chiffre d'affaires global de 30 milliards de francs. Leur rôle est particulièrement important sur les marchés étrangers puisqu'ils assurent près de 88 % des exportations.
En aval, la distribution auprès du consommateur est le fait, elle aussi, de plusieurs intervenants. L'un des traits les plus surprenants, a priori, de son organisation est l'importance de la restauration et des grandes surfaces (supermarchés et hypermarchés). Celles-ci sont aujourd'hui les plus grands distributeurs des appellations d'origine : 60 % des achats de vins d'A.O.C. en France y sont effectués. Elles ont su en général ne pas tomber dans le piège du mauvais stockage des bouteilles que certains avaient redouté. D'après une enquête menée récemment par l'I.N.A.O. auprès des consommateurs,

ceux-ci estiment dans leur majorité qu'il est possible de trouver de bons vins dans les supermarchés et hypermarchés.

Si la montée de la grande distribution a été l'une des évolutions marquantes des dernières années, l'essor de la vente directe par les viticulteurs et les coopératives a été lui aussi un élément déterminant puisque ce mode de commercialisation a atteint un niveau presque aussi élevé que la distribution par le petit commerce spécialisé (18 % contre 20 %). Le développement de la commercialisation directe par les producteurs a d'ailleurs donné à la femme dans l'exploitation un rôle primordial, puisque c'est en général à elle qu'incombe la fonction commerciale.

Qui contrôle
la filière vin ?

L a complexité de la « filière vin » s'explique aussi par l'intervention des pouvoirs publics et des structures professionnelles qui revêt un caractère différent selon qu'il s'agit des secteurs de vins de table ou des zones d'appellation.

Dans le domaine des vins de table, hormis pour les vins de pays, en progression, le marché est confronté à une récession de la consommation. Aussi, les mesures prises par l'Etat français et la Communauté économique européenne visent à préserver

l'équilibre entre l'offre et la demande. Les moyens employés sont d'une part la distillation obligatoire à bas prix, afin de dissuader les viticulteurs d'accroître leurs rendements, d'autre part un encouragement à l'arrachage des vignes, afin de rendre le potentiel de production plus conforme à l'évolution de la consommation.

Le système est tout autre dans le secteur des vins d'appellation. Le rôle de l'Etat, comme de la C.E.E., n'est pas d'ordre économique. La responsabilité de l'organisation est laissée aux professionnels eux-mêmes. C'est l'une des vertus de l'appellation d'origine que de permettre le rassemblement des différentes familles au sein des interprofessions dont les missions essentielles sont la meilleure connaissance du produit et du marché, la maîtrise et l'amélioration de la qualité, la gestion économique du marché et la promotion des produits. Toutes les décisions prises dans le secteur des A.O.C. sont guidées par la véritable déontologie que constitue la démarche de l'appellation d'origine contrôlée, et que beaucoup d'étrangers

A gauche, une vente de vins aux enchères.
Dans les caves Pommery, les galeries sont identifiées par les villes d'exportation.

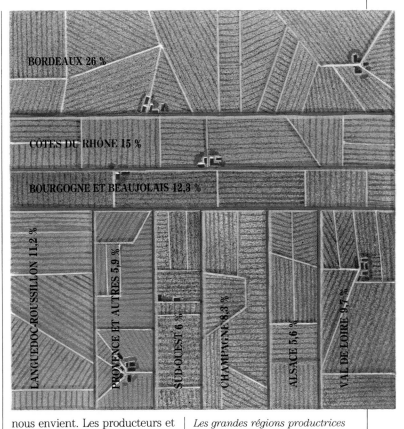

Les grandes régions productrices d'A.O.C. en France.

nous envient. Les producteurs et les négociants s'engagent solidairement dans des décisions collectives et modèrent en cela leurs intérêts individuels pour préserver la défense d'intérêts professionnels au travers de l'A.O.C. dont ils ont la charge. Ce système se fonde donc bien plutôt sur le

L'exportation
52 millions d'hl, soit l'équivalent de 6,9 milliards de bouteilles ont été mis sur le marché en 1990. Les vins français s'orientent de plus en plus vers l'exportation. Deuxième exportateur mondial en volume (derrière l'Italie), la France est le premier exportateur en valeur. En 1994, 12,8 millions d'hl ont été exportés et 34,9 millions d'hl ont été consommés en France. Les A.O.C., avec 22,1 millions d'hl (soit 40 % de la production), couvrent 52,3 % des exportations françaises de vin. La présence des vins français dans le monde s'accroît sans cesse puisque le volume des vins d'A.O.C. exportés a été multiplié par 4 en 20 ans. Le champagne ou les vins de Bordeaux sont exportés dans plus de 160 pays. Les principaux clients sont la Grande-Bretagne (18 % des débouchés en valeur), les Etats-Unis (17 %) et la R.F.A. (16 %).

volontariat et la responsabilisation professionnelle que sur une délégation des responsabilités à l'Etat. Le principe se retrouve à l'identique au niveau national avec l'I.N.A.O.

Les facteurs qui conditionnent le marché du vin, notamment les cours, sont très divers. Il y a bien évidemment la qualité de la récolte (qui dépend des cycles météorologiques) ; s'y rajoute la masse des disponibilités (c'est-à-dire la récolte plus les stocks). Il reste que la capacité financière des acheteurs, négociants ou distributeurs, est également déterminante. Certaines années ont d'ailleurs vu se développer des pratiques spéculatives, dont les effets ont été néfastes pour l'évolution des achats.

Qu'ils soient producteurs indépendants, coopérateurs ou négociants, les acteurs de la « filière vin » sont tous confrontés à la même évolution de la demande qui tend à attribuer au vin un rôle de « valorisant social ». L'adaptation à cette nouvelle fonction pourrait être déterminante pour l'avenir en favorisant le développement de vins personnalisés tantôt par leur terroir d'origine, tantôt par la signature du vinificateur ou du négociant, tantôt par une combinaison de l'un et de l'autre.

FACTEURS

LES SECRETS DES TERROIRS

Les premiers vignobles ont été plantés en France par les colons grecs, voici plus de 25 siècles. Pourtant, le paysage viticole actuel n'a guère plus d'un ou deux siècles, parfois quatre ou cinq dans les meilleurs cas. Il aura donc fallu plus de 2 000 ans pour que la vigne et les vins français parviennent à trouver et affirmer leur personnalité. L'extraordinaire lenteur de cette évolution, qui n'est sans doute pas terminée, s'explique par les difficultés rencontrées par les hommes, génération après génération, dans leur quête de l'harmonieux équilibre entre les cépages, le sol, le climat et les méthodes de travail.

A l'origine, la carte viticole ne semble pas avoir été dessinée en tenant compte d'impératifs géologiques ou climatiques bien précis. Géographes et historiens ont montré que les grandes régions viticoles ont été créées en bordure des voies navigables (fleuves, rivières et canaux). La géographie viti-vinicole est donc fille du commerce. Mais elle ne saurait être considérée comme un simple caprice de Mercure, transformé ensuite en une réussite technique par les efforts considérables des hommes. A partir du XVIIIe siècle, ils ont cherché les systèmes de condui-

te, les cépages puis les porte-greffes les mieux adaptés aux conditions climatiques, géologiques et pédologiques, dictées par les nécessités commerciales.

Le patient travail des hommes du vin n'explique pas tout. Nier le rôle des conditions naturelles serait oublier que la carte des vignobles d'aujourd'hui n'est pas un simple calque, revu et corrigé, de celle d'hier. Nombre d'anciennes régions viticoles ont disparu, à commencer par l'important vignoble parisien : seules subsistent aujourd'hui celles où la vigne a pu trouver un écosystème favorable.

Pour les vins de qualité, la notion de cru peut être perçue comme un écosystème résultant de l'association, en un lieu donné, d'un sol, d'un sous-sol, d'un climat, d'une plante (porte-greffes et cépage) et de l'homme.

Se méfier des raccourcis...

Tous ces éléments interviennent-ils à parts égales ou bien existe-t-il un facteur décisif, capable à lui seul de déterminer les caractères et la qualité du vin ? La question a été posée

depuis longtemps, notamment depuis le XVIIIe siècle, avec l'intérêt manifesté pour les problèmes agricoles par les physiocrates et leurs successeurs. Assez rapidement, le souci d'établir la hiérarchie de la qualité conduisit à constater que certaines formations géologiques et pédologiques (comme les terrains crayeux de Champagne ou les terrasses graveleuses du Bordelais) étaient éminemment favorables à la vigne. On prit conscience aussi qu'inversement, d'autres, comme les argiles lourdes, ne semblaient guère avoir d'inclination pour elle. Il apparut que les caractéristiques géologiques et pédologiques des vignobles avaient une influence, plus ou moins marquée mais indéniable, sur la couleur, le goût, l'arôme et, plus tard, le bouquet des vins. Il faut se méfier de tout raccourci, et s'il existe un déterminisme géologique, celui-ci n'est pas sans limites. En France, comme ailleurs, on produit des vins, parfois même de grande notoriété, sur des formations géologiques (roches-mères des sols) d'une extrême diversité : craies, calcaires, marnes, molasses contenant plus ou moins de calcaire actif, alluvions gravelo-sableuses souvent siliceuses, mais aussi des schistes, des granites et même parfois des argiles. Inversement, sur une même formation

géologique, la gamme de qualité peut varier dans des proportions considérables.

Compte tenu de la diversité des roches-mères, on ne s'étonnera pas de la variété pédologique des terroirs, parfois sur de petites superficies ; ainsi, avec à peine plus d'une trentaine d'hectares, la zone des grands montrachet possède des rendzines (sols caillouteux peu épais sur sous-sol calcaire) à Chevalier-Montrachet,

La vigne préfère les pentes : ici, Bergerac.
Ci-dessous, un vignoble sur rocher calcaire (Saint-Emilion).

des sols bruns calcaires à Montrachet et Bâtard-Montrachet, auxquels s'ajoutent quelques sols bruns à Bâtard-Montrachet. Encore ne s'agit-il là que d'un petit échantillonnage des sols sur lesquels peut pousser la vigne. La liste complète comprendrait, outre ces sols calcimorphes plus ou moins imprégnés de calcaire, des sols bruns, des sols bruns lessivés, des sols lessivés acides et, parfois, d'anciens podzols (sols très acides et très pauvres, possédant en profondeur une accumulation de matière organique et de fer, quelquefois concrétionnée sous forme d'alios). On peut ajouter aussi à cette énumération des sols hydromorphes par engorgement (plus ou moins fortement imprégnés d'eau) dont les plus célèbres représentants figurent parmi les meilleurs crus de pome-

NATURELS

rol (Pétrus, Trotanoy, Latour à Pomerol, etc.). Véritables « aberrations » géologiques, ils ont l'originalité de présenter des formations extrêmement argileuses, donc, en théorie défavorables à la qualité. Mais attention, il s'agit de sols très particuliers, avec une nature minéralogique spéciale, permettant la mise en place de régimes hydriques exceptionnels.

... pour appréhender une réalité complexe

Tous ces exemples le montrent, on ne peut nier que la réalité soit complexe. Toutefois, sans tomber dans un déterminisme simpliste, il semble évident que les sols jouent un rôle essentiel dans la qualité des vins. Les sols trop riches entraînent une forte vigueur et un manque de maturité des raisins, avec, par voie de conséquence, des vins incomplètement constitués. Mais ils ont aussi des effets positifs ; leur influence se fait surtout sentir dans les pays de climat frais ou tempéré. En effet, la dégustation révèle des différences importantes en fonction de la nature du terrain qui modifie les caractéristiques des vins. Cela est particulièrement patent en Bourgogne avec la notion de « climat ». Il existe parfois moins de différences entre deux vignes séparées par plusieurs centaines de mètres, à l'intérieur d'un même « climat », qu'entre deux autres presque voisines mais appartenant à deux « climats » différents. L'exemple des montrachet est particulièrement éloquent à cet égard, avec les nuances séparant les montrachet proprement dits des chevalier-montrachet dont les sols plus pierreux donnent un vin à la fois plus délicat et plus léger.

Importante aussi est la topographie ; les meilleurs terroirs sont situés sur des pentes plus ou moins accentuées (coteaux, croupes) ; en revanche, les plaines et les bas-fonds froids et humides sont peu favorables à la production de vins de qualité. L'Alsace fournit ici une bonne illustration, avec les collines sous-vosgiennes

qui offrent un terroir de choix au vignoble ; la topographie de ces coteaux favorise l'action des rayons du soleil et une bonne maturation des raisins. Ces reliefs de coteaux se trouvent souvent au bord des vallées fluviales ; on comprend pourquoi les vignobles, nés à proximité des voies navigables pour des raisons commerciales, n'ont pas quitté les coteaux par la suite.

Dans les grandes régions viticoles, la qualité ne semble pas liée à des sols possédant un type textural bien défini. De fait, on note des variations considérables dans les teneurs en argile ; elles sont infimes dans certains sols, mais peuvent dépasser 50 % dans d'excellents crus de Bourgogne et du Bordelais. En revanche, la structure joue un rôle beaucoup plus important ; dans leur grande majorité, les sols des meilleurs terroirs sont caractérisés par une macroporosité élevée qui permet un drainage rapide de l'eau et évite sa stagnation au niveau des racines. Parfois, elle permet aux racines d'atteindre des profondeurs de plusieurs mè-

tres dans les terrains gravelo-sableux meubles ou dans des roches dures fissurées (craies, calcaires et autres). Inversement, dans divers sols sur argiles ou sur calcaires compacts, l'enracinement ne dépasse pas quelques dizaines de centimètres. La profondeur et le mode de colonisation du sol par les racines ont, bien sûr, des répercussions sur la nutrition minérale et l'alimentation en eau de la vigne ; un plus grand enfoncement a souvent pour corollaire une meilleure régulation et un effet de temporisation des variations climati-

ques. Des études, conduites dans les meilleurs crus du Bordelais (dans les graves profondes mais aussi sur calcaires compacts et argiles), ont montré qu'une bonne régulation de l'alimentation en eau de la vigne, liée au mode d'enracinement, limite, sans les supprimer totalement, les effets néfastes d'une forte sécheresse comme ceux d'une pluviosité excessive, notamment durant la période de maturation du raisin. Ainsi, la formation d'un terroir de qualité résulte de la constitution

Ci-dessus, un vignoble sur craie (Cramant en Champagne). En haut, cépage cabernet sur sol de graves (Pauillac).

d'un écosystème très complexe du fait des interactions existant entre ses différentes composantes. Il faut une rigoureuse conjonction de conditions qui ne se réalise que dans des secteurs bien précis et notamment en France, dans les vignobles d'appellations d'origine contrôlée, le concept de base rejoint celui de l'écosystème des grands vins.

L'INCIDENCE DU CLIMAT

La géologie et la pédologie tiennent leur place dans la naissance des bons vins, mais elles ne seraient rien si elles ne rencontraient des conditions climatiques particulières qui leur permettent de créer un environnement favorable à la constitution de vignobles de qualité.

La vigne n'aime pas les extrêmes

La vigne est capable de s'adapter à des contextes climatiques très divers. Elle parvient à se développer sous des cieux septentrionaux, relativement froids et peu ensoleillés. On peut la cultiver sous des climats continentaux lorsque le gel hivernal ne détruit pas régulièrement les souches. On la rencontre également dans des régions à tendance tropicale.

Lors du débourrement, la vigne est très sensible au froid.
Un réchauffement artificiel peut être nécessaire pour éviter la destruction des bourgeons.

Cependant, elle supporte mal les extrêmes : des températures inférieures à — 15 ºC provoquent la destruction partielle ou totale des rameaux, des souches et des racines ; inversement, des températures trop élevées peuvent aboutir au grillage des feuilles et des raisins. En fait, l'aire privilé-giée de sa culture se situe entre 50 et 35 degrés de latitude, soit, dans l'hémisphère nord, dans des régions s'étendant des Ardennes au nord du Maghreb.

De son côté, l'ensoleillement détermine la couleur des vins. Il faut davantage d'énergie lumineuse pour assurer la synthèse des matières colorantes rouges que pour fabriquer du sucre. C'est pourquoi, dans les pays proches de la limite nord de culture de la vigne, il n'est guère possible de produire que des vins blancs (Alsace, Chablis), parfois même avec des cépages rouges (Champagne). En effet, lorsque l'ensoleillement est insuffisant, les raisins rouges ne sont pas assez colorés. Quant à la pluviosité, elle ne doit pas être trop déficitaire, comme c'est parfois le cas dans les régions méditerra-néennes. Elle ne doit pas non plus être excessive, car elle risquerait alors de dégrader la qualité des millésimes sous les climats tempérés de la façade atlantique ou sous les climats frais du quart nord-est du pays.

L'accord climat-cépage

Il est remarquable de constater que les vins de haute qualité sont généralement produits par des cépages arrivant juste à maturité sous le climat de la région : une maturation complète du raisin est indispensable pour obtenir un bon vin, mais elle doit être lente et progressive.

Dans des régions plus chaudes et plus ensoleillées, où les raisins mûrissent plus facilement et devraient, a priori, donner de meilleurs résultats, ces mêmes cépages produisent des vins « mous » dont le bouquet est moins développé, comme si une maturation trop brutale avait pour effet de brûler les essences qui font la finesse des grands vins.

Ainsi, les meilleurs vins sont souvent produits à la limite septentrionale de culture des grands cépages ; ceci exige des soins attentifs de la part du viticulteur : la quantité et la qualité de la récolte sont alors tributaires des aléas climatiques.

L'idéal climatique

Les accidents peuvent survenir à plusieurs périodes de l'année. Si, en France, le gel hivernal des souches est un phénomène exceptionnel, en revanche les gelées de printemps risquent de détruire les jeunes pousses. Des précipitations importantes lors de la floraison et de la fécondation peuvent provoquer la coulure et le millerandage, avec comme conséquence des pertes de récolte. Des périodes pluvieuses accompagnées de températures douces favorisent les maladies cryptogamiques (mildiou, oïdium, botrytis, etc.) qui attaquent les organes verts ou les baies du raisin. Quant à la grêle, elle peut, localement, entraîner la destruction partielle ou totale d'une récolte et compromettre les suivantes. Enfin, les orages et les fortes pluies peuvent maltraiter la vigne et dégrader les sols par le ruissellement. Notamment dans les régions méditerranéennes où, autrefois, pendant que les hommes reconstituaient les murets protégeant les terrains, les femmes devaient remonter la terre qui avait descendu les pentes.

Si la vigne a échappé à ces accidents, elle ne donnera pas pour autant un bon vin. Il n'est certes pas aisé de déterminer quelles sont les conditions climatiques idéales pour obtenir un vin de qualité. Toutefois, quelques

En haut, humidimètre à neutrons servant à mesurer l'alimentation en eau. En bas, grappe de raisin blanc brûlée par le soleil.

notions essentielles se dégagent de manière assez évidente. Ainsi, il n'existe pas de variations considérables dans la somme des températures d'une année sur l'autre. L'élément le plus déterminant, pour la qualité comme la quantité de chaque millésime, est donc bien la pluviosité. Une alimentation en eau satisfaisante est nécessaire durant la période de croissance de la vigne (d'avril à juillet inclus). Toutefois, elle ne doit pas être trop importante : ceci aboutirait, sur des sols relativement fertiles, à des vignes trop vigoureuses, avec une production excessive de raisins à grains trop volumineux.

En revanche, des températures élevées, un fort ensoleillement et une pluviosité réduite, mais sans être trop déficitaire, durant la maturation et la période des vendanges, sont souvent le gage d'un millésime de qualité. Les conditions climatiques de l'année constituent le facteur déterminant pour la qualité du millésime, même pour les meilleurs crus. Toutefois, on constate fréquemment chez ceux-ci une certaine régularité qualitative, divers facteurs (dont les sols avec leur mode d'enracinement) venant atténuer les effets des conditions climatiques extrêmes et permettre une meilleure régulation de la physiologie de la vigne. Cela explique la très nette supériorité que manifestent les grands crus dans les millésimes les moins favorables.

Ci-dessus, excès d'eau. Les propriétés filtrantes du sol sont insuffisantes. A droite, des racines dénudées par les pluies et les éboulements.
Ci-dessous, à gauche, un abri météo pour la mesure des températures ; à droite, analyse des informations à la station météo de Bordeaux-Mérignac.

nière plus ou moins importante les valeurs du rayonnement solaire, des températures et de la pluviosité. Elles influent donc directement sur la constitution et la qualité des vendanges. En revanche, dans les régions à relief peu accentué, les variations mésoclimatiques (dues à la présence de plans d'eau, de forêts, de cailloux, etc.) sont insignifiantes et semblent beaucoup moins déterminantes.

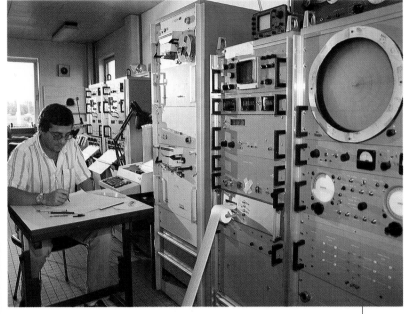

Mésoclimats et microclimats

S i les données climatiques générales ont leur importance, on peut se demander quelle est celle des mésoclimats existant à l'intérieur des grandes régions viticoles (au niveau des parcelles ou des groupes de parcelles). On constate que nombre de vignobles français, comme l'alsacien ou le bourguignon, sont orientés vers l'est. Cela leur permet de profiter des rayons du soleil levant qui réchauffe le sol de manière progressive, et d'être plus à l'abri des pluies venues de l'ouest. De même, on a pu vérifier depuis longtemps que les reliefs à forme convexe (croupes) atténuent les écarts journaliers de température, tandis que ceux qui ont une forme concave (bas de pente et fonds de vallée) sont à éviter, la durée d'insolation y étant plus faible et l'air froid s'y accumulant, avec, au printemps, des risques de gelées nocturnes.

Toutefois, il serait hasardeux de généraliser à partir de ces exemples. En effet, il faut distinguer nettement les régions accidentées des autres pour évaluer l'influence des mésoclimats. Dans les premières, l'altitude, la pente et l'exposition modifient d'une ma-

Quant aux variations microclimatiques, se situant au niveau d'une feuille, d'une grappe, voire même d'un grain de raisin, elles peuvent être considérables.

En outre, le viticulteur a la possibilité de modifier le microclimat thermique et lumineux des divers organes de la vigne en jouant sur les systèmes de conduite : géométrie et densité des plantations, orientation des rangs, taille, palissage, rognage, effeuillage, etc.

LA PART DE L'HOMME

L'intervention humaine est décisive dans le fonctionnement de l'écosystème des grands vins. La vigne constitue en France un milieu entièrement créé par l'homme et plusieurs fois reconstitué par lui au cours de son histoire. L'homme fait donc partie de l'écosystème des grands vins au même titre que le sol, le climat ou les cépages. Il semble d'ailleurs que ce soit la rencontre de ces différents éléments qui détermine les caractéristiques et la qualité de chaque terroir.

Ci-dessus, la plantation de la vigne. En haut, la taille.

L'accord sol-cépage

L'une des clefs de cet écosystème est l'adaptation du cépage au terroir. D'une manière générale, il n'existe pas de formations géologiques détenant le privilège exclusif de la qualité. Cependant, quelques cépages semblent avoir une prédilection pour certaines roches-mères. Les meilleurs vins de chardonnay sont produits dans les terrains marneux, cependant que le viognier donne des vins blancs remarquables sur des granites à Condrieu et à Château-Grillet ; quant au gamay, il produit des vins rouges agréables sur les terrains granitiques et schisteux du Beaujolais, alors que sur les calcaires marneux bourguignons il donne des vins plus ordinaires. Lorsque, pour un climat régional déterminé, le choix entre plusieurs cépages est possible, il devrait se faire en fonction du type de sol et de son microclimat hydrique et thermique. En Bordelais, par exemple, les raisins du cabernet-sauvignon arrivent à maturité complète et expriment leur plénitude exclusivement dans les sols gravelo-sableux (haut Médoc et une partie des Graves) qui sont des sols chauds parce que peu humides. Dans les sols limoneux ou argileux, plus riches en eau et par conséquent plus froids, son raisin mûrit plus difficilement et peut donner des vins herbacés et moins fins. En revanche, le merlot noir extériorise bien ses potentialités dans les sols à texture fine de Saint-Emilion et ceux, parfois extrêmement argileux, de Pomerol.

Eviter les excès

L'intervention de l'homme ne se limite pas au seul choix du cépage et du porte-greffes. Il agit aussi sur les terroirs. La vigne ne devant pas, contrairement à l'idée reçue, « souffrir » exagérément, il est parfois utile de corriger des carences, toxicités ou défauts chimiques du sol par des fumures ou amendements appropriés.

Mais on doit le faire avec parcimonie et d'une manière rationnelle, basée sur une analyse complète du sol et du sous-sol. En effet, il ne faut pas essayer d'amener le sol à son optimum de production. Confirmant l'expérience des vignerons, les études œnologiques ont montré, dans diverses régions, qu'au-delà d'un certain seuil, variable suivant les conditions climatiques de l'année, il existe une corrélation négative entre la quantité de la récolte et la qualité du vin. Une analyse plus approfondie fait apparaître que la qualité du vin semble dépendre davantage du poids de raisin porté par chaque cep que du rendement global par hectare. D'où un retour à de fortes densités de plantation (7 000 à 10 000 pieds à l'ha de vignes étroites et basses) qui, à production égale, donnent des vins de meilleure qualité que les vignes larges et hautes (moins de 3 500 ceps à l'ha). A cela s'ajoute le fait que les baies de raisin, surtout pour les rouges, doivent être de faibles dimensions de manière à obtenir un rapport élevé entre la surface de la pellicule (qui contient la matière colorante ainsi qu'une partie des tanins) et le volume du jus.

La richesse chimique du sol, l'alimentation en eau et les systèmes de conduite influent sur l'équilibre rendement-qualité. Mais les porte-greffes jouent aussi un rôle prépondérant par la vigueur qu'ils confèrent au greffon. Pour produire des vins de qualité, il faut utiliser des porte-greffes adaptés au sol, notamment à son pouvoir chlorosant, à ses réserves en eau utile et à sa fertilité. Ils doivent induire une faible vigueur de la plante, une production limitée et un arrêt de croissance précoce, favorisant une bonne maturation du raisin.

A droite, la plantation de boutures de vigne.
Ci-dessous, avant la plantation, le sol subit éventuellement un amendement qui corrige sa composition. Ici, cette opération a été effectuée par un apport de gadoue.
En bas à droite, le greffage d'un cépage noble sur un porte-greffes résistant au phylloxéra.

Ecosystème et typicité des grands vins

Importants dans l'aménagement de l'écosystème, les facteurs humains sont primordiaux à l'occasion des vendanges, de la vinification, des traitements et de la conservation des vins. Cela explique qu'autrefois beaucoup de vins, pourtant issus de très bons terroirs, aient présenté des excès d'acidité ou de tanins que ne parvenait pas à faire disparaître un long vieillissement en bouteille. Aujourd'hui, les progrès et la vulgarisation de l'œnologie ont réussi à rendre plus rares les vinifications mal conduites, sans pour autant déboucher sur une uniformisation des vins. D'une part, l'objectif que se sont fixés les œnologues, au moins en matière de grands vins, permet tout au contraire de mettre en valeur l'originalité et la typicité des grands crus. D'autre part, la complexité des écosystèmes des grands vins protège la spécificité de leur production. Les meilleurs terroirs sont ceux dont la situation géographique, le site, la topographie comme les propriétés physiques du sol, avec leurs conséquences sur le mode d'enracinement, autorisent l'implantation d'un grand cru, à condition, aussi, que le climat et les cépages s'y adaptent. Or,

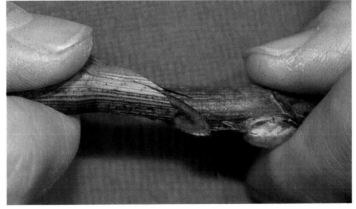

il s'agit là de facteurs naturels difficilement modifiables par l'homme. D'autant plus que l'on connaît encore imparfaitement l'explication des différences existant d'un terroir à l'autre et les valeurs optimales des divers paramètres réglant le « bon » fonctionnement de l'écosystème « climat-sol-vigne ».

LA VIGNE ET

LE CHOIX DU CÉPAGE

Cabernet-sauvignon en Médoc, ugni-blanc à Cognac, chardonnay de Bourgogne, chenin dans les pays de la Loire, sans parler des syrah, sylvaner ou gewurztraminer, les cépages sont tellement associés au paysage viti-vinicole français que l'on pourrait presque croire leur répartition figée depuis la nuit des temps. D'autant plus qu'aujourd'hui celle-ci est encadrée administrativement, chaque département possédant la liste des cépages encouragés. La réglementation va beaucoup plus loin dans le cas des appellations d'origine contrôlées, pour lesquelles la liste est exclusive.

En fait, les cépages ne sont pas apparus d'un seul coup, comme par enchantement. Ils résultent d'un fabuleux travail accompli par des générations et des générations de vignerons. Sur les milliers de cépages que compte l'espèce européenne de vigne, *Vitis vinifera*, une sélection empirique a retenu un petit catalogue de quelque 250 individus dont seule une centaine a une importance économique notable. Ce choix a été fondé sur les caractéristiques propres à chacun des cépages et, devenu un usage, il fut codifié à l'époque contemporaine.

« Le génie du vin est dans le cépage »

Chaque cépage possède une personnalité résultant de son adaptation au milieu naturel (climat et sol). Le tout est de trouver celui dont les caractéristiques culturales pourront s'épanouir. C'est ainsi que la rencontre du cabernet-sauvignon et du merlot avec les terroirs bordelais a donné les résultats que l'on connaît, parce que leur cycle de végétation leur permet de résister aux gelées printanières, tout en assurant une maturation des raisins qui coïncide avec l'arrière-saison girondine, généralement douce et ensoleillée.

Certains cépages bénéficient d'une plasticité exceptionnelle qui permet de les cultiver dans des conditions de sols ou de climats très diverses. Ainsi, si le cabernet-sauvignon trouve son bonheur sous le climat tempéré humide de Bordeaux, il trouve aussi à son goût celui, chaud et sec, de la Provence, comme l'a montré son implantation récente dans les coteaux d'Aix. En quit-

tant l'hexagone, on le voit à son aise aussi bien sous le ciel de Californie que sous les climats continentaux de l'U.R.S.S. ou de la Bulgarie. Et il n'est pas une exception ; le merlot, le chenin, le pinot ou la syrah, pour ne citer qu'eux, possèdent également une bonne capacité d'adaptation.

L'aptitude à produire tel ou tel type de vin, dans un milieu déterminé, dépend avant tout des divers constituants biochimiques des baies : leur nature et leurs proportions permettent d'établir une hiérarchie des cépages. Certains, dits nobles, sont aptes à produire des vins fins (chardonnay, pinot, cabernet-sauvignon, etc.), tandis que d'autres doivent souvent se résigner à la production des vins courants sans caractère affirmé.

Ces constituants, que l'on retrouve dans le moût, sont nombreux et complexes. Toutefois, quatre d'entre eux surtout doivent être pris en compte dans la sélection des cépages : la richesse en sucre, qui n'est pas identique pour tous les cépages, certains en produisant davantage en raison de l'activité photosynthétique plus grande de leurs feuilles ; l'acidité, avec non seulement son importance absolue mais aussi le rapport existant entre l'acide malique et l'acide tartrique, ce dernier point intéressant au plus haut degré l'œnologue ; les composés phénoliques (c'est-à-dire la teneur des pellicules en anthocyanes et en tanins), qui ont un rôle fondamental dans le cas des raisins noirs ; les arômes, qui localisés dans les pellicules des baies, sont très nombreux. Il semble que l'arôme spécifique du cépage, qui donne sa typicité au vin, résulte principalement des différences quantitatives entre eux.

Le choix du cépage est donc déterminant pour la qualité future du vin. Les observateurs éclairés l'ont compris depuis longtemps, comme Olivier de Serres qui n'hésitait pas à affirmer avec force dès 1600 : « Le génie du vin est dans le cépage. » La règle d'or est de trouver un cépage qui privilégie non pas le rendement mais la qualité.

Le renouvellement des cépages

La majorité des cépages cultivés appartient à l'espèce européenne *Vitis vinifera L.* qui, domestiquée depuis des millénaires, s'est fortement diversifiée sous l'effet de la sélection par l'homme.

Un des temps forts du renouvellement des cépages fut le XIXe siècle. Dans la seconde moitié du siècle, plusieurs parasites, introduits successivement du Nouveau Monde (oïdium, mildiou, black-rot, phylloxéra), ont menacé la vigne européenne d'extinction. Le vignoble fut rapidement reconstitué, en dépit du phylloxéra (dont l'éradication fut impossible), grâce à l'adoption du greffage de variétés européennes sur des souches (porte-greffes) dérivant d'espèces américaines, choisies pour leur tolérance à l'insecte et leur adaptation aux différents types de sol. Ainsi furent perpétués les anciens cépages de l'espèce *Vitis vinifera*, devenus greffons, que les viticulteurs apprirent à protéger des

Ci-dessus, conduite de la vigne en lyre. En haut, taille en gobelet.

Au centre, la conduite de la vigne dans l'Entre-Deux-Mers.

SA CULTURE

dans les régions de grande tradition (comme par exemple le Bordelais ou la Bourgogne), la sélection des cépages a atteint une certaine plénitude, sans qu'il soit nécessaire d'en rechercher de nouveaux. Mais ce n'est pas le cas partout, et, même dans les appellations les plus prestigieuses, il est possible d'améliorer les variétés existantes. En outre, les conditions économiques changent, le goût des consommateurs évolue, les techniques culturales progressent, de sorte que les défauts de certains cépages, dont on s'accommodait jusque-là, peuvent devenir rédhibitoires.

Le traitement de la vigne par hélicoptère est une technique récente (Champagne).

A gauche, le traitement de la vigne au soufre (Bourgogne).

maladies cryptogamiques grâce à la lutte chimique.

Cependant, certains, prenant argument des succès en matière de porte-greffes, s'évertuèrent à créer, par hybridation, des variétés-greffons nouvelles, alliant la qualité des raisins à la résistance aux multiples parasites. Ces hybrides connurent un réel engouement pendant près d'un demi-siècle, couvrant à leur apogée plus d'un tiers des surfaces viticoles. Mais, aucune des variétés de ce type n'ayant été pleinement satisfaisante sur le plan de la qualité, elles ont subi un déclin continu depuis 1950.

Cela ne veut pas dire que le renouvellement des cépages se soit totalement arrêté. Certes,

La sélection clonale

L a multiplication de la vigne s'est toujours accompagnée d'une sélection pratiquée empiriquement par celui qui prélevait les sarments destinés à la confection de nouveaux plants, qu'il choisissait en fonction de l'aspect florissant des souches. La systématisation de cette pratique débouche sur la sélection massale qui consiste, une fois repérées visuellement les souches les plus intéressantes, à en récolter les bois en mélange, en vue du greffage. On écarte ainsi de la multiplication les pieds les moins vigoureux et les moins productifs, quelles qu'en soient les raisons, génétiques ou accidentelles (viroses).

La sélection massale a entraîné un progrès indéniable de la qualité du matériel planté par la réduction des viroses, mais elle a été en partie responsable de l'élévation du rendement moyen du cépage.

La sélection clonale, mise en route dans les années 50, est basée sur la détermination objective des aptitudes de chaque souche initiale : sa descendance par voie végétative (bouturage ou

greffage) constitue un clone, dont tous les éléments sont strictement identiques. La méthode consiste à comparer les caractéristiques d'un grand nombre de clones de chaque cépage (notamment, l'absence de signes de dégénérescence, la résistance à certaines maladies, la régularité de la production, l'intensité aromatique, etc.), relevées dans des conditions expérimentales strictement définies, éliminant en particulier les biais dus aux fluctuations du milieu d'étude et à la subjectivité de l'opérateur. On ne retient que les clones classés en tête (un faible pourcentage du nombre initial en général), que l'on multiplie, afin de disposer de quantités de bois nécessaires à la confection des plants commercialisés. Les différents clones d'un même cépage étant très difficiles à distinguer morphologiquement les uns des autres, des précautions minutieuses sont prises pour conserver l'identité de chacun. Grâce aux clones sélectionnés, il est toujours possible d'améliorer les cépages, même les plus nobles. Cependant, le gain en matière d'arômes, de couleur ou de précocité de maturation ne peut dépasser une certaine amplitude caractéristique de chaque cépage. En outre, tout cela se fait lentement car l'efficacité de la sélection clonale est conditionnée par l'ampleur de la prospection préliminaire et par la rigueur de l'expérimentation.

Les ennemis de la vigne

Plusieurs ennemis guettent la vigne. Elle est sujette aux atteintes de plusieurs maladies virales (viroses) : le court-noué, l'enroulement, la marbrure et l'écorce liégeuse. Tous ces maux résultent du détournement du métabolisme des cellules contaminées au profit du virus. La propagation de ces maladies se fait au cours du bouturage ou du greffage. Aucun remède n'est directement utilisable ; d'où la nécessité de mener un combat préventif. La vigne est aussi sensible aux attaques de champignons et de divers parasites. Les maladies les plus graves et les plus répandues sont provoquées par des champignons microscopiques (mildiou, oïdium, excoriose, black-rot). Parmi les ravageurs animaux, l'on trouve notamment des chenilles qui se nourrissent de jeunes baies et favorisent ultérieurement la pourriture grise, diverses espèces d'acariens et une cicadelle. Contre les parasites végétaux et animaux, la panoplie des protections s'est largement étoffée depuis les premiers fongicides minéraux.

LES CÉPAGES

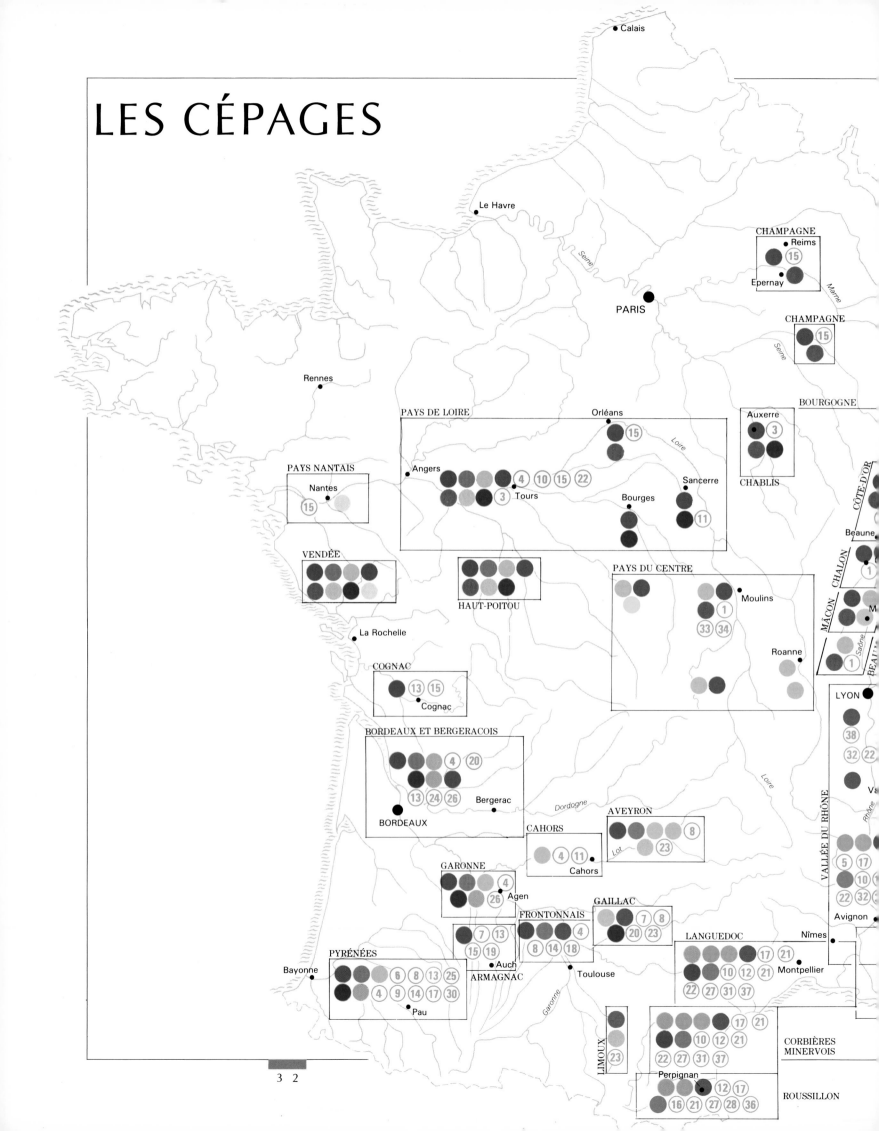

CHAMPAGNE
Reims
15
Epernay

CHAMPAGNE
15

Calais

Le Havre

PARIS

BOURGOGNE

Rennes

PAYS DE LOIRE
Orléans
15
Loire

Auxerre
3

CHABLIS

CÔTE-D'OR

PAYS NANTAIS
Nantes
15

Angers
4 10 15 22
3 Tours

Sancerre

Bourges

11

Beaune

CHALON
1

VENDÉE

HAUT-POITOU

PAYS DU CENTRE
Moulins
1
33 34

Roanne

MÂCON
M

BEA

1

La Rochelle

LYON

COGNAC
13 15
Cognac

38

32 22

BORDEAUX ET BERGERACOIS
4 20
13 24 26
Bergerac
Dordogne

BORDEAUX

Loire

VALLÉE DU RHÔNE

Va

CAHORS
4 11
Cahors
Lot

AVEYRON
8
23

5 17

10

GARONNE
4
26 Agen

GAILLAC
7 8
20 23

22 32

Avignon

FRONTONNAIS
4
8 14 18
Auch
ARMAGNAC

Nîmes

LANGUEDOC
17 21
10 12 21 Montpellier
22 27 31 37

PYRÉNÉES
6 8 13 25
4 9 14 17 30
Pau

7 13
15 19

Bayonne

Toulouse

Garonne

LIMOUX
23

17 21
10 12 21
22 27 31 37

CORBIÈRES
MINERVOIS

Perpignan
12 17
16 21 27 28 36

ROUSSILLON

3 2

PRINCIPAUX CÉPAGES ROUGES D'APPELLATION

Cépages les plus répandus.

Autres cépages

- ● Cabernet-franc
- ● Cabernet-sauvignon
- ● Carignan
- ● Cinsault
- ● Gamay
- ● Grenache
- ● Merlot
- ● Pinot noir
- ● Syrah

(1) Braquet	(10) Grolleau	(19) Nielluccio
(2) Calitor	(11) Jurançon rouge	(20) Petit verdot
(3) César	(12) LLadoner pelut	(21) Picpoul noir
(4) Côt	(13) Manseng noir	(22) Pineau d'Aunis
(5) Counoise	(14) Mérille	(23) Poulsard
(6) Courbu noir	(15) Meunier	(24) Sciacarello
(7) Duras	(16) Mondeuse	(25) Tannat
(8) Fer servadou	(17) Mourvèdre	(26) Tibouren
(9) Fuella nera	(18) Négrette	(27) Trousseau

PRINCIPAUX CÉPAGES BLANCS (ROSÉS ET GRIS) D'APPELLATION

Cépages les plus répandus

Autres cépages

- ● Chardonnay
- ● Chenin
- ● Gewurztraminer *
- ● Grenache blanc
- ● Melon
- ● Pinot blanc
- ● Pinot gris *
- ● Riesling
- ● Sauvignon
- ● Sémillon
- ● Sylvaner
- ● Ugni-blanc

(1) Aligoté	(14) Courbu	(27) Muscat à petits grains
(2) Altesse	(15) Folle blanche	(28) Muscat d'Alexandrie
(3) Arbois	(16) Grenache gris *	(29) Muscat ottonel
(4) Arrufiac	(17) Gros manseng	(30) Petit manseng
(5) Aubin	(18) Jacquère	(31) Picpoul
(6) Auxerrois	(19) Jurançon blanc	(32) Roussanne
(7) Baco 22a	(20) Len de l'el	(33) Sacy
(8) Barbaroux *	(21) Macabeu	(34) Saint-pierre doré
(9) Baroque	(22) Marsanne	(35) Savagnin
(10) Bourboulenc	(23) Mauzac	(36) Tourbat
(11) Chasselas	(24) Merlot blanc	(37) Vermentino
(12) Clairette	(25) Molette	(38) Viognier
(13) Colombard	(26) Muscadelle	

* (rosé)   Ces listes ne sont pas exhaustives

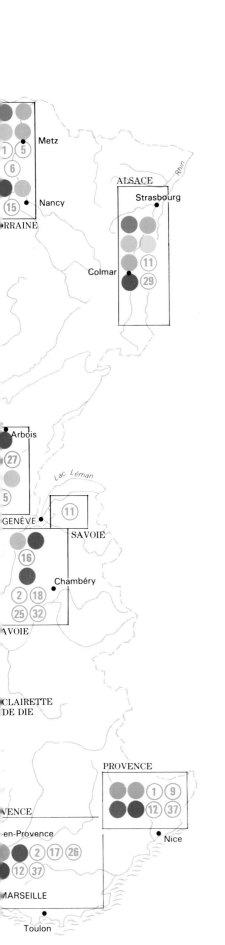

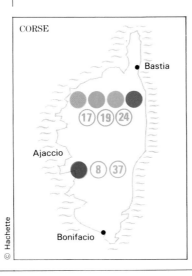

Seuls les cépages les plus représentatifs des différentes régions ont été mentionnés. Parmi les variétés citées, certaines symbolisées par un point de couleur ont une large implantation.

Par souci de clarté, c'est la dénomination officielle des cépages qui a été retenue. Cependant, il existe des synonymies régionales. Deux cas peuvent se présenter :
— plusieurs cépages différents peuvent être rassemblés sous un même vocable ; ainsi, le nom générique de malvoisie pourra correspondre au bourboulenc de la Narbonnaise, au tourbat du Roussillon ou au vermentino de Corse ;
— un même cépage peut porter différents noms selon les régions ; les exemples sont ici plus nombreux : le melon sera appelé muscadet en Pays nantais, le côt pourra devenir malbec ou auxerrois selon le lieu, ou encore le cabernet-franc se rencontrera sous les synonymes de breton ou bouchet.

D'autre part, dans le passé un cépage peut avoir été confondu avec un autre et donc porter maintenant improprement son nom.

Ces cas de synonymie sont étroitement liés à la géographie, aux coutumes régionales et viennent parfois compliquer les notions d'encépagement. Cependant, ces problèmes sont relativement bien cernés en France. En revanche, ce n'est pas toujours vrai à l'échelle internationale où il règne encore parfois des confusions assez grandes, même à propos de cépages universellement répandus.

© Hachette

LES SAISONS DE LA VIGNE

*P*oudo-me dabant que ploure, foucho-me dabant que bourre, bino-me dabant que flouri, te farai béuré de boun bi. » (Taille-moi avant que je pleure, pioche-moi avant que je bourgeonne, bine-moi avant que je fleurisse, et je te ferai boire du bon vin.) Comme le rappelle ce vieux proverbe du Sud-Ouest, la vigne exige de nombreux soins si l'on veut qu'elle soit en mesure de produire de beaux raisins, aptes à donner ensuite un vin de qualité.

Faire pleurer la vigne

*D*e saison en saison, le calendrier viticole n'est qu'une longue succession de travaux. Ceux-ci débutent alors que la vigne est encore plongée dans son long sommeil hivernal. Le dos courbé, les doigts engourdis par le froid, le vigneron doit tailler la plante. Jadis, la tradition

fixait une date symbolique, le 22 janvier, fête de saint Vincent (patron des viticulteurs), pour marquer le début officiel de ce dur labeur. Mais dans la réalité, la taille s'échelonne de décembre à mars. Son importance dans le cycle annuel de la plante est loin d'être négligeable. Elle diminue le nombre des rameaux, fixe celui des bourgeons conservés et détermine le caractère de la production à venir, tant en qualité qu'en quantité.

Quoiqu'améliorée par les outils (divers types de sécateurs pneumatiques, maintenant électriques, qui se sont substitués à l'antique serpette), la taille demeure longue et pénible. Chaque pied nécessite en effet de quatre à cinq coups de sécateur. Un hectare exige de répéter le même geste de 20 000 à 25 000 fois (en comptant une moyenne de 4 000 à 5 000 pieds par ha). Dans l'avenir, la taille pourrait être robotisée. Mais la mécanisation se heurte à un obstacle important du fait que chaque pied pose un problème spécifique. A chaque fois, il faut choisir les rameaux à enlever en fonction de leur position et faire un pari sur l'avenir. Rien d'étonnant, donc, que les viticulteurs soient souvent sentimentalement très attachés à cette opération. Non seulement elle conditionne le devenir du pied de vigne et sa production future, mais elle constitue aussi un moment privilégié du contact entre l'homme et la plante. Un vrai vigneron ne peut d'ailleurs pas s'empêcher de penser que la vigne « pleure » quand, la taille achevée, la sève monte et perle des entailles laissées par le sécateur.

En mars s'achève la taille, vers le 15, quand la vigne commence à s'éveiller. Alors débutent les labours. Leur rôle est de détruire les plantes adventices (mauvaises herbes). Ils consistent à « déchausser » la plante, en ramenant la terre vers le milieu du rang. Le complément indispensable de ce premier labour est le

Les saisons du merlot : la floraison, la véraison et la maturité.

« décavaillonnage » (tirer vers le sillon central la bande de terre laissée entre les pieds). Aujourd'hui effectuée automatiquement par les tracteurs, cette dernière opération était jadis réalisée à coups de pioche, souvent par les femmes qui suivaient la charrue. Dans de nombreux vignobles, toutefois, tous les labours (quatre à cinq par an) tendent aujourd'hui à être remplacés par un désherbage chimique, pratiqué à la fin de l'hiver.

Les labours du sol, indispensables à l'entretien du vignoble, sont aujourd'hui largement mécanisés.

En avril vient, dans les vignobles palissés, le temps de l'attachage des rameaux (sarments) conservés à la taille, sur les fils de fer (deux à trois superposés, en général). Au fur et à mesure que se poursuit le cycle végétatif de la vigne, diverses opérations sont entreprises pour assurer son bon développement. Pour éviter la prolifération des plantes adventices, on effectue en mai une seconde série de labours superficiels.

A partir du mois de mai, on procède également aux premières pulvérisations destinées à protéger la vigne contre les maladies et les parasites. Le Service de protection des végétaux avertit alors les viticulteurs des traitements à effectuer.

Juin est voué dans les vignes palissées à « l'acollage », c'est-à-dire au liage des jeunes rameaux contre les fils. On procède aussi à l'écimage des rameaux (ou « rognage »). Cette opération doit être plusieurs fois répétée dans les vignes à palissage bas. Le printemps est aussi marqué par d'autres interventions, comme l'épamprage et l'ébourgeonnage, qui permettent de supprimer la végétation inutile. Dans le même temps, le viticulteur ne doit pas oublier de traiter la vigne contre les parasites lorsque c'est nécessaire. La bouillie bordelaise (mélange de sulfate de cuivre et de chaux servant à lutter contre le mildiou) est toujours présente, mais elle ne tient plus qu'une place modeste dans l'arsenal de lutte qui comprend quelque 36 matières actives et 300 spécialités.

La majorité de ces substances a une action uniquement préventive. On trouve deux grands types de produits ; les uns, dits de surface, sont déposés sur les organes de la plante où leur persistance est surtout fonction de leur résistance au lessivage par la pluie ; les autres, pénétrants, dits systémiques, sont absorbés par les feuilles, véhiculés par la sève et dotés d'une persistance accrue (deux semaines).

Au début de l'été, ces traitements se prolongent. En août, les travaux du sol s'arrêtent en général avec le ralentissement de la croissance des plantes adventices. Mais la surveillance du vignoble demeure indispensable et la protection peut être nécessaire jusqu'en septembre si subsistent des risques de développement des maladies.

Liage des jeunes vignes sur leur tuteur.

Le système de conduite de la vigne

Le calendrier vigneron est héritier des traditions et de la sagesse populaire que véhiculent les dictons, rappelant par exemple en Champagne que « le soleil de la Saint-Jean présage une année de vin » ou que « quand il pleut à l'Assomption, le vin perd sa qualité ». Mais il

densité), l'orientation des rangs (conditionnée par la topographie et les données climatiques), le mode de taille, la présence ou l'absence du palissage, etc.
Les systèmes de conduite peuvent être rapportés à deux grands types comportant des compromis entre divers facteurs nécessaires à la qualité du vin : la forme

libre, à tronc et taille courts (gobelet), sans palissage, parfois plantée au carré, à une densité moyenne (4 500 pieds à l'ha), est le mode adopté, en général, dans les vignobles méditerranéens ; la forme palissée, nécessaire pour obtenir une maturité convenable dans les vignobles plus septentrionaux, à taille longue et densi-

té élevée (5 000 à 10 000 pieds à l'ha), se rencontre dans presque tous les autres vignobles, sous un grand nombre de variantes.
La nécessité d'abaisser les coûts de production, par la substitution croissante de la machine à l'homme, a conduit des viticulteurs, à partir de 1950, à cultiver des vignes dites « hautes et larges », caractérisées surtout par la faible densité de plantation (2 500 pieds à l'ha), l'allongement du tronc et la grande expansion des souches ; en corollaire, une augmentation de la charge en bourgeons de chaque pied est nécessaire pour maintenir un rendement à l'hectare satisfaisant. A cause d'une maturation des raisins plus lente, dans la majorité des cas, les vins résultants sont de qualité inférieure à celle obtenue par systèmes de conduite anciens. D'où le rejet des vignes « hautes et larges » pour les productions de très grande qualité.
Mais, en aménageant la disposition du feuillage selon la forme

La taille Guyot. La taille détermine la quantité et la qualité de la récolte.

Le désherbage simplifie les travaux aratoires.

est réglé aussi par les progrès des sciences et des techniques. Car la viticulture n'est plus affaire d'empirisme. Elle exige des méthodes rigoureuses. Il est d'ailleurs possible de parler d'un véritable « système de conduite de la vigne ». Pris au sens large, ce terme regroupe l'ensemble des interventions de l'homme, y compris celles sur le sol et la protection face aux maladies. Toutefois, au sens strict, il désigne les opérations de base déterminant la structure générale du vignoble, à savoir la disposition de la plantation (espacement,

Les désherbants : une menace ou une chance ?

Commencé avec précaution vers 1955, le désherbage chimique a totalement transformé la pratique actuelle de l'entretien du sol : après une longue période de tâtonnements, une partie croissante du vignoble français s'est convertie à la non-culture (absence de travail du sol), formule efficace qui permet une économie considérable par rapport au coût des façons culturales traditionnelles. Etant donné la grande sensibilité de la vigne à la plupart des herbicides, leur utilisation doit être soigneusement raisonnée en fonction de la flore à détruire, de la nature du sol et de la pluviométrie (intensité et répartition). Mais la non-culture est maintenant assez ancienne pour faire la preuve de son innocuité. A condition de respecter les prescriptions, aucun résidu n'est à craindre, que ce soit dans le sol ou dans le vin. On n'a pas démontré non plus de conséquences néfastes sur la vigne, sa production ou sa longévité. Bien au contraire, une augmentation de la vigueur est souvent observée, imputable à une meilleure alimentation hydrique et minérale de la souche, grâce à la colonisation plus complète de la couche superficielle du sol par les racines.

« en lyre » (deux plans de palissage au lieu d'un seul), on peut améliorer le microclimat lumineux et thermique des feuilles et des grappes. Ce qui permet d'obtenir, avec des vignes à faible densité et à grand développement, des vins au moins égaux à ceux des vignes traditionnelles, comme l'ont montré des recherches récentes. Il revient à chaque région viticole d'en tirer les conséquences économiques et, à partir de ce principe, de préciser les modalités du système de conduite le mieux adapté aux conditions locales.

DE LA VIGNE AU VIN

Longtemps manuelles, les vendanges tendent, dans de nombreuses régions, à être mécanisées. Le principe du ramassage à la main est de récolter des raisins entiers, débarrassés des différentes impuretés (feuilles, rameaux, terre, etc.) et, éventuellement, triés pour éliminer les raisins altérés. La vendange doit être transportée rapidement et intacte vers les cuviers.

Remplaçant les joyeuses troupes de vendangeurs, la machine à vendanger connaît un développement important. Enjambant le rang, elle est munie de batteurs qui font tomber les raisins sur un tapis constitué d'écailles rétractables au passage du cep de vigne. Après avoir été nettoyée par un ventilateur pour éliminer la plus grande partie des feuilles, la vendange est réceptionnée dans une benne de transport. La brutalité de l'action sur le raisin n'est pas a priori favorable à la qualité, surtout dans le cas des vins blancs. Les crus de haute notoriété, les plus sensibles à

« Tu brûles une mèche de soufre dans le fût, et puis tu mets le jus, après il n'y a plus qu'à attendre. » Tel fut le conseil que donna un jour un vieux viticulteur du Sud-Ouest à son fils qui reprenait l'exploitation. Celui-ci pensa qu'il y avait sans doute mieux à faire. Et, sans changer de vignes, il réussit à transformer le vin, car si la vinification est un art, elle est aussi une technique rigoureuse qui s'appuie sur la science la plus moderne.

Une vendange mûre

Tous les bons vignerons le savent depuis longtemps, la finesse et la typicité reposent en premier lieu sur la qualité de raisins parfaitement mûrs. L'évolution de la maturation dépend d'abord des conditions climatiques du début du printemps qui fixent le départ de la végétation. Entre une année précoce et une année tardive, la différence de date peut atteindre plus de 20 jours ; il faut ensuite une durée relativement constante pour que le raisin arrive à maturité.

La qualité de la maturation dépend aussi des conditions climatiques de juillet à septembre ; elle suppose un temps chaud et sec.

En haut, paniers à vendange traditionnels de Corton-Charlemagne. A droite, le remplissage de la cuve (Beaujolais).

Les grands millésimes sont généralement des années précoces, permettant aux raisins de bénéficier des longues journées ensoleillées de l'été.

Au-delà du folklore

Aujourd'hui prétexte à des manifestations folkloriques ou touristiques, la proclamation du ban des vendanges rappelle par sa solennité que le choix précis de la date a toujours été une préoccupation majeure des viticulteurs. Il fut fait pendant longtemps sur l'appréciation de l'aspect des grains et de leur douceur sucrée. De nos jours, l'analyse chimique permet une plus grande rigueur. Dans les

régions chaudes, une maturation trop complète donne des vins mous et lourds. Dans les pays froids, en revanche, il faut une maturité suffisante pour éviter les vins durs et verts.

La date des vendanges dépend également de l'état sanitaire. L'attaque des raisins peut, non seulement communiquer des

La machine à vendanger : à gauche, les batteurs qui font tomber les grappes et la chaîne d'écailles qui les reçoit et les achemine vers les bennes.

goûts étrangers, mais aussi imposer un ramassage prématuré pour éviter la perte de récolte. Les progrès réalisés dans le domaine de la protection sanitaire du vignoble sont intervenus dans l'amélioration de la qualité des vins au cours des vingt dernières années.

l'incidence des techniques, sont justement les plus réservés à l'égard de ce procédé de récolte. On peut noter, cependant, d'importants progrès dans la conception et la conduite des machines. Par ailleurs, elles permettent une certaine souplesse d'utilisation. Elles rendent notamment possi-

Cuverie de grande capacité utilisée dans les caves coopératives et munie de nombreux équipements, en particulier d'un système d'écoulage automatique du marc (Listrac).

Cuves de petite capacité en acier revêtu pour la vinification séparée des raisins d'origines différentes (Nuits-Saint-Georges).

rait être remise en question. Présentes sur le raisin, les levures sont apportées au cuvier avec la vendange. Toutefois, il est possible de compléter, voire remplacer totalement, la population levurienne indigène par un levurage. Actuellement, le commerce fournit des levures sèches d'un emploi très facile.

ble d'arrêter ou de reprendre à volonté le ramassage en fonction de l'évolution de la maturation des différents cépages, de leur état sanitaire ou de l'encombrement des chais.

Les différences de constitution des raisins, liées aux fluctuations climatiques, incitent parfois à effectuer une correction de la vendange ; en particulier, en année de maturité insuffisante, le raisin, peu sucré, donne un degré alcoolique faible. Dans des conditions bien précises, la législation autorise la chaptalisation (augmentation de la richesse saccharine du moût par addition de sucre). Sans doute cette opération s'est-elle généralisée dans certains vignobles depuis une vingtaine d'années. Cependant, on ne l'utilise pas pour créer des vins ayant des degrés plus élevés, mais pour avoir régulièrement, quelles que soient les conditions climatiques, le degré optimum pour la qualité.

La maîtrise des fermentations

Il suffit d'écraser du raisin pour observer un échauffement spontané, l'apparition d'une ébullition et la disparition du goût sucré. Le phénomène a toujours fasciné les observateurs depuis la plus haute Antiquité. Il s'agit de la fermentation alcoolique, responsable de la transformation du raisin en vin.

Un champignon microscopique, la levure, se développe à l'abri de l'air, utilisant le sucre comme aliment ; celui-ci est transformé en alcool éthylique et en gaz carbonique, responsable du spectaculaire bouillonnement des cuves de vinification. La levure forme aussi différents produits secondaires (glycérol, acides, alcools supérieurs, esters) qui, même à faibles concentrations, participent à l'arôme.

La fermentation alcoolique dégage des calories qui provoquent l'échauffement des cuves. Un contrôle de température est indispensable. Et, parfois, une réfrigération peut être nécessaire pour que le vin reste dans les limites ($20°$ pour les vins blancs, 25 à $30°$ pour les rouges) au-delà desquelles sa qualité pourrait

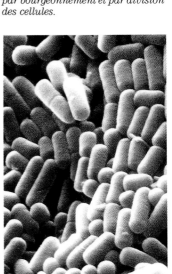

Les levures (à gauche) et les bactéries lactiques (à droite) assurent la transformation du raisin en vin. Elles se reproduisent par bourgeonnement et par division des cellules.

Les conditions de milieu ne sont pas toujours favorables et la fermentation peut s'arrêter en laissant du sucre résiduel dont la décomposition éventuelle par les bactéries conduit à la « piqûre » qui est un accident grave (augmentation de l'acidité volatile). Les progrès de l'œnologie ont largement contribué à l'amélioration de la qualité en permettant la maîtrise de la fermentation.

Après la fermentation alcoolique, intervient, dans certains cas, un second phénomène microbien, la fermentation malolactique. Sa connaissance est relativement récente. Ce n'est que vers les années 60 qu'elle a été définitivement reconnue comme un facteur d'amélioration de la qualité des vins rouges. Son utilité est moins évidente pour les vins blancs. La fermentation malolactique est provoquée par certaines bactéries qui transforment l'acide malique en acide lactique et gaz carbonique.

La conséquence est une baisse d'acidité et un assouplissement du vin ; on observe en même temps un affinement et une plus grande complexité de l'arôme. Simultanément, le vin acquiert une meilleure stabilité biologique pour sa conservation. En effet, on peut toujours craindre que cette fermentation ne se produise en bouteille, car ce serait alors un accident très grave.

Malgré les travaux scientifiques réalisés ces dernières années, la maîtrise de cette seconde fermentation demeure toujours difficile. Des tentatives d'inoculation avec des levains bactériens ont été faites depuis longtemps. Mais elles soulèvent encore des problèmes théoriques dont on peut espérer trouver la solution dans un avenir rapproché.

Enfin, lorsque les phénomènes fermentaires sont terminés, les vins doivent être stabilisés, par élimination des différents microbes à l'aide d'un procédé de clarification (soutirage, collage, filtration, centrifugation), par leur destruction à l'aide de la chaleur (pasteurisation), par addition d'un antiseptique (anhydride sulfureux) ou encore par une combinaison de ces différents procédés.

LA VINIFICATION EN ROUGE

Qu'il concerne l'aspect visuel, les arômes et le goût, le vocabulaire de la dégustation témoigne, par sa richesse, de la complexité des vins rouges. La couleur et les tanins qui les caractérisent sont obtenus par la macération des parties solides de la grappe (peau, pépins et, éventuellement, rafle) lors de la fermentation du jus de raisin. Selon les types de vins, cette extraction est plus ou moins complète. Les grands vins de garde nécessitent une macération importante, mais à partir de raisins de qualité, qui

leur permet d'acquérir la richesse tannique indispensable à un bon vieillissement, sans astringence ni amertume excessive. Avec des raisins de moins grande origine, il est recommandé de privilégier les sensations de finesse, en élaborant des vins plus légers, grâce à une macération moins poussée.

La vinification classique

La vinification en rouge implique un certain nombre d'opérations spécifiques qui sont aujourd'hui mécanisées, de même que le transport de la vendange. Dès leur arrivée au cuvier, les raisins sont généralement pris en charge par des fouloirs-égrappoirs dont la conception et la taille varient en fonction du type et de l'importance de la production. L'égrappage (ou éraflage) présente de nombreux avantages : il diminue le volume de cuverie nécessaire pour la fermentation ; il évite que la rafle n'apporte au vin son tanin, souvent d'une astringence assez grossière.

Après une légère addition d'anhydride sulfureux (pour assurer une protection contre les oxydations et les contaminations microbiennes), la vendange est ensuite dirigée vers la cuve où va se produire la fermentation, provoquée par les levures indigènes ou par inoculation d'un levain. Dès que celle-ci débute, le gaz carbonique commence à soulever toutes les particules solides qui forment, à la partie supérieure de la cuve, une masse compacte appelée « chapeau » ou « marc ». La fermentation complète du sucre dure généralement de cinq à huit jours. Elle est favorisée par l'aération du jus, nécessaire à la croissance des levures. Un bon déroulement de la fermentation suppose aussi le contrôle de la température qui

doit être maintenue inférieure à 30° pour éviter la mort des levures. Les cuves les plus modernes, en acier inoxydable, possèdent un système intégré de thermorégulation, fonctionnant automatiquement. Avec des matériels plus anciens, le viticulteur doit surveiller en permanence l'évolution thermique et recourir à des moyens manuels de réfrigération. Au cours de la cuvaison, différents procédés permettent de moduler l'importance de la macération qui constitue l'un des points cruciaux de l'élaboration du vin, ayant de lourdes conséquences sur sa cons-

En haut à gauche, égrappage de la vendange (Aloxe-Corton) ; à droite, les chais du château Pontet-Canet.
A gauche, vendange à Gaillac. Ci-dessous, la cave Joseph Drouhin à Beaune.

titution future. Pour obtenir le meilleur résultat, l'art et le savoir-faire du viticulteur consistent à jouer sur la température, sur le remontage à travers le chapeau du jus prélevé à la partie inférieure de la cuve, ainsi que sur la durée de cuvaison qui doit se situer entre 3 à 4 jours pour les vins de table

et plus de 20 pour les grands crus. Vient ensuite l'écoulage de la cuve, avec la séparation du jus, appelé « vin de goutte », ou « grand vin », et du marc. Par pressurage, le marc donne le vin de presse dont l'assemblage avec le vin de goutte se fera ultérieurement en fonction de critères gustatifs et analytiques.

Vin de goutte et vin de presse sont alors remis en cuve séparément pour subir les fermentations d'achèvement (fin de fermentation alcoolique et fermentation malolactique) qui voient la disparition des sucres résiduels et de l'acide malique. Ces opérations marquent la fin de la vinification proprement dite, et exigent de maintenir la température du chai à 18-20 ºC, jusqu'à l'épuisement complet du sucre et de l'acide malique ; elles nécessitent également des contrôles analytiques précis.

Thermovinification et macération carbonique

Mode de vinification le plus répandu, le schéma classique que nous venons de voir n'est cependant pas unique. D'autres méthodes peuvent être employées. L'extraction de la couleur peut être obtenue par un traitement à chaud de la vendange foulée ; on sépare le jus et les parties solides par pressurage avant fermentation. Cette technique, appelée thermovinification, présente des avantages matériels, notamment en se prêtant à une automatisation du travail. S'apparentant à la vinification traditionnellement pratiquée en Beaujolais, la macération carbonique fait subir à la baie de raisin intacte (placée en atmosphère de gaz carbonique) une fermentation particulière qui produit des arômes très spécifiques. Le raisin doit être apporté entier dans la cuve, sans foulage. Après la phase de macération carboni-

La cuverie du château de Corcelles.

que, qui dure de 10 à 20 jours, et écoulage de la cuve, les vins de goutte et de presse sont mélangés pour subir une fermentation alcoolique classique.
Cette technique, pratiquée sur des cépages n'ayant pas une typi-

Fabrication des fûts de chêne : cintrage au feu.

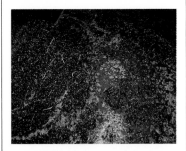

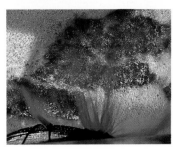

cité particulière, donne de bons résultats. Les vins ainsi produits sont souples et marqués par un arôme caractéristique qui risque de dominer celui du cépage. Ils ne sont pas destinés à un long vieillissement en bouteilles.

L'élevage

La vinification achevée, le vin nouveau, brut, trouble et gazeux, réclame encore une phase d'élevage qui va le conduire jusqu'à la mise en bouteilles. Cette étape est plus ou moins longue selon les types de vin : pour les primeurs elle ne dépasse pas quelques semaines, voire quelques jours ; les grands vins de garde, eux, vont être

élevés pendant deux ans et quelquefois plus.
L'élevage débute par la clarification dont le rôle est de rendre le vin limpide, soit par une simple sédimentation et décantation (soutirage), soit en faisant appel à des procédés physiques (filtration, centrifugation).
Le vin nouveau doit aussi perdre l'excès de gaz carbonique de fermentation, par soutirage au contact de l'air. Le réglage du gaz carbonique dépend du style de vin ; il donne de la fraîcheur aux vins jeunes peu tanniques

Ci-dessous à gauche, une cuve remplie de vendange fraîche prête au départ en fermentation ; à droite, refroidissement d'une cuve en inox.
En bas, deux procédés de remontage des moûts en fermentation pour favoriser l'extraction du marc.

(par exemple aux vins blancs secs) ; en revanche, il durcit les vins rouges de garde.
Mais l'élevage comprend aussi un processus d'affinage de la structure et des caractères. Les phénomènes d'oxydation jouent un rôle important en assurant un assouplissement des tanins et une stabilisation de la couleur.

Un luxe nécessaire, le fût de chêne

La tradition veut que l'élevage des grands vins rouges se fasse en fûts de chêne. Et son utilité ne saurait être discutée ; la qualité du vin nouveau, placé en fûts de bois de petite capacité, se développe plus vite et mieux que celle du même vin logé en cuves de grand volume. Mais à l'issue d'une période de conservation trop longue, la supériorité gustative du vin en fût n'est plus toujours évidente. Il peut apparaître une certaine maigreur et d'éventuels défauts olfactifs, dans le cas d'une conservation mal conduite, en particulier dans des vieux fûts mal entretenus.
Le principal avantage du fût de chêne, surtout avec du bois neuf, est d'apporter aux vins des arômes vanillés, qui s'harmonisent parfaitement avec ceux du raisin ; cela est très sensible avec le célèbre chêne de l'Allier (forêt de Tronçais). Mais pour qu'il soit efficace, le bois doit être impérativement séché à l'air pendant trois ans avant son utilisation ; un séchage rapide à l'étuve ne communique pas des arômes aussi fins.
L'élevage en fûts ne tolère pas la médiocrité. Son coût de revient est élevé, tant en raison du prix d'achat des barriques qu'à cause du travail manuel qu'il impose. L'évaporation entraîne des pertes de vin.
Il est également indispensable de bien doser le caractère boisé à donner au vin, de façon à ce que sa marque apparaisse sans être excessive. Toutefois, quels que soient les problèmes qu'il soulève, ce type d'élevage est une nécessité pour obtenir une parfaite expression des qualités des très grands vins rouges.

La vinification en rosé
Intermédiaires entre les vins rouges et blancs, les rosés ne résultent cependant jamais d'un mélange des premiers et des seconds, la législation interdisant une telle pratique. Il existe différents types de rosés dont la couleur est un élément essentiel d'appréciation.
Les rosés résultent d'une vinification particulière dont il existe deux variantes. Les « rosés de vinification en blanc » sont élaborés par pressurage direct de raisins noirs qui permet d'extraire la quantité de couleur juste suffisante ; ensuite, le travail est directement inspiré par la vinification en blanc. Les « rosés de macération partielle » sont obtenus par « saignée ». Le remplissage de la cuve est réalisé comme la vinification en rouge. Un début de fermentation soulève le marc. Lorsque la couleur est suffisante, après 12 à 24 heures de macération, on écoule une partie du jus qui continue à fermenter séparé du marc.

LA VINIFICATION EN BLANC

Comparés tour à tour au cristal, à l'or, au soleil ou aux fleurs, les vins blancs ont inspiré plus d'un poète. Ils savent aussi se montrer attachants par leur grande diversité qui fait le charme de leur dégustation. A chacun d'eux doit correspondre une qualité de vendange appropriée et une technique de vinification spécifique.

Les vins blancs secs

Le plus souvent, le vin blanc résulte de la fermentation d'un pur jus de raisin ; le pressurage précède la fermentation. On cherche ainsi à éviter la diffusion, dans le vin, des éléments

La filtration des vins blancs est nécessaire pour leur faire acquérir une couleur brillante. Elle se pratique sur terre d'infusoires (en haut) ou sur plaques (en bas).

amers et astringents des parties solides de la grappe. Mais les pellicules sont aussi riches en arômes, d'autant plus que les raisins sont de qualité. Pour cette raison, dans certains cas, on recherche une courte macération préfermentaire des peaux pour en extraire leurs arômes, tout en évitant les défauts gustatifs et olfactifs.

L'extraction du jus est faite avec le maximum de soin, en faisant appel au foulage, à l'égouttage et au pressurage. Les jus obtenus lors des dernières pressées sont fermentés séparément, car ils donnent des vins de moins bonne qualité. Pendant toutes ces opérations, il faut éviter un contact excessif avec l'oxygène, car le moût blanc est très sensible à l'oxydation.

A côté des arômes primaires de raisin qui donnent aux différents vins leur typicité, les arômes de fermentation (esters) sont indispensables à la qualité des vins blancs. Leur formation est privilégiée lorsque la levure fermente un jus clair, à température relativement basse (maximum 20°). Dès son extraction, le moût est donc clarifié par sédimentation et soutirage (débourbage), éventuellement par centrifugation ou par filtration. En outre, pendant toute la durée de la fermentation, la cuve doit être en permanence réfrigérée, afin de maintenir la température au-dessous de 20 °C.

La majorité des vins blancs sont fermentés en cuves métalliques. Cependant, quelques productions de haut prestige fermentent en fûts de chêne, de préférence neufs. Ce système présente notamment l'avantage (avec des fûts de petite capacité) de favoriser des échanges entre les lies de levure et le vin, qui contribuent à donner leur typicité à ces vins de haut de gamme.

Souvent, la vinification se termine lorsque la fermentation alcoolique s'achève : la fermentation malolactique n'est généralement pas recherchée. En effet, les vins blancs supportent bien une certaine fraîcheur acide et cette fermentation secondaire peut affecter les arômes typiques du cépage. Cependant, elle donne du gras et du volume aux grands vins élevés en fûts, qui sont destinés à un long vieillissement. D'autre part, elle peut assurer aussi la stabilisation biologique.

Les vins doux

La vinification des vins doux suppose des raisins riches en sucre. Une partie est transformée en alcool, mais la fermentation est arrêtée avant son achèvement, par addition d'anhydride sulfureux et élimination des levures.

De nombreux vins doux sont particulièrement riches en alcool (13 à 16 °C) et en sucre (50 à 100 g par l). Il faut donc des raisins très mûrs. Cette concentration est obtenue à partir de la « pourriture noble » ; elle correspond à l'expansion de *Botrytis cinerea*, champignon classique de toutes les formes de pourriture.

A gauche, la surveillance du vin en barrique (Entre-Deux-Mers). Ci-dessous, une grappe atteinte par la pourriture noble.

Dans un environnement particulier (humidité le matin, temps ensoleillé dans la journée), il peut se développer sur un raisin parfaitement mûr, sans faire éclater la pellicule, donc sans altération. Lorsque la peau a été décomposée par le champignon, le grain se comporte comme une éponge et perd son eau par évaporation. Mais les transformations biologiques sont profondes et correspondent à une amélioration de la qualité ; en particulier, le sucre est beaucoup plus concentré que l'acidité et il apparaît des arômes spécifiques. Le développement du champignon étant progressif, il faut vendanger en plusieurs fois, par « tries » (ou tris) successives. Ce type de vinification suppose une rencontre de facteurs naturels qui ne se produit qu'en de rares régions. Les grands millésimes sont exceptionnels. Ils contribuent au prestige dont jouissent à juste titre ces vins. Mais leur production est onéreuse, autant par le travail nécessaire que par la faible récolte.

Le champagne

Dans la gamme des vins blancs, le champagne occupe une place à part. La notoriété du champagne est certainement due d'abord à la finesse de son arôme et à l'harmonie de son goût. Mais l'aspect même du vin dans le verre, le pétillement et les bulles ont facilité son association à l'idée même de la fête. La réputation des vins champenois a incité la création, dans de nombreuses autres régions, de produits élaborés sur des principes similaires qu'englobe le terme de « vins mousseux ». Dans tous les cas, le dégagement de gaz carbonique (créateur des bulles) provient exclusivement d'une deuxième fermentation, ou prise de mousse. Dans la « méthode champenoise », celle-ci est effectuée dans la bouteille définitive

qui sera livrée au consommateur. Si cette opération est effectuée en cuve, avant le tirage en bouteilles, on parle alors de vin mousseux élaboré en « cuve close ». Dans les bouteilles de champagne et de vins mousseux en général, la pression de gaz carbonique est de l'ordre de 6 bars, les vins pétillants étant moins riches en gaz carbonique.

La préparation du vin de base nécessite beaucoup de soin, ne serait-ce que pour arriver à obtenir un vin blanc à partir de raisins noirs. Après la fermentation alcoolique principale, la fermentation malolactique est généralement recherchée pour des raisons de stabilité. L'assemblage d'une cuvée est basée essentiellement sur la dégustation, en fonc-

tion du type de champagne que l'on veut réaliser. Cette opération fait appel à des vins de différents cépages et de divers crus, en incluant éventuellement des vins vieux.

Quand la cuvée est stabilisée, on ajoute la liqueur de tirage pour apporter du sucre (25 g par l), des levures et éventuellement des adjuvants de fermentation. Le vin est tiré en bouteilles fermées par des bouchons couronnes qui sont placées couchées (bouteilles sur lattes) dans les caves. La deuxième fermentation se déroule lentement, durant plusieurs semaines, voire plusieurs mois, à basse température (10 °C à 12 °C). Ensuite, le vin doit vieillir pendant une ou plusieurs années sur son dépôt de levure

afin de bénéficier des échanges entre celle-ci et le vin.

Pour l'élimination du dépôt de levure, les bouteilles sont d'abord placées sur des pupitres, le goulot vers le bas. Le remuage permet d'entraîner le dépôt progressivement contre le bouchon. Différents procédés sont en cours de développement pour simplifier cette opération (appareillage mécanique et emploi de levures incluses dans des billes de gel inerte de sédimentation facile).

Le dépôt ainsi rassemblé est éliminé par congélation de l'extrémité du goulot, ce qui permet d'enfermer les levures dans un glaçon. Il faut ensuite procéder au plein de la bouteille avec la liqueur d'expédition préparée à partir du vin. Celle-ci apporte certains adjuvants propres à faciliter la conservation et permet d'amener le taux de sucre dans une fourchette se situant entre 8 et 12 g par l (brut) ou entre 35 et 45 g par l (demi-sec). Ensuite, la bouteille est obturée avec son bouchon définitif.

Ci-dessus, un pressoir en Champagne (Ecueil).
A gauche, la délicate opération de l'assemblage participe au caractère du champagne.
Ci-dessous, la centrifugeuse est un des systèmes de clarification du moût.

Les vins doux naturels

Elaborés principalement dans le Roussillon, les vins doux naturels (blancs et rouges) proviennent de raisin dont la richesse naturelle en sucre est obligatoirement supérieure à 252 g de sucre par litre (équivalent à 14 degrés en puissance). Le processus de la fermentation est arrêté par mutage à l'alcool (degré final de 15 à 16°), afin de conserver une partie du sucre du raisin (70 à 125 g par l). La vinification sans macération permet d'obtenir des vins doux naturels blancs relativement légers, non oxydés, souvent destinés à être consommés jeunes, notamment les muscats. La vinification avec macération des pellicules conduit à des produits plus riches en arômes et des vins doux naturels rouges plus complets, donc plus aptes au vieillissement qui doit se faire en fûts pendant quelques années pour développer leur optimum de qualité.

L'ÉLEVAGE ET LA GARDE

Ce gleiszeller est de huit ans, c'est moi-même qui l'ai acheté à la côte ; maintenant, il doit avoir assez déposé, il est temps de le mettre en bouteilles. Dans huit jours, je préviendrai le tonnelier Schweyer, et nous commencerons ensemble. Et ce steinberg-là est de onze ans ; il a fait une maladie, il a filé, mais ce doit être passé... nous verrons ça bientôt. Ah ! voici mon forstheimer de l'année dernière, que j'ai collé au blanc d'œuf ; il faudra pourtant que je l'examine ; mais aujourd'hui je ne veux pas me gâter la bouche. Demain, après-demain, il sera temps. »

Des attentions de tous les instants

Attendre 8 ans pour obtenir la stabilisation du vin avant sa mise en bouteilles ! Les méthodes de travail de l'ami Fritz, le héros du grand roman régionaliste alsacien du siècle dernier, peuvent faire sourire aujourd'hui,

Dépôts de tartre dans une cuve : la complexité du vin est responsable de troubles et de dépôts d'origine parfaitement naturelle.
Des traitements appropriés doivent être mis en œuvre pour qu'ils n'interviennent pas en bouteilles.

tant l'œnologie a progressé depuis. Mais elles traduisent bien l'intérêt qui, de tout temps, a été porté au travail du vin. Elles rappellent aussi que l'intervention de l'homme dans la préparation du vin ne s'arrête pas avec l'achèvement de la fermentation. Car, si le jus de raisin est devenu alors du

vin, celui-ci, qu'il soit rouge ou blanc, réclame de nombreux traitements et des attentions de tous les instants avant de pouvoir être mis en bouteilles et commercialisé. Les consommateurs avertis le savent bien, eux qui recherchent à juste titre la limpidité et le brillant dans la présentation du vin qu'ils achètent.

La limpidité peut être obtenue par la conservation du vin, pendant une longue durée, en récipients de petite capacité, des soutirages réguliers permettant d'éliminer, au fur et à mesure, les particules qui sédimentent. Pour les vins destinés à être consommés jeunes, surtout s'ils sont logés en cuves de grande capacité, les soutirages ne sont plus suffisants. Il faut alors faire appel à différents procédés physiques, tels que la centrifugation ou la filtration.

Mais obtenir la limpidité du vin n'est pas suffisant. Il faut aussi s'assurer qu'elle sera stable. En raison de l'intervention dans son élaboration de cellules vivantes (baies de raisin, levures, bactéries), le vin a une grande complexité de composition. Ses différents constituants peuvent réagir les uns avec les autres, par un jeu de mécanismes chimiques fort complexes. La conséquence de ces phénomènes naturels peut être l'apparition de troubles et de dépôts.

Tout à fait naturels et sans gravité en barriques ou en cuves, ces différents accidents deviennent extrêmement graves lorsqu'ils se produisent en bouteilles. La qualité intrinsèque du vin n'est pas

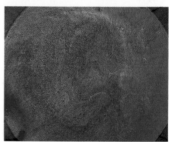

Ci-dessus, le collage aux blancs d'œufs. Au-dessus, le moût.
En haut, un chai de vieillissement de première année : le grand chai de Mouton Rothschild.

forcément compromise, mais il faut déboucher les bouteilles, remettre le vin en cuves, le clarifier à nouveau et recommencer la mise en bouteilles. Il est donc important que la stabilisation soit acquise avant le conditionnement. Heureusement, on sait aujourd'hui prévoir les accidents et on connaît les traitements permettant de les éviter.

Si l'alcool et l'acidité contribuent à rendre le vin microbiologiquement assez stable, il peut arriver que, dans certaines conditions, des micro-organismes parviennent à se développer ; ils provoquent alors des maladies bactériennes, dont certaines risquent de compromettre définitivement la qualité ; elles ont été parfaitement décrites pour la première fois par Pasteur. L'acidité volatile traduit l'importance de ces développements bactériens. Elle est, pour cette raison, limitée par la législation. La prévention de ces accidents suppose des soins de propreté (pour éliminer les microbes) et des récipients parfaitement pleins (ouillage) pour éviter la présence d'oxygène. On dispose dans ce domaine d'un antiseptique très efficace, l'anhydride sulfureux.

Le collage

Apparu au XVIIIᵉ siècle, le collage a un double effet de clarification et, surtout, de stabilisation. Il consiste à ajouter au vin une matière protéique (blanc d'œuf, gélatine) qui, en floculant, élimine les particules en suspension, ainsi que certains constituants susceptibles de troubler ultérieurement le vin. Le collage des vins rouges est indispensable pour éliminer l'excès de matière colorante qui floculerait en tapissant l'intérieur de la bouteille. Pour les vins blancs, on évite la coagulation des protéines naturelles en les éliminant par fixation sur une argile colloïdale, la bentonite.

La mise en bouteilles

Suivi attentivement, le vin arrive au moment où il va être conditionné. Si les vins ordinaires peuvent se contenter de divers matériaux et présentations (cubitainers de 10 à 20 l, récipients en carton protégé, bouteilles plastiques, etc.), les grands vins exigent une mise en bouteilles de verre. Chaque région a adopté des modèles particuliers dont les contenances sont très variables, allant de la fillette d'Anjou (demi-bouteille de 35 cl) au célèbre nabuchodonosor (16 l).

Mais, le plus souvent, le volume retenu évolue entre 72 et 80 cl, avec une prédilection très nette pour le chiffre de 75 cl. La coutume veut que cette contenance soit celle qui favoriserait le mieux le vieillissement, les grandes contenances (magnum de 1,5 l et plus) faisant mûrir le vin plus lentement, cependant que les demi-bouteilles provoqueraient une évolution trop rapide.

Quoi qu'il en soit, la mise en bouteilles demande beaucoup de soin et de propreté. Il faut éviter que le vin, parfaitement clarifié, ne soit contaminé par cette opération, qui est souvent réalisée à des cadences élevées.

Les différents types de bouteilles : demie, 75 cl, magnum, double magnum, jéroboam.

Si le choix du matériau est important pour la bouteille, il l'est plus encore pour le bouchon. Pour des raisons de coût moindre, certains procédés d'obturation utilisant le métal ou les matières plastiques sont appelés à se développer pour les vins de table. Mais, pour les grandes bouteilles de garde, le matériau de choix demeure le liège. Certes, il peut présenter deux sortes d'inconvénients : les « bouteilles couleuses » et les « goûts de bouchon ». Mais ce sont là des accidents que la technologie rend de plus en plus rares et qui n'enlèvent rien aux qualités du liège ; grâce à son élasticité, il garantit l'herméticité, sans que la force nécessaire pour son extraction soit excessive ; en outre, il assure une bonne étanchéité au gaz. Toutefois, comme c'est un matériau dégradable, il est recommandé de renouveler les bouchons tous les 25 ans.

Les secrets du vieillissement

L'expression « vieillissement » est spécifiquement réservée aux transformations lentes du vin conservé en bouteilles, à l'abri de l'oxygène de l'air. Le bouchon est parfaitement étanche, le liège ne permettant pas au vin de « respirer ».

L'aptitude au vieillissement est une caractéristique propre des grands vins. Les transformations du vin en bouteilles sont multiples et complexes. La modification la plus apparente porte sur la couleur. Elle est parfaitement mise en évidence dans le cas des vins rouges : rouge vif dans les vins jeunes, elle évolue, dans le cas des vins vieux, vers des nuances plus jaunes, évoquant la tuile ou la brique. On explique ainsi les expressions « rouge brique » ou « tuilé », qu'emploient volontiers les dégustateurs pour caractériser la présentation des vins rouges après quelques années de vieillissement.

Dans les vins très vieux, la nuance rouge disparaît complètement, le jaune et le marron devenant les teintes dominantes.

Au cours du vieillissement, les arômes se développent, cependant qu'apparaît un « bouquet » caractéristique du vin vieux. Si l'on peut constater et apprécier le résultat, il faut bien reconnaître que le vin sait ici garder son secret ; les fondements chimiques de ces transformations très complexes demeurent encore obscurs.

Un bon vieillissement implique un stockage des bouteilles dans des conditions convenables. Elles doivent d'abord être couchées pour assurer l'étanchéité du liège. Celle-ci suppose aussi une humidité suffisante de la cave (au moins de 50 %). En revanche, s'il n'est pas contre-indiqué, un taux supérieur (qui peut atteindre dans certains cas 100 %) risque de favoriser la prolifération de vers dans le liège et provoque généralement une altération des étiquettes et emballages.

La température aussi doit être régulée. Les limites extrêmes sont de 8 et 15 °C. En dessous, l'évolution est exagérément lente et, au-dessus, le vin vieillit prématurément. Plus encore que la chaleur, les variations de température entre l'été et l'hiver sont particulièrement néfastes, car elles provoquent des successions de dilatations et contractions. La lumière est également l'ennemi du vin. On explique ainsi l'utilisation de bouteilles de verre teinté qui sert de filtre, et le maintien des caves dans l'obscurité.

Le vieillissement du vin possède ses exigences. Mais l'organisation et la gestion d'une cave personnelle peuvent devenir une source de plaisir et de satisfaction qui compenseront largement les dépenses engagées et le temps passé.

La mise en bouteilles dans une coopérative moderne : le cellier des Samsons dans le Beaujolais.

MILLÉSIMES DU XXe SIÈCLE

	Bordeaux R	Bordeaux B liquoreux	Bordeaux B sec	Bour-gogne B	Bour-gogne B	Cham-pagne	Loire	Rhône	Alsace
1900	19	19	17	13		17			
1901	11	14							
1902									
1903	14	7	11						
1904	15	17		16		19		18	
1905	14	12							
1906	16	16		19	18				
1907	12	10		15					
1908	13	16							
1909	10	7							
1910									
1911	14	14		19	19	20	19	19	
1912	10	11							
1913	7	7							
1914	13	15				18			
1915		16		16	15	15	12	15	
1916	15	15		13	11	12	11	10	
1917	14	16		11	11	13	12	9	
1918	16	12		13	12	12	11	14	
1919	15	10		18	18	15	18	15	15
1920	17	16		13	14	14	11	13	10
1921	16	20		16	20	20	20	13	20
1922	9	11		9	16	4	7	6	4
1923	12	13		16	18	17	18	18	14
1924	15	16		13	14	11	14	17	11
1925	6	11		6	5	3	4	8	6
1926	16	17		16	16	15	13	13	14
1927	7	14		7	5	5	3	4	
1928	19	17		18	20	20	17	17	17
1929	20	20		20	19	19	18	19	18
1930						3	4	3	
1931	2	2		2	3		3	5	3
1932				2	3	3	3	3	7

	Bordeaux R	Bordeaux B liquoreux	Bordeaux B sec	Bour-gogne B	Bour-gogne B	Cham-pagne	Loire	Rhône	Alsace
1933	11	9		16	18	16	17	17	15
1934	17	17		17	18	17	16	17	16
1935	7	12		13	16	10	15	5	14
1936	7	11		9	10	9	12	13	9
1937	16	20		18	18	18	16	17	17
1938	8	12		14	10	10	12	8	9
1939	11	16		9	9	9	10	8	3
1940	13	12		12	8	8	11	5	10
1941	12	10		9	12	10	7	5	5
1942	12	16		14	12	16	11	14	14
1943	15	17		17	16	17	13	17	16
1944	13	11	12	10	10		6	8	4
1945	20	20	18	20	18	20	19	18	20
1946	14	9	10	10	13	10	12	17	9
1947	18	20	18	18	18	18	20	18	17
1948	16	16	16	10	14	11	12		15
1949	19	20	18	20	18	17	16	17	19
1950	13	18	16	11	19	16	14	15	14
1951	8	6	6	7	6	7	7	8	8
1952	16	16	16	16	18	16	15	16	14
1953	19	17	16	18	17	17	18	14	18
1954	10			14	11	15	9	13	9
1955	16	19	18	15	18	19	16	15	17
1956	5						9	12	9
1957	10	15		14	15		13	16	13
1958	11	14		10	9		12	14	12
1959	19	20	18	19	17	17	19	15	20
1960	11	10	10	10	7	14	9	12	12
1961	20	18	16	18	17	16	16	18	19
1962	16	16	16	17	19	17	15	16	14
1963				10					
1964	16	7	13	16	17	18	16	14	18
1965		12					8		

PROPOSITION DE COTATION

	Bordeaux R	Bordeaux B liquoreux	Bordeaux B sec	Bour- gogne R	Bour- gogne B	Cham- pagne	Loire	Rhône	Alsace
1966	17	15	16	18	18	17	15	16	12
1967	14	18	16	15	16		13	15	14
1968									
1969	10	13	12	19	18	16	15	16	16
1970	17	17	18	15	15	17	15	15	14
1971	16	17	19	18	20	16	17	15	18
1972	10		9	11	13		9	14	9
1973	13	12		12	16	16	16	13	16
1974	12	13		12	13	8	11	12	13
1975	18	17	18		11	18	15	10	15
1976	16	19	16	18	15	15	18	16	19
1977	12	9	14	11	12	9	11	11	12
1978	17	14	17	19	17	16	17	19	15
1979	16	16	16	15	16	15	14	16	16
1980	13	15	18	12	12	14	13	15	10
1981	17	16	17	14	15	15	15	14	17
1982	19	14	17	14	16	16	14	13	15
1983	17	15	16	15	16	13	12	16	20
1984	13	13	12	13	14	5	10	11	15
1985	18	15	15	17	17	17	16	16	19
1986	18	13	15	12	15	9	13	10	10
1987	14	11	16	12	11	10	13	8	13
1988	16	19	18	16	14	15	16	18	17
1989	18	19	18	16	18	16	20	16	16
1990	18	20	17	18	16	19	17	17	18
1991	13	14	14	14	15	11	12	13	13
1992	12	10	15	15	16	12	14	12	13
1993	13	8	15	14	13	12	13	13	13
1994	16	14	17	14	16	12	14	14	12
1995									
1996									
1997									
1998									

Les exigences d'un grand millésime

La vigne ne donne pas ses meilleurs produits dans les climats a priori les plus favorables. Une température excessive entraîne une maturation trop rapide ; elle se traduit par la diminution des arômes et le renforcement du caractère tannique qui devient dominant. Par ailleurs, dans ces mêmes situations, la régularité du climat provoque une uniformisation de la qualité ; les terroirs perdent leur spécificité et toutes les années présentent des ressemblances certaines.

Les vignobles français les plus prestigieux se trouvent dans des régions dont les conditions climatiques, variables d'une année à l'autre, influent sur le cycle végétatif de la vigne et la maturation du raisin. La constitution du raisin au moment des vendanges est très variable ; elle possède, chaque année, une spécificité propre et elle communique aux vins des caractères différents. Deux millésimes ne peuvent jamais être absolument identiques. Le climat intervient, d'une part sur la date de départ de la végétation et par conséquent sur la précocité de la maturation, d'autre part sur la constitution du raisin au moment de la récolte. Un dicton populaire prétend que les conditions climatiques du mois de juin, au moment de la floraison, fixent l'importance de la récolte, et que celles du mois d'août sont responsables de la qualité. Dans la réalité, pour avoir un grand millésime, tout au moins en Bordelais, en Bourgogne, en Champagne et en Alsace, il faut un beau temps ensoleillé surtout en septembre et éventuellement en octobre si les vendanges ne sont pas terminées. Mais sous d'autres climats naturellement plus chauds, par exemple la vallée du Rhône ou le bassin méditerranéen, l'excès de chaleur et de sécheresse peut freiner la maturation.

La chaleur, la lumière et l'humidité constituent les facteurs météorologiques qui influent sur le déroulement de la maturation du raisin. De nombreuses tentatives ont été faites pour relier la constitution du raisin et la qualité du millésime aux facteurs climatiques. Elles montrent l'existence de relations évidentes, mais il n'est pas simple de dégager des lois précises, car plusieurs facteurs climatiques sont imbriqués et leurs effets ne sont pas les mêmes à tous les stades du cycle végétatif.

La maturation se traduit par une modification de la constitution des différentes parties de la baie. Le jus de la pulpe perd sa saveur acide et gagne du sucre qui donnera de l'alcool. Les arômes s'intensifient et s'affinent. Egalement, la pellicule des raisins noirs accumule des tanins et de la couleur ; mais la synthèse de ces pigments nécessite une grande énergie et, par conséquent, elle est tout particulièrement affectée par les facteurs climatiques. D'une année à l'autre, par rapport à la constitution du jus, celle de la pellicule accuse des différences plus importantes. On comprend donc pourquoi la notion de millésime est généralement plus marquée pour les vins rouges que pour les vins blancs secs, pour lesquels la pellicule n'intervient pas dans la vinification.

Cette notion de millésime reprend toute son importance dans le cas des grands vins liquoreux, type sauternes et barsac, car les facteurs climatiques commandent les conditions d'attaque de la pellicule par la pourriture noble.

L'AVENIR

I l faudrait tout le talent d'un Jules Verne pour imaginer la vigne et les vignerons tels qu'ils seront demain. Du moins, si l'évolution future est à l'image de celle des dernières décennies. A quoi pourraient penser en effet des contemporains de Wells en voyant évoluer des tracteurs enjambeurs ? Peut-être songeraient-ils à quelque tripode échappé de la Guerre des Mondes ? Mais la poésie et la science-fiction risqueraient d'être trompeuses et, sans doute, vaut-il mieux tenter de déceler l'avenir dans les réalités actuelles.

La culture in vitro apporte à la viticulture des perspectives nouvelles en autorisant la production sur une grande échelle de plantes exemptes de virose. En haut, développement des microplants dans les tubes. Page de droite, préparation des boutures pour l'ensemencement des tubes en culture.

Des cépages plus résistants

L'une des perspectives les plus intéressantes pour l'avenir est certainement l'amélioration des cépages dans le domaine de la résistance aux maladies. En effet, si les variétés de l'espèce européenne doivent leur indiscutable notoriété aux qualités organoleptiques de leurs vins, elles se caractérisent aussi par une grande sensibilité à de nombreux parasites qui nécessite une lutte constante à l'aide de divers produits chimiques, fongicides et insecticides. Outre leur coût, leur emploi, même limité grâce aux méthodes de prévision des risques d'attaque, n'est pas sans innocuité pour l'environnement et pour l'homme.

Face à ces maux, il est possible de trouver un autre moyen de lutte, ne présentant pas les mêmes inconvénients, en tirant parti de la résistance génétique de la vigne. Des études récemment conduites dans ce sens montrent des différences de sensibilité aux parasites entre cépages de *Vitis vinifera*. Les résultats obtenus méritent d'être valorisés, même s'ils ne sont pas directement exploitables. Cette approche est d'ailleurs en accord avec la découverte de molécules chimiques nouvelles dont le mode d'action à l'encontre des parasites passe par une stimulation des défenses naturelles de la plante. De nombreux croisements, assortis d'une sélection judicieuse, seront nécessaires pour récupérer et concentrer ces caractères de moindre sensibilité présents dans différents cépages. Une autre voie nouvelle se propose de révéler des potentialités de résistance cachée ; elle passe par

la régénération de plantes en culture in vitro.

Enfin, on peut noter, dans plusieurs pays, des recherches comportant la mise en œuvre des gènes de résistance provenant d'espèces américaines. Leurs conclusions tendent à prouver que la résistance aux parasites peut être parfaitement compatible avec la qualité des raisins et du vin, contrairement à ce qu'avait laissé croire l'expérience malheureuse des hybrides producteurs directs.

Une conception d'avenir de la protection du vignoble doit donc combiner des résistances aux parasites avec un programme réduit d'application de fongicides. Seuls les plus performants seront alors utilisés. Cette conception se concrétise déjà avec l'obtention de variétés nouvelles, dites d'agrément, qui ont valeur d'exemple bien que leur diffusion soit encore, volontairement, limitée aux amateurs pour une production domestique de raisins frais ; grâce à leur bonne résistance aux parasites, ces variétés peuvent se cultiver avec seulement deux à trois traitements polyvalents par saison.

Des vignes in vitro

La culture *in vitro*, c'est-à-dire en laboratoire, sur un milieu synthétique et en conditions aseptiques, est développée chez de nombreuses plantes et sert actuellement à la multiplication commerciale de plus de cent espèces. Elle a notamment permis de surmonter l'obstacle d'un bouturage impossible (pour l'orchidée) et de produire des plantes d'une qualité constante et irréprochable (fraisier et pomme de terre sans virus).

Pour la vigne, qui ne présente pas de difficultés majeures de multiplication, point n'est besoin de culture *in vitro* pour produire des plantes de grande qualité et d'un coût modéré. Cependant, cette technique augmente les capacités naturelles de multiplication de la plante et permet donc de produire un très grand nombre de plantes identiques à celles de départ, à l'abri des contaminations virales. Une technique de production de plants, associant la culture *in vitro* et le greffage herbacé (le greffage étant indispensable chez la vigne) a été proposée récemment. La miniaturisation permet même de constituer, dans un volume réduit et dans des conditions de développement bien définies, de véritables conservatoires de cépages.

On peut trouver également une application dans le cas des parasites fongiques de la vigne, dits obligatoires, car on ne sait pas les cultiver sur un milieu synthétique, la plante hôte étant leur support vital. La culture associée *in vitro* de chaque couple hôte-parasite (vigne-mildiou, vigne-oïdium) facilite la conservation de souches variées de l'agent pathogène pendant de longs délais, avec un minimum de repiquages et à l'abri de tout mélange. C'est là un outil remarquable pour l'étude de relations entre la vigne et ses parasites. A l'inverse des exemples ci-dessus, la culture *in vitro* peut aussi révéler des potentialités masquées dans la plante entière mais s'exprimant dans des individus régénérés à partir de cultures de tissus. On peut ainsi diriger la

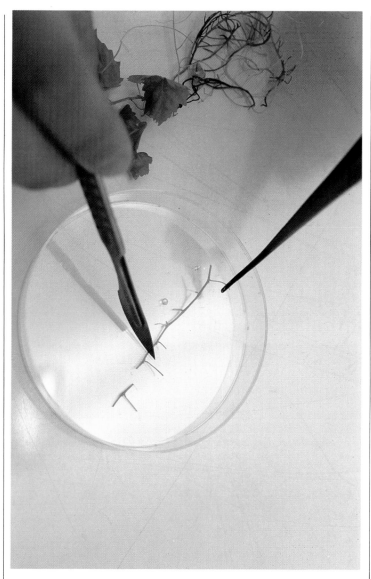

multiplication cellulaire vers l'apparition de variants appelés somaclones (embryogenèse dite somatique, obtenue à partir de cellules non reproductrices).

Enfin, une perspective à plus long terme se dessine, grâce au génie génétique : il s'agit d'incorporer à un cépage un fragment d'acide nucléique codant pour une propriété particulière, sans bouleverser l'ensemble de ses facteurs héréditaires. La possibilité d'un tel transfert de gènes chez la vigne a été illustrée récemment par l'incorporation à un porte-greffe d'un gène de résistance au virus du court-noué : un essai au vignoble devra démontrer si le porte-greffe transformé exprime bien la résistance désirée, auquel cas le court-noué ne serait plus à redouter. On rêve alors de conférer à la vigne d'autres caractères de résistance, ce qui nécessite de franchir deux obstacles : le premier tient au fait que la plupart des caractères sont gouvernés par plusieurs gènes, dispersés sur les chromosomes, qu'il faut identifier et regrouper en vue de leur transfert à un tissu de vigne ; la deuxième difficulté est de régénérer une plante entière à partir de ce tissu préalablement transformé.

Du vigneron au robot ?

Timide au départ, la mécanisation se développe partout pour une raison maintenant évidente : elle permet un abaissement des coûts. Troupes de vendangeurs remplacées par de puissants engins munis de batteurs, appel au laser pour assurer un parfait alignement des ceps lors des plantations, robots commandés par des ordinateurs et assistés de caméras électroniques pour la taille, sécateurs alimentés par des piles rechargeables portées en batterie à la ceinture... Certains s'alarmeront devant une telle perspective, imaginant avec effroi un vignoble robotisé, sans âme ni tradition, où la qualité serait sacrifiée à l'efficacité.

Heureusement, les chercheurs comme les producteurs connaissent les limites à ne pas franchir. Ils savent que la mécanisation du travail n'est acceptable en viticulture que si elle respecte la qualité des raisins récoltés. Le perfectionnement des machines permet d'effectuer de mieux en mieux des opérations de plus en plus complexes, dont certaines sont mécanisées depuis longtemps : c'est le cas de la pulvérisation des pesticides, toujours mieux dirigée et mesurée, plus économe en produits. Des opérations ont été nouvellement prises en charge avec bonheur : l'exemple le plus spectaculaire est celui de la mécanisation de la récolte, pour laquelle le taux d'équipement atteint 80 % dans certains vignobles. Cependant, des affinements sont encore nécessaires pour mécaniser la vendange de quelques systèmes de conduite, comme le type « lyre », pour lequel un prototype a été réalisé.

Des dictons à l'ordinateur

Si jadis le seul moyen de prévoir l'importance des récoltes était de se référer aux dictons, aujourd'hui les recherches scientifiques laissent apparaître plusieurs pistes sérieuses. Ainsi, selon un modèle d'analyse alsacien, on peut, quatre à cinq semaines après la floraison, connaître le volume approximatif des vendanges, en prenant en compte le nombre de bourgeons qui détermine celui des grappes, le nombre moyen de fleurs et le taux de nouaison qui conditionnent le nombre de baies par grappe, et le nombre de cellules par baie qui indique le poids moyen des baies. A Montpellier, les études ont été dirigées vers l'analyse du contenu pollinique de l'atmosphère. En effet, il existe une corrélation étroite entre le nombre de grains de pollen au mètre cube d'air pendant la période de pollinisation maximale et les rendements. On peut ainsi, dès la fin de la pollinisation, disposer de prévisions, avec un taux de précision d'environ 95 %. Bien entendu, les prévisions ainsi établies ne peuvent pas prendre en compte tous les aléas susceptibles d'intervenir au niveau de la parcelle. Toute extrapolation hâtive pourrait donc être risquée. Néanmoins, outre leur avantage économique évident, notamment en matière de gestion des récoltes et des stocks, de tels types d'étude peuvent présenter un réel intérêt scientifique, en permettant une approche plus fine de certains composants qui contribuent à déterminer le rendement des vignes.

LE VIN DEMAIN

I ci il n'y a jamais eu de chimiste, Monsieur. Bonsoir ! » Qu'ils aient été bourguignons, languedociens ou bordelais, combien d'œnologues entendirent cette phrase à l'époque où les vignerons se méfiaient des « hommes en blouse blanche » ? Aujourd'hui, ce temps est heureusement révolu, les techniciens et les scientifiques sont devenus des acteurs indispensables de la chaîne du vin.

Du chimiste à l'œnologue conseil

E n quelques décennies, l'image de marque de l'œnologue s'est radicalement transformée. La raison la plus profonde en est sans doute le passage d'une fonction de « médecin » à celle de conseiller. Autrefois, le chimiste intervenait après l'accident, corrigeait des défauts. Le viticulteur allait le voir pour savoir comment rétablir une situation compromise. Souvent, cette démarche était effectuée discrètement, car elle résultait d'un échec dû à une erreur. Dans les années 60, le rôle de l'œnologue changea. Grâce à une meilleure connaissance du processus de vinification, il devenait possible d'intervenir avant l'accident pour le prévenir. Devenu œnologue conseil, le chimiste a su se faire accepter par les professionnels. La vinification a pu ainsi connaître une véritable révolution technologique et atteindre, pour les vins fins, à un niveau de perfection qualitative qui a joué sa part dans la naissance du formidable intérêt porté aujourd'hui au vin dans le monde.
Par ailleurs, en 1955 fut institué le diplôme national d'œnologue. L'étude du vin engendra d'authentiques travaux scientifiques, reconnus comme tels. Devenue discipline universitaire à part entière, l'œnologie cessa d'être pratiquée par des spécialistes d'autres branches, notamment des pharmaciens et des chimistes. Cette évolution a donné à la science du vin une identité nouvelle qui l'a rapprochée des professionnels. D'autant plus qu'un nombre croissant d'entre eux a suivi une formation œnologique. La vulgarisation des connaissances, jointe aux progrès de la recherche, permet désor-

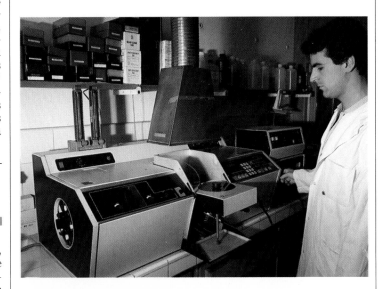

mais de valoriser au mieux les qualités potentielles du raisin. En effet, en éliminant les risques d'accident dus à des erreurs techniques, l'œnologie moderne apporte aux terroirs, crus et millésimes, la possibilité d'exprimer leurs caractères spécifiques dans le produit fini.

Connaître pour agir

P our importants que puissent être ses progrès dans le passé, l'œnologie n'a cependant pas fini d'évoluer ; l'affinement des moyens d'investigation laisse émerger en permanence de nouveaux objectifs. Initialement, l'œnologie s'est appuyée essentiellement sur la chimie ; il s'agissait alors de connaître la

constitution du produit et d'en contrôler la qualité. Cette démarche est toujours nécessaire, compte tenu de l'extrême complexité de composition chimique du vin. Le nombre des constituants (plusieurs centaines), dont certains à très faibles concentrations, montre bien que la réalisation d'un vin purement artificiel est appelée à rester longtemps encore une pure chimère.
Les moyens modernes de l'analyse chimique ont trouvé en œnologie des applications particulièrement efficaces, par exemple la chromatographie en phase gazeuse couplée à la spectrométrie de masse pour identifier les arômes, ou la résonance magnétique nucléaire pour étudier la structure moléculaire de la matière colorante et des tanins. Une telle investigation doit permettre d'interpréter les critères de la qualité d'un raisin. Cette démarche est appelée à devenir l'un des objectifs futurs de la recherche œnologique. Mais ce serait une véritable supercherie de laisser croire que la chimie pourrait être susceptible un jour de remplacer les facteurs naturels.

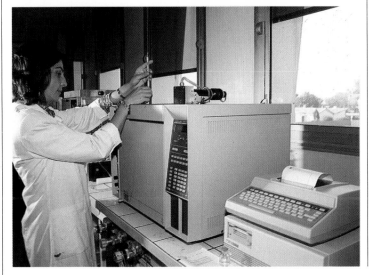

L'analyse du vin, compte tenu de sa complexité de constitution, tire grand profit de l'utilisation des procédés modernes de l'analyse physico-chimique.
La spectrophotométrie d'absorption atomique (en haut) permet le dosage des éléments minéraux, et la chromatographie à phase gazeuse (à gauche), le dosage des constituants de l'arôme.
Ci-dessous, l'analyse des moûts et le calcul de densité.

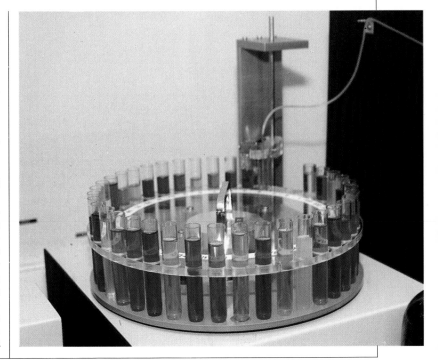

L'œnologie a connu aussi dans un passé récent des développements marquants dans les domaines de la microbiologie et de la biochimie. Aujourd'hui, elle fait appel aux biotechnologies, à la biologie moléculaire et au génie génétique. Les recherches dans ce domaine sont nombreuses et prometteuses. On peut, par exemple, espérer fabriquer des levures. Des laboratoires travaillent aussi sur le clonage du gène de la fermentation malolactique des bactéries pour l'inclure dans des levures et réaliser ainsi simultanément les fermentations alcoolique et malolactique.

Il devient possible d'envisager des procédés industrialisés, permettant une parfaite maîtrise des fermentations et l'obtention d'un produit de qualité standardisé pour lequel la constitution du raisin est un élément secondaire. Mais là encore, quels que soient les progrès des biotechnologies, il n'est pas question de nier pour

Depuis longtemps, l'analyse chimique est un outil privilégié du contrôle de la qualité.

autant l'importance des facteurs naturels dans la production des plus grands vins, pour lesquels cependant une parfaite microbiologie est indispensable afin de valoriser la qualité des vendanges. En microbiologie, comme en chimie, l'œnologie des vins fins a beaucoup apporté à l'amélioration des connaissances et au développement des techniques ; les vins plus ordinaires ont pu bénéficier des progrès acquis.

On a aussi assisté à une exceptionnelle modernisation du monde vinicole qui, tout le laisse penser, devrait se prolonger dans l'avenir.

La modernisation du monde vinicole

Les progrès résultent d'abord de la mise en œuvre de moyens mécaniques permettant la simplification des opérations et la diminution de la main-d'œuvre. Il suffit de regarder les illustrations des ouvrages sur le vin écrits au début du siècle et de les comparer à celles d'aujourd'hui pour se rendre compte qu'il fallait alors une dizaine d'hommes pour effectuer le travail réalisé actuellement par un seul. Cette évolution doit se poursuivre, mais à condition de se faire dans le respect de la qualité.

Il existe aussi des possibilités de développement des équipements de vinification pour un meilleur contrôle des opérations, pouvant aller jusqu'à leur automatisation complète ; on assiste en particulier au remplacement progressif des cuves de vinification classiques par de véritables fermenteurs munis des équipements appropriés. La maîtrise des températures de fermentation a été un exemple tout à fait remarquable. Les thermorégulateurs, appareillages produisant simplement le chaud et le froid, sont de plus en plus présents dans les caves. Couplés avec des capteurs de température disposés à demeure dans les cuves, ils maintiennent à chaque instant, automatiquement, la température idéale, en fonction du déroulement des opérations de la vinification.

Autre entrée remarquée dans les techniques vinicoles, celle de l'informatique qui occupe déjà une place privilégiée dans la gestion des chais. Elle est appelée à participer à la vinification elle-même, notamment pour ce qui concerne la maîtrise des fermentations. Mais c'est sans doute en ouvrant à la recherche de nouvelles perspectives qu'elle jouera le rôle le plus important. C'est ainsi que le traitement des données de l'analyse chimique classique par l'analyse multidimensionnelle permet d'envisager une classification des vins en fonction de leur origine, de leur cépage ou de leur millésime.

La révolution la plus médiatique pourrait être le développement de « vins » sans alcool ou plutôt, ceux-ci ne répondant plus à la définition légale du vin, de boissons issues du jus de raisin autres

que le vin. Dès le milieu des années 50, une expérience a été tentée dans ce sens, avec un certain succès sur le long terme : celle du « pétillant de raisin ». Et, plus récemment, on a vu apparaître des boissons à base de jus de raisin et aromatisées par différents fruits. Ces *wine coolers* sont issus de l'expérience tentée vers le milieu des années 70 en Californie, en vue de réaliser une boisson rafraîchissante par le mélange de vin blanc, d'eau gazeuse, de citron et de jus de fruit. Commercialisés depuis 1981, les *wine coolers* ont connu un succès non négligeable. On peut envisager aussi de mettre en œuvre des processus microbiologiques autres que la fermentation alcoolique classique pour obtenir une boisson aromatique à faible pouvoir calorique. En stockant le jus de raisin, soit à basse température, soit sous forme de moût concentré, de telles productions pourraient être industrialisées et échelonnées sur toute l'année.

Sans doute les techniques de vinification et les équipements évolueront-ils encore. Mais la part de l'homme et la façon de les utiliser joueront toujours un rôle décisif. On peut constater que la réussite est parfois meil-

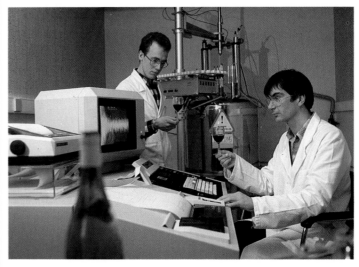

Utilisée par l'œnologie, la résonance magnétique nucléaire permet de reconnaître la nature et la quantité de sucre qui a été transformé en alcool par la levure.

leure dans des chais artisanaux que dans de grandes caves ultramodernes, bénéficiant des matériels les plus sophistiqués. En matière d'œnologie et de vinification, en effet, il n'est pas possible de parler de révolution. Les progrès scientifiques et techniques sont continus dans le temps.

Les développements récents de la recherche œnologique laissent prévoir de nombreuses acquisitions nouvelles, en particulier

dans la définition des caractéristiques individuelles des vendanges, permettant d'utiliser, pour chacune d'elle, une technique de vinification parfaitement adaptée.

On perçoit de mieux en mieux l'incidence du terroir sur l'évolution de la maturation du raisin qui ne se résume pas à une accumulation des sucres et à une baisse d'acidité ; simultanément, les facteurs naturels doivent permettre une constitution tannique des raisins rouges et une expression aromatique des raisins blancs, optimum au moment de la récolte. Des progrès significatifs interviendront dans le domaine des arômes. Les chercheurs disposent actuellement de méthodes analytiques très performantes ; une molécule, présente à une concentration de l'ordre du millionième de milligramme par litre, a pu être identifiée dans l'arôme du sauvignon. Egalement, dans le muscat, on a mis en évidence l'existence des arômes terpéniques sous la forme de précurseurs et leur révélation pendant les opérations de la vinification.

En approfondissant la connaissance du produit, la recherche permet d'optimiser des phénomènes naturels d'une grande

complexité. C'est pourquoi le goût du vin dans l'avenir ne sera sans doute pas très éloigné de ce qu'il est aujourd'hui. Mais n'est-ce pas justement le souhait profond de tous les vrais amateurs ?

L'ART DE BOIRE

Dans la Rome antique, le 23 avril, les dégustateurs officiels se réunissaient pour célébrer les vinalies. A cette occasion, ils étaient appelés à juger le vin nouveau, selon un rituel dûment établi : ils étaient invités à ne pas manger certains mets au goût envahissant ; ils devaient recracher le vin examiné et exprimer leur opinion sur la couleur, l'odeur et le goût dans un vocabulaire précis. Enfin, la cérémonie s'achevait sur la désacralisation du vin, considéré comme une boisson sacrée par les Anciens.

Les âges du vin : à gauche, les blancs, à droite, les rouges, jeunes et vieux.

Dégustation ou analyse sensorielle ?

Si elle a perdu sa vocation religieuse, la dégustation peut être abordée aujourd'hui selon deux conceptions différentes : l'une consiste à tirer un plaisir personnel de l'appréciation d'un bon vin ; l'autre se veut scientifique, au service de la production, lors de l'élaboration du vin, ou des consommateurs lorsqu'il s'agit de le tester. Chercher à porter un jugement objectif demande tout d'abord des conditions d'environnement qui ne soient pas de nature à influencer la décision.

La dégustation devient alors une véritable « analyse sensorielle », un exercice à la fois simple et difficile.

Simple, car elle n'exige pas, comme on le croit souvent, des aptitudes très exceptionnelles : un minimum d'apprentissage, de l'attention et une mémoire assez exercée pour établir des comparaisons.

Mais cela est loin d'être suffisant : l'analyse sensorielle ne se limite pas à l'affirmation d'une impression d'attrait ou de répulsion éprouvée par le goûteur ; elle a pour mission de rechercher et de décrire les caractéristiques organoleptiques, leur intensité, leurs interactions et leur degré de conformité à un modèle. Celui-ci peut être étranger, voire opposé aux préférences personnelles de l'opérateur. La dégustation

implique donc un effort d'objectivité mais aussi une volonté d'altruisme.

Ce n'est pas là la seule exigence : nous sommes tous beaucoup plus sensibles que nous croyons aux conditions extérieures, à l'environnement.

Ce phénomène a fait l'objet d'une observation significative de Pasteur. Désirant connaître l'incidence de la stérilisation par chauffage sur le goût du vin, il décida de tester d'abord les dégustateurs qu'il avait choisis : il leur soumit deux échantillons du même vin, leur laissant supposer que l'un d'eux avait été chauffé. Le résultat fut éloquent, tous trouvèrent, avec la meilleure bonne foi, une réelle différence.

Une autre difficulté tient à l'état physique et psychique du dégustateur. Consciemment ou inconsciemment, son jugement peut être moins impartial en raison des circonstances : une contrariété, un petit accès fébrile, un léger trouble digestif, voire même un simple rhume sans gravité, peuvent perturber les perceptions sensorielles. C'est en grande partie pour éviter ces inconvénients que les dégustations se font à plusieurs.

Pour être réussie, la dégustation doit être préparée en observant une procédure qui respecte trois conditions : mettre les vins à la bonne température ; éviter une modification du jugement par l'influence d'un échantillon sur les autres ; obliger le goûteur à raisonner son appréciation.

Les conditions thermiques sont importantes, car elles peuvent masquer les défauts ou empêcher

La dégustation comporte l'appréciation de la couleur (nuance, intensité, limpidité), de l'odeur et du bouquet, du goût et de la saveur.

les qualités de percer. Les températures recommandées sont de 8° pour les vins mousseux et les liquoreux, 12° pour les blancs secs et les rosés, 16° pour les rouges jeunes et 18° pour les vieux. Il est essentiel aussi de les présenter dans l'ordre croissant de la caractéristique prépondérante du lot de vins examinés. Souvent, il s'agit de la richesse en tanins ou en sucre, mais ce peut être également le titre alcoolique ou bien encore l'intensité des parfums.

Réalisé au moment le plus favorable, généralement en fin de matinée quand s'ouvre l'appétit, et enregistré sur des fiches de dégustation plus ou moins complexes, l'examen du vin a de fortes chances de limiter la part de la subjectivité si l'on applique ces règles.

La pratique de la dégustation

La maîtrise des techniques d'analyse sensorielle peut difficilement s'acquérir par l'étude livresque. C'est en dégustant que l'on devient dégustateur. Dûment instruits, donc, par quelques travaux pratiques, les goûteurs doivent éviter, avant l'examen, les nourritures, boissons, dentifrices et eaux de toilette parfumées.

Le verre étant tenu en main par le pied, l'art de la dégustation commence par l'examen visuel : appréciation de l'intensité de la robe, des nuances, de la limpidité et de la persistance éventuelle de mousse qu'offre le vin dans le verre rempli au tiers. Un mouvement de rotation, faisant remonter le vin le long des parois, permet de constater l'importance des traînées réfringentes laissées par le liquide en retombant.

C'est ensuite au nez d'intervenir pour juger, avant et après agitation du vin dans le verre, de la nature des arômes, par analogie, de leur finesse, de leur intensité et de leur harmonie.

Mis enfin en bouche, le vin va être soigneusement agité dans toute la cavité buccale, aéré par une petite aspiration à travers le liquide, puis recraché. Au cours de ce séjour au contact du palais, l'échantillon est jugé sur les mêmes critères de franchise, de finesse, d'intensité et d'harmonie. Enfin, on apprécie la persistance de ces impressions et l'arrière-goût.

Pour le plaisir

L'analyse sensorielle, telle que nous venons de l'examiner, se fait lors des dégustations techniques, privées ou officielles. Tout doit être mis en œuvre alors pour éviter d'influencer le

jugement, positivement ou négativement. Au contraire, lorsque le vin est servi à table et dégusté pour le seul plaisir de l'apprécier, il est recommandé de mettre en valeur les mets et les vins par les conditions extérieures.

Sauf exceptions, telles que l'apéritif, le cocktail ou le verre de vin de liqueur à l'heure du thé, c'est en général au cours des repas que le vin est consommé. Le premier souci doit être celui

*Le Déjeuner sur l'herbe,
Claude Monet, 1865-1866
(musée d'Orsay, Paris).
En bas, une table de fête.*

du cadre. Personne de sensé n'envisagerait de présenter un aïoli accompagné d'un frais rosé lors d'un dîner de gala, avec une nappe brodée, de la porcelaine fine, des cristaux de Baccarat et une argenterie étincelante. Ce serait une folie égale d'emporter

en pique-nique une langouste Thermidor avec des assiettes de carton et des gobelets de plastique remplis de château d'Yquem. Il faut enfin, mais ceci est bien connu, que les mets et les vins soient en harmonie. Combien d'amphitryons ont-ils été angoissés par cette question le jour où ils devaient recevoir quelque amateur réputé éclairé à tort ou à raison. En fait, les incompatibilités, généralement évidentes, sont plus rares qu'on ne le croit. Avoir peur d'innover est bien souvent regrettable, certaines expériences pouvant s'avérer plus qu'heureuses. Il existe des vins rouges qui peuvent très bien accompagner des huîtres. De même, il ne faut pas se croire obligé de rejeter ou d'adopter systématiquement l'alliance des cuisines régionales avec les vins de même provenance. Même s'il existe souvent une réelle harmonie entre les deux.

S'il ne faut pas s'embarrasser de dogmes et d'exclusives arbitraires, surtout à une époque où les tables accueillent chaque jour des aliments nouveaux, il faut connaître les grandes incompatibilités, d'ailleurs assez rares : le vin rouge sur les sardines à l'huile (et autres conserves de poisson) ou le chocolat ; la vinaigrette avec un vin tendre ; un grand vin rouge sur un fromage bleu ; ou un effervescent brut sur un dessert très sucré.

Sachant ce qu'il faut éviter, on pourra alors laisser parler son imagination pour qu'elle serve ce plaisir qui est bien le but final du vin et de sa consommation.

LES ACCORDS GOURMANDS

Les Cinq Sens, Abraham Bosse, XVIIᵉ siècle (musée des Beaux-Arts, Tours).

Les vins d'Alsace

Tokay pinot gris sélection de grains nobles *Foie gras en brioche*
Riesling *Choucroute*
Gewurztraminer vendanges tardives *Munster*
Sylvaner *Baeckeoffe*
Muscat *Asperges sauce mousseline*
Pinot noir *Charcuterie*

Les vins de Bordeaux

Bordeaux rouge *Lamproie à la bordelaise*
Bordeaux supérieur *Salmis de colvert*

Bordeaux sec *Daurade aux champignons*
Côtes de francs *Gratin dauphinois*
Entre-deux-mers *Fruits de mer*
Côtes de blaye blanc *Fricassée de lapin*
Premières côtes de blaye *Poulet flambé à l'armagnac*
Côte de bourg *Entrecôte bordelaise*
Canon-fronsac *Canard de Barbarie aux olives*
Fronsac *Côte de bœuf à la moelle*
Pomerol *Noisette de chevreuil aux truffes*
Saint-émilion *Suprême de pigeonneau aux pignons*
Saint-émilion grand cru *Canard farci*
Graves blanc *Pavé de turbot*
Graves rouge *Perdreaux rôtis aux feuilles de vigne*
Pessac-léognan *Faisan en cocotte*

Médoc *Salmis de palombe*
Haut médoc *Baron d'agneau au four*
Moulis-en-médoc *Tournedos en croûte*
Listrac médoc *Poularde en croûte de sel*
Margaux *Ris de veau financière*
Pauillac *Bécasse flambée*
Saint-julien *Carré d'agneau*
Saint-estèphe *Pintadeau à l'armagnac*
Sauternes et barsac *Foie gras au naturel*

Les vins de Champagne

Champagne brut *Poisson grillé au beurre de caviar*
Champagne blanc de blancs *Grenadin de sandre au champagne*

Champagne rosé *Poulet au curry*
Champagne millésimé *Médaillon de veau sauté avec fricassée de champignons sauvages*
Coteaux champenois blanc *Huîtres au champagne*
Coteaux champenois rouge *Matelote d'anguilles*

Les vins de Bourgogne

Bourgogne rouge *Œufs en meurette*
Bourgogne blanc *Chapon rôti*
Bourgogne aligoté bouzeron *Cassolette de moules aux épinards*
Chablis *Plateau de fruits de mer*
Chablis grand cru *Filets de sole normande et coquilles Saint-Jacques*

Marsannay *Navarin*
Chambertin *Cuissot de sanglier sauce venaison*
Morey-saint-denis *Noisettes de chevreuil*
Clos de la roche *Rognons sautés*
Chambolle-musigny *Râble de lièvre en saupiquet*
Clos de vougeot *Caille au raisin*
Vosne-romanée *Perdreau rôti*
Nuits-saint-georges *Perdreau à la camarguaise*
Corton rouge *Gigue de chevreuil grand veneur*
Corton-charlemagne *Saumon au beurre blanc*
Savigny-lès-beaune *Bœuf bourguignon*
Beaune *Champignons*
Pommard *Gigue de chevreuil aux trois purées*
Volnay *Faisan en chartreuse*
Monthélie *Dindonneau à la broche*
Auxey-duresses *Bar grillé*
Meursault *Turbot sauce normande*
Puligny-montrachet *Barbue à la dieppoise*
Chevalier-montrachet *Feuilleté de blanc de turbot*
Bâtard-montrachet *Soufflé Nantua*
Chassagne-montrachet *Truite aux amandes*
Santenay *Saint-marcellin*
Rully *Rôti de porc à la sauge*
Mercurey *Filet d'agneau en croûte*
Mâcon blanc *Andouillette mâconnaise*
Mâcon-villages *Baudroie en gigot de mer*
Pouilly-fuissé *Homard grillé*
Echezeaux *Canard à la rouennaise*

*Verre à décor émaillé,
Joseph Brocard, 1877
(Musée national, Limoges).*

Les vins du Beaujolais

Beaujolais *Pot-au-feu*
Beaujolais-villages *Cochon de lait en gelée*
Moulin-à-vent *Epaule d'agneau boulangère*
Côte de brouilly *Potée*
Chiroubles *Veau Orloff*
Juliénas *Poularde demi-deuil*
Chénas *Grives au genièvre*
Saint-amour *Escargots*
Fleurie *Andouillette beaujolaise*
Morgon *Coq au vin*
Régnié *Gratin de quenelles lyonnaises*

Les vins du Jura

Arbois jaune *Homard à l'américaine*
Arbois rouge *Salmis de vaneaux*
Château-chalon *Ecrevisses au vin jaune*
Côtes du jura rouge *Poitrine de mouton farcie*

Les vins de Savoie

Crépy *Filets de perche*
Vin de savoie Apremont *Langouste en Bellevue*
Vin de savoie rouge *Reblochon*
Roussette de savoie *Beaufort*
Bugey blanc *Avocat*

Les vins du Rhône

Côtes du rhône blanc *Ecrevisse à la nage*
Côtes du rhône rouge *Lièvre aux pruneaux*
Côtes du rhône-villages *Chateaubriand*
Côte rôtie *Filet de bœuf duchesse*
Condrieu *Foie gras aux raisins*
Saint-joseph *Lièvre à la royale*
Crozes-hermitage rouge *Pigeonneaux à la printanière*
Hermitage blanc *Petits rougets grillés*
Cornas *Perdrix aux choux*
Gigondas *Sauté d'agneau à la provençale*
Châteauneuf-du-pape rouge *Chevreuil*
Châteauneuf-du-pape blanc *Assortiment de poissons grillés*
Lirac rouge *Escalope de veau*
Lirac blanc *Filets de sole*
Tavel *Tagliatelles à la carbonara*

Les vins de Provence

Côtes de provence rosé *Blanquette de veau à l'ancienne*
Côtes de provence blanc *Lapin rôti à la moutarde*
Côtes de provence rouge *Daube d'agneau*
Bandol *Filet de sanglier*
Coteaux d'aix rosé *Artichaut barigoule*
Cassis *Bouillabaisse*
Bellet *Tourte de blettes*

Les vins de Corse

Patrimonio *Selle d'agneau aux herbes*
Ajaccio *Merles à la corse*
Vins de corse *Fromage de brebis*

*Verre, XVIᵉ siècle
(musée du Louvre, Paris).*

Les vins du Languedoc

Blanquette de limoux *Crustacés*
Clairette du languedoc *Bourride sétoise*
Corbières *Mouton en carbonade*
Fitou *Civet de marcassin*
Minervois *Cassoulet*
Saint-chinian *Foie de veau aux oignons*
Faugères *Entrecôte vigneronne*
Coteaux du languedoc rouge *Emincé de porc aux raisins*
Coteaux du languedoc blanc *Tielle*

Les vins du Roussillon

Côtes du roussillon rouge *Cargolade*
Côtes du roussillon rosé *Jambon braisé à la catalane*
Côtes du roussillon blanc *Suquet de poissons*

Collioure *Lièvre à la royale*
Banyuls *Dessert au chocolat*
Rivesaltes *Foie gras chaud*
Maury *Roquefort*

Les vins du Sud-Ouest

Cahors *Confit d'oie*
Gaillac rosé *Calmars farcis*
Gaillac vin de voile *Rognons sautés au même cru*
Côtes du frontonnais *Cassoulet*
Jurançon sec *Cocktail de crabe*
Jurançon moelleux *Foie gras mi-cuit*
Madiran *Confit d'oie aux cèpes*
Bergerac sec *Plateau de coquillages*
Bergerac rouge *Salmis de palombe*
Pacherenc du vic bil'h *Poissons grillés*
Monbazillac *Turban de fruits*
Pécharmant *Magret grillé*
Côtes de duras *Chevreau rôti aux herbes*

Les vins de Loire

Muscadet *Brochette de lotte au citron*
Muscadet de sèvre-et-maine *Langoustines au cognac*
Gros-plant *Anguilles poêlées persillade*
Rosé de loire *Alose à l'oseille*
Anjou blanc *Palourdes farcies*
Cabernet d'anjou *Oie farcie*
Savennières *Poularde à la crème*
Coteaux du layon *Foie gras*
Saumur blanc *Sandre au beurre blanc*
Saumur-champigny *Rognons de veau à la moelle*
Touraine sauvignon *Cuisses de grenouilles*
Touraine gamay *Saltimbocca a la romana*
Saint-nicolas-de-bourgueil *Terrine de foies blonds*
Chinon *Brochette de cœurs de canard*
Vouvray sec *Brochet beurre nantais*
Haut poitou sauvignon *Bouquet mayonnaise*
Sancerre blanc *Jambon de sanglier fumé*
Pouilly fumé *Saumon fumé*
Quincy *Salmis de fruits de mer*
Reuilly *Croustade de fruits de mer*
Menetou-salon *Palette au sauvignon*

L'IMAGINA

LA NAISSANCE DU VIN

L e vin est d'autant plus présent dans l'art français qu'il constitue un véritable mythe national, une composante culturelle essentielle. De nature profane ou sacrée, il peut être appréhendé dans sa dimension quotidienne, comme à travers une série de symboles.

La façon la plus immédiate dont l'art aborde le vin consiste dans la représentation de scènes quotidiennes qui soulignent l'ancrage du vin dans les réalités de la vie paysanne ou commerçante. Toutes les étapes de la fabrication du vin sont évoquées : le choix des cépages, les vendanges, le pressurage, la mise en tonneau, la dégustation et la vente.

Vignobles et vendanges

L a scène de vendange coïncide souvent avec la peinture de l'automne et s'inscrit dans le cycle des saisons. Elle illustre le mois de septembre dans *Les très riches heures du duc de Berry* des frères Limbourg ; des ânes et des chariots tirés par des bœufs portent les grappes au

château, situé à l'arrière-plan. On observe du reste une certaine permanence dans la représentation de ces scènes à travers les siècles : des compositions similaires se retrouvent de nos jours sur les étiquettes. La silhouette d'un clocher en arrière-plan s'y profile derrière un paysage de vignoble, ou bien le château qui

Vitrail, XIIᵉ-XIIIᵉ siècle, cathédrale de Chartres.

donne son nom au vin domine les coteaux, avec parfois un portail entrouvert dont l'oblique crée un effet de profondeur.

La figure du vendangeur est aussi le sujet de nombreux chapiteaux d'église, comme ceux de l'abbaye de Mozac, en Auvergne ; cette fois, l'espace du paysage disparaît, figuré par un cep unique, et

la priorité est donnée au personnage et au modelé de la grappe. Il faut d'ailleurs noter que le motif de la grappe de raisin est majoritairement représenté dans la sculpture, en raison de ce modelé et de la priorité accordée aux formes, tandis que le vin est généralement utilisé pour sa couleur par les maîtres verriers comme par les peintres.

Le vendangeur réapparaîtra comme motif décoratif sur les assiettes, avec pour attribut le panier.

IRE DU VIN

Dans l'aquarelle de Raoul Dufy, *Vendanges*, la scène devient le prétexte d'un jeu sur la lumière et sur les formes : Dufy n'en retient que les ovales des chapeaux et le motif quadrillé des chemises sur fond de coteaux.

Ci-dessous, Les Vendanges, Raoul Dufy, vers 1940, (musée des Beaux-Arts, Nice). A droite, décor sur une stalle de l'église Saint-Nicolas à Rilly-la-Montagne.

Page de gauche, les Heures de la duchesse de Bourgogne : août ; vers 1450 (musée Condé, Chantilly). Ci-dessus, Les Vendanges, XVIᵉ siècle (musée de Cluny, Paris).

Dans la littérature romanesque, les paysages de vigne ont souvent une fonction plus anecdotique ; ils peuvent servir de décor à l'intrigue, comme chez Giono ou Pagnol. Mais ils focalisent parfois l'attention des poètes, comme dans *Alcools*, où Apollinaire décrit le vignoble de façon picturale, par notations de couleur : « Et les coteaux où les vignes rougissent là-bas », ou par notations de forme : « Les vignobles aux ceps tordus ».

Les métiers du vin

Les étapes de l'élaboration proprement dite sont traitées de façon plus technique, tout d'abord à travers le problème délicat de l'assemblage des cépages ; José Frappa peint Dom Pérignon goûtant le raisin avant le pressurage. Viennent ensuite les scènes de pressurage, comme celle de la tapisserie du musée de Cluny intitulée *Les Vendanges*. Sur le fond stylisé des fleurs en bouquet, elle présente de façon simultanée des gestes qui dans la réalité se succèdent, conformément à la tradition médiévale : un personnage foule des grappes tandis qu'au second plan le vin coule d'un pressoir dans un baquet. Une femme y remplit une jarre pendant qu'une autre déverse une jarre similaire dans un tonneau. Ce motif des tonneaux est souvent utilisé par les marchands de vin pour les vitraux décorant leurs chapelles corporatives afin de mettre en valeur les métiers du vin dans leurs activités quotidiennes. Un vitrail de la chapelle latérale de Saint-Jean-l'Hospitalier à Chartres, par exemple, reproduit l'opération de cerclage du tonneau. Jean-François Millet reprendra ce motif dans *Le tonnelier*.

Quant à l'étape ultime de la commercialisation, elle est illustrée par les scènes de dégustation chez les marchands de vin dans les lithographies de Daumier, par l'alignement des marchands sur le *Port de Bordeaux* d'Eugène Boudin, ou encore par la figure du livreur symbolisée par le personnage de Nectar, créé par Dransy pour les affiches Nicolas :

silhouette sur fond neutre chez Dransy, Nectar est mis en situation dans des caves par Loupot et par Cassandre, ou sonnant à la porte d'un client. Le métier de dégustateur est évoqué par Charles Martin sur des dépliants de Nicolas : il joue sur l'espace de la feuille en proposant une série de portraits tronqués avec verre de vin qui suivent l'ordre chronologique de la dégustation. Les métiers du vin sont donc largement représentés, surtout par les arts plastiques.

LE REPAS PROFANE

La dimension quotidienne du vin est illustrée par de nombreuses scènes de repas dont il est le facteur commun. La nature morte présente des coins de table, des repas sans personnages. Elle constitue donc une focalisation sur les objets.

Rafraîchissements, Jean-Baptiste Chardin, XVIIIᵉ siècle (museum of Fine Arts, Springfield).

Ci-dessus, Nature morte devant une fenêtre, Pablo Picasso, 1924 (musée Picasso, Paris).
A gauche, le dessert de gaufrettes, Lubin Baugin, XVIIᵉ siècle (musée du Louvre, Paris).
Ci-contre, Nature Morte à la bouteille, Georges Braque, 1910-1911 (musée d'Orsay, Paris).

formes qui conduit à l'abstraction : « Les sens déforment, mais l'esprit forme », dit Georges Braque, faisant ainsi de la nature morte l'occasion d'une représentation de l'esprit. Juan Gris souligne cette géométrisation du regard : « D'un cylindre, je fais une bouteille. »

La nature morte

Les natures mortes au verre de vin ont le plus souvent une fonction décorative et sont destinées, par un jeu de mise en abyme, à figurer dans des salles à manger, comme celle de Vispré avec des pêches dans une jatte, un verre de vin et un biscuit, celles de Chardin, de Desportes ou de Jean-Baptiste Oudry. Le cru du vin peut même être précisé, comme dans la *Nature morte aux huîtres et au chablis* du musée de Saint-Brieuc (XIXᵉ siècle). Le thème des desserts, des tables rustiques, des tables de cuisine, s'épanouit au XVIIIᵉ siècle ; les verres de vin et les carafes y sont l'occasion d'une étude des reflets, avec en particulier le motif récurrent du reflet de fenêtre. On retrouve cette même attention à la lumière dans la description que fait don Baltha-

zar, dans la dernière scène de la première journée du *Soulier de satin*, d'une collation qui devient une véritable nature morte : « Ces pêches comme des globes de nectar (...), ce vin à l'arôme délicieux, dans une étincelante carafe ». La place inhabituelle de l'épithète renforce la notation du reflet.
La nature morte du XVIIIᵉ siècle se fonde sur la technique du

dessin. Avec Monet, elle perd ce principe essentiel : l'objet qui sert de modèle n'a plus de forme propre, il n'est constitué que de taches de lumière. C'est le cas des grappes, des bouteilles et des verres du *Déjeuner sur l'herbe* de 1865, qui forment une petite nature morte avec la reprise du motif du couteau en oblique. Le cubisme reviendra au dessin, mais par une géométrisation des

Vin quotidien et vin de fête

Présent sur les tables des natures mortes, le vin constitue également le dénominateur commun de tous les repas, qu'ils soient paysans, bourgeois, ou mondains. Dans *Le repas des paysans*, Antoine et Louis Le Nain recourent à une stylisation qui rappelle les procédés de la nature morte : l'un des verres de vin se trouve au centre de la composition, entouré par les paysans dans un intérieur sombre. Le pain et le vin y représentent la vie quotidienne, mais l'eurythmie des volumes et des couleurs, la répartition du rouge, donnent à la scène une atmosphère irréelle. Les repas paysans se situent aussi dans des espaces ouverts : ce sont les fêtes paysannes, les *Noces de village* de Watteau. La fête y prend parfois une coloration historique : *La fête de la Libéra-*

tion en 1945, tableau naïf d'André Bauchant, représente une fête en costume folklorique. Les bouteilles sont regroupées sur les tables et dans des paniers, et deux joueurs de musique sont assis sur un tonneau.

Au contraire des intérieurs sombres ou des paysages rustiques des repas paysans, les peintures du repas mondain prêtent une attention extrême à la décoration intérieure. Dans le *Déjeuner d'huîtres* de Jean-François De Troy, les visages sont tournés vers le bouchon d'une bouteille que l'on vient d'ouvrir : il se découpe sur un fond de colonnes de marbre et de peintures murales. Dans le *Souper chez le prince de Conti au temple* de Michel Barthélémy Ollivier, la multiplicité des verres apparaît comme un signe de luxe. Sur les tables du

Banquet dans la grande salle des fêtes de l'hôtel de ville de Hoffbauer, la multitude des bouteilles fait écho aux verres que tiennent les personnages. Dans ces repas mondains, la présence du vin, au contraire du repas paysan où le vin constitue un point de focalisation unique autour duquel se construit le tableau, est démultipliée par le très grand nombre de verres et de bouteilles. Le vin change alors de signification : il n'est plus, avec le pain, aliment essentiel, mais il devient signe extérieur de richesse.

Le vin apparaît également dans l'espace des cafés, des auberges, des guinguettes. Lié au monde du jeu, il prend un rôle fondamental dans la composition de *La diseuse de bonne aventure* de Valentin de Boulogne, comme dans celle du *Tricheur à l'as de trèfle* de Georges de La Tour. La salle du *Bar aux Folies Bergères* de Manet se reflète dans la glace derrière le comptoir rempli de bouteilles. Dans *La vie parisienne* d'Offenbach, le champagne est constam-

ment cité. Puccini fait débuter *Manon Lescaut* dans une auberge à Amiens où l'on chante et boit. Sur la table du *Déjeuner des canotiers* de Renoir, cinq bouteilles de vin sont placées derrière une corbeille de fruits d'où sortent des grappes de raisin, ce qui produit un effet de redondance. Le rôle fondamental du vin dans le repas est repris dans les chansons à boire de Clément Janequin, Roland de Lassus ou Philippus de Monte, qui sont aussi construites, du point de vue polyphonique, que leurs messes ou leurs motets. Poulenc réutilisera ce thème dans ses *Chansons gaillardes*.

Dans les natures mortes comme dans la peinture des repas ou les scènes de café, le vin rouge est

Ci-dessus, Réunion dans un cabaret, détail, Valentin de Boulogne, XVIIe siècle (musée du Louvre, Paris). A gauche, Le Coin de table, Paul-Emile Chabas, vers 1904 (musée des Beaux-Arts, Tourcoing). A droite, Les Joueurs de cartes, Paul Cézanne, 1890-1895 (musée d'Orsay, Paris). Ci-contre, Le Tricheur à l'as de trèfle, détail, Georges de La Tour, XVIIe siècle (Kimbell Art Museum, Forth Worth). Ci-dessous, Scène galante, Nattier, 1744 (Alte Pinakothek, Munich).

beaucoup plus représenté que le vin blanc. Cela tient à l'importance esthétique de la couleur rouge : dans les traités de peinture, elle est définie comme la couleur par excellence qui attire le regard et produit un effet de rapprochement, par opposition au bleu des lointains. Le plaisir esthétique de cette couleur n'échappe d'ailleurs pas aux évocations littéraires : l'un des repas des *Lettres de mon moulin* est « arrosé de ce bon châteauneuf-du-pape qui a une si belle couleur dans les verres ».

Dans ces scènes de repas, le plaisir esthétique de la couleur, de la description littéraire ou de l'évocation musicale, rejoint le plaisir procuré par le vin. Ce plaisir, qu'il s'agisse d'un vin quotidien ou d'un vin de fête, coïncide avec sa représentation comme nourriture corporelle. Mais le vin s'enrichit aussi de nombreux symboles. Il est, avec le pain, l'expression par excellence de la nourriture spirituelle et rejoint alors la sphère du sacré.

LE VIN : SYMBOLE ET ALLÉGORIE

Le repas sacré, dans la religion chrétienne, est d'abord celui des Noces de Cana et de la transformation miraculeuse de l'eau en vin. Les théologiens du Moyen Age interprétaient les six jarres, souvent représentées, comme les six âges du monde correspondant à Adam, Noé, Abraham, David, Jéchonias, saint Jean Baptiste, puis le Christ. Le miracle symboliserait le passage de l'*Ancien Testament* (l'eau) au *Nouveau Testament* (le vin).

les calices des étiquettes de Henry Moore pour Mouton Rothschild rappellent cet aspect rituel du vin. La symbolique de la Cène est celle du vin rédempteur, analogique du sang du Christ. Les représentations de Christ au pressoir, comme celle de l'église Saint-Nicolas-de-Haguenau, développent la même image : Jésus fait jaillir sous ses pieds le vin de la rédemption. Les évocations littéraires de la Cène sont, elles, souvent parodiques, comme celles que décrit Barbey d'Aurévilly qui se veut, dans *Les diaboliques*,

« moraliste chrétien » : le festin offert par les douze femmes du « plus bel amour de Don Juan » à Ravila de Ravilès rassemble les treize convives autour d'une table où le vin est remplacé par le champagne. La mention du verre levé a une fonction narrative : elle permet au personnage de différer son récit et d'aiguiser la curiosité de ses auditrices. Sur le même modèle, les festins blasphématoires ordonnés par le père Mesnilgrand dans *A un dîner d'athées* se déroulent le vendredi ; les « satanés convives » — et

chez Barbey l'adjectif a toute sa valeur religieuse — y sont « incendiés de vins capiteux ». Le vin apparaît donc comme un élément parodique dans ces repas « profanants ».

La vigne mystique

La métaphore de la vigne sert également à définir les liens entre le Christ, Dieu, et les hommes : « Je suis la vraie vigne et mon père est le vigneron (…), je suis le cep et vous êtes les sarments » (Jean, XV, I-7). Déjà dans l'*Ancien Testament*, les prospecteurs envoyés par Moïse rapportaient de la Terre promise une grappe merveilleuse et gigantesque. Cette grappe suspendue à une perche et portée par deux hommes est un motif courant dans les vitraux, comme celui de Saint-Etienne de Mulhouse ; elle réapparaît dans L'*Automne* de Poussin, dont Derain, pour illustrer le tarif de luxe de chez Nicolas, fait sans doute une citation, puisque l'on observe la même position des corps chez les deux porteurs. Cette grappe a été interprétée au Moyen Age comme une figure de Jésus suspendu à la croix. Saint Augustin explique le motif en définissant Jésus comme le raisin de la Terre promise.

A gauche, la Cène, Philippe de Champaigne, XVIIᵉ siècle (musée du Louvre, Paris). Ci-dessous, l'Automne, détail, Nicolas Poussin, XVIIᵉ siècle (musée du Louvre, Paris).

La Cène

Les cènes ont pour attributs obligés le pain et le vin, souvent placés au centre du tableau. Dans la réplique, par Philippe de Champaigne, de la *Cène* peinte pour le maître-autel de l'église Port-Royal-des-Champs (1648), la coupe de vin, légèrement décalée par rapport au point de fuite, situé dans le visage du Christ et dont la verticale passe par le pain, attire le regard par la rupture de la symétrie. De nos jours,

La fête bachique

La fonction religieuse du vin était déjà présente dans la mythologie grecque. La transformation de l'eau en vin des Noces de Cana a été assimilée par des archéologues au renouvellement annuel de l'eau en vin dans le temple de Dionysos, dieu du vin, sur l'île d'Andros. Aux figures de Christ au pressoir, font aussi écho les fontaines où Bacchus foule les grappes. La symbolique est très différente ; dans le premier cas, le vin est une métaphore du sang rédempteur du Christ, tandis que dans le second, il est la boisson qui fournit l'extase. Mais les motifs iconographiques présentent des similitudes évidentes. Les thèmes bachiques sont souvent exploités par la musique. Les *Carmina Burana* du XIe siècle sont des invocations à Bacchus *(Bacche, bene venies)* qui reproduisent le modèle des hymnes à Iakkhos (nom grec de Bacchus et autre nom pour Dionysos) chantés aux mystères d'Eleusis. Jean-Philippe Rameau réunit le chœur de *Platée* dans la célébration de Bacchus. Dans la peinture française, les scènes bachiques perdent leur valeur proprement religieuse et constituent une invitation au plaisir. *L'enfance de Bacchus*, tableau longtemps attribué à Poussin, représente le dieu buvant du vin dans une assiette d'or tenue par un faune, tandis qu'une bacchante et un enfant, endormis, rappellent Vénus et Cupidon. Le rapprochement va parfois jusqu'à l'assimilation, comme dans ce poème français de Rainer Maria Rilke intitulé *Eros*, dans lequel le dieu de l'amour est confondu avec le personnage de Bacchus : « Là, sous la treille, parmi le feuillage / Il nous arrive de le deviner : / Son front rustique d'enfant sauvage / Et son antique bouche mutilée / La grappe devant lui devient pesante ». C'est de ces scènes bachiques que vient le motif du vin dans les scènes galantes, comme celle de Nattier, ou dans le *Double Portrait au verre de vin* de Chagall : le vin, souvenir des fêtes de Dionysos, devient le symbole de l'ivresse amoureuse.

Ainsi, de symbole religieux, le vin devient symbole profane. Il sert souvent d'allégorie.

Loth et ses Filles, couvercle de coupe, Pierre Reymond, 1544 (musée de Cluny, Paris). A droite, La Prudence amène la Paix et l'Abondance, détail, Simon Vouet, XVIIe siècle (musée du Louvre, Paris). En bas, l'Apocalypse de Saint Jean, Nicolas Bataille, XIVe siècle (château d'Angers).

L'allégorie du goût

La nature morte, jeu d'imitation et de rivalité avec le modèle naturel, se veut aussi une représentation de l'univers intérieur. Elle combine les allégories des cinq sens : tandis que les fleurs figurent l'odorat, les cartes ou les dés le toucher, les instruments de musique l'ouïe, les livres ou les instruments d'optique la vue, le vin est une allégorie du goût. On le trouve sous la forme d'une bouteille d'osier tressé et d'un verre à demi rempli dans *Les cinq sens* de Linard, comme dans la *Nature morte à l'échiquier* de Baugin, où les œillets représentent l'odorat, le luth l'ouïe, l'échiquier le toucher et le miroir la vue.

C'est sans doute lorsque le vin est une allégorie du goût que sa signification symbolique est la plus proche de sa dimension quotidienne, qui réside précisément dans le plaisir de le goûter. Mais le vin peut également personnifier un concept plus abstrait : celui de paix, et tout d'abord de paix sociale.

La fraternité

L'enseigne d'un marchand de vin de la fin du XVIIIe siècle présente le vin comme facteur d'unité sociale. Les « Trois Ordres réunis » partagent les mêmes divertissements. Sur la gauche, un soldat lève son verre, face à un prêtre qui verse du vin. Le thème se retrouvera chez Baudelaire où, à travers la prosopopée du vin des *Paradis artificiels*, il est une allégorie de la fraternité et de la sociabilité. Garant de la paix sociale, le vin caractérise aussi la paix entre les nations. Dans l'*Allégorie de la paix* de Simon Vouet, des Cupidon tendent des grappes qui représentent l'abondance des temps de paix. Le tableau se place ainsi dans la lignée d'une longue tradition qui commence avec Aristophane : Dicéopolis, le héros des *Acharniens*, décide, en pleine guerre du Péloponnèse, de conclure seul une paix en jouant sur les sens du mot *spondai* qui signifie à la fois « paix » et

« libations de vin ». A la fin de la pièce, le guerrier Lamachos, véritable matamore, se blesse sur un échalas de vigne, consacrant ainsi la victoire du vin sur la guerre. Juste après la seconde guerre mondiale, l'étiquette de Jean Hugo pour Mouton Rothschild de 1946 reprend l'association de la vigne et de la paix en peignant une colombe qui tient un rameau d'olivier au-dessus d'un paysage de vignoble.

Générateur de paix, le vin est enfin le stimulant de l'imagination : il est souvent présenté comme un élément fondamental et initiatique dans la genèse du processus de création.

INSPIRATION, CRÉATION

Le secret de la communion

Le vin est l'auxiliaire par excellence de la création. Hoffmann, cité par Baudelaire dans *Paradis artificiels*, propose de véritables recettes pour la création musicale : « Le musicien consciencieux doit se servir du vin de Champagne pour composer un opéra comique. Il y trouvera la gaieté mousseuse et légère que réclame le genre. La musique religieuse demande du vin du Rhin ou du Jurançon. Comme au fond des idées profondes, il y a là une amertume enivrante. Mais la musique héroïque ne peut pas se passer de vin de Bourgogne. Il a la fougue sérieuse et l'entraînement du patriotisme ».

Ce pouvoir du vin se retrouve à l'échelle de la création picturale. *L'Atelier rouge* de Matisse met en scène cette contamination : la couleur rouge du vin contenu dans le verre s'étend, par un effet de contagion, à l'ensemble de l'atelier, qui est pour le peintre le lieu même de la création. Se trouve ainsi illustré le processus de l'inspiration. Dans la théorie de la peinture, la grappe de raisin sert aussi de modèle pour définir les règles de la lumière : l'Académie, avec Roger de Piles, conseille de la répartir dans le tableau à la façon de l'éclairage d'une grappe de raisin, c'est-à-dire en la concentrant au centre, tandis que les bords sont plus sombres. Il ne s'agit plus alors d'un processus magique, d'une alchimie, mais d'une référence qui fournit une règle pour la création.

L'association du vin et de l'inspiration est plus étroite encore pour la création littéraire. L'oracle de la dive bouteille, qui répond à Pantagruel, au terme de la longue quête qu'il a entreprise pour savoir s'il doit ou non se marier, par une invitation à boire, contient par extension le secret de l'écriture — comme peut-être de la lecture, puisque dans son prologue, Rabelais définit le vin comme principe de joie et comme seul moyen d'instaurer une communauté entre ses lecteurs et lui.

Baudelaire fera explicitement dire au vin dans la prosopopée des *Paradis artificiels* : « Notre intime réunion créera la poésie », phrase reprise dans *Les fleurs du mal*, à travers le discours du vin dans « L'âme du vin » : « Pour que de notre amour naisse la poésie ».

Sans doute est-ce Apollinaire qui, dans *Alcools*, approfondit le plus cette théorisation de la connivence entre le vin et l'artiste. Le *Poème lu au mariage d'André Salmon* constitue un petit art poétique. Il définit l'acte créateur à travers une initiation par le vin, indissociable d'une esthétique, celle du rire : « Les verres tombèrent / se brisèrent / Et nous apprîmes à rire ». Une expression analogue se retrouve au dernier vers de *Nuit rhénane* : « Mon verre s'est brisé comme un éclat de rire. » Il s'agit bien du rire créateur, procuré par le vin, et qui « fournit aux poètes un lyrisme tout neuf » (*L'Esprit nouveau*

En haut, le Plus Court Chemin, Présence Panchounette, 1983 (Galerie de Paris).

et les poètes). L'association du vin et du rire générateur de poésie se double d'un jeu sur l'homophonie entre « verre » et « vers » et suggère, à travers l'image du verre qui se brise, l'éclatement du vers chez Apollinaire.

Le monde mué en vin

Le poème qui clôt le recueil, *Vendémiaire* — le mois de la vendange —, insiste sur la dimension cosmique de l'ivresse poétique : véritable géographie du vin, ce texte évoque, après la supplique « J'ai soif villes de France et d'Europe et du monde / Venez toutes couler dans ma gorge profonde », les villes de l'Ouest, puis du Nord, puis du Rhône et de la Saône, plus généralement les villes du Midi, puis de la Moselle et du Rhin, chacune apportant son vin.

La poésie est un festin où le poète boit le monde métamorphosé en vin (« L'univers tout entier concentré dans ce vin ») et acquiert par là la connaissance universelle : « Mais je connus dès lors quelle saveur a l'univers ». La « gorge profonde » est donc celle qui boit le vin comme celle d'où naît la parole poétique.

Le vin, qui contient la vérité, depuis le proverbe latin *In vino veritas*, en passant par Voltaire (« Ce n'est que dans le vin qu'on voit la vérité »), ouvre aussi sur l'imaginaire ; quoi de plus naturel alors s'il se trouve être l'auxiliaire de l'art, c'est-à-dire d'une vérité paradoxale, celle de la fiction ?

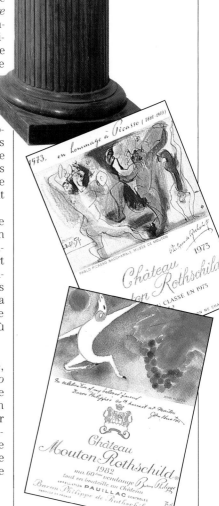

Étiquettes : conventions et création
Les illustrations des étiquettes reposent sur des archétypes : paysage de vigne, représentation du château ou de ses caves, scènes de bataille, armoiries... Jusqu'à la calligraphie qui semble répondre à des conventions : les lettres gothiques sont le plus souvent utilisées pour les côtes du rhône, les châteauneuf et le bourgogne. Le premier, le baron Philippe de Rothschild tente de briser cette stéréotypie en faisant appel aux peintres les plus célèbres, comme Picasso, Marie Laurencin, Georges Braque ou André Masson. Les sujets les plus inattendus y sont parfois traités, comme le motif des boulons proposé par César en 1967. Plus souvent, ce sont des bacchanales, comme celle de Picasso de 1973, ou la joie des buveurs : homme allongé au milieu des grappes chez André Masson en 1957, mouton dansant par John Huston en 1982.

LE SEPTIÈME ART

Flagrant Désir, Claude Faraldo, 1986. A droite, Masques,
Claude Chabrol, 1987. En bas, Vendémiaire, Louis Feuillade, 1918.

Le premier figurant français

Le vin — la bouteille, le verre, le geste de boire, la connivence amicale entre les buveurs — fait tellement partie du paysage social français qu'il est inévitable qu'on le retrouve tout au long de 90 années de cinéma. Dans les comiques du cinéma primitif, dans les mélodrames édifiants produits par Pathé et Gaumont et vendus dans le monde entier avant 1914, c'est pourtant moins le vin qui importe que l'acte, la communication chaleureuse qui se noue dans le cabaret ou autour de la table familiale. Figures élémentaires de la convivialité, la bouteille qu'on ouvre, le verre levé, le vin d'honneur, se sont vite figés à l'écran en moments d'une convention, d'un réalisme pauvre que le spectateur français lit sans ciller, mais qui étonnent encore *(so french)* le commentateur anglo-saxon qui voit là un exotisme attendrissant. Convention encore, surtout dans les années 20 et 30, la bouteille de champagne apportée sur un plateau par un immuable domestique en gilet rayé, qui n'est que la traduction à l'écran, le signe élémentaire et peu coûteux (pour le producteur) de la « grande vie », celle des riches, des mondains et des demi-mondains, ou de l'« extra » que s'offre le provincial « monté » à Paris qui croit faire la tournée des Grands Ducs, tels qu'ils se sont figés dans l'imaginaire du public populaire qui remplissait les grandes salles tendues de velours rouge. Le champagne nourrissait au passage le rêve du samedi soir.

Quand le vin joue un rôle

Peu de cinéastes en revanche ont traité le vin comme une valeur, lui ont donné à l'écran l'importance d'un fait culturel. Le Languedocien Louis Feuillade, en 1918, quelques mois avant la fin de la guerre, avait tourné *Vendémiaire* pour Gaumont. Derrière une fiction nouée sur fond de vendanges, c'est une allégorie dans le goût symboliste : un parallèle entre le vin que le travail des hommes arrache à la terre, et le sang dont la guerre abreuve les tranchées.

Dans le cinéma parlant, le vin n'est vraiment sujet que dans des séquences éparses, fugitives souvent, parfois plus étoffées, à l'instar de celle du pommard bouchonné dans *Le Diable au corps* de Claude Autant-Lara, en 1946. Au début du film (l'action est située en juin 1917), Micheline Presle est entraînée par le lycéen qui la courtise, Gérard Philipe, au restaurant Le Véfour. Il commande un pommard 1906, on leur apporte avec des excuses un 1905. Par jeu, ils rappellent le sommelier : « Ce vin sent le bouchon. » Examen, embarras. Interviennent le maître d'hôtel, un vieux serveur, puis le gérant. Gérard Philipe joue la fermeté, Micheline Presle le regarde avec une tendresse amusée. La bouteille est changée. Beaucoup plus tard, avant le dénouement tragique, le couple se retrouve un jour de novembre 1918 à la même table. Le sommelier est toujours là. Gérard Philipe : « Je vais tout vous avouer, il ne sentait pas le bouchon. » Le visage du sommelier s'éclaire...

Les cinéastes du vin sont peu nombreux : Claude Sautet, Bertrand Tavernier, Claude Chabrol, Claude Faraldo. Ils ont en commun l'art de parler d'une bouteille noble (d'en faire parler les comédiens qu'ils dirigent), l'art de commander les gestes : décanter le vin dans la lumière, le verser, le humer, le tenir en bouche. C'est un château Margaux 47 au début de *Mado* de Sautet : pendant qu'une petite société d'hommes joue au bridge, l'hôte reçoit une caisse de vin. Il

l'ouvre délicatement, puis regrette avant de passer les verres : « On aurait dû le laisser reposer. » Dans *Masques* de Chabrol, c'est un bourgogne que le domestique de Philippe Noiret décante dans une carafe de cristal avant de le servir.

Le vin paraît aussi là où on l'attend moins : dans *Providence*, est-ce au réalisateur Alain Resnais, ou à son scénariste anglais David Mercer, qu'on doit le leitmotiv de la bouteille de chablis qui excite l'imaginaire, et souvent le délire, du vieux romancier Clive Langham ?

VIN ET TOURISME

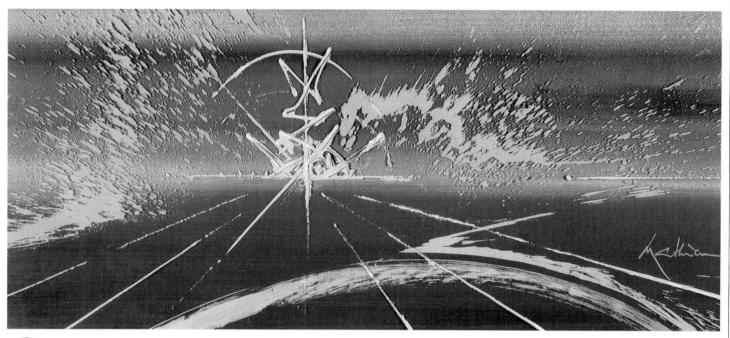

Signe des temps, on « fait » aujourd'hui les châteaux du Bordelais, les clos bourguignons ou la route des vins d'Alsace, au même titre que les grottes du Périgord, la vallée de la Loire ou le Paris nocturne. La découverte des vignobles est devenue un authentique produit touristique.

Jefferson déjà

L'idée de parcourir les pays viticoles n'est pas une invention récente. Ainsi, à Bordeaux, sous l'Ancien Régime, la réputation des vins incitait les voyageurs à se rendre dans la région des Graves et visiter le domaine Haut-Brion. A Pessac, les pères jésuites, propriétaires d'un vignoble, attiraient même les curieux en montrant une vigne plantée par l'archevêque de Bordeaux, Bertrand de Got, avant qu'il ne devînt le pape Clément V.

Quelques-uns, assez rares il est vrai, allaient plus loin dans leur démarche. Ainsi, au XVIII siècle, Thomas Jefferson, admirateur des physiocrates, passionné par la vigne, profita d'une cure thermale à Aix-en-Provence, en 1787, pour effectuer une explora-

tion du vignoble français. Il visita tour à tour la Bourgogne, le Bordelais, la France méridionale, puis l'Italie du Nord, la vallée du Rhin et la Champagne, rédigeant à chaque fois des carnets de voyage, précieux documents pour les historiens du vin.

Au milieu du XIX siècle, parut en 1846 à Londres le premier *Bordeaux, Its Wines and The Claret Country (Bordeaux, ses vins et le pays du claret)*, de Charles Cocks, qui allait donner naissance au célèbre Féret.

Les routes des Vins

Si l'intérêt touristique pour les vignobles existait depuis longtemps, il fallut attendre des années pour que les responsables du tourisme et les professionnels du vin s'unissent afin de mieux faire connaître le monde du vin. Ainsi naquirent à travers la France les routes des Vins, balisées sur le terrain à l'aide de symboles graphiques ou de panneaux illustrés par les plus grands peintres, comme Mathieu pour la vallée du Rhône. Ces itinéraires associent étapes viticoles (chais, caves, celliers, vignobles) et objectifs touristiques plus classiques (sites, châteaux, églises, etc.).

C'est en Alsace que fut créée, en 1951, la première route des Vins. Elle mène de Marlenheim à Thann en reprenant un vieux chemin médiéval. Cet exemple a été suivi par des appellations renommées, comme la Champagne qui propose trois routes des Vins, et par d'autres régions particulièrement touristiques, mais moins connues pour leurs vins, comme le Bergeracois et le Languedoc-Roussillon. En Alsace encore sont apparus des sentiers viticoles qui permettent de découvrir les cépages et leur mode d'adaptation au cours de promenades pédestres.

Les propriétaires eux-mêmes ont ouvert leurs chais aux visiteurs en créant parfois des mini-musées sur la culture du vin.

Un fait culturel

Dans les villes, des collections plus ambitieuses ont été constituées : à Bordeaux, au musée d'Aquitaine, ou à Béziers, au musée du Vieux Biterrois. Souvent, le vin a droit à un musée à lui tout seul. A Beaune, il prend place dans le cadre historique de l'ancien hôtel des Ducs (XVe-XVIe siècle), tandis que le musée d'Epernay tire sa célébrité d'un pressoir « à l'écureuil », du

Œuvre de Georges Mathieu qui jalonne les routes des Vins de la vallée du Rhône et du Languedoc-Roussillon.

XVIIIe siècle, aussi remarquable que la cave alsacienne du musée de Colmar. Bien d'autres réalisations muséologiques mériteraient d'être citées. Toutefois, une place à part doit être accordée au musée de Mouton Rothschild, dont l'originalité est de présenter non pas des objets servant à la viticulture ou à la vinification mais des œuvres d'art inspirées par le vin. Les touristes portent un regard nouveau sur l'architecture vitivinicole. Ainsi, les châteaux ne sont plus seulement des noms figurant sur des étiquettes. Datant, pour beaucoup, du XIXe siècle, ils profitent aujourd'hui du regain d'intérêt du public pour cette période.

Bien plus, on voit les promeneurs s'intéresser au style des chais et des bâtiments d'exploitation eux-mêmes. En Bourgogne, un effort de mise en valeur des vieux pressoirs a permis de leur consacrer un circuit spécial, tandis qu'en Médoc les touristes disposent d'un guide architectural consacré aux chais et cuviers.

Mais l'élément le plus marquant a sans doute été l'apparition, à côté des routes des Vins, de nouveaux produits touristiques, comme les circuits guidés, les

wine tours ou les stages de dégustation, qui peuvent être collectifs. Les premiers présentent un triple intérêt par rapport au circuit individuel en voiture : ils permettent d'avoir accès à des lieux fermés au public non accompagné ; ils évitent de conduire et permettent ainsi de déguster les vins sans prendre de risques ; enfin, la présence d'un guide professionnel permet de mieux comprendre le vignoble, le vin et leur environnement. Plus ambitieux et plus coûteux, les *wine tours* consistent en de véritables voyages organisés menant d'appellation en appellation. Certains vont même jusqu'à combiner le jet privé, la limousine et l'hélicoptère.

Moins sophistiqués, mais sans doute plus pointus quant à la connaissance du vin, sont les stages de dégustation. L'Institut d'œnologie de l'université de Bordeaux a été le promoteur, dans les années 50, de ce type de formation en mettant à la disposition des professionnels et des amateurs les résultats de ses

En haut, un vignoble bordant l'étang de Diane au nord-est de Cateraggio en Corse. Ci-dessus, Minerve, la cité roc.

recherches. Ces enseignements sont maintenant organisés dans la plupart des régions : ainsi, à Suze-la-Rousse, le splendide château fort abrite aujourd'hui l'Université du vin. Celle-ci ne se considère pas seulement comme une école de dégustation mais se veut aussi centre d'initiation à la civilisation du vin.

Terroirs en liberté

Si toutes ces structures ont grandement aidé à faire connaître les vins et leurs vignobles, certains préfèrent encore découvrir les terroirs en toute liberté. Ainsi, en Bourgogne, il suffit de quitter la route des Vins du côté de Santenay et de flâner sur les petites routes à flanc de coteau pour se laisser charmer par les villages aux belles maisons vigneronnes du Couchois et du pays des Maranges : parmi eux, Dezize-lès-Maranges et Sampigny-lès-Maranges où un pressoir monumental du XVIIIe siècle a été conservé. Le château de Dracy-lès-Couches, bâti au XVIe siècle, est fier de son cellier du XVIIIe siècle qui présente un magnifique ensemble de 17 cuves dont plusieurs sont d'époque.

Moins connu, le vignoble minervois est né autour d'édifices romans à l'austère beauté : l'église Saint-Saturnin de Pouzols ; la chapelle Saint-Etienne de Vaissière, à 3 km sud-ouest d'Azille ; l'église Notre-Dame et le château de Puichéric ; Rieux-Minervois, bien sûr, et son extraordinaire église Saint-Pierre-et-Saint-Paul à sept côtés et aux magnifiques chapiteaux.

Entre Corbières et Roussillon, le haut pays du Fenouillèdes, de Saint - Paul - de - Fenouillet à Montalba-le-Château, offre à ceux qui s'y aventurent la douceur de ses vins et la sauvagerie de ses paysages. Là se cache aussi, dans un site privilégié, un monument oublié, pourtant l'un des plus importants édifices romains du Languedoc-Roussillon, le pont-aqueduc d'Ansignan.

Dans les vignobles de Touraine, notamment à Bléré, se dressent, insolites, les « grottes » ou « lubits » : ces abris, reproductions miniatures et exactes des maisons vigneronnes, sont bâtis en tuffeau, la pierre des châteaux de la Loire, avec lesquels ils forment un étonnant contraste.

Le Fiumorbo, que son vignoble récent sauvera peut-être de l'isolement, c'est la Corse telle qu'on l'imagine et qu'on la connaît peu : un ancien repaire de bandits indomptables aux sites remarquables, aux villages belvédères, tel Prunelli di Fiumorbo, d'où le regard embrasse toute la plaine orientale et la mer.

A Villars-sur-Var, en Provence, chaque maison possède une cave avec presse et barriques pour conserver le cru — fort confidentiel — du pays. On savourera ce dernier avant d'aller admirer une autre œuvre remarquable et tout aussi confidentielle : la statue de saint Jean Baptiste, sculptée par Mathieu d'Anvers en 1524 et conservée dans la belle église Saint-Jean-Baptiste, près de laquelle s'élance, romantique, la colonnade de l'allée des Grimaldi.

Ainsi, alors que le récent développement du tourisme viti-vinicole tend à faire du vin une destination en soi, celui-ci rappelle sa vertu première de communication. En partant à sa recherche, c'est la France que l'on découvre. Car, comme le rappelait Fernand Braudel, « la vigne est société, pouvoir politique, champ exceptionnel de travail, civilisation ».

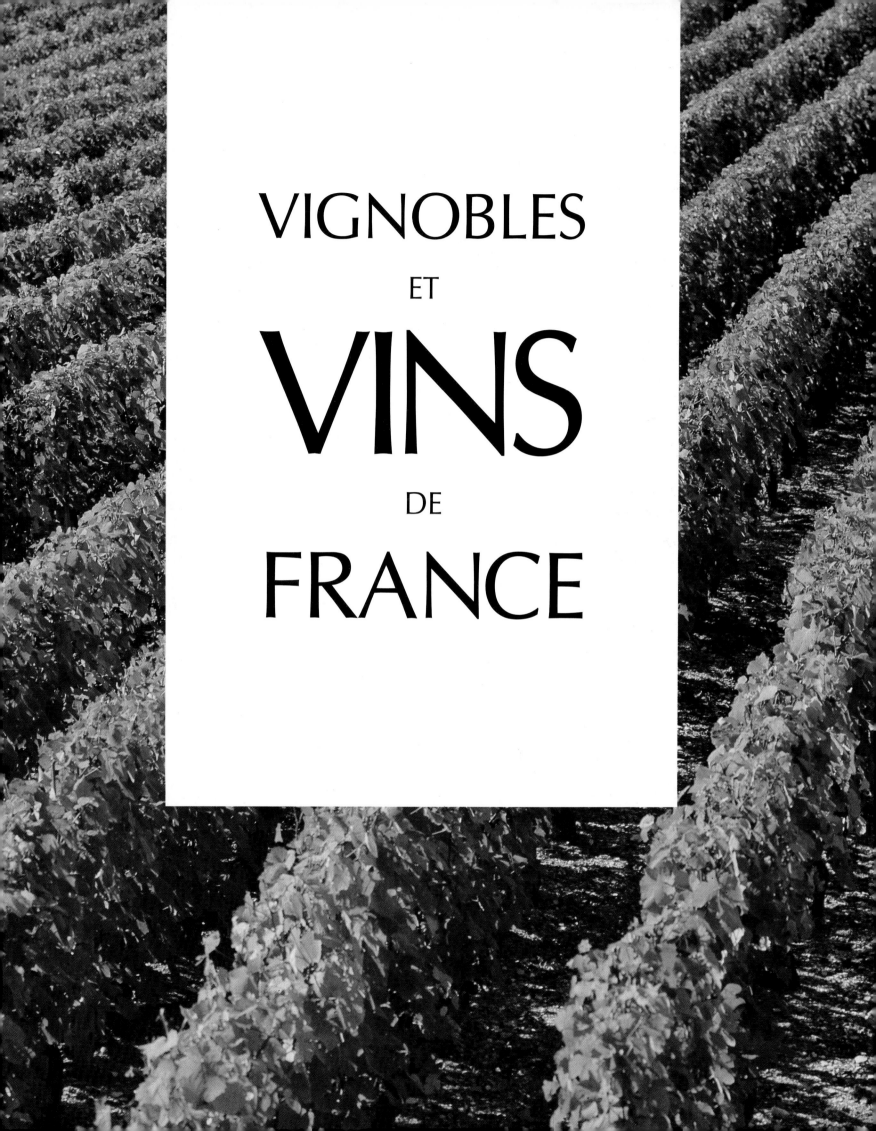

VIGNOBLES

ET

VINS

DE

FRANCE

Manche

Calais

Oise

le Havre

Aisne

Reims

CALVADOS

Seine

Oise

Epernay

PARIS

CHAMPAGNE

Marne

Sarthe

Troyes

CHAMPAGNE

Mayenne

Aube

Rennes

Vendôme

Orléans

Auxerre

Tonnerre

Bar-su

Loir

Blois

Loire

CHABLIS

CÔT

Vézelay

Serein

Sarthe

NANTAIS

Loire

Angers

Tours

CENTRE

Sancerre

Pouilly-
sur-Loire

BOURGOGN

Nantes

ANJOU

Saumur

TOURAINE

Yonne

Vilaine

Sèvre

VALLÉE DE LA LOIRE

Indre

Reuilly

Bourges

Loire

Nantaise

Châteaumeillant

CHALONNAIS

Poitiers

Moulins

MÂCONNAI

VENDÉE

HAUT-POITOU

Vienne

Creuse

Saint-
Pourçain

la Rochelle

Charente

Sioul

Roanne

BEAU

Océan Atlantique

Charente

AUVERGNE

Allier

Charente

COGNAC

Clermont-
Ferrand

Loire

Cognac

Gironde

PINEAU DES
CHARENTES

Isle

BERGERACOIS

BORDEAUX

Dordogne

BORDEAUX

Bergerac

CAHORS

Lot

Langon

Garonne

Cahors

Lot

Aveyron

AVEYRON

GARONNE

Agen

Ard

Légende de la carte générale

GAILLACOIS

Blanc

ARMAGNAC

Tarn

Nîmes

Blanc dominant

Adour

FRONTONNAIS

Gard

Rouge

Auch

Hérault

Rouge dominant

Bayonne

Madiran

TOULOUSE

LANGUEDOC

Rosé dominant

Gave

MINERVOIS

MONTPELLIER

Rouge = Blanc

de

Pau

Pau

0   100km

PYRÉNÉES

Aude

Garonne

LIMOUX

CORBIÈRES

Mer Médite

6 6

Pau

Ariège

Aude

ROUSSILLON

Perpignan

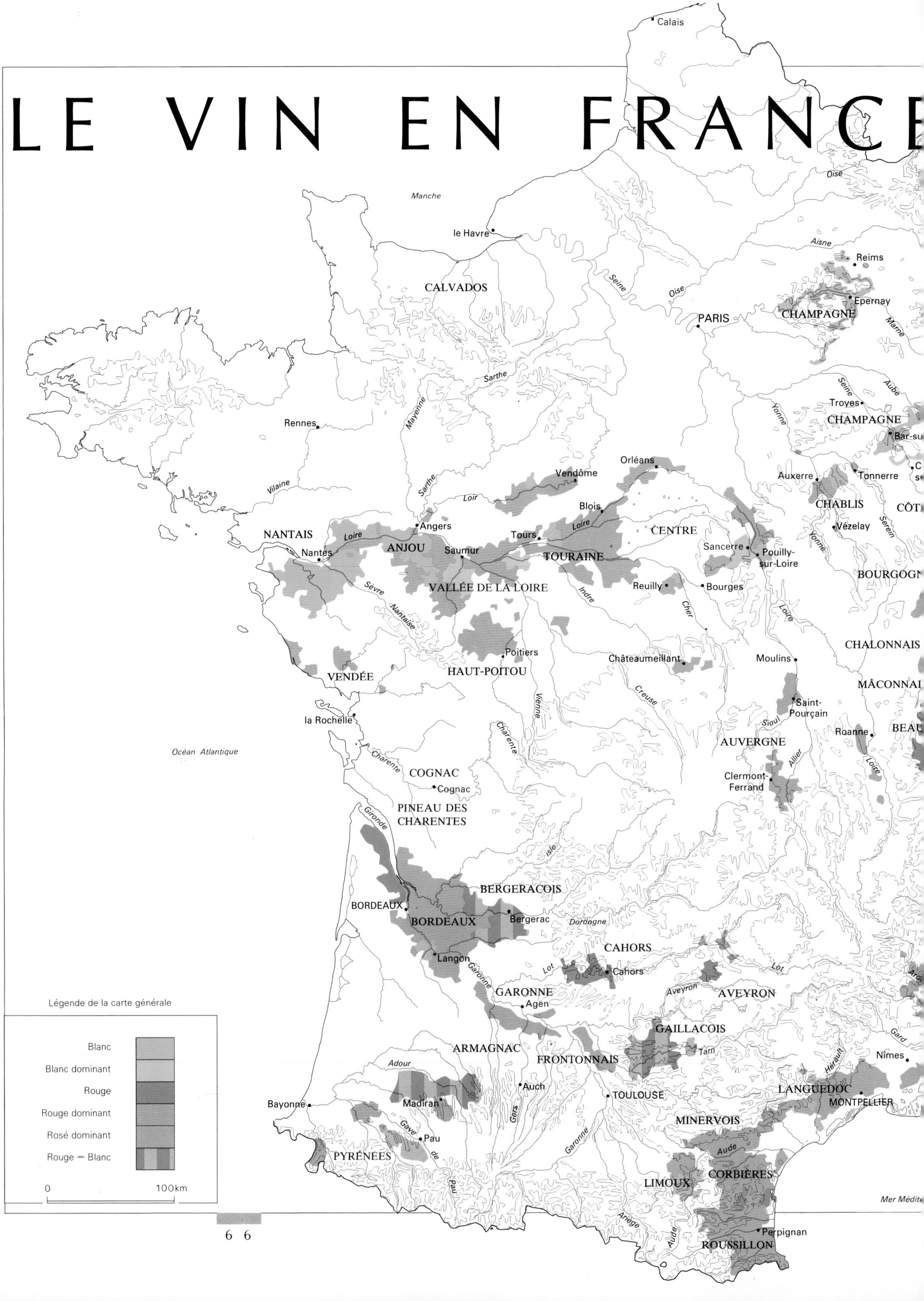

Légende générale des cartes de l'atlas

Les couleurs indiquent le type de vin (rouge, blanc ou rosé) dans les appellations (A.O.C. ou V.D.Q.S.).
La valeur des couleurs traduit la hiérarchie des appellations (communale, sous-régionale, régionale).

Bourgogne	Autres régions											
App. communale grand cru	App. communale											
App. communale 1er cru	*											
App. communale	App. sous-régionale											
App. régionale	App. régionale											
VINS		Rouge	Blanc	Rouge + Blanc	Blanc + Rouge	Rouge = Blanc	Rosé	Rosé + Rouge	Rouge + Rosé	Rouge + Rosé et Blanc	Blanc + Rouge et Rosé	Rosé + Rouge et Blanc

*Cette couleur représente également les appellations régionales Alsace, Champagne, Jurançon, pour une meilleure lisibilité de l'aire délimitée.

L'échelle des crus de Champagne figure dans la légende de la carte page 129.

CH. HAUT-BRION ■ Premier cru classé

CH.OLIVIER ■ Autre cru classé

CH. FORTIA □ Cru non classé

Bourgueil Appellation communale
En Bourgogne : A.O.C. communale, 1er cru ou grand cru

Clos du Roi Climat (Bourgogne)

Rivesaltes Appellation sous-régionale ou régionale

Bourgueil Appellation limitrophe

Chalonnais Région viticole

▬▬▬ Limite d'appellation

────── Limite de climat (Bourgogne)

────── Route des Vins

▦ Vigne

▨ Appellation limitrophe

▱ V.D.Q.S. (vin délimité de qualité supérieure)

▱ V.D.N. (vin doux naturel)

◖ Cave coopérative

⌒ Caveau de dégustation

▽ Cuvage des Compagnons du Beaujolais ⎫
                                         ⎬ Ne concerne que le Beaujolais
⇧ Chapelle   ⎪

○ Village en pierre dorée   ⎭

REIMS Capitale régionale

Vienne Autre ville ou commune

Chevrette Lieu-dit

DRÔME Département

─ ─ ─ Limite de commune ou de département

| 1 | 2 | 1 Zone boisée   2 Prairie

LORRAINE
• Metz
Moselle
• Toul • Nancy
• Strasbourg
Moselle
• Colmar
Rhin
ALSACE
Saône
Doubs
• Arbois
JURA
Ain
• GENÈVE
SAVOIE
Rhône
Chambéry •
Isère
Drôme
Durance
PROVENCE
Nice •
Durance
• Aix-en-Provence
Var
• Saint-Tropez
• Toulon

Bastia •
CORSE
Ajaccio •
Tavaro
Bonifacio •

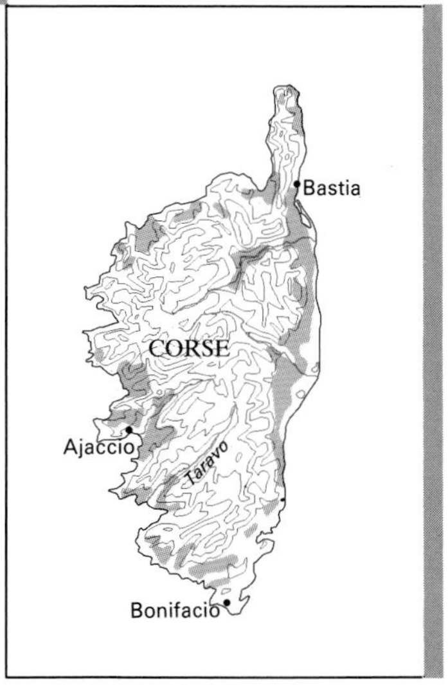

© Hachette - Institut Géographique National - Paris 1989

ALSACE

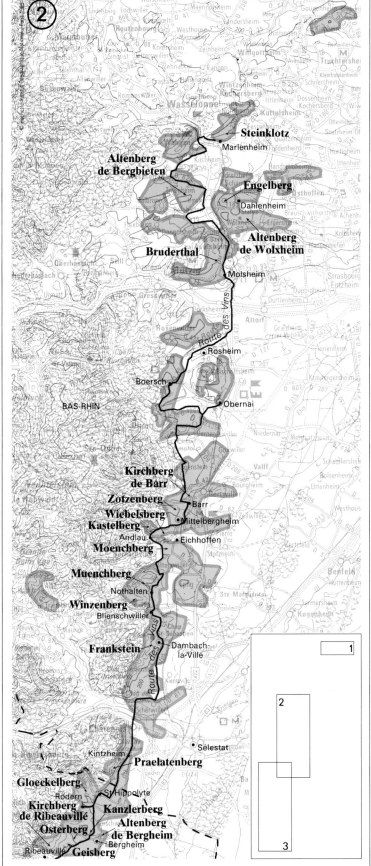

A.O.C. régionale		Partout en Alsace il est possible de produire du Pinot d'Alsace (Rouge).
VIN	**Blanc**	0 10 km

Un jour, un enfant rencontra un ours qui mangeait gloutonnement des baies inconnues. L'ours chassé, on découvrit les vertus de ces baies. Selon la légende, c'est ainsi que naquit la vigne en Alsace. S'il se distingue par la richesse de son folklore dont témoignent les fêtes populaires hautes en couleurs, le vignoble alsacien se définit dans l'ensemble français par sa situation géographique septentrionale, son appartenance au monde rhénan, sa réglementation reposant sur les cépages (ce qui ne veut pas dire que les terroirs n'aient pas leur importance), comme par son histoire tourmentée.

« Ah quel beau jardin ! »

Etabli maintenant sur les collines sous-vosgiennes où il constitue un trait d'union entre la plaine et la montagne, le vignoble alsacien a vu son implantation évoluer au gré des événements qui ont marqué l'histoire de cette province maintes fois convoitée. La vigne connut un premier développement sous l'influence romaine. Mais ce n'est qu'à la fin des grandes invasions, à la faveur de la création des grands domaines épiscopaux et monastiques, que son expansion put reprendre. La proximité du Rhin, qui constituait l'une des principales voies de communication au Moyen Age, favorisa dès cette époque l'exportation des vins d'Alsace vers les pays de l'embouchure du fleuve et au-delà, grâce au commerce des villes hanséatiques, vers la Scandinavie et l'Angleterre.

Le vignoble semble ainsi avoir atteint son apogée au XVIᵉ siècle. Avec plus de 180 communes viticoles recensées, il débordait alors largement sur la plaine du Rhin. Déjà, il était entre les mains d'une multitude de propriétaires qui vivaient dans de riches agglomérations. Influencés par la Renaissance, ces bourgs formaient, malgré leurs remparts, une symbiose parfaite avec la nature environnante. Fort heureusement, la plupart de ces joyaux d'architecture ont été épargnés par les guerres successives. L'une des plus meurtrières fut sans doute la guerre de Trente Ans (1618-1648) qui décima la population et dévasta le vignoble.

A l'issue de ce conflit, l'Alsace fut intégrée à la France, Louis XIV eut alors la sagesse de favoriser l'implantation de nouveaux colons originaires de Suisse alémanique et du Tyrol autrichien, c'est-à-dire de régions alors surpeuplées, mais très proches de la population locale par leur culture. La situation du vignoble et de la province se redressa partiellement, si bien que le Roi Soleil, voyant pour la première fois l'Alsace en 1673, put s'écrier du haut du col de Saverne : « Ah quel beau jardin ! ».

Malheureusement, le vignoble fut de nouveau affecté par la Révolution Française. Avec le démantèlement des grands domaines religieux, elle le priva de ses débouchés traditionnels et conduisit à une banalisation de ses productions.

Cette situation fut encore aggravée par une loi de 1822, destinée à protéger le marché intérieur, mais qui entraîna des représailles contre les exportations de vins

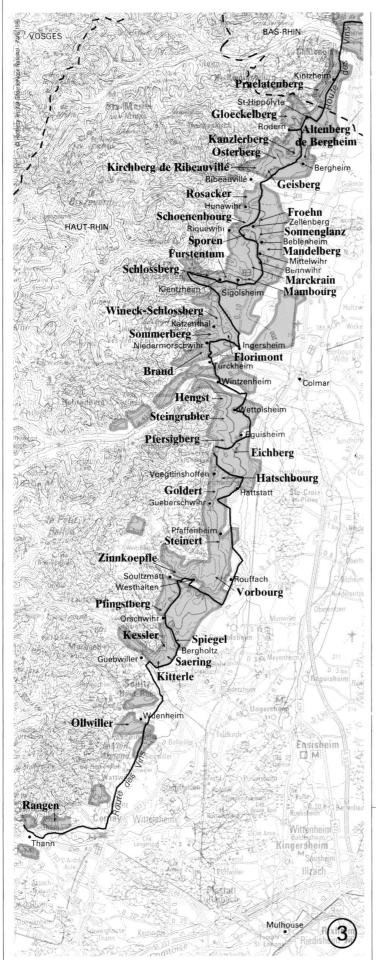

d'Alsace : de 70 000 hl en 1822, les ventes à l'export chutèrent à 38 000 l'année suivante.

Vint ensuite la concurrence des vins du Midi. En fait, annexée à l'Empire allemand en 1871, l'Alsace y échappa assez vite. Et dans le cadre du nouvel Etat, le vignoble alsacien, de septentrional qu'il était jusque-là, devint méridional. Jusqu'en 1918, son orientation allait rester résolument tournée vers une production de masse, commercialisée localement ou utilisée pour l'amélioration des vins allemands. En 1893, l'ensemble alsacien comptait 24 835 ha, produisant plus d'un million d'hectolitres en moyenne chaque année. Le retour de l'Alsace à la France après la première guerre mondiale plaça les producteurs devant un choix délicat. Leur clairvoyance les engagea sur la voie la plus difficile, mais la plus sûre à long terme, celle de la qualité. Il leur fallut alors réimplanter les cépages nobles et abandonner les terroirs de la plaine au profit de ceux des collines.

Un équilibre lié à l'histoire

Plusieurs traits caractéristiques du vignoble alsacien sont dus aux conséquences de l'histoire mouvementée de la province. La fréquence des conflits explique notamment le morcellement du vignoble en un grand nombre de propriétés : pour faire face aux dangers, les habitants se sont le plus souvent regroupés dans des villages fortifiés. Or c'est ce groupement de l'habitat qui a favorisé le partage des héritages au fil des successions et, en définitive, le parcellement extrême que l'on constate aujourd'hui avec 9 576 déclarants de récolte pour 14 506 ha (en 1994) ; la taille moyenne des parcelles culturales se situe aux

alentours de 10 a, ce qui rend difficile, voire impossible, tout processus de remembrement ou de restructuration.

Guerres et annexions ont aussi exercé une influence assez nette sur les structures de vinification. Ainsi, le système allemand favorisa l'implantation de coopératives vinicoles dès le début de ce siècle. Puis les destructions causées par les combats de la poche de Colmar à la Libération obligèrent les habitants de Bennwihr et de Sigolsheim à rebâtir intégralement leurs villages. Ils décidèrent alors de s'unir pour fonder deux nouvelles coopératives.

Si les bouleversements historiques, qui imposèrent à plusieurs reprises des changements d'orientation dans l'exploitation du vignoble, eurent pour conséquence de retarder, jusqu'aux années 1920, la mise en œuvre de la politique qualitative, ils n'eurent cependant pas que des effets négatifs. Ils ont aussi ouvert à l'Alsace le marché des pays rhénans, du Benelux, de la Grande-Bretagne, du Danemark, le Rhin ayant constitué la voie royale de l'exportation. Enfin, en favorisant le développement de la coopération, ils sont en partie à l'origine de l'équilibre actuel qui existe entre le négoce, les manipulants et les coopératives qui se partagent en trois parts égales la commercialisation de la production.

Fût (musée du Vin, Kientzheim).

L'art dans les caves

Fier de son métier, le vigneron alsacien a toujours été conscient de son appartenance à une vieille civilisation. Il avait autrefois une vénération toute particulière pour ses outils qui, plus que de simples objets usuels, représentaient à ses yeux un patrimoine légué par ses aïeux. Parmi ces instruments, le fût de bois a toujours occupé une place particulière. Qu'il soit rond, comme le « Sainte-Catherine », daté de 1715, le plus ancien encore en service dans une vieille cave de Riquewihr, ou ovale, le fût se prête fort bien à l'art de la sculpture. Les viticulteurs les plus riches faisaient sculpter la façade, les autres se contentaient du verrou. Les thèmes étaient empruntés à la mythologie grecque (silènes) ou romaine (Bacchus).

UN MILIEU NATUREL PRIVILÉGIÉ

Balcons ensoleillés dominant la vallée du Rhin, les collines sous-vosgiennes constituent une terre d'élection du vignoble et de sa joyeuse civilisation. C'est un milieu d'exception, tant par la formation géo-pédologique que par l'orientation.

Un terroir complexe

Comme l'ensemble de l'Alsace, les collines sous-vosgiennes résultent de l'effondrement du fossé rhénan, formidable bouleversement géologique (— 30 millions à — 5 millions d'années) qui coupa en deux l'ancien massif Vosges - Forêt Noire. Les deux cassures nord-sud qui ont délimité ce fossé, ont mis en jeu un vaste réseau de failles principales et secondaires formant une mosaïque de compartiments plus ou moins enfoncés comme des touches de piano, et d'une géologie très variée.
Côté alsacien, ces champs de fractures insérés entre les failles vosgienne et rhénane (au-delà de cette dernière s'étend la plaine d'Alsace que recouvre une masse impressionnante de sédiments) ont donné naissance aux collines, principale aire d'implantation du vignoble ; mais les vignes s'éten-

Le Brand à Turckheim.

dent aussi de part et d'autre, à la fois sur la base de la montagne, c'est-à-dire sur le socle hercynien, et sur les cônes de déjection des vallées vosgiennes.
C'est donc sur des sols et sous-sols très complexes que s'est établi le vignoble. Toutefois, trois grands ensembles peuvent être individualisés : le rebord de la montagne ; les collines sous-vosgiennes ; la plaine alluviale.
Les rebords de la montagne, où l'altitude des zones viticoles dépasse rarement 400 m, comprennent des terrains d'origine granitique ou gneissique qui sont présents du nord au sud du vignoble. Il s'agit de sols sableux, à fort coefficient acide, filtrants, peu profonds (surtout sur les parties les plus escarpées) et souvent

d'une forte déclivité, ce qui a parfois amené les viticulteurs à réaliser des terrasses, comme à Guebwiller. Dans cette catégorie l'on peut ranger aussi les terroirs schisteux, localisés dans le secteur d'Andlau, les terroirs d'origine volcanique (à Thann), et enfin les terroirs gréseux assez largement représentés.
C'est dans les collines sous-vosgiennes que se retrouve le paysage typique du vignoble alsacien, avec ses gros et beaux villages fleuris de géraniums que cernent une couronne de collines couvertes de vignes. Le jeu des failles et de l'érosion a mis à nu des sols très variés et de grandes modifications de terrain interviennent sur de très courtes distances. Notamment dans les grands champs de fractures de Saverne, de Ribeauvillé, de Wettolsheim-Guebwiller et de Thann. Les sols des collines sous-vosgiennes sont plus ou moins calcaires et argileux, avec des variations de profondeur liées à la situation et à l'altitude (comprise entre 200 et 300 m). A ces terrains du Secondaire assez évolués, bruns calcaires ou du type rendzine sur calcaires, s'ajoutent des conglomérats et marnes interstratifiées déposés en bordure à l'ère tertiaire, surtout présents dans la région de Rouffach. Cet ensemble bénéficie d'une structure géo-pédologique très favorable, avec des sols qui s'égouttent

facilement tout en assurant une activité physiologique régulière de la vigne. Dans la plaine alluviale, on trouve un mélange de galets, de sables et de graviers siliceux, originaires soit de cônes de déjection, soit de terrasses fluviatiles, à une altitude comprise entre 170 et 220 m. Contenant une faible proportion d'argile, ces sols peu évolués sont très filtrants et de tendance acide. Par endroits, des dépôts éoliens (placages de lœss) les recouvrent, augmentant leur fertilité.

Coffre de mariage du XVIIᵉ siècle (cave Boeckel, Mittelbergheim).

Un soleil aux ardeurs méridionales

Septentrionale pour les Français « de l'intérieur » (les Français non alsaciens), la vallée du Rhin est considérée par les Allemands comme une sorte de jardin ensoleillé au caractère

Les sols des collines sous-vosgiennes, terrain d'élection du vignoble alsacien.

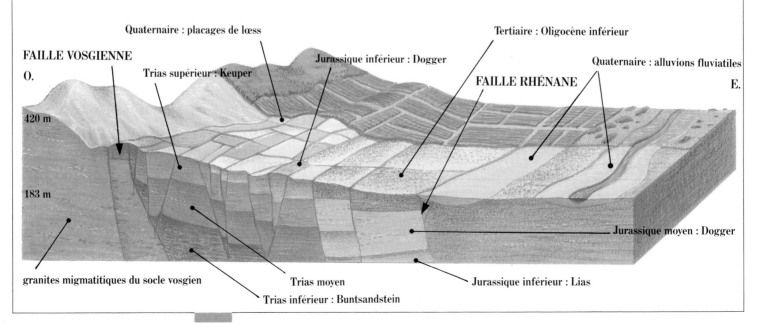

FAILLE VOSGIENNE

O.

Quaternaire : placages de lœss

Trias supérieur : Keuper

Jurassique inférieur : Dogger

Tertiaire : Oligocène inférieur

FAILLE RHÉNANE

Quaternaire : alluvions fluviatiles

E.

420 m

183 m

granites migmatitiques du socle vosgien

Trias moyen

Trias inférieur : Buntsandstein

Jurassique inférieur : Lias

Jurassique moyen : Dogger

déjà méridional. Chacune des deux visions contient une part de vérité dans un pays où le climat semi-continental offre deux visages très différenciés. Terre du Nord, l'Alsace l'est sûrement l'hiver avec sa couche de neige.

Mais il suffit de se promener par un beau jour d'été dans une ruelle déserte, baignée de chaleur et de clarté, pour se rendre compte que le soleil du Midi est encore chez lui ici.

A l'origine de ce microclimat privilégié se trouve la barrière vosgienne qui limite les influences océaniques et permet à la région de jouir d'étés particulièrement chauds et ensoleillés. Ainsi, à Colmar, la température moyenne en juillet est supérieure à 20 °C. Et si l'on prend la somme de températures efficaces (c'est-à-dire supérieure à 10 °C) pendant la période végétative de

Ci-dessus à gauche, Niedermorschwihr. A droite, Rangen à Thann. Ci-dessous, Saint Urbain (cave Boeckel, Mittelbergheim).

la vigne (du 1er avril au 30 septembre), elle atteint 1 253 °C, contre 1 129 à Angers ou 1 175 à Dijon.

Si les étés sont chauds, les hivers sont rigoureux, mais sans atteindre des limites préjudiciables à la culture de la vigne. Les gelées noires y sont plutôt rares : on n'a guère relevé de dégâts importants qu'en 1956 et 1985. Quant aux risques de gelées de printemps, ils existent mais sont assez limités par l'ouverture de la vallée du Rhin et ne concernent en réalité que la sortie des vallées vosgiennes.

Plus encore que sur les températures, c'est sur la pluviométrie que la barrière des Vosges joue un rôle régulateur : les masses d'air océanique se déchargent de leur humidité en s'élevant sur la façade occidentale et les sommets du massif. En redescendant sur le versant alsacien, l'air se ré-

chauffe, les précipitations diminuent progressivement pour atteindre un minimum de 500 mm par an dans la région de Colmar. Sur l'ensemble du vignoble, elles se situent entre 500 et 650 mm, ce qui assure une limitation naturelle de l'alimentation hydrique de la plante et optimise les conditions d'ensoleillement. Il faut aussi souligner les bonnes conditions de l'arrière-saison : elles permettent un affinement de la maturation et un déroulement tardif des vendanges. Cela renforce l'expression aromatique du vin et lui donne toute son originalité.

De bonnes conditions climatiques, des caractéristiques topographiques et pédologiques privilégiées font de ces collines sous-vosgiennes un terroir de choix pour le vignoble. Les Alsaciens ont su en tirer le meilleur parti en introduisant des cépages qui s'y adaptent parfaitement.

DES CÉPAGES CARACTÉRISTIQUES

Muscat d'Alsace.

Si, en Champagne, c'est la marque commerciale que privilégie l'étiquette, en Bordelais le nom du château ou en Bourgogne le lieu-dit (climat), en Alsace, c'est indiscutablement le cépage qui tient la vedette, puisque l'appellation d'origine est presque toujours suivie des dénominations de cépages : l'usage n'est-il pas d'acheter un riesling ou un sylvaner ?

Du terroir au cépage

En fait, il n'en fut pas toujours ainsi. Au Moyen Age, les vins étaient désignés essentiellement par leur commune d'origine, et jusqu'à la crise phylloxérique, les cépages étaient souvent cultivés en mélange. Le célèbre ampélographe Stolz indiquait en 1852 que, dans les principales communes viticoles du Haut-Rhin, on plantait le traminer en mélange avec du riesling, du pinot gris, du pinot blanc ou du chasselas. Ceci donnait, précisait-il, les meilleurs « gentils » ou *edel* de la contrée. Toutefois, le cépage occupait déjà une place très importante dans la viticulture alsacienne. La plaine du Rhin, grande voie de communication et d'échanges, a favorisé l'implantation de nombreux cépages, au fil des siècles. La diversité des sols et des micro-climats a permis à chacune de ces variétés de trouver ses conditions d'expression optimale.
Mais la recherche de l'adéquation sol - cépage - climat fut parfois influencée par les choix politiques. Ceux-ci imposèrent, par exemple, de faire une place au trollinger, ce cépage aujourd'hui disparu, qui assurait au siècle dernier une bonne partie de la production de vin rouge. Si le phylloxéra eut malheureusement

Riesling.

pour première conséquence de favoriser le remplacement des vieux cépages traditionnels par des hybrides, heureusement, par la suite, l'obligation d'utiliser des plants greffés entraîna un abandon progressif de la plantation en mélange remplacée par une culture en cépage pur. Tout naturellement, la typicité propre à chaque cépage, amplifiée par la nature du climat local, montra ses avantages et l'on aboutit à la généralisation de la vinification et de la commercialisation par cépage.

Des cépages de base...

Il est courant de classer les cépages alsaciens en deux groupes, l'un comprenant les variétés de base, l'autre les cépages plus nobles qui donnent naissance aux vins les plus prestigieux.
Le chasselas, ou gutedel, apparut dès la fin du XVIIIᵉ siècle dans le Haut-Rhin. Ayant beaucoup régressé au cours des dernières décennies, il n'occupe plus qu'environ 2,5 % du vignoble. C'est un cépage précoce, adapté à des situations assez variées. Il produit des vins légers, frais,

plus neutres que la plupart des cépages qui entrent dans la composition de l'edelzwicker.
Signifiant en alsacien le « noble assemblage », l'edelzwicker n'est pas un cépage mais un assemblage de cépages dans lequel rentrent des pinot ou sylvaner, avec un apport, en proportions variables selon les millésimes, de cépages plus aromatiques.
Le sylvaner, originaire d'Autriche, est connu en Alsace depuis le XVIIIᵉ siècle. Il couvre environ 20 % du vignoble, localisé principalement dans le Bas-Rhin. Plutôt tardif, il se plaît dans les sols

Pinot blanc.

profonds, sableux et calcaires, qui sont riches en éléments fins. C'est, avec le riesling, le cépage le plus régulier en production, sa productivité étant assez élevée (97 hl par ha). Il donne des vins légers, assez vifs et fruités, mais qui peuvent parfois se révéler plus robustes sur certains terroirs, tels que ceux de la commune de Mittelbergheim.
Le pinot blanc et l'auxerrois sont deux variétés génétiquement différentes mais que les usages ont confondu sous la dénomination pinot ou klevner, du fait de la similitude de leurs produits. Alors que le pinot blanc était présent dans la région dès le XVIᵉ siècle, l'auxerrois, sans doute originaire de Laquenexy en Lorraine, n'est apparu que plus tard. Passés de 11 % des surfaces en 1969 à 19 % aujourd'hui, ces deux cépages doivent leur développement à leur relative précocité. D'une certaine classe, leur vin est généralement bien charpenté, avec un bouquet délicat.

... aux grands noms

Mais plus que les cépages de base, ce sont les plus prestigieux qui ont donné leur personnalité très marquée et leur réputation aux vins d'Alsace. A commencer par le riesling, véritable enfant chéri des Alsaciens, sans doute le plus ancien cépage de la région. On le trouve déjà cité dans un important traité de botanique, le *Kreuterbuch*, publié en 1551 par Bock. Il occupe actuellement quelque 21 % du vignoble ; c'est une variété tardive qui se plaît à merveille dans les terrains sablo-argileux ou limoneux riches en éléments grossiers. Très régulier en production, il donne des vins très typés particulièrement appréciés pour leur vivacité, leur finesse aromatique et leur grande élégance.

Sylvaner.

Cité lui aussi dès le XVIᵉ siècle, le muscat est en fait un assemblage de deux cépages : le muscat d'Alsace (blanc à petit grain), le plus ancien ; et le muscat ottonel probablement issu d'un croisement de chasselas, plus récent et plus précoce. La première variété donne des vins relativement acides mais d'une bonne intensité aromatique. La seconde se caractérise par la finesse de son bouquet.
L'assemblage harmonieux des deux cépages produit des vins secs, frais et très bouquetés, qui donnent véritablement l'impression de croquer le raisin. Le

muscat n'occupe plus aujourd'hui que 3 % du vignoble, car les producteurs lui reprochent sa trop grande irrégularité de récolte.

Hongrois si l'on en croit la légende (voir encadré), mais sans doute d'origine bourguignonne, le tokay, ou pinot gris, est alsacien depuis la fin du XVIIe siècle. Encore rare puisqu'il n'occupe qu'environ 5 % de l'ensemble du vignoble, il tend à se développer. S'il affectionne tout particulièrement les terrains tertiaires (à dominante sableuse et argileuse) de la région de Cleebourg, au nord de la province, il se plaît aussi sur les terrains calcaires et montre sa race sur les pentes volcaniques. Exceptionnels par leur puissance, ses vins, très appréciés, se distinguent également par leur moelleux et leur excellente aptitude au vieillissement.

Le gewurztraminer est une forme aromatique de l'ancien traminer, connu depuis les temps les plus anciens. Cette sélection, au bouquet très typé par sa saveur épicée (la traduction littérale de *gewürz* est « épicé »), est apparue en Alsace vers la fin du XIXe siècle, avant de se substituer progressivement au vieux traminer. Le gewurztraminer occupe une position assez constante avec 20 % du vignoble, malgré une réelle sensibilité aux accidents climatiques et une productivité

Haut-Kœnigsbourg.

Gewurztraminer.

des plus faibles (55 hl par ha). C'est un cépage précoce, installé de préférence sur des sols marneux d'une bonne profondeur et moyennement calcaires. En dépit de la coloration rose de ses baies, il produit des vins blancs, aux

Pinot noir.

Tokay pinot gris.

reflets dorés, qui se montrent corsés et bien charpentés, avec un bouquet d'une grande intensité. Parfaitement adapté à l'environnement des coteaux sous-vosgiens, il trouve sans conteste son optimum qualitatif en Alsace.

Le klevener de Heiligenstein n'est autre que l'ancien traminer, qui a subsisté à Heiligenstein et dans cinq communes voisines. Il n'occupe plus qu'une surface réduite et donne des vins élégants et bien constitués. Le pinot noir, venu très tôt de Bourgogne, est un cépage rouge prestigieux qui occupait une place des plus importantes au Moyen Age. Il avait beaucoup régressé au fil des siècles pour ne plus subsister que dans quelques rares localités (Ottrott, Rodern, Marlenheim etc.). Mais il connaît une véritable résurrection depuis une quinzaine d'années et représente aujourd'hui 6,5 % des surfaces. Plutôt tardif et bien adapté aux sols sablonneux ou calcaires, c'est le seul cépage réservé aux rouges et aux rosés. S'il était initialement utilisé pour la vinification de vins rosés, frais et fruités, les producteurs s'attachent depuis quelques années à augmenter les durées de cuvaison pour produire à partir du pinot noir des vins rouges plus corsés.

La légende du tokay

Par sa belle couleur jaune comme par son étoffe, le tokay, ou pinot gris, est un vin qui ne manque pas de panache. Rien d'étonnant à ce que son origine ait été entourée d'un certain éclat. On raconte que le baron Lazare de Schwendi, général de l'armée impériale autrichienne, acheta la seigneurie de Kientzheim, près de Colmar, en 1563. Il s'empara deux ans plus tard de la ville de Tokay, en Hongrie, et y découvrit des vins merveilleux. Il décida d'en rapporter des plants pour les multiplier dans ses vignes alsaciennes. Depuis lors, le mot de tokay n'a cessé d'être employé dans la région, désignant notamment le pinot gris.

SUR LA ROUTE DES VINS

Sur quelque 180 km, le mince ruban des vignobles de l'appellation alsace sépare la plaine qui borde le Rhin et les « ballons » vosgiens que couronnent ici et là les ruines des vieux *burgs* médiévaux, chargés d'histoire et de légendes. La vigne, dominée par les forêts que l'automne peint de chaudes couleurs lors des vendanges, est parfaitement intégrée au paysage alsacien.

Tout au long de l'année, la conduite traditionnelle du travail de la vigne est identique à celle que l'on rencontre dans le reste de la vallée du Rhin. On y voit les ceps plantés selon un espacement de 1,5 m sur 1,5 m et les cépages taillés de la même façon à deux longs bois par cep, ces bois étant arqués pour favoriser le départ des premiers bourgeons. La règle stipule que la charge laissée lors de la taille ne peut excéder 12 yeux (bourgeons) au mètre carré. Enfin, le plan de palissage, très élevé, laisse la végétation monter à deux mètres du sol, réel atout pour la photosynthèse.

Wissembourg

Au nord, la vigne fait son apparition dès la frontière, à Wissembourg, où un îlot viticole prolonge le vignoble du Palatinat, comme pour rappeler l'appartenance de l'Alsace au monde rhénan.

Toute la production du secteur de Wissembourg est regroupée à la coopérative de Cleebourg célèbre par ses tokay et ses auxerrois. Mais dans ce charmant pays, véritable conservatoire des traditions régionales où l'on sait faire la différence entre identité et folklore, la vigne que relaie en bien des endroits les vergers, n'est pas reine. Pas plus d'ailleurs que dans le petit secteur viticole de Kienheim et Gimbrett, dans la région du Kochersberg, autre pays de tradition dont les villages prennent parfois des allures de gravures anciennes.

En haut, Riquewihr
vu du Schoenenbourg.
A droite, un chapiteau
de l'église de Marmoutier.

La route du vin

C'est à Marlenheim, ville aux rosés réputés, que commencent la route des Vins et la partie continue du vignoble. C'est là aussi que l'on trouve un premier sentier viticole (il en existe d'autres à Bergheim, Pfaffenheim et Turckheim) ; il permet, grâce à un balisage, de découvrir les cépages alsaciens dans leur environnement (calcaire et calcairo-gréseux ici). Le secteur de Molsheim, ancienne cité épiscopale, appartient au champ de fractures de Saverne. A la répartition générale nord-sud du vignoble répond une dispersion est-ouest, expliquant la présence d'exploitations en polyculture, bien que la vente directe se développe actuellement. Après Wangen où, le dimanche suivant le 3 juillet, le vin coule à flots de la fontaine devant l'église, Soultz-les-Bains, avec sa source d'eau salée, et Obernai, avec ses brasseries, voudraient peut-être jouer les interludes sur la route des Vins. Mais la vigne est toujours là ! A Barr, dit-on, chaque dimanche est une fête ; l'on pénètre dans la zone de véritable monoculture du vignoble, d'autant plus spectaculaire que la vigne monte jusqu'à près de deux mètres du sol. Le cépage sylvaner y représente un pourcentage assez important de la production dont la commercialisation n'est pas uniquement assurée par les exploitants du secteur : c'est à partir de Barr que l'on rencontre les premières maisons de négoce. Au sud de Barr, il convient de noter le pittoresque petit village de Mittelbergheim, aux jolies maisons de vigneron. Mais cette commune ne représente pas qu'un intérêt touristique : ici, le sylvaner est planté sur des sols de structure différente et démontre le rôle des terroirs dans la qualité des vins. S'il possède moins de personnalité sur les terrains formés de dépôts en bas de pente, il exprime avec plénitude sa fraîcheur et sa rondeur sur les sols variés (recouverts de calcaires) situés au nord-ouest du village ; et plus encore dans le Stein, au sud de Mittelbergheim, dont les bonnes pentes calcaires lui assurent des conditions exceptionnelles de mûrissement. Ensuite, la frange des collines sous-vosgiennes se resserre jusqu'au débouché de la vallée du Giessen, à la hauteur de Sélestat.

Les winstub

Une petite infidélité à la route des Vins ne sera pas un péché bien grave si c'est pour se rendre à Illhaursen où est établie l'auberge de l'Ill, un des hauts lieux de la gastronomie française. Car c'est assurément une bonne façon de faire connaissance avec les accords gourmands. Mais il est une autre façon de découvrir les secrets des vins alsaciens : l'arrêt dans l'une des winstub qui jalonnent le vignoble. C'est là que les Alsaciens attendent le visiteur, un verre à la main, pour lui faire apprécier leurs vins avec une chaleureuse sympathie.

LE RÈGNE DE LA TRADITION

des Têtes qui date de la Renaissance). A Colmar, comme à Turckheim, la vigne occupe une place importante sur le large cône de déjection de la Fecht. Au sud de Colmar, la route des Vins mène à Rouffach et Westhalten, deux communes où l'on prend conscience de l'originalité du climat alsacien, avec, au sommet des collines calcaires sèches, une flore très particulière (protégée aujourd'hui) qui n'est pas sans rappeler celle de la Méditerranée. Vers le midi, largement concurrencé par une industrialisation très ancienne, le vignoble se transforme en une bande plus linéaire.

Véritable épine dorsale de l'Alsace, à mi-chemin entre les Vosges et la plaine, la route des Vins ne permet pas seulement de découvrir toute la région en même temps que le vignoble. Rythmée par de nombreuses manifestations traditionnelles, auxquelles les Alsaciens sont très attachés, elle est aussi un conservatoire vivant du métier de vigneron et, sans doute, l'un des plus intéressants circuits touristiques de France.

Les trois perles du vignoble

Dominé par la puissante silhouette du Haut-Kœnigsbourg sur son piton détaché des Vosges, le piémont s'élargit de nouveau à Saint-Hippolyte. La vigne en profite pour prendre ses aises, le gewurztraminer occupe une place grandissante sur les sols marneux, tandis que le riesling reste le seigneur des pentes granitiques. C'est aussi le pays où se cachent « trois perles rares, trois bourgs célèbres et charmeurs » : Ribeauvillé, où les maisons des artisans comme des vignerons, et les fontaines Renaissance rappellent que la prospérité apportée par le vin ne date pas d'hier ; Riquewihr, véritable ville médiévale sans voitures ni câbles électriques ; Kaysersberg, terre natale du docteur Schweitzer. Mais la séduction qu'exercent les lieux sur les touristes ne doit pas faire oublier leur importance viti-vinicole ; des cités comme Ribeauvillé et Riquewihr possèdent quelques-unes

des plus anciennes entreprises de vin de toute l'Alsace, cependant que l'on trouve une assez forte densité de coopératives sur l'ensemble du vignoble du Haut-Rhin.

Si l'on note à Kientzheim le musée du Vin, c'est Colmar qui retient le plus l'attention. Véritable capitale du vignoble alsacien, elle est le siège des différentes instances de la profession et de la Bourse du vin (dans la maison

En haut, Kaysersberg et le Schlossberg.
A droite, la fête du vin à Dambach.
Ci-dessous, un linteau de porche à Aloi.

Un vin exigeant

Le vignoble alsacien se distingue dans le paysage viticole français par bien des traits.
C'est ainsi qu'il est le seul dont les vins, depuis 1972, doivent être obligatoirement mis en bouteilles dans la région. Disposition que lui envient de nombreuses appellations. Autre caractéristique, l'emploi exclusif de la célèbre bouteille au long col, la « flûte du Rhin ».
De tous temps, les dates d'ouverture des vendanges ont été réglementées.
Les récoltes ont lieu en Alsace plus tard qu'ailleurs pour profiter des conditions climatiques d'automne favorables à la lente maturation des grappes, propice au développement harmonieux des arômes. Pour préserver ce potentiel aromatique, on presse rapidement la vendange afin de limiter les phénomènes d'oxydation ou de macération. La fermentation alcoolique est menée à une température suffisamment basse pour retenir les arômes volatils. Il faut enfin éviter le départ de la fermentation malolactique, qui serait préjudiciable à l'équilibre des vins et à l'expression de leur bouquet.

LES MILLE NUANCES DE L'ALSACE

Longtemps, le vignoble alsacien a comporté exclusivement une appellation régionale. Aujourd'hui, les producteurs conscients des atouts qui caractérisent leur vignoble, cherchent à diversifier leurs produits. Avec l'A.O.C. alsace grand cru, c'est le terroir qui opère son retour en force. Avec les « vendanges tardives » et les « sélections de grains nobles », c'est une vieille tradition de surmaturation des baies qui revit. Avec le crémant d'alsace, c'est le vin de fête qui apparaît dans la région.

Les grands crus

Si elle n'est large que de 1,5 à 3 km, la bande principale du vignoble alsacien s'étend sur quelque 110 km de longueur à vol d'oiseau du nord au sud. Les variations de sols et de microclimats y sont floraison, apportant dans les vins mille nuances que partout ailleurs l'on aurait traduit dans la réglementation par l'apparition de crus. Mais, peut-être à cause des traditions démocratiques, inscrites depuis longtemps dans les pays rhénans, ici leur naissance ne date que de 1975, avec la définition officielle d'une appellation alsace grand cru. Décision qui déboucha, en novembre 1983, sur la délimitation d'une première série de 25 lieux-dits (de 6 à 80 ha) remplacés, en décembre 1992, par 50 lieux-dits.

L'élément essentiel de cette appellation est l'originalité de chaque terroir considéré. Celui-ci s'individualise par son sol, mais aussi par son orientation et son exposition. L'ensemble s'adapte parfaitement aux cépages nobles alsaciens (riesling, muscat, pinot gris et gewurztraminer) qui seuls ont droit à l'appellation. Le rendement à l'hectare (70 hl), très

inférieur à celui de l'appellation régionale, permet la pleine expression de la typicité des vins, nuancée par les conditions particulières du terroir.

Par ailleurs, ces vins ne peuvent être produits qu'avec des raisins présentant un degré minimum de 10° avant tout enrichissement pour les deux premières variétés, et de 11° pour les suivantes.

Vendanges tardives et sélection de grains nobles

Souvent favorables au développement de la pourriture noble et à la concentration des baies, les conditions climatiques de l'automne, en Alsace comme dans l'ensemble de la vallée du Rhin, ont permis depuis long-

Les saisons de l'Alsace. A droite, Hunawihr.

temps la production de vins issus de vendanges surmûries. Toutefois, le caractère délicat et aléatoire de la production et de la vinification de ce type de vendange, allié à un prix de revient nécessairement très élevé, explique qu'au cours des dernières décennies, seules quelques grandes maisons alsaciennes se soient intéressées à cette production.

Celle-ci n'aurait pu avoir qu'un avenir réduit, à la limite du folklore, si la recherche qualitative et la saine émulation qui se sont développées dans le vignoble, n'avaient fini par triompher, avec la reconnaissance et la définition (par un décret de mars 1984) des mentions « vendanges tardives » et « sélection de grains nobles ».

Ces deux mentions peuvent s'appliquer aussi bien à des vins d'appellation alsace qu'à des alsace grand cru. Mais à condition qu'ils proviennent uniquement de cépages nobles (riesling, muscat, pinot gris et gewurztraminer). La discipline imposée aux viticulteurs est d'ailleurs d'une grande rigueur puisque les degrés minima sont, avec ceux des vins de paille du Jura, les plus élevés de toutes les A.O.C. françaises. Pour les vendanges tardives, ils sont en effet de 12,9° pour le riesling et le muscat et de 14,3° pour les pinot gris et gewurztraminer. Pour la sélection de grains nobles, ils sont respectivement de 15,1° et de 16,4°. Si la réglementation est sévère, la surveillance ne l'est pas moins ; ces productions font l'objet d'un contrôle systématique au moment de la récolte. Effectué par les agents de l'I.N.A.O., celui-ci permet de garantir l'authenticité de ces vins qui ne peuvent faire l'objet d'aucun enrichissement. En outre, ils ne peuvent être commercialisés sans avoir été soumis auparavant à un examen analytique et organoleptique intervenant 18 mois après la récolte. Le résultat donne des vins d'un grand intérêt par leur remarquable concentration et leur rare persistance aromatique.

« Sablez l'alsace »

S ablez l'alsace ». Ce slogan en forme de clin d'œil a servi de thème à une grande campagne de publicité ; il a fait connaître à « ceux de l'intérieur » le crémant, un vin effervescent sans complexe.

A droite, Ammerschwihr.
Ci-dessous,
une illustration d'Hansi
tirée des Clochers dans les vignes.

Se confondant avec celle de l'appellation régionale alsace, l'aire de cette appellation s'étend du nord au sud de la province. Ses vins peuvent provenir de divers cépages : pinot blanc, auxerrois, pinot gris, pinot noir, chardonnay ou riesling.

A la différence des appellations alsace ou alsace grand cru, les crémant sont rarement présentés sous un nom de cépage : le plus souvent, ils sont issus d'un assemblage de cépages en proportion variable selon les millésimes afin d'assurer une certaine constance à l'équilibre acide des vins. Ceux-ci sont élaborés selon les principes initiés en Champagne. Les raisins doivent être mis entiers sur le pressoir pour assu-

rer une bonne qualité des moûts. Le taux d'extraction ne doit pas dépasser 100 l d'appellation pour 150 kg de vendange. La seconde fermentation doit se faire en bouteilles, avec une durée minimale de neuf mois sur lie.

Pour mieux répondre à la demande, la production de crémant propose une certaine diversité dans les vins élaborés. Les uns, provenant du riesling, se caractérisent par leur bouquet très typé, cependant que d'autres, issus d'auxerrois ou de pinot blanc, présentent plus de rondeur et une meilleure aptitude au vieillissement. Grâce à cette adaptation au marché et à une sage politique de qualité, l'appellation crémant d'alsace connaît aujourd'hui un

réel succès commercial dont témoignent les chiffres de ventes passés de quelques milliers d'hectolitres vers 1975 à plus de 16 000 en 1982, pour dépasser les 100 000 actuellement.

Le vignoble alsacien est encore trop méconnu. Deux éléments majeurs en sont la cause : les vicissitudes historiques, tout d'abord, qui ont retardé son engagement sur la voie qualitative, la complexité de ses produits ensuite. En réalité, aujourd'hui, les consommateurs sont à la recherche de qualités originales. C'est une grande chance pour l'Alsace, car ce qui était considéré jusqu'alors comme un handicap devient un atout pour l'avenir.

Le repas de la Saint-Etienne
Chaque lendemain de Noël, c'est-à-dire le jour de la Saint-Etienne, le président de la Herrenstubengesellschaft (la Société des bourgeois) d'Ammerschwihr devait offrir à ses confrères un plantureux repas. De là le nom de « confrérie Saint-Etienne » pris par cette joyeuse compagnie, fondée au XIVᵉ siècle pour contrôler la qualité des vins produits sur la paroisse. Disparue en 1848, elle ressuscita presque 100 ans plus tard, en 1947, sous l'impulsion de Joseph Dreyer, en étendant son action de promotion à l'ensemble des vins d'Alsace. Installée depuis 1972 au château de Kientzheim, ancienne résidence des barons de Schwendi, elle a transformé cette demeure en un important centre viti-vinicole. Quatre chapitres solennels se tiennent chaque année à Kientzheim, ainsi que de nombreuses dégustations commentées. La confrérie compte plusieurs milliers de sociétaires qui sont un peu les ambassadeurs de l'Alsace et de ses vins de par le monde. Fidèle à la vocation première de l'ancienne société dont elle est l'héritière, elle organise chaque année un concours des vins au cours duquel les meilleurs sont distingués par l'attribution du Sigille. Elle possède enfin la plus belle collection de vins d'Alsace, avec plus de 60 000 bouteilles actuellement recensées, dont les plus anciennes remontent à 1834.

LE BORDELAIS

De Bordeaux...

Il est difficile d'imaginer la façade des quais de Bordeaux sans barriques. Qui n'a pas en mémoire le souvenir d'une gravure représentant les beaux alignements de fûts dans le port ? Mais les tonneaux ont déserté le port de la Lune depuis longtemps, tout comme les chais des grands négociants ont délaissé les Chartrons pour prendre leurs aises dans la banlieue. Quant aux grands noms qui ont fait la renommée de ce quartier, ils ont cédé la place à des sociétés

... au Bordelais

Le monde du vin girondin est beaucoup plus contrasté et diversifié qu'il n'y paraît à première vue ; en effet, avec 113 000 ha, le Bordelais est le plus vaste vignoble d'appellation d'origine contrôlée de France. Corollaire d'une telle superficie, les autres chiffres clefs des vins de Bordeaux sont eux aussi impressionnants : la production moyenne se situe autour de 5 millions d'hl (l'équivalent de 650 millions de bouteilles) par an ; les déclarants de récolte

donné leur nom à la région homonyme, elles sont présentes de manière générale sur l'ensemble de la rive gauche de la Garonne et dans le Libournais (à Pomerol et sur une partie de Saint-Emilion). Favorisant un enracinement profond et, partant, une bonne régulation de l'alimentation hydrique de la plante, elles constituent un contexte pédologique idéal pour la vigne. Les sols calcaires et argilo-calcaires montrent eux aussi des qualités affirmées dans le Saint-Emilionnais, le Sauternais et les Côtes. Enfin, dans certains secteurs apparaissent des boulbènes, des mollasses et des alluvions récentes. Ces dernières, caractéristiques des bordures de fleuve, ont trouvé un nom spécifique en pays girondin où on les nomme les palus.

Six grandes familles de vins

Cette richesse du terroir bordelais a permis l'élaboration d'une large gamme de vins. Abstraction faite des mousseux, on dénombre officiellement six grandes familles de vins : les bordeaux et les bordeaux supérieurs (rouges et rosés), avec une production moyenne d'environ 2,5 millions d'hl par an ; les côtes, avec 550 000 hl ; les médoc et graves, avec 750 000 hl ; les vins du Libournais (saint-émilion, pomerol, fronsac), avec 550 000 hl ; les blancs secs, avec 900 000 hl ; enfin les blancs doux, avec 150 000 hl.

Mais s'il est fait de nuances, le Bordelais exprime aussi sa personnalité par l'unité de son écosystème dans lequel le climat joue un rôle essentiel. Très tempéré, il permet la culture de la vigne, mais sans la favoriser particulièrement : les caractères des terroirs et des millésimes sont très marqués. S'il ne rend pas toujours la vie facile aux viticulteurs, il leur apporte un atout considérable par ses automnes parfois ensoleillés, notamment dans les grands millésimes. Sans eux, les vins de Bordeaux n'existeraient pas.

Le Port de Bordeaux,
Yves Le Gouaz, XVIIIe siècle,
dans Nouvelles Vues
et Perspectives des ports de France.

d'autant plus anonymes qu'elles sont souvent intégrées dans de grandes multinationales de l'agro-alimentaire.

D'aucuns regretteront peut-être la disparition d'un certain folklore, mais sur place, dans la métropole aquitaine, plus d'un habitant vous dira qu'en s'évanouissant, l'imagerie traditionnelle a libéré une vision plus réaliste de la ville, du pays et même de la société viti-vinicole.

sont environ 20 000, les bureaux de courtage 150 et les maisons de négoce 400 ; au total, quelque 60 000 personnes (un actif sur six en Gironde) travaillent dans le secteur viti-vinicole.

En fait, à Bordeaux, plus que d'une famille des vins, c'est des familles du vin qu'il convient de parler. Il est courant d'opposer les négociants aux viticulteurs. Mais, à l'intérieur de chaque groupe, les écarts sont énormes entre les grands et les petits. Il n'y a guère de points communs entre le propriétaire de plusieurs grands crus classés dans les appellations communales du haut

Médoc et le petit exploitant ne disposant que de quelques hectares de l'autre côté de l'estuaire de la Gironde, à Bourg ou Blaye. Souvent oublié dans les présentations de la viticulture girondine, l'univers des petites propriétés paysannes est pourtant l'une des richesses de la région, car il permet à l'amateur de découvrir de bons vins à petits prix.

Complexe par ses structures foncières et humaines, le Bordelais est aussi très divers par son milieu naturel. Les sols, d'abord, individualisent plusieurs secteurs, à commencer par les plus célèbres, les graves. Si elles ont

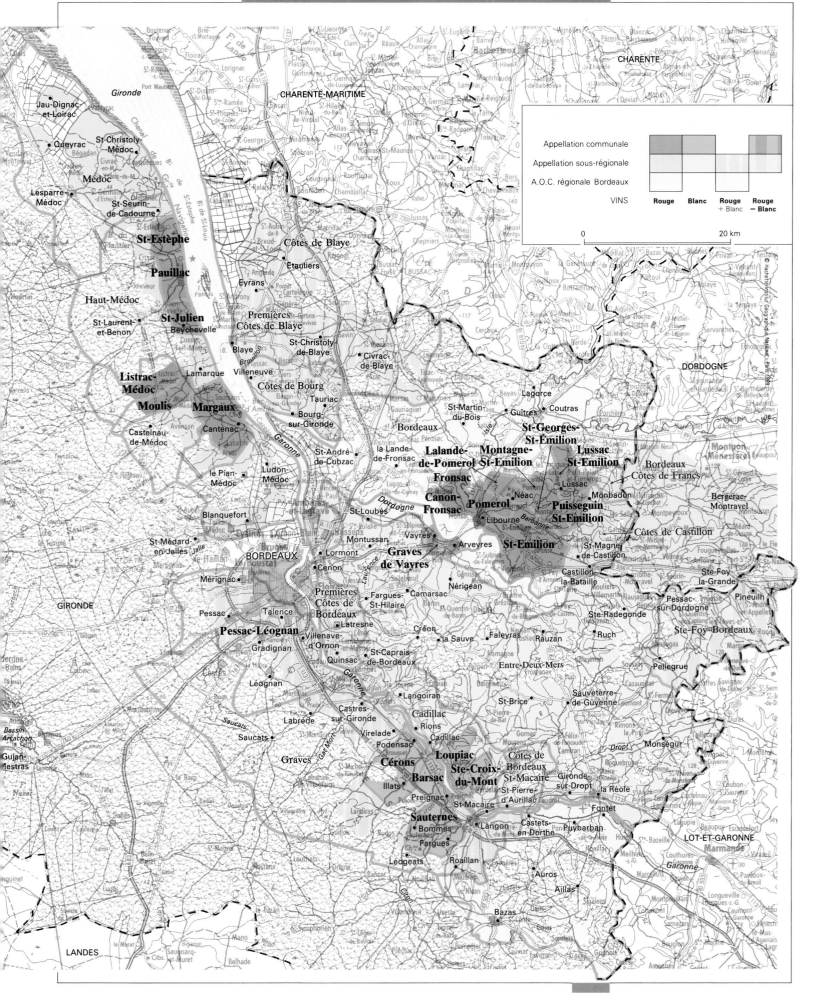

CHARENTE

CHARENTE-MARITIME

Gironde

Jau-Dignac-
et-Loirac

Queyrac
St-Christoly-
Médoc

Bégadan

Médoc

Lesparre-
Médoc
St-Seurin-
de-Cadourne

St-Estèphe

Pauillac

Haut-Médoc

St-Laurent-
et-Benon
St-Julien
Beychevelle

Côtes de Blaye

Etauliers

Eyrans

Premières
Côtes de Blaye

Listrac-
Médoc
Lamarque
Villeneuve
Blaye

St-Christoly-
de-Blaye

Civrac-
de-Blaye

DORDOGNE

Moulis
Margaux

Cantenac

Castelnau-
de-Médoc

Côtes de Bourg

Tauriac

Bourg-
sur-Gironde

le Pian-
Médoc

Ludon-
Médoc

St-André-
de-Cubzac

Bordeaux

St-Martin-
du-Bois

Guîtres

Coutras

Lagorce

Bayas

St-Georges-
St-Émilion

Blanquefort

la Lande-
de-Fronsac

St-Loubès

Lalande-
de-Pomerol
Fronsac

Montagne-
St-Emilion

Lussac
St-Emilion

Lussac

Monbadon

Bordeaux
Côtes de Francs

Bergerac-
Montravel

St-Médard-
en-Jalles

Canon-
Fronsac

Pomerol

Néac

Libourne

Puisseguin
St-Emilion

Côtes de Castillon

BORDEAUX

Montussan

Vayres

Arveyres

St-Emilion

St-Magne-
de-Castillon

Castillon-
la-Bataille

Ste-Foy-
la-Grande

Pineuilh

Mérignac

Lormont

Cenon

Graves
de Vayres

St-Sulpice-
de-Faleyres

Pessac-
sur-Dordogne

Pessac

Talence

Premières
Côtes de
Bordeaux

Fargues-
St-Hilaire

Camarsac

Nérigean

Créon

Ste-Radegonde

Ste-Foy-Bordeaux

Pessac-Léognan

Gradignan

Villenave-
d'Ornon

St-Caprais-
de-Bordeaux

la Sauve

Faleyras

Rauzan

Ruch

Pellegrue

Léognan

Quinsac

Entre-Deux-Mers

Labrède

Castres-
sur-Gironde

Langoiran

St-Brice

Sauveterre-
de-Guyenne

Saucats

Virelade

Cadillac

Rions

Cadillac

Graves

Podensac

Loupiac

Côtes de
Bordeaux
St-Macaire

Monségur

Cérons

Barsac

Ste-Croix-
du-Mont

St-Pierre-
d'Aurillac

Gironde-
sur-Dropt

la Réole

Illats

Preignac

St-Macaire

Fontet

Sauternes

Bommes

Langon

Castets-
en-Dorthe

Puybarban

LOT-ET-GARONNE

Fargues

Roaillan

Marmande

Léogeats

Auros

Garonne

Aillas

Bazas

LANDES

GIRONDE

Bassin
d'Arcachon

Gujan-
Mestras

Appellation communale

Appellation sous-régionale

A.O.C. régionale Bordeaux

VINS

Rouge | Blanc | Rouge + Blanc | Rouge = Blanc

0   20 km

L'HÉRITAGE

S'il doit beaucoup à la nature, le vignoble peut aussi être reconnaissant à l'histoire. Cas pratiquement unique, son point de départ pourrait être daté au jour près, car il est lié à un événement historique. Tous les historiens sont d'accord sur ce point. Mais l'unanimité est moins nette pour le choix de la date.

Une union féconde

Pour les uns, il faut retenir le mariage, en 1152, de la duchesse d'Aquitaine, Aliénor, avec le futur roi d'Angleterre Henri Plantagenêt. Cette union, qui allait donner naissance au puissant duché anglo-gascon, fut d'une importance capitale. Mais pour d'autres, l'instant capital aurait été plus tardif. Tout aurait vraiment commencé avec la prise de La Rochelle par les troupes du roi de France en 1224. Jusque-là primordial, le port de l'Aunis dut laisser partir vers Bordeaux le trafic anglo-aquitain. Débarrassée de sa rivale, la capitale gascone devint, pour plus de deux siècles, le fournisseur exclusif de Londres. Or, à cette époque, le vin était très recherché, car les boissons fétiches des Britanniques d'aujourd'hui, le thé, le café et le chocolat, n'étaient pas encore connues en Europe.

Dans le Bordelais, tout s'organisa autour de la demande anglaise et le vignoble se développa. Fait rare dans l'histoire, l'harmonie était totale entre les intérêts du souverain et ceux de ses sujets, qu'il s'agisse de la paysannerie aquitaine ou de la bourgeoisie bordelaise. Loin de se sentir « occupés », les Gascons avaient parfaitement compris tous les avantages que l'union royale pouvait leur procurer. Les campagnes se couvrirent de vignobles. Les petits havres des bords de Garonne, de Dordogne et de Gironde devinrent autant de ports d'embarquement des vins qui gagnaient Bordeaux et Libourne à bord de gabares. Enfin, chaque année, deux grands convois de navires, les flottes d'automne et de Pâques, prenaient la mer, doublaient la péninsule bretonne, évitant ses dangers nautiques et militaires, parcouraient la Manche et se divisaient ensuite en plusieurs branches vers les ports anglais de réception, Londres, Bristol et Hull. Les volumes transportés étaient impressionnants : de 50 000 à 100 000 tonneaux par an, soit 450 000 à 900 000 hl. Cela faisait des échanges anglo-bordelais le plus fort trafic maritime médiéval, dont l'importance était, mutatis mutandis, l'équivalent de celui des hydrocarbures aujourd'hui.

Des goûts étrangers qui furent bénéfiques

Moins connues que celles avec l'Angleterre, les relations avec la Hollande ont aussi beaucoup apporté au vignoble girondin. Au XVIIe siècle, le rôle des Provinces Unies fut déterminant, non seulement parce qu'elles devinrent le premier acheteur de vins du Sud-Ouest, mais aussi en raison des innovations commerciales et techniques que leur demande suscita. Elles étaient attirées par des vins de différents niveaux qualitatifs, depuis les vins blancs les plus ordinaires, destinés à la distillation des eaux-de-vie, jusqu'aux productions de grande qualité ; ainsi, les Bordelais furent incités à conquérir de nouveaux terroirs et à engager le processus de hiérarchisation interne des vignobles. On commença à parler des vins de graves, du Médoc, de côtes ou de palus. Peu à peu, on prit l'habitude de classer les paroisses par ordre de mérite, puis, à l'intérieur de celles-ci, les crus. Au XVIIIe siècle, l'intérêt manifesté par l'aristocratie anglaise pour les grands vins encouragea les Médocains et les Sauternais à

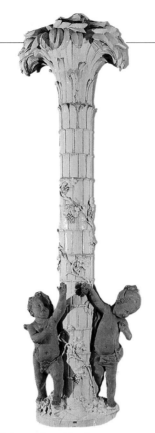

Colonne de poêle, faïencerie d'Henry à Rouen, 1780 (musée des Arts décoratifs, Bordeaux).

faire vieillir leurs productions en fûts de chêne puis, sous l'influence hollandaise, en bouteilles.
La route ainsi ouverte devait mener à l'avènement du grand vignoble de qualité que nous connaissons aujourd'hui. Son existence allait être officiellement reconnue par le classement « impérial » de 1855 puis, au XXe siècle, par la création des appellations et des différents classements.

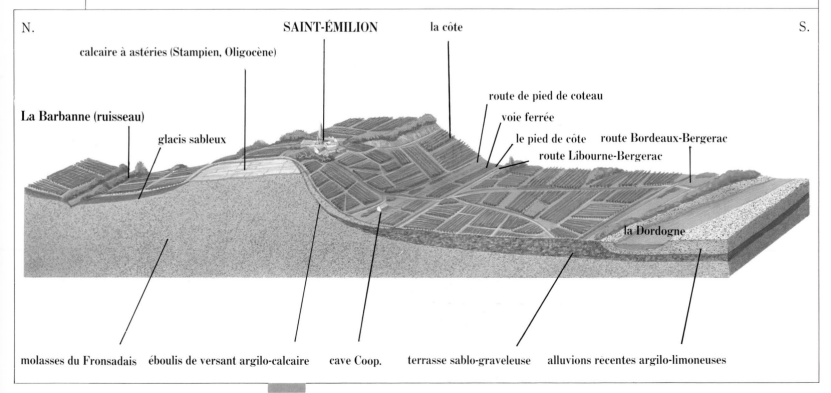

N.   SAINT-ÉMILION   la côte   S.

calcaire à astéries (Stampien, Oligocène)

route de pied de coteau

voie ferrée

La Barbanne (ruisseau)

glacis sableux

le pied de côte   route Bordeaux-Bergerac

route Libourne-Bergerac

la Dordogne

molasses du Fronsadais   éboulis de versant argilo-calcaire   cave Coop.   terrasse sablo-graveleuse   alluvions récentes argilo-limoneuses

APPELLATIONS RÉGIONALES BORDEAUX

Souvent confondue avec le département de la Gironde, l'aire des appellations régionales bordeaux (rouges, blancs secs, rosés, clairets et mousseux) et bordeaux supérieur est en réalité plus restreinte. Elle ignore volontairement les terres trop humides des fonds de vallée ainsi que les sables du massif forestier des Landes.

La première appellation de la Gironde

Ces exclusions s'expliquent par la nécessité de garantir la qualité de la production par celle du sol et du sous-sol. En fait, elles reviennent à un principe assez simple : peuvent revendiquer l'appellation bordeaux tous les terroirs girondins à vocation viticole.

Le sauvignon est avec le sémillon le cépage blanc utilisé en Bordelais.

Mais derrière cette simplicité se cache une extraordinaire diversité : en effet, avec plus de 30 000 ha, les appellations régionales sont réparties sur un territoire de quelque 100 km de longueur. C'est dire la variété des types de terrain d'où peuvent être originaires les bordeaux.

Dans certains cas, il peut s'agir de terroirs n'ayant pas droit à une appellation spécifique, comme les palus (alluvions récentes bordant les rivières) ou certaines parties du Libournais. Mais, dans d'autres, les bordeaux et bordeaux supérieurs rouges peuvent être issus de régions possédant uniquement des appellations autonomes de vins blancs, par exemple l'Entre-Deux-Mers ou le Sauternais. Inversement, certains vins blancs sont originaires de zones d'appellations rouges ; le cas le plus célèbre est la petite production médocaine, quantitativement confidentielle, mais très

Ci-dessus, le cabernet-sauvignon. A droite, le merlot.

ancienne et généralement tout à fait respectable sur le plan qualitatif. Qu'ils s'étendent mollement sur des sols de plaine, s'agrippent aux côtes calcaires ou se perchent au sommet de quelques coteaux élevés, tous les vignobles bordelais se doivent de

Les cépages rouges du Bordelais

Les vins de Bordeaux, notamment les vins rouges, ne sont généralement pas des vins d'un seul cépage. Traditionnellement, le cépage de base, cabernet-sauvignon ou cabernet-franc selon les régions, était encadré, d'une part par le merlot, peu acide, donnant de la souplesse aux vins en année de maturation difficile, d'autre part par le petit verdot et le malbec, cépages acides apportant de la fraîcheur les années chaudes de grande maturité. Dans un passé relativement récent, la recherche de vins souples et la possibilité technique de conserver des vins d'acidité basse ont contribué à faire disparaître le petit verdot et surtout le malbec, en même temps que le merlot prenait une importance plus grande. Merlot et cabernet ont des caractéristiques complémentaires. Le premier donne des récoltes d'importance variable, car il est sensible à la coulure. Il mûrit bien, même dans des sols relativement froids ; mais il est sensible à la pourriture. Ses vins, charpentés mais sans agressivité, évoluent bien au vieillissement et sont rapidement prêts à boire. Le cabernet-sauvignon mûrit difficilement ses raisins et nécessite les meilleurs terroirs ; mais il est peu sensible à la pourriture. Ses vins à la puissante structure tannique demandent plusieurs années pour atteindre un plein épanouissement.

respecter des règles très strictes en matière de rendements et d'encépagement. Pour les vins rouges, par exemple, seuls six cépages, tous nobles, sont autorisés : les cabernets (sauvignon et franc), le carmenère, le merlot noir, le malbec (appelé aussi côt) et le petit verdot. Les cabernets et le merlot représentent l'essentiel de l'encépagement.

Forte de plus de 300 millions de bouteilles par an, la production du groupe régional bordeaux se répartit en six appellations.

Avec 220 millions de bouteilles, l'ensemble le plus important est celui des bordeaux et des bordeaux supérieurs. Equilibrés, harmonieux, les premiers doivent être fruités mais pas trop corsés, car ils sont généralement destinés à être consommés jeunes. Correspondant non pas à un terroir spécifique mais à une sélection dans les bordeaux, les bordeaux supérieurs s'individualisent par leur caractère plus corsé et plus complet.

Plus confidentiels, les rosés et clairets (2 millions de bouteilles) offrent des vins frais et assez charmeurs. Obtenus par une faible macération de raisins de cépages rouges, les seconds ont une couleur plus soutenue. Les bordeaux blancs secs (85 millions de bouteilles) ont bénéficié des progrès effectués par les techniques de vinification. Ils se caractérisent par leur fruité et leur nervosité. On notera une sélection de vins moelleux, les bordeaux supérieurs blancs, dont la production est limitée.

Les crémants de bordeaux peuvent être produits dans toute l'aire du bordeaux à partir des cépages blancs et rouges de la Gironde. Les caves gigantesques occupent les carrières souterraines (calcaires coquillés proches des craies champenoises) d'où furent extraits les matériaux nécessaires à la construction de la ville de Bordeaux, tant dans la région de Saint-Emilion que dans la région de Blaye.

Mille châteaux

L'importance en superficie des appellations régionales bordelaises se traduit par un grand nombre de propriétés de tailles très variables ; elles ont valu aux bordeaux le surnom d'appellation aux mille châteaux. Certains sont d'authentiques demeures aristocratiques ; le plus prestigieux est sans conteste Le Bouilh qui, bien qu'inachevé, représente une monumentale réalisation du néoclassicisme. Mais en règle générale, il s'agit plutôt de maisons bourgeoises cossues ou même d'humbles habitations paysannes, dont les échoppes (maisons basses typiques du Bordelais).

Leurs modestes dimensions leur permettent de conserver une échelle humaine qui fait leur agrément. Leurs propriétaires, souvent héritiers d'une longue suite de viticulteurs, se font vignerons à la belle saison et maîtres de chai l'hiver. La notoriété de ces « petits châteaux » est liée à la généralisation de la mise en bouteilles à la propriété, rendue possible par les progrès des techniques de vinification.

LE MÉDOC

Avec ses rangées de ceps soigneusement tenus, la vigne médocaine prend des airs d'armée en parade. Au bout de chaque ligne, en guise de fourragère, un rosier apporte souvent une note colorée à l'élégance discrète. En toile de fond, dans des bouquets d'arbres, les « châteaux du vin », dont l'architecture peut aller du classicisme le plus strict à l'éclectisme le plus fou, mettent une note aristocratique au tableau.

Par mille détails, le Médoc offre sans doute l'image la plus achevée du grand vignoble de prestige. D'un bout à l'autre du monde, la représentation traditionnelle du pays médocain est devenue un cliché classique qui traduit imparfaitement une réalité plus complexe.

La célèbre presqu'île est loin, en effet, de pouvoir se ramener à une seule réalité, si prestigieuse soit-elle. Ce serait oublier qu'elle est faite de petits pays contrastés qui permettent de passer en quelques kilomètres de la *pignada* (la forêt de pins) aux marais et polders des bords de la Gironde. Dans cet ensemble hétérogène, le vignoble n'occupe qu'une petite frange de 5 à 12 km de large en bordure de l'estuaire.

Une histoire géologique controversée

Cette exiguïté s'explique par l'existence d'une étroite bande de terrains très privilégiés qui s'étend de Blanquefort à Saint-Vivien. On a là en effet un terroir très particulier dont la caractéristique majeure est de comporter de nombreux affleurements de graves. Originaires des Pyrénées et, dans une moindre mesure, du Massif central, celles-ci n'ont pas été apportées par les actuelles Garonne et Dordogne, mais par leurs ancêtres.

GRAND CRU CLASSÉ

CHATEAU LA LAGUNE

HAUT·MÉDOC

APPELLATION HAUT·MÉDOC CONTROLÉE

1983

SOCIÉTÉ CIVILE AGRICOLE DU CHÂTEAU LA LAGUNE
PROPRIÉTAIRE A LUDON (GIRONDE) FRANCE

MIS EN BOUTEILLE AU CHÂTEAU
PRODUCE OF FRANCE   75cl

Ci-dessus, le moulin du château La Tour Haut-Caussan.
Plus bas, une affiche de Capiello, 1905 (bibliothèque des Arts décoratifs, Paris).

On a distingué deux périodes principales d'apport de graves en Bordelais : d'une part, le Pliocène (Tertiaire supérieur) avec l'arrivée des graves pyrénéennes, due à de puissants phénomènes de type torrentiel ayant raviné la montagne et fait glisser, vers le Bordelais, des nappes de matériaux détritiques (graves, sables et argiles vertes) ; d'autre part, le Günz (Quaternaire ancien) avec des épandages de graves (dites garonnaises), dues aux anciennes Garonne et Dordogne.

En fait, la réalité est peut-être plus complexe. Il semble que le scénario « catastrophe », comportant de gigantesques nappes glissant des Pyrénées, relève de l'imagination et qu'en réalité les croupes graveleuses aient été formées par un lent travail d'alluvionnement suivi d'inversions de relief. Ce travail aurait été provoqué par de petites rivières qui ont précédé la Garonne et se sont succédées tout au long du Quaternaire dont l'histoire géologique s'est inscrite dans le sol girondin. La qualité des graves déposées sur la rive gauche de la Garonne et de la Gironde s'expliquerait par la longueur du fleuve qui a sélectionné au cours de son trajet les matériaux les plus gros et les plus résistants — les meilleurs —, pour les déposer groupés en raison de la rencontre du courant et des marées.

Les meilleures vignes regardent la rivière

Importante aux yeux du géologue, la distinction entre les différents types de graves l'est aussi pour l'œnologue et l'amateur : toutes sont évidemment très favorables à la vigne par leur capacité de drainage des sols, leur aptitude à concentrer la chaleur et à favoriser la circulation de l'air. Cependant, les graves les plus anciennes n'égalent pas celles dites du Günz, pour reprendre la chronologie classique autrichienne qui ne s'applique qu'imparfaitement au Bordelais. Les apports plus récents se trouvent principalement à proximité de l'estuaire ; on comprend pourquoi le dicton veut que, en Médoc, « les meilleures vignes regardent la rivière ».

VINS AUTHENTIQUES
GRANDS CHAIS DU MÉDOC

L. SEGOL FILS
ce BOUSCAT. GIRONDE

sur demande envoi franco du tarif général illustré

Mais ni le Médoc ni le Bordelais n'ont le monopole des graves. Certains feront même remarquer que les plus belles terrasses de graves d'Europe se trouvent au pied des Pyrénées, de Saint-Gaudens à Pamiers. Toutefois, il existe une grande différence entre les nappes du piémont pyrénéen et le Médoc : dans le premier cas, il s'agit de nappes restées intactes et recouvertes de limons, cependant que dans le Bordelais, les secteurs graveleux revêtent la forme de croupes plus ou moins arrondies. Telle qu'on la découvre en divers lieux de la

presqu'île, comme La Lagune, Le Tertre, Grand-Poujeaux ou Loudenne, cette disposition est très favorable à la vigne. Par sa topographie, comme par l'équilibre qu'elle crée entre le sol et le sous-sol, elle assure d'excellentes conditions de drainage et d'alimentation en eau de la plante.

Il s'agit d'une des clefs du succès du Médoc ; mais ce n'est pas la seule. Le climat, particulièrement tempéré en raison du voisinage de l'océan et de la présence de l'estuaire, mais aussi l'appel à des cépages, le cabernet-sauvignon et le merlot, qui arrivent à une maturation parfaite dans le contexte naturel local, contribuent largement à affirmer la personnalité des vins médocains. Celle-ci s'exprime par leur couleur rubis très typique, leur bouquet fruité aux notes aromatiques épicées et vanillées.

Médoc et haut médoc

Dans les faits, outre les appellations communales prestigieuses, deux appellations sous-régionales se partagent le Médoc viticole. La première, médoc, bien que s'appliquant à l'ensemble du vignoble, n'est réellement utilisée que par les communes situées au nord de Saint-Seurin-de-Cadourne. Vivant dans l'orbite de Lesparre, mais s'étendant à l'est de la petite ville, ce secteur se caractérise par la très forte influence climatique de l'océan. Dans l'ensemble, ses vins sont ronds et bouquetés. Les meilleurs sont ceux qui viennent de buttes graveleuses isolées.

L'appellation haut médoc, qui s'étend entre Saint-Seurin et Blanquefort, est à peu près équivalente par sa production (200 000 hl en moyenne par an contre 230 000) ; elle se distingue de la précédente par la qualité de ses terroirs et de ses vins, comme en témoigne la présence de cinq crus classés. Elle possède un plus grand nombre de croupes de graves et une plus forte proportion de cabernet-sauvignon dans l'encépagement. Ces deux facteurs expliquent la remarquable finesse des vins et leur grande puissance tannique dont le corollaire est une exceptionnelle aptitude au vieillissement, origine de la renommée des crus médocains, notamment dans les appellations communales.

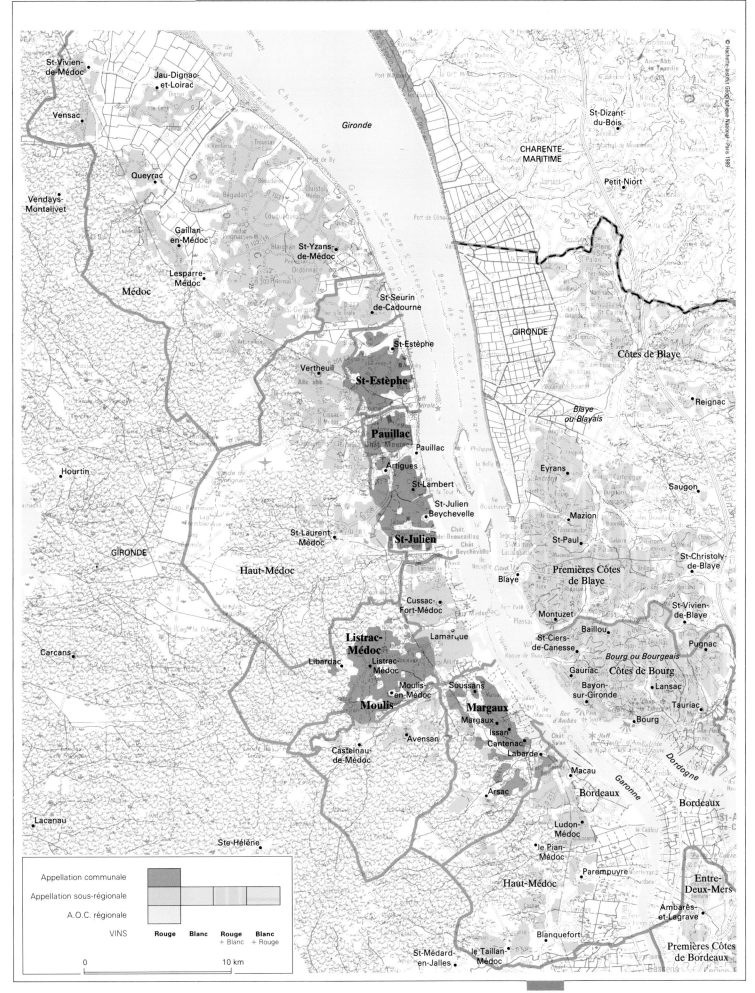

Gironde

St-Vivien-
de-Médoc

Jau-Dignac-
et-Loirac

Vensac

CHARENTE-
MARITIME

St-Dizant-
du-Bois

Queyrac

Petit-Niort

Vendays-
Montalivet

Gaillan-
en-Médoc

St-Yzans-
de-Médoc

Lesparre-
Médoc

Médoc

GIRONDE

Côtes de Blaye

St-Seurin
de-Cadourne

St-Estèphe

Vertheuil

St-Estèphe

Blaye
ou Blayais

Reignac

Hourtin

Pauillac

Pauillac

Artigues

St-Lambert

St-Julien
Beychevelle

St-Laurent-
Médoc

St-Julien

Eyrans

Saugon

Mazion

St-Paul

St-Christoly-
de-Blaye

Premières Côtes
de Blaye

Blaye

GIRONDE

Haut-Médoc

Cussac-
Fort-Médoc

Montuzet

St-Vivien-
de-Blaye

Lamarque

Baillou

St-Ciers-
de-Canesse

Pugnac

Carcans

**Listrac-
Médoc**

Libardac

Listrac-
Médoc

Bourg ou Bourgeais

Moulis-
en-Médoc

Soussans

Gauriac

Côtes de Bourg

Lansac

Moulis

Margaux

Bayon-
sur-Gironde

Tauriac

Avensan

Margaux

Issan

Cantenac

Bourg

Castelnau-
de-Médoc

Labarde

Macau

Lacanau

Arsac

Bordeaux

Bordeaux

Ste-Hélène

Ludon-
Médoc

le Pian-
Médoc

Entre-
Deux-Mers

Parempuyre

Haut-Médoc

Ambarès-
et-Lagrave

Blanquefort

St-Médard-
en-Jalles

le Taillan-
Médoc

Premières Côtes
de Bordeaux

Appellation communale

Appellation sous-régionale

A.O.C. régionale

VINS | Rouge | Blanc | Rouge + Blanc | Blanc + Rouge

0   10 km

MARGAUX

Peu de villages sont aussi déconcertants que Margaux. Des châteaux XIXe siècle, quelques maisons bourgeoises, voire même certaines échoppes ont beau tenter de se donner un petit air citadin, rien n'y fait ; ce bourg, à l'habitat éclaté en plusieurs quartiers séparés par les vignes, ne parvient pas à se hisser au rang de ville. Peut-être parce qu'en définitive, toute construction, même l'église symboliquement isolée au milieu des ceps, n'apparaît ici que comme un accessoire.

A Margaux, l'essentiel, c'est la vigne. Elle domine la vie de la commune et, celle-ci étant d'une superficie limitée, elle n'a pas hésité à s'emparer du territoire des voisines comprises dans l'aire de l'appellation qui s'étend ainsi sur Cantenac, Soussans, Labarde et une partie d'Arsac. De ce fait, margaux est, avec environ 1 200 ha, la plus vaste des appellations communales du Médoc. Elle est aussi la première pour la production (entre 30 000 et 60 000 hl selon les années).

L'étendue de l'appellation pourrait a priori étonner et poser le problème de l'homogénéité ; ce serait oublier qu'elle n'intègre pas tous les sols, mais en sélectionne les meilleurs ; ce serait oublier aussi qu'elle possède quelques-unes des plus belles graves de tout le Bordelais. Accompagnées de bancs calcaires, marneux et sablonneux, celles-ci communiquent aux margaux leur grande finesse aromatique, leur harmonie et leur aptitude au

Ci-dessus, le château Margaux.
A gauche, le château Giscours.

vieillissement. Ces qualités, que partagent tous les vins de l'appellation, sont évidemment particulièrement caractéristiques des 23 grands crus classés.

Ces graves se présentent sous la forme d'un véritable archipel de croupes séparées les unes des autres par des ruisseaux, des vallons, voire même des marais tourbeux ou des palus. Certaines

de ces hauteurs sont révélées par la toponymie ; ainsi, celle qui porte le château du Tertre, à Arsac, avec une altitude de 24 m, est le point culminant de l'appellation.

En franchissant, vers l'est, le petit ruisseau du Moulinat, on arrive sur une seconde série de hauteurs, avec notamment le château d'Angludet, jolie chartreuse du XVIIIe siècle, dont l'environnement verdoyant compose un délicat tableau romantique.

De Labarde à Soussans

Un saut par-dessus une zone plus basse, de bois et de marais, mène à Labarde. Cette petite commune présente l'originalité de concentrer 66 % de son vignoble au sein de trois crus : Giscours, Dauzac et Siran. Il s'agit donc d'un secteur de

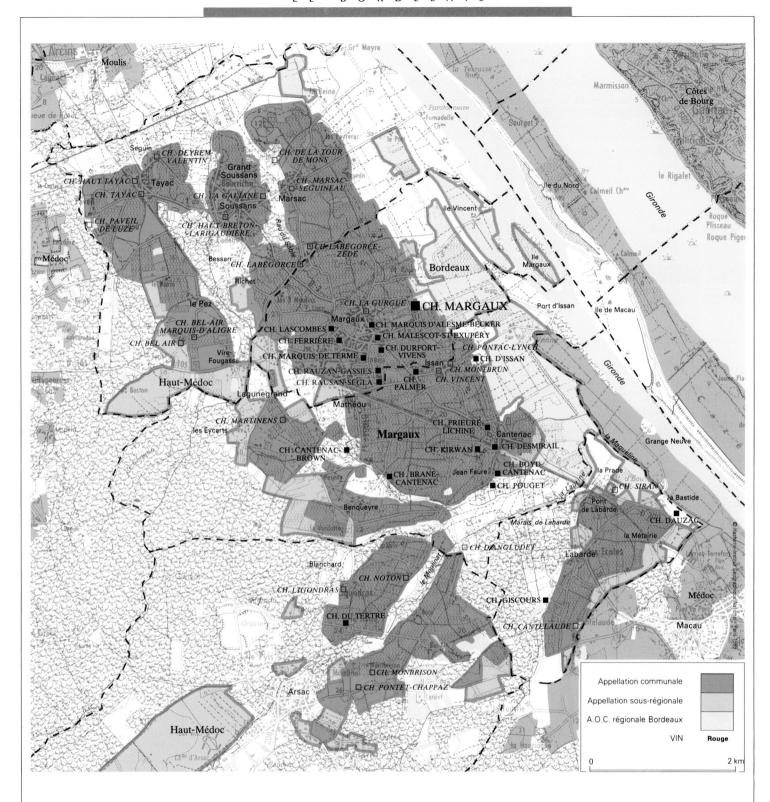

grandes exploitations. Issus de sols de graves günziennes et pyrénéennes, les vins de Labarde, bien typés, s'inscrivent dans la tradition margalaise par leur caractère aromatique. Giscours, le plus célèbre des châteaux de la commune, retient aussi l'attention par l'étendue exceptionnelle de sa garenne ; le parc boisé à la bordelaise s'articule aujourd'hui autour d'une vaste pièce d'eau de 12 ha, creusée voici quelques années pour améliorer le draina-

ge naturel de la propriété. L'ensemble des bâtiments (château, chais, cuviers et habitations du personnel) offre un bon témoignage de l'extraordinaire prospérité du vignoble médocain dans la seconde moitié du XIXᵉ siècle.

A l'opposé de Labarde, le secteur nord de l'appellation, avec la commune de Soussans, est le domaine de la petite propriété ; le parcellement le montre par son émiettement, notamment dans

la partie occidentale du finage communal. A quelques exceptions près, on est là dans un vignoble paysan qui exploite un terroir aux pentes plus douces et aux altitudes moins élevées que dans le reste de l'ensemble margalais.

Soussans donne l'un des exemples les plus parfaits de l'habitat rural médocain : en couronne autour du bourg, mais séparés de lui par des vignes ou des bois, on ne trouve pas moins de six

écarts (hameaux) : Le Pez, Bessan-Richet, Marsac (plus important que le bourg central), Grand-Soussans, Bourriche et Tayac-Seguin. Complétant ces villages, des « châteaux », le plus souvent de vastes constructions du XIXᵉ siècle, constituent des quartiers ruraux, avec, autour des maisons de maître, les bâtiments d'exploitation et les maisonnettes des salariés du domaine. Les structures foncières de l'appellation sont donc assez diverses. Mais quelle que soit leur taille, plus de trois exploitations sur quatre élèvent les vins jusqu'à la mise en bouteilles. On est ici au royaume d'une qualité portée à son paroxysme qui n'est pas l'apanage exclusif de certains isolés, notamment au cœur de l'appellation où se trouvent les crus les plus prestigieux.

Deux communes pour un cœur

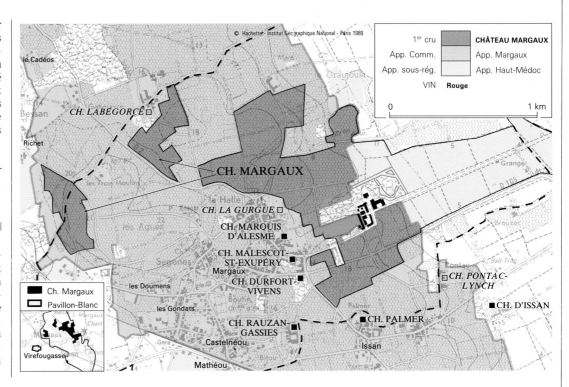

Deux communes, Cantenac et Margaux, forment le cœur de l'appellation qui s'étend sur un plateau formé d'une série de croupes d'une qualité exceptionnelle pour la production des grands vins. Le nombre important de crus classés (18) en témoigne.

A gauche, le château Palmer qui fut construit par les frères Pereire en 1856, mais dont le vignoble était déjà réputé sous Louis XV.

Toutes ces croupes sont en fait des lambeaux d'une terrasse construite au Quaternaire par les puissantes crues de la Garonne qui a laissé là plusieurs générations de cailloutis et graviers roulés, arrachés principalement à la chaîne pyrénéenne, mais aussi au Massif central, et plus ou moins enrobés dans une matrice sableuse et limoneuse. Malgré — ou à cause — de l'usure des temps qui leur a donné un poli que l'humidité rend parfois rutilant, le géologue y reconnaît des lydiennes noires, des grès pyrénéens d'un vert intense et marbré, des quartz blancs ou bleutés venus sans doute du Limousin, enfin des silex noirs ou bistres, peut-être périgourdins.

Ces sols, pauvres en humus et en argile, ont de faibles capacités de rétention en eau, ce qui oblige la vigne à la rechercher en profondeur. Aussi, les meilleurs terroirs à vigne sont-ils constitués par les versants bien drainés ou encore par les sommets des croupes, où la nappe phréatique est la plus profonde et où le système racinaire de la plante est très développé. On comprend pourquoi les vignes de margaux ne craignent pas la sécheresse, surtout les vieilles vignes dont le développement souterrain se mesure souvent par plusieurs mètres. De même, lors de grosses pluies, les eaux s'enfoncent rapidement en profondeur, sans stagner dans les horizons superficiels du sol et sans asphyxier les plantes.

Ces conditions sont très favorables pour les vignes, dans la mesure où celles-ci sont peu exigeantes en éléments fertilisants ; plus les graves sont épaisses et grosses, meilleur est le terroir pour la production de grands vins. La qualité de celui des grands crus margalais réside dans la conjonction de deux facteurs : la grande épaisseur des terres exploitables par la vigne, en raison de la profondeur importante à laquelle se situe la nappe phréatique, et leur forte perméabilité.

Abstraction faite des palus et de la frange landaise, l'ensemble du terroir cantenacais et margalais est très favorable à une production viticole du plus haut niveau qualitatif. Mais, ici comme partout sur la rive gauche de la Garonne et de la Gironde, l'origine alluvionnaire

des croupes de graves a permis à l'homme d'individualiser les secteurs et de hiérarchiser les privilèges des sols.

Les châteaux de margaux

La situation la plus bénéfique est, ce qui n'étonnera personne, celle du vignoble de château Margaux ; il s'étend de façon discontinue en arc de cercle à l'est et au nord du village, depuis le château lui-même jusqu'au lieu-dit La Bégorce. Un détour par la toponymie et le quartier du Puch Sem Peyre permet de mieux comprendre l'intérêt exceptionnel des terrains du prestigieux domaine. Ce nom, qui signifie en gascon le Puits-sans-Pierre, s'explique en effet par le grand nombre de cailloux qui dispensait de pierrer les puits. Moins gros que vers le nord (à Saint-Julien et Pauillac), les galets compensent en effet cette faiblesse relative par leur exceptionnelle abondance. Mais

là ne s'arrête pas l'originalité du terroir de château Margaux : il faut aussi prendre en considération son site, sur le rebord oriental du plateau, et la présence de calcaire dans son sous-sol.
Prenant la suite de château Margaux vers le sud, sur le rebord du plateau, les deux domaines de château Palmer et de château d'Issan jouissent, eux aussi, de conditions particulièrement remarquables. L'effet de pente leur assure un excellent drainage naturel et une bonne alimentation en eau des racines. D'origine médiévale, le second est l'un des plus anciens domaines de la région. Pendant longtemps, il s'appela La Mothe de Cantenac, à l'égal de château Margaux dont le premier nom fut La Mothe Margaux. Ce n'est d'ailleurs pas là le seul point commun existant entre les deux propriétés. Bien que très différents, le ravissant castel Louis XIII d'Issan jouant sur la délicatesse alors que son voisin septentrional s'impose par la majesté de son architecture néo-classique, les deux châteaux sont tous deux situés à la limite des pentes viticoles et des terres basses. Cette disposition s'expli-

de Labarde et non vers l'eau, un autre secteur profite d'une situation se rapprochant de celle des domaines précédents. Il s'agit du rebord méridional du plateau de Cantenac qui porte plusieurs crus renommés dont Pouget et Brane-Cantenac. Ce dernier est d'ailleurs situé à cheval sur deux types de terroir privilégiés : le rebord du plateau et le sommet des croupes où se trouvent ses pairs, les autres seconds crus classés de l'appellation (Rausan-Ségla, Rauzan-Gassies, Durfort-Vivens et Lascombes).
Le cœur de l'appellation ne renferme cependant pas que des crus classés. Quelques petites propriétés se glissent au milieu de ceux-ci pour le plus grand bonheur des amateurs qui trouvent là des vins d'une très haute qualité à des prix intéressants. Ainsi, à Issan, on peut noter des châteaux comme Vincent, cru bourgeois enclavé dans Palmer, ou Les Trois Chardons, simple

En haut, le château Issan.
Ci-dessus, le château Rausan-Ségla.

Les diamants du Médoc
Selon une tradition locale, le comte d'Hargicourt se serait rendu à la cour de Louis XVI vêtu d'un manteau aux boutons qui paraissaient être des pierres précieuses par leur brillant. Le roi s'étonnant de sa richesse, le comte lui répondit qu'il portait les « diamants » de sa terre. L'anecdote, que l'on retrouve à Latour avec cette fois le marquis de Ségur, est sans doute inventée. Mais la réponse d'Hargicourt n'aurait rien eu d'invraisemblable : une fois taillés et polis, les quartz des graves du Médoc servaient à l'époque à fabriquer des bijoux.

que par le fait qu'ils ont succédé à deux forteresses médiévales, dont le rôle était de surveiller l'estuaire, route des invasions.
Bien que tourné vers le marais

cru artisan mais contigu de Rausan-Ségla, Palmer et Brane. La présence de ces crus bourgeois et artisans est un atout pour l'appellation qui peut présenter ainsi une large gamme de vins complétant les grands crus classés.

Etonnante par sa forme allongée, surprenante par sa situation à l'ouest des autres appellations communales, troublante en raison de son éloignement par rapport à l'estuaire, Moulis n'est pas seulement la plus petite appellation médocaine, avec près de 600 ha, elle a de quoi perturber, voire désarçonner le voyageur ou l'amateur un peu curieux.

Petite ne veut pas dire simple

Moulis n'est assurément ni simple ni classique ; mais cette appellation ne doit pas apparaître pour autant inexplicable. Ici, le paysage, par ses vallonnements et son relief qui s'accentue légèrement, laisse deviner que la nature a marqué ce secteur

de la presqu'île médocaine d'une empreinte particulière. C'est sous la surface que se cache la solution du mystère ; au cœur du territoire communal, un accident tectonique, un anticlinal, est venu déranger la calme disposition du sous-sol médocain. Ce pli souterrain a soulevé en dôme les couches calcaires sous-jacentes, ailleurs horizontales.
Cette disposition du sous-sol, que l'on retrouve également à Listrac, n'apparaît pas de manière évidente dans la topographie. En effet, paradoxalement, l'emplacement du dôme anticlinal, dont le cœur est au lieu-dit Peyrelebade dans la commune de Listrac, correspond sur le terrain à une dépression. Celle-ci est due au travail de l'érosion qui a donné naissance à une cuvette.

MOULIS-EN-MÉDOC

Vendanges en Bordelais.

Une riche palette de sols...

La présence de cet accident tectonique a permis à l'appellation de disposer d'une riche palette de sols. Au centre, à proximité du bourg de Moulis, on trouve des terrains argilo-calcaires. A l'est de la commune s'étend une vaste zone de belles croupes de graves garonnaises

dont les principales sont celles de Grand-Poujeaux, Meaucaillou et Brillette. Les deux premières, qui accentuent leurs qualités de drainage par des versants bien marqués, portent des crus renommés depuis longtemps, comme en témoigne le château Chasse-Spleen qui doit son nom à lord Byron.
Enfin, à l'ouest de l'appellation, vers Bouqueyran, un petit secteur se trouve à cheval sur le versant de l'anticlinal et sur le

talus dominant la dépression du dôme inversé. Il s'agit là encore de bons terroirs viticoles : le versant porte des graves pyrénéennes à petits galets, semblables à celles que l'on peut retrouver dans les Graves ; le talus, qui superpose un crêt calcaire sur une couche de marnes, présente une situation caractéristique de côte dont le drainage est encore amélioré par le résultat de l'érosion qui a festonné l'ensemble.

... pour une large gamme de vins

La diversité des terroirs a incité les exploitants à adapter les cépages aux différentes conditions. Ainsi, le cabernet-sauvignon, traditionnel en Médoc, varie de 50 à 70 %, le merlot, selon les cas, de 20 à 40 % et le cabernet-franc de 5 à 10 %. Enfin, le petit verdot, qui se maintient sous certains microclimats, est parfois présent à raison de 5 %. Aussi, en dépit du nombre réduit de producteurs (une trentaine), les moulis offrent une réelle diversité. Ils peuvent aller des médoc typiques, comme ceux produits sur les plateaux graveleux de l'est, à des vins plus charnus et plus rustiques ; mais tous sont d'une longévité remarquable et d'un riche bouquet.

Les sols de la région centrale du Médoc.

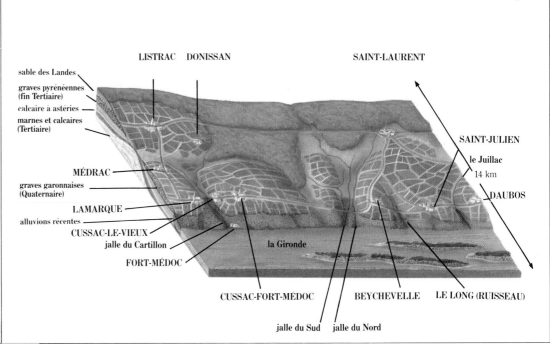

LISTRAC-MÉDOC

Le vignoble de la lisière

Prononcer le nom de Listrac, qui signifie la « bordure », revient à expliquer toute la spécificité de l'appellation. La commune est en effet située à la lisière des deux Médoc, viticole et forestier. La limite ici passe d'ailleurs beaucoup plus à l'ouest que dans les autres régions de la presqu'île. L'automobiliste qui emprunte la N 215, la route de Soulac, s'en rend compte : alors qu'avant et après, il traverse des paysages plats ignorant la vigne, entre Bouqueyran et Listrac, il se retrouve au milieu des collines couvertes de ceps. S'il est un peu observateur, il note même que la

route et la ligne de crête se séparent, la seconde étant nettement plus occidentale.

Le vignoble que fait découvrir la nationale s'est installé sur le versant occidental du dôme évidé de Listrac. Comme à Moulis, il se compose d'un plateau de graves anciennes que borde, à la hauteur du bourg de Listrac, un talus vigoureusement festonné. Mais cet ensemble, qui offre de bons terroirs pour la vigne, est beaucoup plus vaste à Listrac.

La plaine d'Odilon Redon

La plaine de Peyrelebade constitue la plus grande partie de l'appellation. Correspondant au dôme évidé, elle présente des sols argilo-calcaires, implantés sur des assises calcaires. Outre sa particularité géologique, elle doit une partie de sa célébrité à l'attrait qu'elle exerça sur le peintre Odilon Redon qui y puisa une partie de son inspiration : « Ceci vous dira ce que me fit le détachement de la vieille maison de Peyrelebade, où ce que je fis de plus ardent, de plus passionné, de plus spontané vint surgir sous mes yeux ».

Enfin, à l'est et au nord, on retrouve, mais beaucoup moins étendues qu'à Moulis, des croupes de graves garonnaises. La plus connue est celle de Médrac, prolongement septentrional du plateau de Grand-Poujeaux.

Plus vaste (avec 770 ha) que son voisin du sud, le vignoble listracais se répartit entre un nombre plus important de viticulteurs. Près de 150 familles, dont 99 propriétaires, vivent de la vigne. Toutefois, cela n'empêche pas les vins de présenter une certaine homogénéité. Les listrac se reconnaissent à leur vigueur. Colorés et tanniques, ils présentent un caractère viril et charnu. Ce sont des vins que l'on « mâche » en raison de leur texture serrée et qui nécessitent d'être attendus, étant souvent un peu rudes dans leur jeunesse.

L'un des éléments unificateurs est incontestablement la présence de la grande zone centrale argilo-calcaire qui explique en partie l'aspect « viril » des vins. Un second peut être trouvé dans la proportion de merlot, assez forte pour le haut Médoc. Mais l'homogénéité des listrac vient aussi de l'histoire de l'appellation qui porte la marque du rôle joué par la cave coopérative. Créée pour faire face à la mévente des années 30, elle assura le décollage de listrac en trouvant un débouché original avec la Compagnie des Wagons-Lits. Superbe revanche pour une commune boudée par les chemins de fer secondaires du Médoc, qui traversent tout juste l'extrême est de Listrac.

Aujourd'hui, l'appellation a trouvé de nouvelles « locomotives », avec le centre œnologique du château Clarke et une nouvelle génération de jeunes viticulteurs particulièrement entreprenants.

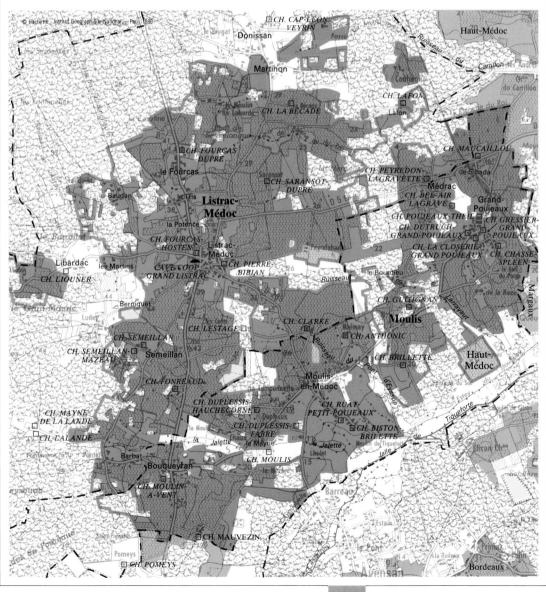

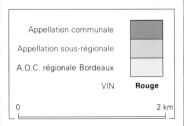

| Appellation communale |
| Appellation sous-régionale |
| A.O.C. régionale Bordeaux |

VIN **Rouge**

0   2 km

SAINT-JULIEN

Pour découvrir le vignoble de saint-julien, il convient de rester fidèle à l'usage établi ; la route des Vins « se fait » dans le sens Bordeaux-Pauillac. L'arrivée dans l'appellation réserve alors l'un des plus beaux points de vue du Médoc viticole ; après une plongée dans le monde étrange des terres basses, des palus et des marais, que l'on devine propices à l'imaginaire, la route s'engage d'un bond dans l'ascension d'une côte bien sentie, comme si elle avait hâte de s'échapper vers les vastes et beaux bâtiments du domaine de Beychevelle.

L'unité dans le dualisme

Imposante et élégante chartreuse du XVIIIᵉ siècle, ce château est la plus prestigieuse carte de visite dont pouvait rêver saint-julien, l'une des appellations les plus aristocratiques du Bordelais sinon de France. Mais en même temps, il rappelle que ce petit pays médocain est un monde étonnamment bicéphale. Le nom officiel de la commune, Saint-Julien-Beychevelle, en porte témoignage. Cette dénomination correspond mieux à la réalité que celle de l'appellation. Le voyageur, en effet, découvre successivement deux villages sensiblement de la même importance, l'un, Saint-Julien, marquant sa prééminence par la possession d'une église. Encore ne manifeste-t-il cette supériorité que discrètement : l'édifice et la petite place qui l'accompagne se trouvent à l'écart de la route départementale. Peut-être n'est-ce là que

Ci-dessus, le château Gruaud-Larose.
En bas, le château Langoa.

le fruit du hasard ; mais comment ne serait-on pas tenté d'y voir, sinon le résultat, du moins le symbole de la cohésion existant à Saint-Julien.

Loin d'être artificielle, l'appellation puise sa source dans l'homogénéité du terroir qui s'étend

sur une superficie assez réduite, un peu plus de 910 ha. Séparé de Cussac par le vaste marais de Beychevelle qui s'enfonce à l'intérieur des terres sur plus de 4 km, le plateau graveleux de Saint-Julien s'étire le long de la Gironde, sur 3,5 km. D'une largeur équivalente, il se présente sous la forme de croupes mollement découpées par un système de petites vallées. L'ensemble, constitué de graves garonnaises (du Günz dans la classification traditionnelle), est servi par une pente douce de l'ouest vers l'est ; on passe de 22 m à la limite de la lande boisée à 16 m au-dessus du palus. Cette situation assure un bon drainage naturel des sols encore accentué par l'existence, aux limites de la plate-forme, de versants convexes aux pentes assez abruptes.

Toutes les conditions sont donc réunies pour avoir un terroir favorable à la vigne. En sous-sol, le matériau géologique est ici très homogène, avec des sédiments calcaires d'âge ludien (calcaire de Saint-Estèphe). Ainsi, les vignes, singulièrement les plus âgées, peuvent-elles aller chercher fort loin l'humidité et leur alimentation, jusqu'au niveau supérieur de la nappe phréatique.

L'appellation des grands crus

Les qualités du terroir expliquent l'importance des grands crus classés dans l'appellation. Elle se lit dans le paysage. D'une part, les parcelles de vastes tailles dessinent un quadrillage dont les lignes, d'une grande régularité, ignorent tout accident topographique. D'autre part, les châteaux montrent par leurs dimensions qu'ils n'ont pu être bâtis dans le cadre de petites exploitations paysannes. Certains prennent même des airs de véritables monuments.

C'est le cas, bien évidemment, de Beychevelle, longue et majestueuse construction basse en rez-de-chaussée, avec deux pavillons latéraux, considérée à juste titre comme l'une des plus belles demeures de l'Aquitaine. Reconstruit autour de 1757 par le marquis de Brassier, successeur des ducs d'Epernon, c'est l'un des exemples réussis de ces chartreuses, élégantes maisons de campagne que se firent bâtir les notables bordelais au XVIIIᵉ siècle. Agrémenté d'une terrasse et d'un jardin à la française, ainsi que de chais parfaitement représentatifs de ceux de cette époque, Beyche-

velle est tout à la fois un haut lieu vinicole et une halte touristique incontournable, en même temps que l'un des points d'ancrage de la « Gironde de l'imaginaire ».

Sans pouvoir prétendre l'égaler, plusieurs autres châteaux mériteraient d'être cités pour leurs bâtiments, mais l'architecture ne saurait faire oublier l'essentiel : la richesse des terroirs. Sur le versant méridional, au-dessus des marais, quatre crus classés se succèdent d'est en ouest : Branaire-Ducru, Gruaud-Larose, Lagrange et Saint-Pierre. Bien que moins élevé, le rebord oriental, dominant les pâturages des palus, porte trois « grands » : Beychevelle, Ducru-Beaucaillou et Langoa. Enfin, au nord, un troisième front : le domaine des trois Léoville, dont le « clos » de Las Cases, en aval de Saint-Julien, qui occupe un site de choix sur une croupe isolée.

Les vins de tous ces crus possèdent, portées à leur optimum, les qualités qui ont fait des saint-julien des vins mariant certains caractères des margaux avec ceux des pauillac. Avec les premiers, ils ont en commun la finesse, cependant que leur corps les rapproche des seconds. Mais cela ne veut pas dire qu'ils soient sans typicité. Celle-ci s'exprime avec force dans leur couleur très foncée et dans leur remarquable élégance. Leur renommée et la place des crus classés (75 % des 5,5 millions de bouteilles produites chaque année) pourrait laisser craindre que les saint-julien ne soient hors de prix. Heureusement, l'appellation, si elle est celle des grands crus, réserve quelques petites propriétés paysannes, grandes comme des « mouchoirs de poche », mais souvent sur d'excellents sols de graves, qui rendent plus accessibles ces vins exceptionnels.

Le château Beychevelle, élégante chartreuse du XVIIIᵉ siècle.

PAUILLAC

Dès le premier regard, Pauillac se distingue des autres communes médocaines. Peut-être parce que, abstraction faite des stations balnéaires du littoral atlantique, elle est la seule dans la presqu'île à pouvoir prétendre, par son allure générale, au titre de ville qui ne donne pas l'impression de bouder l'estuaire.

De la « mer »...

La carte est parlante ; si l'on regarde Margaux, Saint-Julien, Saint-Estèphe, mais aussi Macau, Lamarque et Saint-Seurin-de-Cadourne, pour ne citer que ces exemples, on voit les villages éviter les rives. Les Pauillacais, eux, ont refusé de se réfugier à l'abri des terres, derrière le rempart naturel des marais et des palus. Ils ont choisi au contraire de s'unir à la « rivière », comme on appelle parfois trop modestement le fleuve qui ferait plutôt penser à une petite mer intérieure.

L'animation se concentre sur les larges quais dont les pelouses font parfois penser à une sorte de port à la campagne. Dans la vie et l'économie de la petite cité, à mi-chemin entre Bordeaux et la pointe de Grave, la fonction portuaire a toujours joué un rôle. Elle fut à l'origine de son développement et elle a fait les belles heures de la ville.

Jadis, la grande distraction était l'arrivée et le départ des grands paquebots transatlantiques que les familles des propriétaires des environs venaient contempler en calèches. Et personne ne négligeait les grandes régates, mi-mondaines mi-sportives, qui couvraient l'eau des voiles des splendides *racers*.

... à la vigne

Aujourd'hui, en dépit du port de plaisance, du beau front d'estuaire et des « bichettes », les petites crevettes que l'on déguste à la terrasse des cafés, la vie portuaire se laisse discerner plus qu'elle ne s'impose vraiment ; comme si elle s'était résignée à accepter la domination du monde du vin.

Avec ses 18 crus classés, dont trois premiers et deux seconds, et 150 déclarants de récolte, Pauillac est, non seulement la capitale du Médoc viticole, mais aussi l'un des phares de la viticulture.

Comme sa voisine méridionale, saint-julien, l'appellation se confond avec la commune et se caractérise par la grande homogénéité de son terroir. Celui-ci, d'une grande qualité, se présente comme un vaste plan qui culmine à l'ouest et s'incline doucement vers l'estuaire. Pédologiquement, il est constitué d'un bel ensemble d'affleurements de graves ; comme partout en Médoc, ils résultent des épandages des crues des ancêtres de la Garonne qui ont construit tout une série de belles croupes au-dessus du système des argiles sannoisiennes et du calcaire de Saint-Estèphe. D'âges différents, ces graves recouvrent les aspects les plus divers. On les identifie par leur grosseur, qui peut aller du gros galet au cailloutis, et par leur teinte, claire ou sombre.

La succession de phases d'alluvionnement et d'érosion a abouti à la formation de versants de forme convexe vers le haut et concave vers le bas. Cette physionomie particulière est due aussi aux coulées de solifluction qui les ont empâtés ; les argiles et les limons gorgés d'eau ont coulé jusqu'au fond des talwegs

alors que les plus gros cailloux sont restés perchés. De là vient le caractère inégalable des croupes pauillacaises. Les analyses granulométriques des sols confirment que les éléments fins sont moins abondants.

Relativement accidentées, les croupes de graves pauillacaises se donnent par moments des petits airs de collines. Le paysage qu'elles composent n'en est que plus plaisant. Vient s'inscrire en creux la petite vallée du chenal du Gahet qu'empruntaient autrefois les trains de plaisir et les trains transatlantiques. Une telle topographie assure un très bon drainage, renforcé encore du fait que l'appellation jouit, comme saint-julien, de deux façades, l'une sur l'estuaire et l'autre, au nord, sur la jalle du Breuil qui la sépare de saint-estèphe.

A grand terroir, grands domaines

S'étendant sur un millier d'hectares, le vignoble pauillacais présente un certain contraste dans les structures foncières. Les petites exploitations ne sont pas absentes. Leur implantation se lit, sur le terrain, par le parcellement émietté que l'on rencon-

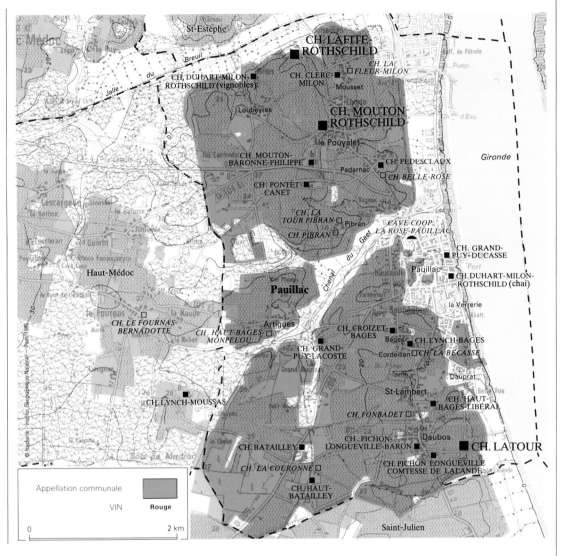

tre à l'ouest de la ligne de villages allant de Dauprat à Bages et autour de la dorsale menant du Pouyalet à Anseillan. Cette dispersion pourrait laisser supposer une certaine diversité des vins dont la production atteint les 6 millions de bouteilles par an. Mais ce serait oublier l'importante cave coopérative qui prend en charge la vinification de 5 000 hl, la forte représentation du cabernet-sauvignon dans l'encépagement (en moyenne 70 % pour les crus classés) et la part qu'occupent les grands domaines. Largement dominants, ceux-ci réduisent en fait les secteurs de petites propriétés à de simples îlots autour des hameaux qui parsèment la commune.

*Page de gauche, en haut,
le château Latour ;
en bas, le château Mouton
Rothschild.
A gauche, les chais conçus
par Ricardo Bofill
au château Lafite-Rothschild :
une esthétique fonctionnelle.*

Le résultat est l'affirmation d'une réelle typicité dans la production. Corsés et charpentés, avec une grande puissance tannique, les pauillac sont des vins de garde par excellence. Mais ils sont en même temps fins et c'est souvent par son degré de délicatesse que chaque cru affirme sa personnalité.

L'appellation des premiers

En règle générale, c'est au cœur de chaque grande appellation que se rencontrent les crus les plus prestigieux, sur lesquels repose la renommée du terroir. Mais à Pauillac il n'en est rien. Au contraire, les châteaux vedettes encadrent la commune au nord comme au sud. Tous les premiers crus classés, Lafite et Mouton comme Latour, se retrouvent dans une situation périphérique que partagent les deux seconds, Pichon-Longueville-Baron et Pichon Longueville Comtesse de Lalande.

Cette disposition s'explique d'abord par la présence, au centre du territoire pauillacais, de la petite vallée encaissée du Gahet qui se jette dans l'estuaire, au nord de la ville, et qui a servi de base logistique au travail de l'érosion. Elle s'explique aussi par la proximité de drains naturels constitués par les jalles, ou la rivière elle-même, qui bordent ces crus.

Il en résulte que les terroirs les plus exceptionnels, ceux des plateaux de Saint-Lambert et du Pouyalet, confinent l'un à saint-julien, l'autre à saint-estèphe. Cette proximité a incité certains dégustateurs à rapprocher les crus du sud, Latour et les deux Pichon, de leurs voisins méridionaux, notamment des trois Léoville, cependant qu'à Lafite et Mouton, ce sont des similitudes avec les saint-estèphe, notamment Cos d'Estournel, qui sont recherchées.

Mais, aussi stimulante pour l'esprit qu'elle puisse paraître, une telle interprétation ne résiste guère à l'expérience de la dégustation.

En réalité, le fait dominant à Pauillac est l'homogénéité de l'ensemble de l'appellation, dont les premiers et seconds grands crus se sont faits les brillants et plus parfaits interprètes. Il n'est

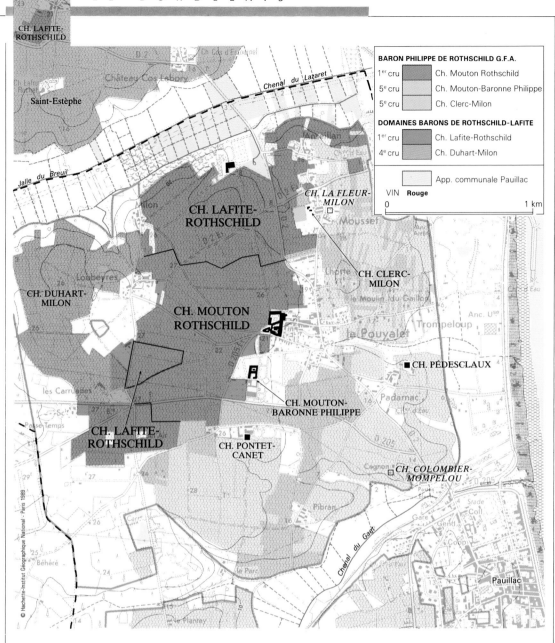

pas exagéré de considérer que les deux plateaux du sud et du nord présentent une analogie certaine par la place qu'y tiennent les graves garonnaises d'une très grande pureté.

Au nord, le Pouyalet

Le secteur septentrional est le plus élevé. Son altitude, qui atteint la trentaine de mètres à Mouton, fait son originalité dans l'ensemble médocain. Les pentes, assez fortes, notamment à Lafite, sont couvertes de graves petites et moyennes qui recouvrent des sous-sols argilo-sableux, sablo-graveleux et calcaires. Sans que l'on puisse en être sûr, il semblerait que ce soit l'harmonie entre la pédologie et

la géologie qui donne leur personnalité aux deux premiers grands crus. A cet égard, il n'est pas indifférent de noter que ce sont des nuances de sous-sol qui séparent Mouton Rothschild de ses

voisins méridionaux, notamment de ceux qui se trouvent au sud de la route de Pauillac à Hourtin. Outre un site de terroir viticole remarquable par son drainage, Lafite - Rothschild affirme sa

lui-aussi son originalité de l'équilibre très favorable qui s'établit entre le sol, fait de larges croupes de grosses graves, et le sous-sol d'argiles et de marnes. Quant à ses deux voisins, Pichon-Longueville-Baron et Pichon Longueville Comtesse de Lalande, l'un de leurs grands atouts semble être le rôle que joue, dans le drainage, la vallée du ruisseau de Juillac.

Les privilèges du contexte naturel sont essentiels pour comprendre les raisons du succès de l'appellation. Mais, à Pauillac comme partout, ils n'expliquent pas tout. On peut noter que les viticulteurs de la petite capitale du vignoble médocain se situent souvent à l'avant-garde des techniques, qu'il s'agisse du drainage des sols (au XIXe siècle, avec des drains en poterie), du méchage des barriques (au XVIIIe siècle, à l'instar des Hollandais), de la généralisation de la fermentation malolactique, ou, aujourd'hui, de l'utilisation avancée de l'informatique viti-vinicole.

Page de gauche, les chais du château Pontet-Canet. A gauche, le château Batailley. Ci-dessous, le château Pichon Longueville Comtesse de Lalande.

dimension par ses bâtiments. Bien que datant pour l'essentiel du XVIIIe siècle, le château n'a rien de la rigueur classique ; son allure générale ferait plutôt penser à une accueillante villa italienne. La place royale revient incontestablement aux chais qui forment un ensemble unique complété par une spectaculaire construction souterraine, signée Ricardo Bofill.

Quel que soit son château du XIXe siècle, sans grand intérêt architectural, Mouton Rothschild offre lui aussi au visiteur un ensemble de constructions impressionnant et harmonieux. Son originalité vient de la place qui est faite à l'art avec, au cœur des bâtiments, un musée créé par le baron Philippe de Rothschild.

Au sud, Saint-Lambert

A la grâce et à l'élégance de Lafite et Mouton répond, dans le secteur méridional, l'exceptionnelle puissance tannique de Latour. Leader incontesté du plateau de Saint-Lambert, il tire

SAINT-ESTÈPHE

Un palais oriental pour le vin

Ces terres basses sont le domaine des prairies naturelles et des belles rangées d'arbres rectilignes. Là, en effet, la vigne n'est pas admise, les sols étant trop gras. Mais au-dessus, les vignobles barrent l'horizon. Les crus les plus prestigieux tirent profit de la présence du versant convexe du plateau. En bordure des croupes, le système des pentes apporte une meilleure insolation et un très bon drainage naturel.

Ces conditions favorables à la qualité sont bien évidemment réunies dans le quartier le plus méridional de l'appellation qui porte le fameux château Cos d'Estournel. Célèbre pour l'architecture de ses chais, ce cru est aussi renommé pour l'excellence de son terroir, constitué de graves günziennes.

Les calendriers l'ignorent avec mépris ; c'est à peine si trois paroisses — toutes dans le sud-ouest de la France — l'ont pris pour protecteur ; les érudits en font, non sans un certain dédain, une variante, pour ne pas dire une déformation, d'Etienne ou de Stéphane. Mais c'est par le vin que saint Estèphe a atteint une renommée universelle.

Déjà un autre visage du Médoc

A première vue, la commune ne semble pas devoir s'individualiser fortement dans l'ensemble médocain. D'un coup d'œil rapide, on découvre qu'elle se présente globalement comme un plateau dominant la Gironde, avec pour limites méridionales et septentrionales deux petits ruisseaux, la jalle du Breuil, qui la sépare de Pauillac, et l'Estey d'Un, frontière avec Saint-Seurin-de-Cadourne.
Mais il faut savoir dépasser la carte et même s'écarter de la classique route des Vins. Il faut se laisser glisser vers les bords de l'estuaire où palus et marais composent un paysage bocager qui annonce la pointe médocaine par ses influences maritimes. Les cabanes de pêche plongent leurs filets dans l'eau ; les palombières leur répondent, plus à l'intérieur, et laissent deviner une commune aux racines plus authentiquement paysannes que l'univers ouaté des grands châteaux du XIXe siècle rencontrés plus au sud.

En haut, le château Cos d'Estournel. Ci-dessus, le château Montrose. Page de droite, Vendanges dans le Médoc, Clément Boulanger, XIXe siècle (musée des Beaux-Arts, Bordeaux).

La folie de Louis Gaspard d'Estournel
Propriétaire de Cos, Louis Gaspard d'Estournel avait trois passions : les chevaux, la navigation et le vin. Ses voyages dans l'océan Indien lui donnèrent l'idée de construire non pas un château, comme le voulait alors la mode, mais des chais monumentaux, mêlant le classicisme européen au style oriental. Ainsi naquit Cos d'Estournel qui séduisit Stendhal : « Bâtiment fort élégant, d'une brillante couleur jaune clair [qui] n'est à la vérité d'aucun style ; cela n'est ni grec, ni gothique, cela est fort gai et serait plutôt dans le genre chinois. »

Appellation communale

VIN   **Rouge**

0   2 km

D'autres secteurs de l'appellation possèdent de belles croupes graveleuses : au sud, celui de Marbuzet s'organise autour d'un charmant château rappelant la Maison Blanche et d'un paisible hameau qui connaissait jadis une active vie collective, tous les habitants allant puiser leur eau à la fontaine publique. Au nord, sur les trois hauteurs limitant la commune, on trouve les châteaux Le Pez, Le Boscq et Calon-Ségur. Enfin, à l'est, Meyney et Montrose dominent l'estuaire. Comme dans les appellations plus méridionales, mais d'une manière encore plus nette, ces croupes se retrouvent en situation d'îles entourées de terres plus basses et souvent plus argileuses. Mais l'originalité vient ici de la présence, sous la pellicule caillouteuse, soit de calcaire de Saint-Estèphe, soit de marnes à huîtres. Ils ont pris la place du calcaire stampien (principale assise sédimentaire en général dans le bordelais) qui a été décapé. Ainsi, les racines des vignes peuvent-elles s'enfoncer loin à la recherche de l'eau et des éléments nutritifs, chaque couche leur apportant des qualités propres.

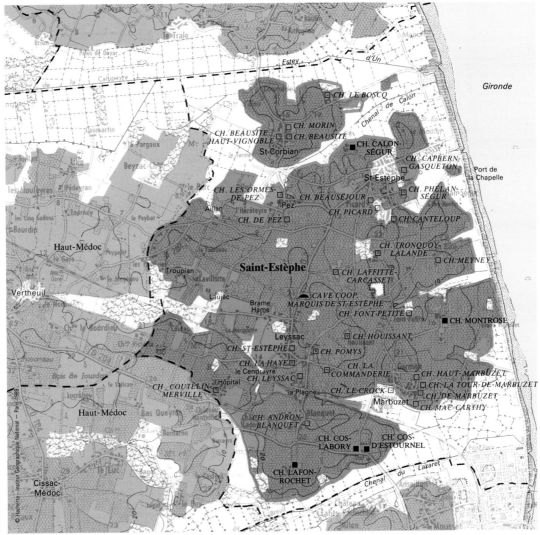

Variée par ses paysages aux multiples ondulations, saint-estèphe comprend un millier d'hectares de vignes qui produisent autour de 70 000 hl par an. Plus d'un quart de cette production est le fait de l'importante cave coopérative, cependant que les cinq crus classés représentent moins de 20 %. C'est dire que les crus bourgeois et les petits viticulteurs jouent ici un rôle essentiel et contribuent à la diversité des vins. Il est sans doute plus difficile de déterminer un type saint-estèphe qu'un margaux, un pauillac ou un saint-julien. Néanmoins, peut-être en raison du sous-sol plus argileux, les vins de Saint-Estèphe possèdent un air de famille, avec généralement une certaine acidité des raisins, une couleur intense et une richesse tannique parfois exceptionnelle. Destinés tout particulièrement au vieillissement, ils développent au bout de quelques années un bouquet très complexe, en même temps que les tanins se fondent dans une impression de grande harmonie.

LES GRAVES

Les couleurs de la terre

Le temps n'est plus où les Bordelais se rendaient dans les Graves à cheval ou en tramway. Mais cette région demeure toujours intimement liée à la métropole d'Aquitaine. Et là n'est point sa seule originalité ; cas unique en France, le vignoble tire son nom de la nature de son sol. Peut-être parce que très tôt est apparue la vocation éminemment viticole de ces terrains rudes et infertiles qui conviennent exactement aux faibles rendements exigés par la vigne de haute qualité.

Très vaste, l'aire de l'appellation s'étend depuis le sud de Langon jusqu'à la jalle de Blanquefort, au nord d'Eyzines dans la banlieue bordelaise, qui la sépare du Médoc. Nés des divagations hésitantes des cours successifs de la Garonne et de ses ancêtres, les terrains qui la constituent s'étirent irrégulièrement le long de bandes plus ou moins parallèles au fleuve actuel. Celles-ci marquent leur présence d'une teinte caractéristique. Ainsi, le promeneur, en découvrant les croupes situées à l'ouest d'une ligne Illats - Jeansotte - Labrède-Martillac, peut contempler des sols très blancs, formés de galets de dimensions modestes. Il s'agit de graves pyrénéennes dont la caractéristique est de refléter la lumière si vigoureusement qu'il est parfois dur de regarder longtemps le sol sans lunettes de soleil. A l'est, en revanche, les terrains plus récents tirent souvent vers des couleurs ocres et présentent des matériaux de plus grosse taille. Agréable à l'œil, cette riche palette naturelle est aussi décisive pour l'implantation de la vigne. Celle-ci, notamment le vignoble rouge, trouve des conditions très favorables sur les croupes graveleuses issues des lits des anciens réseaux hydrographiques. Ces mamelons, entrecoupés de ruisseaux, sont plus nombreux et plus étendus dans la partie septentrionale de l'appellation, située au nord de La Brède. Mais ce ne sont pas les seuls bons secteurs dont disposent les vignerons. L'érosion a en effet décapé des couches calcaires et des faluns qui permettent à la région des Graves d'avoir une production de qualité très diversifiée, avec de très beaux vins blancs. Ceux-ci trouvent leur terre d'élection dans les zones dont le sous-sol mêle le sable aux argiles. Deux appellations sous-régionales se partagent les quelque 4 000 ha que compte la région des Graves (pessac-léognan compris) : les graves (rouges et blancs secs) et les graves supérieurs (blancs moelleux). Les vins rouges (95 000 hl) sont très fortement typés par leurs arômes où l'on sent la présence de la violette et un parfum de fumé. Ce sont des vins séveux, pour reprendre la vieille expression qui fleure bon le français du siècle des Lumières. Les blancs secs tirent leur renommée, fort ancienne, de leur caractère corsé et nerveux.

Ci-dessus, Scène de vendanges, Gérard Leroux, XIXe siècle (jardin public, Bordeaux). A gauche, le château Budos.

Bordée par la Garonne, traversée par la route, la voie ferrée et l'autoroute menant de Bordeaux à Toulouse et de l'Atlantique à la Méditerranée, l'appellation semblerait ne devoir conserver aucun mystère. Il n'en est rien. Toutes les voies de communication se blottissent frileusement sur la bordure orientale et ne donnent des graves que l'image trompeuse d'un plateau monotone.

Cérons

Située au nord-ouest de barsac, l'appellation liquoreuse cérons, dont le territoire produit également des graves rouges et blancs, se distingue dans le paysage par ses terrasses de graves élevées, jadis couvertes de moulins à vent. Outre ces terrasses non érodées, cérons comprend des croupes graveleuses et un terroir de type barsacais (bordure de plateau calcaire dénudé). Aussi, les vins qui y sont produits assurent-ils une liaison entre les barsac et les graves supérieurs. Mais là ne s'arrête pas leur originalité qui se traduit aussi par une sève particulière.

GRAND VIN DE BORDEAUX
PRODUCE OF FRANCE

Membre de l'Union des · · · Grands Crus de Bordeaux

château de CHANTEGRIVE
GRAVES
APPELLATION GRAVES CONTROLÉE
1985 75 cl
F. & H. LEVEQUE, PROPRIÉTAIRES A PODENSAC · GIRONDE · FRANCE
MIS EN BOUTEILLE AU CHÂTEAU

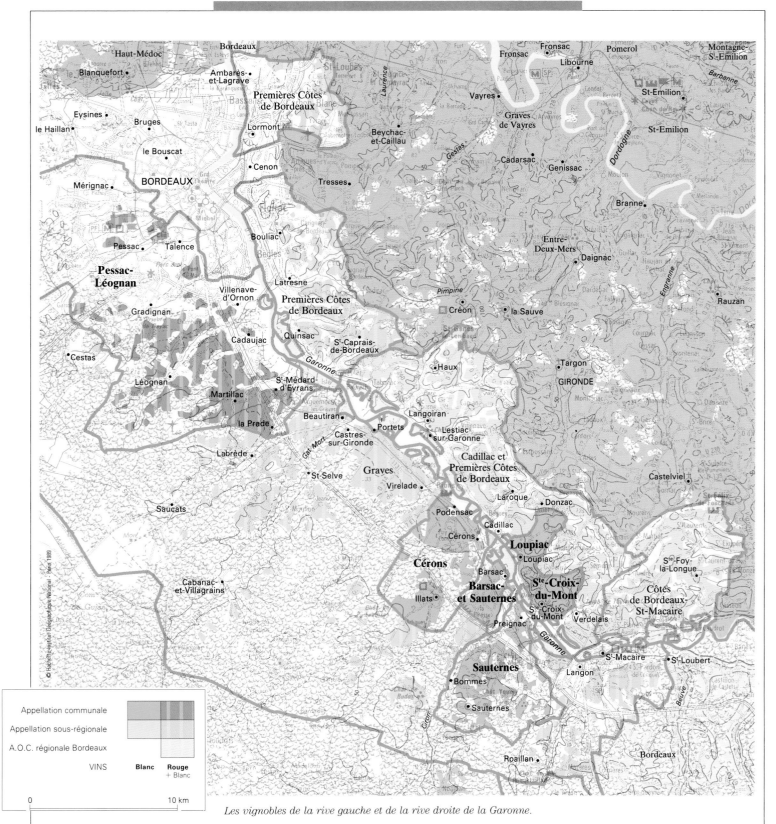

Les vignobles de la rive gauche et de la rive droite de la Garonne.

Légende de la carte :

Appellation communale

Appellation sous-régionale

A.O.C. régionale Bordeaux

VINS — **Blanc** — **Rouge** + Blanc

0   10 km

Un vignoble historique

Savante composition de sols et d'expositions, les graves sont aussi le vignoble bordelais par excellence, celui qui est le plus intimement lié à la naissance de l'histoire viticole de la métro-pole aquitaine. Berceau du vignoble suburbain de Bordeaux, les *Grabas de Burdeus* furent la grande région de production des « clarets », exportés vers l'Angleterre après le mariage d'Aliénor d'Aquitaine. Les capitaux citadins affluèrent, notamment dans la partie septentrionale de l'appellation, et orientèrent la production vers la qualité dans certains domaines où on labourait avec des araires tirés par des bœufs, on liait la vigne aux échalats avec de l'osier et on procédait à l'épamprage des pousses superflues. Aussi prospères que renommées aux XVIIIe et XIXe siècles, comme l'atteste le classement de Haut-Brion dans les crus du Médoc en 1855, les graves virent la qualité de leur production confirmée au XXe siècle par les classements de 1953 et 1959. Elles constituent aujourd'hui une région en pleine mutation comme en témoigne la naissance, en septembre 1987, de l'appellation pessac-léognan, qui a marqué la rupture entre les Graves du nord et du sud. Le secteur méridional a conservé l'appellation graves, alors que les communes septentrionales, comprises dans la nouvelle A.O.C., ont désormais droit à la dénomination vin de graves.

PESSAC-LÉOGNAN

On les a dites « hautes », « du nord », « de Bordeaux », « de Pessac » ou « de Léognan », comme si l'on ne parvenait pas à les saisir. Pourtant, les vignobles des Graves septentrionales ont toujours su affirmer leur personnalité, sans attendre de devenir une A.O.C. sous le nom de pessac-léognan.

La géologie en folie

Les pessac-léognan sont des vins qui puisent leur identité dans leur terroir. D'une part parce qu'ils naissent sur ces beaux sols graveleux qui ont fait depuis longtemps la renommée de la rive gauche de la Garonne et de l'estuaire de la Gironde. Mais aussi parce qu'ici, la géologie donne l'impression d'être devenue folle et d'avoir créé un espace irrationnel.

L'originalité des lieux se lit dans le paysage, pour peu que l'on sache, une fois encore, abandonner les grands axes de communication qui frôlent timidement l'appellation sans oser la pénétrer. Une promenade à Léognan ou Martillac permet de découvrir un univers assez accidenté, qui tire son charme de l'aspect très verdoyant que prennent les fonds de vallée.

S'il n'est pas vraiment tourmenté, ce relief surprend cependant dans un pays peu élevé. Il s'explique par un caprice des ancêtres de la Gironde. Ici, par un curieux hasard, les cours d'eau les plus anciens semblent avoir bifurqué vers l'est, ce qui a conduit les lits suivants à mêler leurs alluvions aux premiers dépôts. Tout cela, joint au travail de l'érosion, a donné naissance à un nouveau

Ci-dessus, arrivée de la vendange au château Haut-Brion.

type de graves, dites de remaniement, qui explique la présence de nombreux crus classés dans ce secteur. La vigne profite en effet des qualités exceptionnelles d'un sol pauvre et d'un terroir qui se présente sous la forme de croupes très bien dessinées, comme celles que l'on peut voir, en sortant de Léognan, vers Malartic-la-Gravière et Fieuzal. Les principaux atouts de l'appellation sont une très bonne exposition, un drainage excellent, assurés par des pentes fortes et un réseau hydrographique bien constitué.

Les remarquables conditions naturelles de la zone des pessac-léognan se caractérisent par une hétérogénéité supérieure à celle des appellations voisines du sud et du nord. L'une des conséquences les plus marquantes de ce phénomène est la vocation naturelle de certains sols pour les vins blancs.

Parfaitement conscients de cette diversité des terrains, les grands propriétaires bordelais de l'Ancien Régime ont su constituer des domaines d'une grande qualité, en rassemblant progressivement autour de leurs châteaux les meilleures parcelles. Cela explique le découpage compliqué des limites de certains grands crus, mis en relief aujourd'hui par leur enclavement dans l'espace urbain. Il suffit en effet d'un petit ruisseau, ou d'un changement parfois minime dans la pente ou l'orientation pour transformer complètement la valeur du sol. On peut s'en rendre compte en passant devant Haut-Brion à la fin de l'hiver ou en automne ; les dénivellations ont beau ne pas être très fortes, le rythme d'évolution de la végétation est nettement différent entre le haut et le bas du versant.

Le terroir de Pessac, de Léognan et des dix communes qui les entourent possède une forte personnalité. En vingt ans, la surface en exploitation est passée de moins de 900 ha à plus de 1 200, avec une production annuelle de plus de 6 millions de bouteilles.

Au péril de la ville

En pleine mutation, le vignoble de pessac-léognan respecte pourtant les équilibres séculaires, notamment le rapport traditionnel entre les vins rouges et les vins blancs, les premiers représentant les quatre cinquièmes de la production. Les

producteurs restent aussi fidèles à la typicité des vins, notamment par le choix de l'encépagement, avec une dominante de cabernet-sauvignon, associé à un peu de merlot et de cabernet-franc pour les rouges, et de sauvignon, allié au sémillon, pour les blancs.

Les pessac-léognan présentent en effet des caractères particuliers qui font leur originalité. Pour les vins rouges, il est même possible de distinguer certains terroirs très typés. Les uns sont caractérisés par l'extraordinaire complexité de leur bouquet et leur note fumée. D'autres présentent des analogies à la fois avec les médoc dont ils se rapprochent par leur tannicité et avec certains pomerol par leur côté velouté et fondu.

Quant aux blancs secs, ils ont la particularité de très bien supporter le bois et le vieillissement, avec un bouquet qui évolue vers des notes fines et vives rappelant le genêt et le tilleul.

Le château La Louvière.

Largement exportés, pour 75 % de la production, les pessac-léognan sont d'excellents ambassadeurs des vins français. Mais paradoxalement, ce vignoble de grand prestige, né de la proximité de la capitale aquitaine, est aujourd'hui menacé par le développement de l'agglomération bordelaise. Cela donne, à 6 km du centre de Bordeaux, le spectacle étonnant de crus aussi renommés que château Haut-Brion, La Mission Haut-Brion, Laville-Haut-Brion et Pape Clément, totalement cernés par les habitations, et de vignobles non plus parcourus de chemins vicinaux, mais de rues. Ce danger d'engloutissement dans l'espace urbain est peut-être, en fin de compte, la meilleure des garanties d'avenir pour l'appellation, car seul le maintien de la perfection permettra aux vignes de résister à l'invasion de la banlieue.

La Brède, château de Montesquieu, l'homme des Graves.

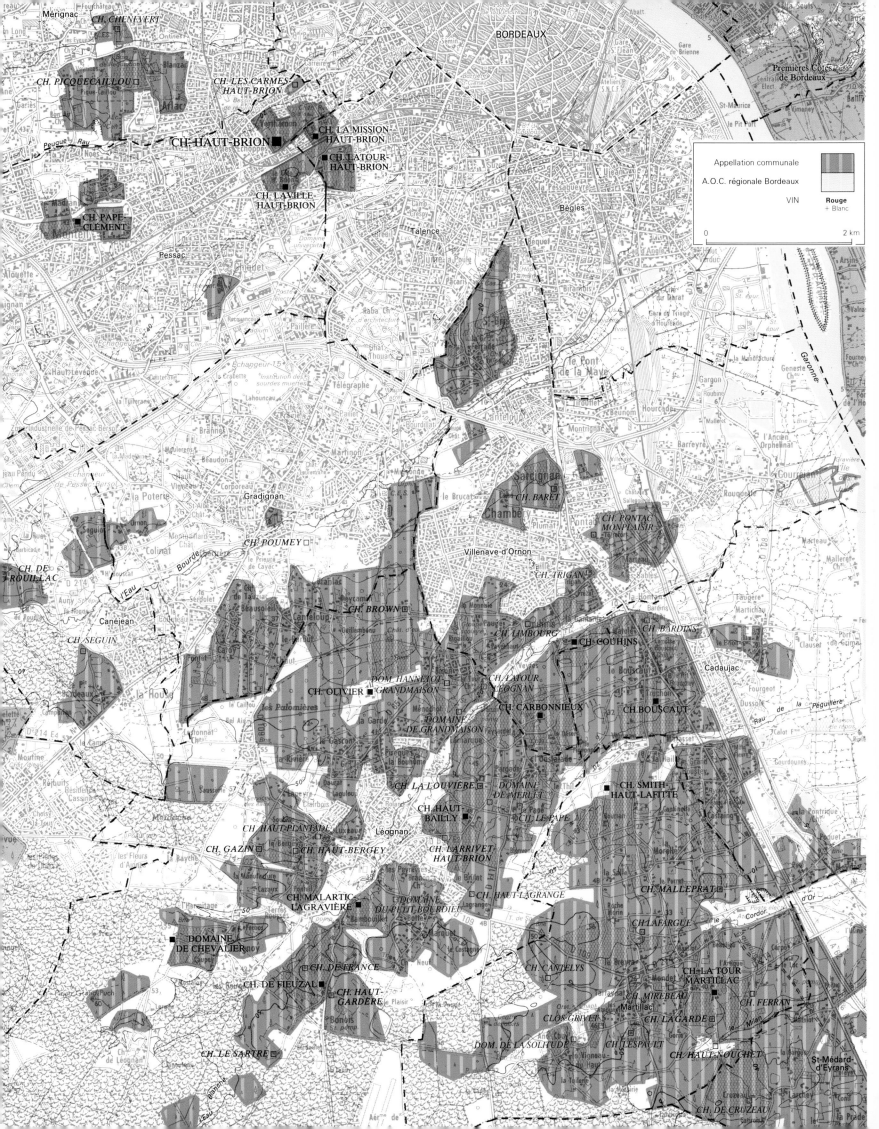

BORDEAUX

Mérignac

CH. CHENEVERT

CH. PICQUECAILLOU

CH. LES CARMES
HAUT-BRION

CH. HAUT-BRION

CH. LA MISSION-
HAUT-BRION

CH. LATOUR-
HAUT-BRION

CH. LAVILLE-
HAUT-BRION

CH. PAPE-
CLÉMENT

Pessac

Talence

Bègles

Appellation communale

A.O.C. régionale Bordeaux

VIN   **Rouge**
       + Blanc

0   2 km

CH. DE
ROUILLAC

CH. POUMEY

Gradignan

CH. BARET

CH. PONTAC
MONPLAISIR

CH. SEGUIN

CH. TRIGAN

Villenave-d'Ornon

CH. BROWN

CH. LIMBOURG

CH. BARDINS

Canéjean

CH. COUHINS

Cadaujac

DOM. HANNETOT
CH. OLIVIER GRANDMAISON

CH. LATOUR-
LÉOGNAN

CH. CARBONNIEUX

CH. BOUSCAUT

DOMAINE
DE-GRANDMAISON

CH. LA LOUVIÈRE

DOMAINE
DE MERLET

CH. SMITH-
HAUT-LAFITTE

CH. HAUT-
BAILLY

CH. LE-PAPE

CH. HAUT-PLANTADE

Léognan

CH. LARRIVET-
HAUT-BRION

CH. GAZIN

CH. HAUT-BERGEY

CH. HAUT-LAGRANGE

CH. MALLEPRAT

CH. MALARTIC
L'AGRAVIÈRE

DOMAINE
DU PETIT-BOURDIEU

CH. LAFARGUE

DOMAINE
DE CHEVALIER

CH. DE FRANCE

CH. CANTELYS

CH. LA TOUR-
MARTILLAC

CH. DE FIEUZAL

CH. MIREBEAU

Martillac

CH. FERRAN

CH. HAUT-
GARDÈRE

CLOS GRIVET

CH. LAGARDE

DOM. DE LA SOLITUDE

CH. LESPAULT

CH. HAUT-NOUCHET

CH. LE SARTRE

St-Médard-
d'Eyrans

CH. DE CRUZEAU

SAUTERNES-BARSAC

Peu de vins peuvent se vanter d'avoir fait couler autant d'encre que les sauternes et les barsac. Chaque auteur, chaque journaliste, chaque historien, ou presque, a apporté sa thèse ou, pour être plus exact, son hypothèse expliquant l'origine de ces vins peu ordinaires.

Le mystère des sauternes

Personne en effet n'est parvenu à dire avec précision à quelle époque sont apparus les sauternes actuels, c'est-à-dire des vins liquoreux obtenus par une récolte de raisins surmûris. De fait, si le vignoble sauternais est fort ancien, puisque de création romaine, il ne produisit longtemps que des « clairets », à l'exception des domaines ecclésiastiques qui donnaient naissance, au Moyen Age, à un vin blanc doux sur le modèle méditerranéen.

En l'absence de documents ayant une réelle valeur historique, on pourrait être tenté de se reporter à la tradition orale. Celle-ci est riche et abondante mais sans doute un peu trop pour pouvoir apporter un éclairage satisfaisant.

Selon l'hypothèse la plus crédible, la recherche de la surmaturité par des vendanges tardives serait apparue vers le XVIIᵉ siècle. A cette époque du moins, on en trouve déjà la trace dans certains documents et l'on sait que, certainement sous l'influence des Hollandais, la région exportait des vins moelleux.

Déjà, dans l'ensemble des vins doux, et plus généralement des bordeaux blancs, destinés aux Pays-Bas et à l'Europe du Nord, les productions de Sauternes, Barsac, Bommes et Preignac étaient les plus cotées. Le siècle des Lumières vit s'affirmer leur prééminence. Cette confirmation fut favorisée par l'action de l'aristocratie locale, de vieille noblesse terrienne ou parlementaire, qui introduisit la technique des vendanges par tries et l'amélioration des méthodes de vinification.

La réputation des vins franchit les frontières et les océans. Une anecdote illustre ce propos. En 1787, Jefferson, de passage à Bordeaux, visita Yquem et commanda 250 bouteilles du millésime 1784. Mieux, lorsque de retour aux Etats-Unis il en fit goûter une à Washington, celui-ci, enthousiasmé, en fit venir aussitôt 30 douzaines.

Les honneurs du classement impérial

Commencé avant la Révolution, l'ascension des sauternes et barsac allait s'accélérer dans la première moitié du XIXᵉ siècle. L'histoire rejoignant la tradition orale, les méthodes de travail qui étaient limitées jusque-là à quelques propriétés se généralisèrent et se systématisèrent. Certains prirent aussi l'habitude de faire vieillir le vin longtemps en foudres de chêne, ou même d'acacia, avant de le mettre en bouteilles. Au milieu du siècle, l'oïdium incita à développer le cépage sémillon, particulièrement favorable à la production des liquoreux de grande qualité.

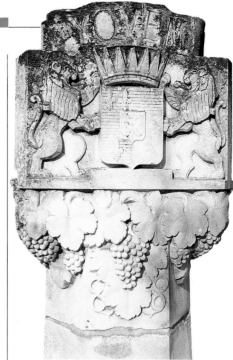

Le Sauternais est aussi renommé pour la beauté de ses demeures. Ci-dessous, le château Filhot, construit en 1845 ; à gauche, le château de Malle, du XVIIᵉ siècle.

Devenu un véritable « vin de fête », le sauternes fut adopté par toutes les têtes couronnées d'Europe. Les prix s'emballèrent et l'on vit le grand prince Constantin de Russie acheter sans hésiter un tonneau d'Yquem 1847 à un prix fabuleux (20 000 francs or de l'époque). Le succès était tellement évident qu'il allait être entériné, honneur suprême, par le classement impérial de 1855. De fait, les sauternes étaient les seuls vins blancs girondins à figurer aux côtés des rouges du Médoc et de Haut-Brion.

La légende dorée

Vin particulier, le sauternes est entouré d'une véritable mythologie, notamment en ce qui concerne sa naissance. Chaque château a sa légende dorée qui situe l'heureux événement dans ses murs. L'époque change, allant du XVIIIᵉ siècle au milieu du XIXᵉ siècle, comme les acteurs, qui vont du grand aristocrate « vieille France » au négociant allemand. Le scénario en revanche est pratiquement invariable. Une année, le propriétaire est absent au moment des vendanges alors qu'il a exigé que la récolte ne soit effectuée qu'en sa présence. Les jours et les semaines s'écoulant, la pourriture se répand sur les grains jusqu'à l'arrivée du maître des lieux qui décide de vendanger quand même. Et ce qui paraissait complètement pourri donna un superbe millésime, exceptionnel par son côté très liquoreux.

La patience du vigneron

Par ses mystères et ses incertitudes, l'histoire des sauternes et barsac montre que l'élaboration de ces grands vins au degré alcoolique naturel élevé est loin d'être évidente. Il a fallu mettre au point patiemment cette pratique des « tries », c'est-à-dire la délicate cueillette sélective, grain par grain, des raisins à

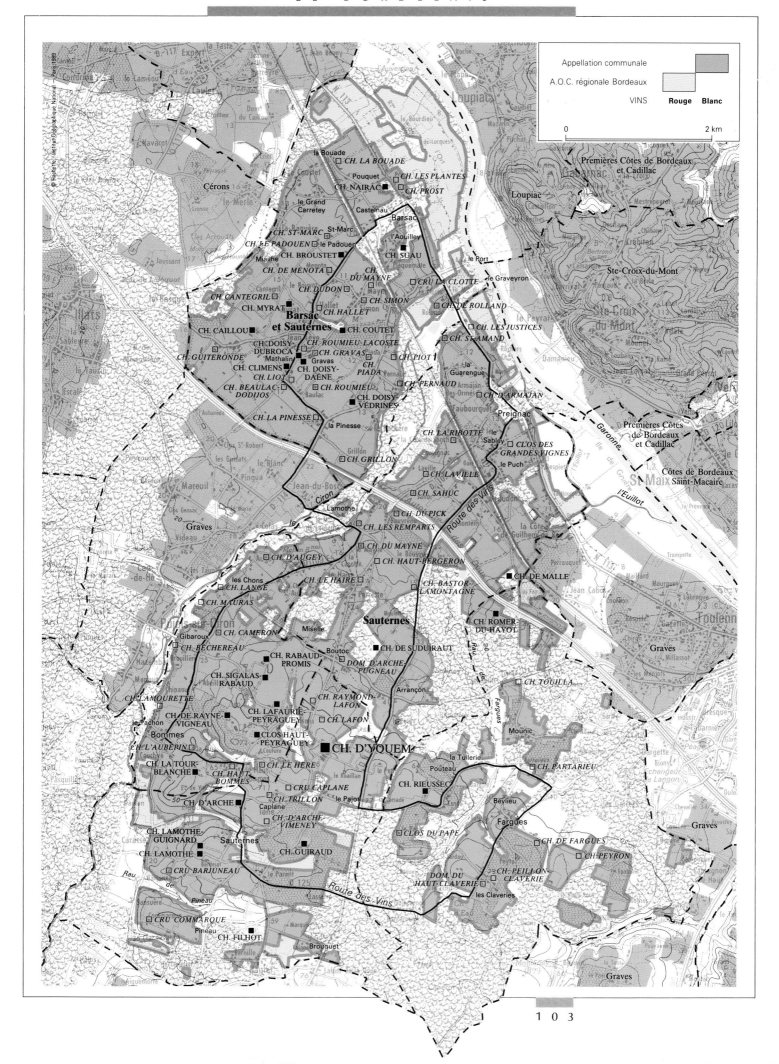

Appellation communale

A.O.C. régionale Bordeaux

VINS **Rouge** **Blanc**

0   2 km

des matinées aussi brumeuses qu'humides et des après-midi aussi chauds qu'ensoleillés. Tout est là, dans cette alternance diurne. Mais elle-même résulte d'un contexte géographique très particulier que crée la confluence de la Garonne et d'une petite rivière landaise, le Ciron. Si l'on regarde une carte de la Gironde, on constate que c'est autour de ce confluent que se trouvent toutes les appellations de vins liquoreux. Il ne s'agit pas d'un simple hasard ; le Ciron joue un rôle déterminant. Tout au long de son cours, il serpente sous une épaisse voûte de feuillages. Ses eaux, qui ne voient pratiquement jamais le soleil, sont très froides et leur rencontre avec celles du fleuve, beaucoup plus chaudes, provoque le phénomène très particulier des brouillards matinaux.

parfait état de maturité. Ici encore plus qu'ailleurs, il est impossible de s'improviser vigneron. Mais si l'homme fait beaucoup, son travail ne serait pourtant rien sans un milieu privilégié par la nature.

Un paradoxe ahurissant

Le premier privilège du terroir de barsac et sauternes est son climat. C'est lui qui crée les conditions, non point favorables, mais absolument indispensables au développement de la pourriture noble. Celle-ci est provoquée par la prolifération d'un champignon de taille microscopique, le *Botrytis cinerea*. L'attaque du raisin se traduit par diverses transformations biochimiques et chimiques, en particulier une augmentation de la teneur en sucre des grains et une évaporation partielle de l'eau

En haut, le château d'Yquem.
Ci-dessus, le château Coutet.
A droite, Lafaurie-Peyraguey.
Page de droite, développement de la pourriture noble sur sauvignon.

La dure loi du botrytis
Véritable bénédiction pour le Sauternais, le botrytis pose néanmoins de nombreux problèmes aux viticulteurs. En effet, il ne débouche sur la pourriture noble que si certaines conditions sont réunies. D'abord, son développement doit venir sur un raisin bien mûr et parfaitement sain. Au cours de l'attaque, le minuscule champignon pénètre à l'intérieur du grain ; la peau décomposée se fripe et prend une couleur brune. Le grain se comporte comme une éponge et perd son eau par évaporation. La concentration des sucres n'est pas accompagnée d'une concentration équivalente des acides. Il apparaît un arôme caractéristique. Un problème essentiel est que le botrytis ne se manifeste pas partout simultanément. Son développement varie, non seulement de grappe à grappe, mais aussi de baie à baie. On explique ainsi la nécessité d'une récolte par « tries » (passages) successives, échelonnées sur une longue période, et la grande attention des vendangeurs qui doivent veiller à ne cueillir que des grains parvenus à l'état rôti qui correspond à la pourriture noble idéale.

contenue dans la pulpe. Ce processus devrait logiquement conduire à un pourrissement pur et simple des grappes qui devrait recouvrir les grains d'une moisissure grise. Dans le Sauternais, il en va différemment. Les raisins se racornissent, se dessèchent et se couvrent bien d'un léger duvet. Mais celui-ci est d'un brun sombre : c'est la « pourriture noble ». L'explication se trouve dans l'ahurissant paradoxe d'un automne qui réussit généralement à être à la fois assez humide pour permettre la croissance du champignon et assez chaud pour assurer la dessication des grains. En effet, le visiteur qui se rend à Sauternes en octobre, est le plus souvent assez surpris par le climat que connaît la région, avec

Deux grands terroirs

Privilégié par son climat, le Sauternais l'est aussi par ses sols et son sous-sol. Ce sont eux qui expliquent l'existence de deux appellations, les crus de barsac ayant également le droit de commercialiser leur production sous le nom de sauternes. L'originalité barsacaise se lit sur le terrain. Moins vallonné, le paysage de cette commune est aussi marqué par la présence de nombreux petits murs qui entourent les vignobles. L'explication est simple à trouver. Barsac correspond à une dépression topographique créée par l'érosion qui a dégagé les couches de calcaire stampien. Celles-ci

donnent, au cœur de l'appellation, des terrains mêlant le calcaire aux sables rouges, excellents pour le vignoble blanc de qualité. La présence de nombreux crus classés de grande réputation en est la preuve. Les barsac se distinguent généralement par leur bouquet très parfumé.

Plus vaste, l'appellation sauternes est aussi moins homogène. Mais elle possède un terroir inégalable constitué par la série de belles croupes graveleuses qui entourent Yquem. Bien que beaucoup plus élevées (avec des altitudes de 30 à 50 m à l'ouest dans le secteur de Rayne Vigneau et de plus de 70 m à l'est vers Rieussec) et plus accidentées, ces collines pierreuses ne sont pas sans faire penser à celles du haut Médoc, mais souvent avec des veines plus argileuses. Elles sont évidemment particulièrement favorables aux vins blancs liquoreux. Ceux-ci, pris dans leur ensemble (y compris les barsac), tirent leur personnalité de leur robe dorée, de leur bouquet « rôti », qui se développe remarquablement au vieillissement, et de leur côté onctueux.

Une structure ancienne

Obtenus à partir de trois cépages, le sémillon (70 à 80 %), le sauvignon (20 à 30 %) et la muscadelle, les sauternes et barsac exigent de gros investissements pour des récoltes de petites quantités. Les rendements à l'hectare sont faibles, avec un maximum autorisé de 25 hl. Et l'évolution de la surmaturation reste souvent aléatoire, dépendant des conditions climatiques. Pourtant, le Sauternais a réussi à conserver ses structures foncières du siècle dernier presque inchangées, fait assez rare en

Gironde. A Barsac et Preignac, on trouve toujours un grand nombre de moyennes propriétés d'une douzaine ou d'une quinzaine d'hectares, alors qu'ailleurs, la terre est partagée entre de grands domaines d'origine nobiliaire, comme Yquem, et des micro-exploitations familiales de 1 ou 2 ha, dont on peut voir les

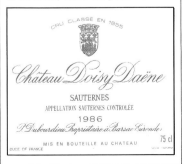

chais à Bommes ou à Fargues. Cela permet à l'amateur de découvrir quelques jolies propriétés enclavées dans des secteurs de grands crus classés. A titre d'exemple, citons Gravas (ancien Doisy-Gravas) à Barsac et Lafon, cerné de tous côtés par Yquem, à Sauternes.

Ces permanences, étonnantes quand on sait les fluctuations que traverse l'histoire des vignobles, s'expliquent par le fait que la plupart des propriétaires du Sauternais, qu'ils soient grands ou petits, possèdent aussi des vignobles dans les Graves et des bois dans la forêt landaise voisine. Ce qui leur permet d'amortir tous les chocs économiques et de maintenir l'identité de leur pays.

ENTRE-DEUX-MERS

Parfois appelé le « Périgord girondin », ce vaste plateau calcaire s'individualise, dans l'ensemble bordelais, par son relief profondément fragmenté.
L'Entre-Deux-Mers est aux antipodes du paysage classique de l'océan de vignes. Les prés, les forêts et les vignobles se partagent le territoire, pour donner naissance à de petits univers vallonnés et intimes auxquels le Moyen Age a légué des moulins fortifiés, des bastides, des églises templières, des abbayes et des maisons fortes.
Le calcaire à astéries d'âge tertiaire constitue la base du plateau ; il a été exploité comme pierre à bâtir, laissant çà et là de véritables galeries souterraines. En surface, la roche est fréquemment décomposée ou recouverte de formations superficielles, définissant une multitude de terroirs, sorte de puzzle gigantesque, comme sur la bordure méridionale du plateau, là où, dans le secteur des premières côtes, l'abrupt domine la Garonne.
Préservé par son isolement et son compartimentage, le pays d'Entre-Deux-Mers a conservé son caractère rural.

Dix appellations

Le vignoble entre Dordogne et Garonne (23 000 ha) se répartit entre une dizaine d'appellations, dont les bordeaux et bordeaux supérieur représentent les plus grosses surfaces. La plus caractéristique est l'entre-deux-mers, appellation de vins blancs secs qui s'étend du confluent des deux fleuves, à l'ouest, à la limite du Lot-et-Garonne, à l'est. Neuf communes, autour de Targon, ont le droit d'ajouter la mention haut-benauge à l'appellation entre-deux-mers.
L'aire de l'appellation entre-deux-mers ne correspond pas exactement au pays géographique puisqu'elle ne comprend pas les secteurs appartenant à d'autres appellations sous-régionales. Ainsi, au nord-ouest du plateau, la présence de terrains graveleux, sur les communes de Vayres et d'Arveyres, a donné naissance à une petite appellation, les graves de vayres, qui s'étend sur 650 ha de vignes rouges et 350 de blanches. Au

Ci-dessus, un vignoble dans la région de Camblanes.

Ci-dessous, le vignoble de Cazaugitat : « jardin jeté » en gascon. Ici, les tulipes poussent naturellement dans les vignes et les champs.

nord-est, à demi enclavée dans le département de la Dordogne, la région de Sainte-Foy-la-Grande produit des vins rouges et blancs qui peuvent revendiquer l'appellation sainte-foy-bordeaux, mais sont le plus souvent commercialisés comme bordeaux ou bordeaux supérieur.
En revanche, l'ensemble des premières côtes de bordeaux n'a rien de symbolique. Séparant l'entre-deux-mers viticole de la Garonne sur une soixantaine de kilomètres, cette appellation représente un vignoble de 3 600 ha en rouges et de 2 700 en blancs. Ces derniers toutefois ne revendiquent pas tous l'appellation ; seuls les moelleux le peuvent, les vins secs se rattachant aux bordeaux d'appellation régionale. Vers le sud-est, l'appellation des côtes de bordeaux saint-macaire prolonge celle des premières côtes de bordeaux. Enfin, enclavées dans les premières côtes, trois appellations de liquoreux, sainte-croix-du-mont, loupiac et cadillac, font face sur la rive droite au Sauternais et à cérons.

Du pays au vin

Au cœur du pays d'Entre-Deux-Mers, l'appellation homonyme, très étendue, voisine avec les appellations bordeaux et bordeaux supérieur. Les sols à dominante argilo-calcaire sont favorables à l'ensemble des cépa-

ges blancs (sémillon, sauvignon et muscadelle) ainsi qu'au merlot et, sous certaines conditions, au cabernet. Là, les vignobles rouges dominent. Ils voisinent avec les blancs d'A.O.C. entre-deux-mers, dans lesquels se mêlent le caractère, apporté par le sauvignon, et la douceur, marque du sémillon. La partie la plus importante du plateau de l'Entre-Deux-Mers (les cantons de Pellegrue, Sauveterre et Targon) est constituée par un revêtement argileux qui a donné naissance à des sols très caractéristiques, les boulbènes, particulièrement propices aux cépages blancs, notamment au sémillon.

Celui-ci y prend un côté floral d'une grande finesse que l'on est toujours tenté de rapprocher des fleurs qui poussent naturellement dans ce terroir. Il est associé au sauvignon, au caractère aromatique plus affirmé.

Les premières côtes qui s'étendent sur le rebord méridional du plateau de l'Entre-Deux-Mers constituent le vignoble des Bordelais. Ils y sont attirés par la beauté du château de Cadillac, le « Fontainebleau girondin », et par le charme des petits ports et hameaux de Garonne, mais aussi par l'ambiance particulière qui marque ce pays fait, comme l'entre-deux-mers, de petites exploitations.

Les sols argilo-graveleux permettent de jouer sur plusieurs cépages en rouge (principalement merlot à 55 % et cabernet-sauvignon à 25 %) comme en blanc, avec de très belles réussites pour le sauvignon. Les rouges sont colorés et puissants, les blancs moelleux harmonieux ; les blancs secs, souvent de grande classe, sont commercialisés sous l'appellation bordeaux.

Les liquoreux de la rive droite

Les coteaux abrupts dominant la Garonne offrent de bons terroirs calcaires avec des zones graveleuses très favorables aux vins blancs moelleux et liquoreux. Ceux-ci trouvent dans ce secteur un microclimat propice au développement du botrytis. Ce qui a permis la naissance des trois appellations cadillac, loupiac et sainte-croix-du-mont.

CRUS CLASSÉS

L'un des traits les plus originaux du vignoble bordelais est l'existence d'une hiérarchie très stricte, car institutionnalisée, entre les différents crus des grandes appellations. L'établissement des classements s'est échelonné dans le temps. Le plus ancien est celui des médoc (auquel fut adjoint Haut-Brion dans les graves) et des sauternes, réalisé en 1855 pour l'Exposition universelle qui devait montrer les plus grandes réalisations du génie français, au nombre desquelles figuraient les vins bordelais. Pour choisir les crus, la chambre de commerce de Bordeaux demanda aux courtiers d'établir la liste des principaux en fonction de leur notoriété. Les prix atteints par les vins furent le critère essentiel pris en compte dans l'établissement de ce classement parce qu'ils traduisaient bien leur qualité. Quelles que soient les critiques auxquelles il a donné lieu, le classement de 1855 est toujours en vigueur, après avoir subi une seule modification en 1973 (Mouton Rothschild, auparavant deuxième cru, promu premier cru). Selon un même modèle, les crus des graves, maintenant pessac-léognan, ont été classés en 1953 (révision en 1959). Il n'y a pas de hiérarchie entre ces crus classés. Les crus de saint-émilion ont été classés officiellement, pour la première fois, en 1954. L'originalité de ce classement tient à l'existence, dans sa réglementation, d'une clause prévoyant sa révision décennale, remettant en cause tous les crus. Cette révision a été faite en 1969 et en 1986. Les crus de pomerol n'ont jamais fait l'objet d'un classement officiel.

LE CLASSEMENT DU MÉDOC DE 1855 REVU EN 1973

PREMIERS CRUS
Château Lafite-Rothschild (Pauillac)
Château Latour (Pauillac)
Château Margaux (Margaux)
Château Mouton Rothschild (Pauillac)
Château Haut-Brion (Graves)

DEUXIÈMES CRUS
Château Brane-Cantenac (Margaux)
Château Cos d'Estournel (Saint-Estèphe)
Château Ducru-Beaucaillou (Saint-Julien)
Château Durfort-Vivens (Margaux)
Château Gruaud-Larose (Saint-Julien)
Château Lascombes (Margaux)
Château Léoville Las Cases (Saint-Julien)
Château Léoville-Poyferré (Saint-Julien)
Château Léoville-Barton (Saint-Julien)
Château Montrose (Saint-Estèphe)
Château Pichon Longueville Baron (Pauillac)
Château Pichon Longueville Comtesse de Lalande (Pauillac)
Château Rausan-Ségla (Margaux)
Château Rauzan-Gassies (Margaux)

TROISIÈMES CRUS
Château Boyd-Cantenac (Margaux)
Château Cantenac-Brown (Margaux)
Château Calon-Ségur (Saint-Estèphe)
Château Desmirail (Margaux)
Château Ferrière (Margaux)
Château Giscours (Margaux)
Château d'Issan (Margaux)
Château Kirwan (Margaux)
Château Lagrange (Saint-Julien)
Château La Lagune (Haut-Médoc)
Château Langoa (Saint-Julien)

Château Malescot-Saint-Exupéry (Margaux)
Château Marquis d'Alesme-Becker (Margaux)
Château Palmer (Margaux)

QUATRIÈMES CRUS
Château Beychevelle (Saint-Julien)
Château Branaire-Ducru (Saint-Julien)
Château Duhart-Milon-Rothschild (Pauillac)
Château Lafon-Rochet (Saint-Estèphe)
Château Marquis de Terme (Margaux)
Château Pouget (Margaux)
Château Prieuré-Lichine (Margaux)
Château Saint-Pierre (Saint-Julien)
Château Talbot (Saint-Julien)
Château La Tour-Carnet (Haut-Médoc)

CINQUIÈMES CRUS
Château d'Armailhac (Pauillac)
Château Batailley (Pauillac)
Château Haut-Batailley (Pauillac)
Château Belgrave (Haut-Médoc)
Château Camensac (Haut-Médoc)
Château Cantemerle (Haut-Médoc)
Château Clerc-Milon (Pauillac)
Château Cos-Labory (Saint-Estèphe)
Château Croizet Bages (Pauillac)
Château Dauzac (Margaux)
Château Grand-Puy-Ducasse (Pauillac)
Château Grand-Puy-Lacoste (Pauillac)
Château Haut-Bages-Libéral (Pauillac)
Château Lynch-Bages (Pauillac)
Château Lynch-Moussas (Pauillac)
Château Pédesclaux (Pauillac)
Château Pontet-Canet (Pauillac)
Château du Tertre (Margaux)

LES CRUS CLASSÉS DU SAUTERNAIS EN 1855

PREMIER CRU SUPÉRIEUR
Château d'Yquem

PREMIERS CRUS
Château Climens
Château Coutet
Château Guiraud
Château Lafaurie-Peyraguey
Clos Haut-Peyraguey
Château Rayne-Vigneau
Château Rabaud-Promis
Château Sigalas-Rabaud
Château Rieussec
Château Suduiraut
Château La Tour-Blanche

SECONDS CRUS
Château d'Arche
Château Broustet
Château Nairac
Château Caillou
Château Doisy-Daëne
Château Doisy-Dubroca
Château Doisy-Védrines
Château Filhot
Château Lamothe (Despujols)
Château Lamothe (Guignard)
Château de Malle
Château Myrat
Château Romer
Château Romer-Du Hayot
Château Suau

LES CRUS CLASSÉS DES GRAVES

Château Bouscaut (en rouge et en blanc)
Château Carbonnieux (en rouge et en blanc)
Domaine de Chevalier (en rouge et en blanc)
Château Couhins (en blanc)
Château Couhins-Lurton (en blanc)
Château Fieuzal (en rouge)
Château Haut-Bailly (en rouge)
Château Haut-Brion (en rouge)

Château Laville-Haut-Brion (en blanc)
Château Malarctic-Lagravière (en rouge et en blanc)
Château La Mission Haut-Brion (en rouge)
Château Olivier (en rouge et en blanc)
Château Pape Clément (en rouge)
Château Smith-Haut-Lafitte (en rouge)
Château Latour-Haut-Brion (en rouge)
Château La Tour-Martillac (en rouge et en blanc)

CLASSEMENT DES GRANDS CRUS DE SAINT-ÉMILION
(décret du 11 janvier 1984, arrêté du 23 mai 1986)

SAINT-ÉMILION, PREMIERS GRANDS CRUS CLASSÉS

A Château Ausone
   Château Cheval Blanc

B Château Beauséjour (Duffau-Lagarrosse)
   Château Belair
   Château Canon

Château Clos Fourtet
Château Figeac
Château La Gaffelière
Château Magdelaine
Château Pavie
Château Trottevieille

SAINT-ÉMILION, GRANDS CRUS CLASSÉS

Château Angelus
Château Balestard La Tonnelle
Château Beau-Séjour (Bécot)
Château Bellevue
Château Bergat
Château Berliquet
Château Cadet-Piola
Château Canon-La Gaffelière
Château Cap de Mourlin
Château Chauvin
Clos des Jacobins
Clos La Madeleine
Clos de l'Oratoire
Clos Saint-Martin
Château Corbin
Château Corbin-Michotte
Château Couvent des Jacobins
Château Croque-Michotte
Château Curé Bon La Madeleine
Château Dassault
Château Faurie de Souchard
Château Fonplegade
Château Fonroque
Château Franc-Mayne
Château Grand-Barrail-Lamarzelle-Figeac
Château Grand-Corbin
Château Grand-Corbin-Despagne
Château Grand-Mayne
Château Grand-Pontet
Château Guadet-Saint-Julien
Château Haut-Corbin
Château Haut-Sarpe

Château La Clotte
Château La Clusière
Château La Dominique
Château Lamarzelle
Château Laniote
Château Larcis-Ducasse
Château Larmande
Château Laroze
Château L'Arrosée
Château La Serre
Château La Tour du Pin-Figeac (Giraud-Belivier)
Château La Tour du Pin-Figeac (Moueix)
Château La Tour-Figeac
Château Le Châtelet
Château Le Prieuré
Château Matras
Château Mauvezin
Château Moulin du Cadet
Château Pavie-Decesse
Château Pavie-Macquin
Château Pavillon-Cadet
Château Petit-Faurie de Soutard
Château Ripeau
Château Sansonnet
Château Saint-Georges-Côte Pavie
Château Soutard
Château Tertre Daugay
Château Trimoulet
Château Troplong-Mondot
Château Villemaurine
Château Yon-Figeac

LIBOURNAIS

Filleule de Bordeaux, tantôt jalousant sa marraine, tantôt la narguant, Libourne affirme avec force sa personnalité. Par son dynamisme, elle a même réussi à faire de son arrondissement l'un des pôles de la viticulture girondine, avec, notamment, les appellations saint-émilion et pomerol. Contrairement à la capitale aquitaine où l'activité vinicole se trouve en concurrence avec beaucoup d'autres, dans cette bastide, fondée par Roger de Leyburn en 1269, le rôle de la vigne est déterminant. D'autant plus que l'agglomération ne compte que 27 000 habitants. C'est sur les quais au bord de la Dordogne que l'on saisit le mieux la dimension viti-vinicole de la ville. Là en effet, les chais s'alignent perpendiculairement au fleuve, formant un véritable quartier du vin. On pourrait être tenté d'y voir une sorte de réplique des Chartrons s'ils n'avaient conservé un solide côté rural qui les enracine dans leur terroir.

L'escale de Dordogne

À l'origine de la vocation vinicole du Libournais se trouve, une fois encore, la présence d'un fleuve, la Dordogne. Dernière escale importante avant le Bec d'Ambès, Libourne jouit d'un site privilégié créé par le confluent de la Dordogne avec l'Isle. Là, au pied des remparts médiévaux qui dominent.encore une partie de la rive, les vins du nord de la Gironde et du Périgord pouvaient gagner l'océan sans passer par Bordeaux. Ils échap-

Paysages du Libournais. En haut, la Dordogne bordée par les vignes.

paient ainsi au « privilège » édicté par la capitale du duché d'Aquitaine en faveur des vins de la sénéchaussée venus par la Garonne. Se développant de façon autonome, le Libournais put commercer avec le nord-ouest français (Normandie, Bretagne) et les Flandres. Sa situation sur l'axe Bordeaux-Paris lui permit ensuite de maintenir sa place dans le commerce du vin lorsque, la marine à voile disparaissant, la navigation maritime se concentra sur le port de la Lune. Le chemin de fer prit alors le relais dans le transport des vins vers les clientèles traditionnelles.

Une rare collection de terroirs

Ici encore, l'histoire, si elle a servi de catalyseur, n'explique pas tout. La vocation viticole du Libournais n'a pu se développer que grâce à des terroirs favorables. A commencer par d'admirables sites de côtes. Le calcaire à astéries qui forme le plus souvent un banc continu en Bordelais n'a résisté ici à l'érosion qu'au centre de cette

appellation, entre 60 et 90 m d'altitude. Il a donné naissance à des sols complexes, parfois épais, mais localement très minces et fortement modifiés par l'homme dans la partie ouest. Fait important, il a permis aux formations de Castillon et aux molasses sous-jacentes, également tertiaires, de rester en place autour du noyau calcaire. Ces terroirs, parfois abrupts, sont bien visibles sur le côté sud.

Les Corréziens

Vers 1830, on vit apparaître de plus en plus fréquemment en Libournais des marchands ambulants, venus de la Corrèze et plus précisément du plateau de Millevaches dans les environs de Meymac. Ces voyageurs d'une bonhomie de bon aloi, profitant de l'implantation parisienne de certains de leur compatriotes, distribuèrent des vins du Libournais dans le nord de la France. Bonhommes certes, mais rusés aussi : l'histoire garde la trace d'un procès que leur firent des Girondins agacés de voir leur vin commercialisé sous la marque « négociant à Meymac près Bordeaux » !
Au début du siècle arriva une nouvelle vague de Corréziens, venus toujours de Meymac, mais aussi d'Argentat. Véritables professionnels, plus compétents et plus scrupuleux, ils s'établirent à Libourne et allèrent plus loin, en Belgique, dans les Pays-Bas et en Rhénanie. Excellents propagandistes des vins du nord de la Gironde, ils s'enracinèrent dans leur pays d'adoption et ajoutèrent à leurs chais urbains des domaines viticoles à Pomerol et à Saint-Emilion.

Dans le reste du vignoble, à une altitude inférieure à 40 m, les molasses sont recouvertes par les nappes alluviales quaternaires de l'Isle et de la Dordogne, localement à texture grossière, mais le plus souvent constituées de sables. La particularité de ces derniers réside dans l'existence d'une nappe phréatique restant à proximité de la surface durant une grande partie de l'année. Il faut ajouter qu'une partie de ces sables a pu subir récemment des remaniements éoliens et monter parfois jusque sur la table calcaire (en particulier par le côté nord qui présente une pente assez douce). Les sols sont ici de nouveau bien drainés.

Trouvant son dénominateur commun dans la présence du calcaire, qui apporte aux vins de la fermeté, de la chair et un parfum très fruité, le Libournais s'individua-lise également dans l'ensemble bordelais par son climat. Déjà moins océanique que sur la rive gauche de la Garonne, il se caractérise l'été par une plus grande sécheresse et des températures maximales diurnes plus élevées. Le milieu humain est lui aussi assez original. Outre le rôle des Corréziens dans le négoce, on peut noter à la fois le caractère de monoculture que prend la vigne et l'importance des exploi-tations familiales. Très vite, les bourgeois libournais et les pay-sans d'alentour se sont avérés être de bons viticulteurs, adap-tant leurs méthodes de culture au pays et révélant en fait, dans une mosaïque assez large, un très beau cépage, le merlot, associé au cabernet-franc. Souvent appelé localement bouchet, il s'harmoni-se parfaitement avec les sols cal-caires sur lesquels il donne des vins colorés et très bouquetés.

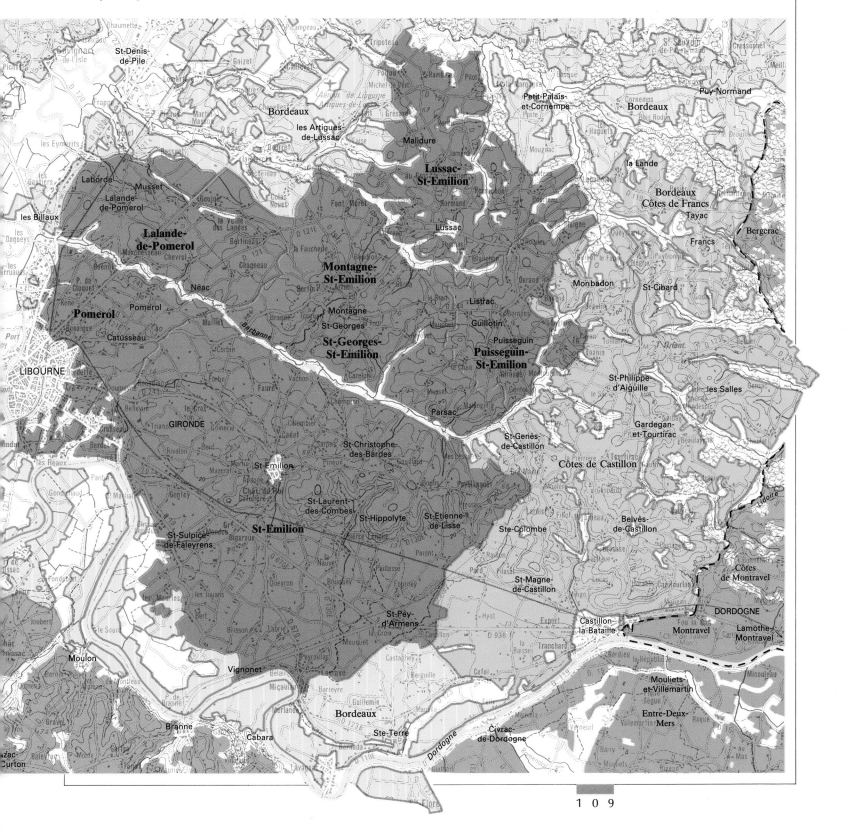

SAINT-ÉMILION

Ville du négoce, capitale administrative et économique du pays auquel elle a donné son nom, Libourne commande le vignoble du nord-est de la Gironde. Mais, étrangement, aucune appellation ne porte sa marque et elle n'a jamais pu devenir l'un des phares du monde du vin. Sans doute doit-elle en grande partie cette infortune relative à sa voisine Saint-Emilion.

Une naissance souterraine

Dès le premier coup d'œil sur cette vieille cité qui se love sur sa butte, on sent que le présent y puise ses racines loin dans le passé. En effet, si la bastide de Libourne fut une création ex nihilo assez tardive et autoritaire, l'origine de Saint-Emilion remonte à la fin du VIIIe

Colonne romaine de la villa Ausone au château La Gaffelière.

siècle, époque à laquelle un moine breton, Emilianus, vint installer son ermitage dans une anfractuosité de rocher. Des disciples creusèrent à leur tour la roche pour y aménager d'autres abris auxquels un village vint se greffer. Mais, sans doute, aucun d'entre eux n'imagina que ce site retiré allait se transformer en un petit bijou architectural doté de multiples monuments religieux et défensifs, avant de devenir, beaucoup plus tard, le centre d'un vignoble mondialement réputé.

Ce passé médiéval est encore visible dans la ville, vieux bourg qui conserve une partie de ses fortifications et des logis d'une autre époque. Il faut savoir flâner dans les ruelles et se laisser porter par les impressions du moment, pour saisir l'âme et le charme de la ville, mais aussi pour comprendre le vignoble. Car celui-ci s'inscrit scrupuleusement dans les limites de l'ancienne juridiction. Outre Saint-Emilion, l'appellation englobe en effet sept autres communes (Saint-Christophe-des-Bardes, Saint-Etienne-de-Lisse, Saint-Hippolyte, Saint-Laurent-des-Combes, Saint-Pey-d'Armens, Saint-Sulpice-de-Faleyrens, Vignonet) et une partie de Libourne. Cette situation explique à la fois l'importance de l'appellation, avec 5 486 ha de vignes (soit environ 5 % du vignoble bordelais), et sa diversité.

Un classement original

La diversité des crus est à l'origine de l'une des particularités majeures de saint-émilion : la coexistence de deux appellations et un classement original, les deux s'entremêlant.
En effet, si tous les vins produits sur l'aire d'A.O.C. ont droit à l'appellation saint-émilion, seuls les meilleurs peuvent revendiquer celle de saint-émilion grand cru. Cette dernière ne correspond pas à un terroir défini, comme c'est le cas généralement, mais à une sélection qualitative régulièrement revue. D'une grande exigence, le choix respecte

des critères dont le respect est attesté par une dégustation.
Au sein de cette appellation grand cru, un certain nombre de propriétés jouissent d'un classement. Au total, on compte 74 crus classés, comprenant 63 grands crus classés et 11 premiers grands crus classés, eux-mêmes répartis en deux groupes, neuf « B » et deux « A ». Le classement saint-émilionnais est relativement récent puisqu'il date de 1955. Un siècle plus tôt en effet, lors du classement des vins de Bordeaux réalisé pour l'Exposition universelle de Paris, saint-émilion fut absent comme l'en-

semble du Libournais. A cela deux raisons : d'une part, la sélection fut effectuée par les courtiers bordelais qui travaillaient peu avec le nord de la Gironde, domaine de la chambre de commerce de Libourne ; d'autre part, les crus de grande taille étaient quasi inexistants, même dans les graves de Saint-Emilion.
Considéré par certains comme un handicap, le retard apporté dans l'officialisation d'une hiérarchie des vins n'a cependant pas que des inconvénients. Loin d'avoir été une simple répétition de ce qui s'est passé cent ans plus tôt pour le Médoc et Sauternes,

A gauche, la Jurade de Saint-Emilion défile pour le ban des vendanges. Ci-dessous, les chais du château Ausone.

le classement saint-émilionnais a fait preuve d'originalité en prévoyant d'entrée la révision régulière du palmarès, la dernière datant de 1986.

SAINT-ÉMILION 1er GRAND CRU CLASSÉ

Château Pavie

Appellation St-Emilion 1er Grand Cru Classé Contrôlée

1983

VALETTE
PROPRIÉTAIRES A St-ÉMILION (GIRONDE).

75 cl

PRODUCE OF FRANCE

Des saint-émilion blancs !
Dès l'époque médiévale, le vignoble s'est développé à Saint-Emilion, indépendamment même du rôle religieux joué par la petite ville à partir du culte de son saint patron. La ville avait alors son port, Pierrefitte, concurrencé après sa création par la bastide de Libourne. Le vin représentait une partie importante du trafic fluvial sur la Dordogne. Les productions de Saint-Emilion sont parmi les seuls vins du Sud-Ouest à figurer dans les évocations bacchiques de certains textes, fabliaux ou poèmes du XIIIe siècle. L'un d'entre eux, signé par Jofroi de Watersford, permet de savoir qu'il s'agissait de vins blancs, exportés vers l'Angleterre. L'auteur attribuait au saint-émilion la suprême vertu de faire « doucement dormir sans mal de tête ou de cœur ».

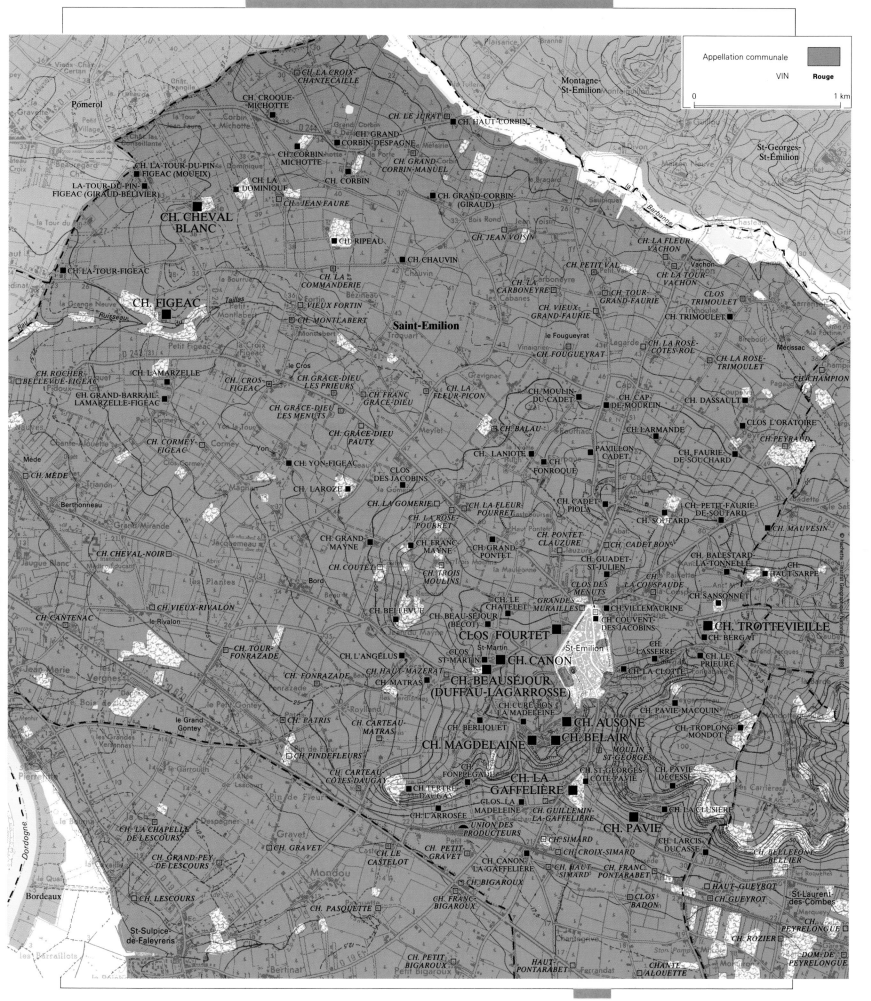

A chaque cru ses caractères

L'importance de l'aire des saint-émilion ne se traduit pas seulement par l'existence de deux appellations. Elle est aussi à l'origine de la diversité des vins nés autour de la cité médiévale. Comment pourrait-il en être autrement alors que la production atteint 230 000 hl en année moyenne ? Cette diversité trouve sa source dans celle des terroirs. Entre l'Isle, au nord, et la Dordogne, au sud, la vigne règne en souveraine et façonne le paysage ; mais elle n'efface pas les contrastes qui peuvent exister entre plateaux, vallées, côtes et plaines.

Cette variété topographique procure de réelles joies esthétiques. Mais elle traduit de telles nuances

entre les types de terrain qu'il est bien difficile de les classer. Selon les auteurs, leur nombre peut évoluer de trois à sept. Mais, pour simplifier, on peut les regrouper en quatre familles principales : le plateau calcaire ; sa côte ; les terrasses de graves à la limite de Pomerol ; la plaine. Cette dernière s'étend le long de la Dordogne. Elle est constituée d'éléments assez divers, dont certains ne manquent pas d'intérêt sur le plan viticole, notam-

Ci-dessus, le château Canon.
En haut, le château Cheval Blanc.

ment une zone de graves pouvant atteindre quelques mètres d'épaisseur.

Dans ce secteur, on ne rencontre donc pas un type unique de vins, mais plusieurs ayant chacun leur personnalité. Tous cependant trouvent leur dénominateur commun dans le caractère aimable que leur donnent souplesse et fruité.

Plus d'une région aimerait avoir des terrains de la qualité d'une partie des sables et de la plaine. Ils sont pourtant loin d'égaler le plateau calcaire et la côte. Avec quelque 2 000 ha, sur les 5 400 que compte saint-émilion, ces derniers constituent, non seulement le centre, mais aussi et surtout le cœur et l'âme de l'appellation.

Dominant la vallée de la Dordogne, entre Saint-Emilion et Castillon-la-Bataille, le plateau

est formé d'une puissante dalle de calcaire stampien. Celle-ci est assez décapée aux environs de Saint-Martin-de-Mazerat, alors qu'à l'est, vers Saint-Hippolyte et Saint-Etienne-de-Lisse, elle donne des sols de décomposition. L'ensemble est incontestablement un terroir de grande valeur pour la vigne. La présence d'un premier cru, Trottevieille, en est la preuve. Les vins sont fruités, savoureux et amples.

Mais la zone par excellence des très grands vins reste la bordure du plateau, au sud-ouest et au sud. Là, derrière chaque pente ou presque, se cache un cru au nom prestigieux. Le plus proche du village est le clos Fourtet dont le nom se justifie par la présence de murets. Dans la même zone on trouve huit des onze premiers crus (Ausone, Beauséjour, Belair, clos Fourtet, La Gaffelière, Magdelaine et Pavie).

Chacun a sa personnalité propre qui lui vient en grande partie du terroir et de l'orientation. Il existe en effet de multiples nuances entre, d'une part le « haut de côte », aux sols minces et limono-calcaires, d'autre part la « mi-

CHATEAU-FIGEAC
SAINT-EMILION PREMIER GRAND CRÛ CLASSÉ
St ÉMILION
Appellation St-Emilion 1er Grand Crû Classé Contrôlée
1983
MIS EN BOUTEILLES AU CHÂTEAU

côte », dans laquelle les sables éoliens peuvent se mêler à la molasse. A cela s'ajoute des particularismes liés à la présence de microclimats, eux-mêmes créés par les différences d'orientation. L'exemple le plus frappant est apporté par la végétation que l'on trouve dans la côte de Pavie. Aujourd'hui encore, on peut voir de beaux chênes verts. Autrefois, de nombreux pêchers parsemaient le vignoble et permettaient de déguster d'excellentes pêches au vin. Partout, la vigne bénéficie d'un bon drainage, fa-

est celui des graves bordant la commune de Pomerol. Là, sur l'extrémité des terrasses de l'Isle, l'encépagement s'adapte au terroir par une plus forte représentation des cabernets. Souvent considérés comme intermédiaires entre les pomerol et les saint-émilion de côte, les vins qui y naissent se distinguent par leur charpente et leur très longue garde. L'excellence de ce terroir est attestée par la présence de premiers grands crus, l'un classé A, château Cheval Blanc, avec une prédominance de cabernet-

cre. Aux portes du bourg médiéval, les maisons cossues des XVIIIᵉ et XIXᵉ siècles sont pour l'essentiel des crus classés, exploitations moyennes de 5 à 15 ha. A l'ouest, au contact des communes de Libourne et Pomerol, on trouve d'assez grandes bâtisses, gentilhommières et manoirs souvent entourés de parcs. Et partout

L'intérieur de l'église monolithe de Saint-Emilion, ouvrage unique en Europe, creusé dans le calcaire entre le XIᵉ et le XIIIᵉ siècle.

échoppe. La surface moyenne des exploitations dépasse rarement les 10 ha.
Un tel émiettement pourrait laisser craindre un certain manque d'homogénéité et de typicité des vins. Mais plusieurs éléments viennent contribuer à créer un style saint-émilion. Le premier est la forte implantation du cépage merlot : celui-ci s'adapte parfaitement aux sols de l'appellation, notamment aux calcaires, sur lesquels il donne naissance à des vins souples qui vieillissent bien. Le sentiment d'appartenan-

vorable à une production de grande qualité.
La réputation des vins de ce secteur vient notamment de leur aspect très gai et de leur grande souplesse, qui n'exclut pas la richesse aromatique et une remarquable générosité responsable de leur très bonne aptitude au vieillissement. Toutes ces caractéristiques se retrouvent, portées au maximum, à Ausone dont le château et le vignoble offrent l'un des plus beaux panoramas de l'appellation.
Le dernier groupe de terrains

franc, l'autre classé B, château Figeac, dont le cabernet-sauvignon est le cépage principal.

La question de la typicité

Accentuant les effets diversifiant du terroir, les structures foncières et sociales sont assez hétérogènes. Un regard sur l'habitat permet de s'en convain-

ailleurs, surtout dans les communes limitrophes, déferlent les maisons paysannes, avec un seul étage ou parfois basses et longues.
Même si le matériau utilisé, le calcaire tendre du pays, et la tenue impeccable sont autant d'éléments unificateurs, tous ces « châteaux du vin » rappellent que le Saint-Emilionnais est avant tout un pays de petite exploitation. Le propriétaire est ici souvent un authentique vigneron qui travaille dans sa vigne comme un artisan dans son

ce à une communauté d'intérêts joue aussi un rôle incontestable dans l'harmonisation de l'ensemble. Il se traduit aussi bien par le maintien d'antiques traditions comme la Jurade que par le sérieux du syndicat viticole ou l'importance prise dans la vie locale par la cave coopérative, l'Union des producteurs, qui regroupe près de 400 viticulteurs et plus d'un millier d'hectares. Par son importance et sa qualité, celle-ci offre une bonne illustration du dynamisme et de la forte personnalité de l'appellation.

AUTOUR DE SAINT-ÉMILION

Au nord et à l'est de saint-émilion, plusieurs appellations assurent une transition entre le plateau calcaire du haut Saint-Emilion et les sables miocènes du Périgord. Leur situation géographique, le contexte géologique et les usages locaux ont amené à les classer en deux groupes possédant chacun leur personnalité propre : les « satellites » de Saint-Emilion et les côtes (de castillon et de francs).

Au nord de la petite rivière la Barbanne s'étendent trois communes, Montagne, Puisseguin et Lussac, que l'on a pris l'habitude de désigner sous le terme de satellites de Saint-Emilion. Montagne ayant annexé deux anciennes communes, cinq appellations partagent ce territoire : montagne-saint-émilion, lussac-saint-émilion, puisseguin-saint-émilion, saint-georges-saint-émilion et parsac-saint-émilion.

Contrairement à la situation au sud de la Barbanne, la vigne n'a pas atteint dans ce secteur le stade de la monoculture ; elle

Les vins reflètent la diversité des terroirs et des structures foncières. Mais on peut les identifier par leur dénominateur commun, à savoir un caractère assez aimable montrant cependant une certaine vigueur. C'est au sud de cet ensemble d'appellations que l'on rencontre les plus fortes personnalités, avec des crus qui se rapprochent des saint-émilion. Cette similitude s'explique par les ressemblances de sols et d'encépagement.

Côtes de castillon et côtes de francs

A l'est de saint-émilion s'étend une appellation qui porte un nom historique : côtes de castillon. C'est à proximité de cette petite ville, aux portes du Périgord, que prit fin la guerre

Le château Saint-Georges, à Saint-Georges-de-Montagne, fut construit au XVIIIᵉ siècle par Victor Louis.

de Cent Ans, lors de la célèbre bataille qui vit la défaite des troupes anglaises du général Talbot, en juillet 1453.

Tournée vers la Dordogne, l'appellation côtes de castillon se caractérise par une réelle homogénéité. Il est toutefois possible de distinguer deux grands types de terroir : d'une part, une plaine de très bonne qualité qui domine le fleuve de 5 à 10 m ; d'autre part, un coteau et un plateau. La première donne des vins chaleureux et souples, cependant que les seconds permettent d'obtenir une production plus robuste et de plus longue garde, à condition de limiter les rendements.

Prolongement vers le nord de l'appellation précédente, les bordeaux côtes de francs donnent des vins qui sont eux aussi corsés et généreux.

Le château de Francs, bâti aux XIᵉ et XVIᵉ siècles sur la colline de Francs.

représente seulement 3 100 ha sur un total de 6 200, avec une production moyenne de 200 000 hl par an.

Les vignobles doivent ici partager le sol avec les prés et les forêts qui contribuent à la diversité des paysages. Les coteaux, parfois élevés, qui se succèdent dans un ordre quelque peu anarchique, contiennent de nombreux vallons

intérieurs, drainés ou non par des ruisseaux. Tout n'est que creux et bosses. Ce qui donne un relief tourmenté, au demeurant fort pittoresque, mais aussi des terroirs très favorables à la vigne.

Celle-ci est exploitée par de nombreux petits vignerons, indépendants ou coopérateurs, mais aussi par de grands châteaux dont certains sont en même temps des monuments de très belle venue comme celui des Tours, restauré par Viollet-le-Duc, ou Saint-Georges, d'un pur style Louis XVI.

Au musée du Paysan vigneron

La vigne est non seulement un écosystème, mais aussi une civilisation. Cette réalité trouve son illustration dans l'écomusée du Paysan vigneron de Montagne-Saint-Emilion. Ouvert en 1985 par l'Association des amis des arts et traditions populaires en Libournais, il rassemble sur plus de 600 m² une très riche collection d'outils, objets et documents se rapportant à la vie des campagnes viticoles jusqu'à la deuxième guerre mondiale. Conservatoire du temps, il évoque l'évolution de la vie rurale et des techniques viticoles. Mais, musée de l'espace, il reconstitue aussi et fait comprendre le cadre de vie et de travail du vigneron, qu'il s'agisse de sa maison, du chai-cuvier, de l'atelier de tonnellerie, ou du pigeonnier.

FRONSADAIS

Puissant tertre boisé dominant de quelque 70 m les prés et palus qui bordent le confluent de la Dordogne et de l'Isle, Fronsac est un lieu historique. Sans même qu'il soit nécessaire de franchir le portail qui mène au château juché au sommet, on devine que tout prédisposait ce lieu à occuper une place de choix dans les préoccupations de nombreuses générations de stratèges.

La grande histoire remplacée par le vin

Sur cette butte commandant la route de Bordeaux et celle du Périgord, Charlemagne, selon son biographe Eginhard, édifia une forteresse en 769. Hélas, de celle-ci comme du grand château seigneurial bâti au Moyen Age, il ne reste plus rien. La vaste construction, devenue place de sécurité protestante au XVIᵉ siècle, fut rasée et remplacée par l'actuelle demeure sans grande personnalité.

Aujourd'hui, la grande histoire a abandonné Fronsac, mais le pays a pris sa revanche en la remplaçant par le vin. Il est vrai que la nature l'a doté d'un terroir dont la vocation viticole est bien affirmée. Ses paysages, qui comptent parmi les plus pittoresques du

molasse du Sannoisien. Appelée localement molasse du Fronsadais, cette roche tendre argilo-sableuse avec des intercalations de grès, revêt ici son plus bel aspect.

C'est dans la partie sud-est, vers Fronsac, que ce système est le plus démantelé, se résolvant en une succession de buttes aux pentes raides et aux sols très évolués. Plus au nord et à l'ouest, on voit davantage de secteurs de plateau calcaire, qui, là, est décomposé en sols rougeâtres.

Prairies, bois et belles plaines émaillent ce pittoresque ensemble ; le contraste est fort entre les grands versants de molasse

Le vignoble de Fronsac.

dominés par les corniches de calcaire et, en contrebas, les rubans plats de prairies bocagères parfois recouverts par les eaux des crues hivernales.

Un milieu chahuté

Ce milieu chahuté, tout de creux et de bosses, est le fief de deux appellations. Fronsac s'étend sur six communes et produit 5,4 millions de bouteilles par an. Canon-fronsac peut être revendiquée par les coteaux de Fronsac et Saint-Michel-de-Fronsac, constitués de sols argilo-

calcaires sur banc de calcaire à astéries ; plus limitée en superficie, cette dernière est aussi moins importante par sa production, de l'ordre de 2 millions de bouteilles par an.

Dans les deux appellations, comme dans tout le Libournais, l'encépagement est limité à quatre cépages : les deux cabernets, le malbec (ou côt) et le merlot, à vrai dire largement dominant et parfaitement adapté à la pédologie locale.

Bien que trop longtemps un peu ignorés, car laissés dans l'ombre par la proximité de saint-émilion et de pomerol, les vins des appellations fronsadaises se distinguent par leur personnalité, leur corps et leur finesse. Très colorés, ils ont joué autrefois le rôle ingrat de « vins médecins », destinés à être coupés avec les produits d'autres appellations pour corriger une faiblesse de robe ou de corps. Ils possèdent aussi de la générosité et une bonne aptitude au vieillissement. Les canon-fronsac apportent en plus une noté personnelle, par leur sève parfumée et leur saveur délicate légèrement épicée.

Mais l'intérêt du Fronsadais ne se limite pas à ses seuls vins. Le touriste peut en effet y découvrir de très belles églises romanes et quelques élégants châteaux et manoirs, dont celui de la Rivière, aux dimensions imposantes.

A gauche, l'église de Saint-Aignan. Ci-dessous, le château La Rivière, du XIVᵉ siècle, très remanié, qui possède de belles caves creusées dans le calcaire.

Bordelais, ne se limitent pas à la célèbre butte. Ils résultent d'un ensemble complexe de collines et de coteaux escarpés, souvent découpés en croupes. Cette disposition s'explique géologiquement par le binôme, bien connu en Libournais, que constituent le calcaire stampien à astéries et la

POMEROL ET LALANDE DE POMEROL

Pomerol est un nom devenu magique depuis que cette appellation produit des vins parmi les plus chers du monde. Pourtant, étrangement, celle-ci est restée longtemps dans l'ombre. C'est l'une des originalités d'une commune qui en compte bien d'autres.

Une commune faussement anodine

La plus curieuse est certainement l'absence de village, de monument notable et même de moindre trace de vestige roman ou gothique, une anomalie on ne peut plus étonnante dans ce Libournais si riche en lieux de culte anciens. Très surprenante, pour une appellation aussi prestigieuse, est l'absence presque totale de demeures pouvant revendiquer, par leur architecture, le nom de châteaux. Seuls Sales, au bout de sa longue allée, la superbe chartreuse de Beauregard et Vieux-Château-Certan ont de quoi faire rêver les amateurs de vieilles pierres. L'essentiel de l'habitat est constitué de simples maisons vigneronnes, comme l'on en trouve par

rive gauche de l'Isle en amont de Libourne. Ces graves sont entrecoupées de couches très argileuses de faible épaisseur, l'une d'entre elles venant presque à l'affleurement au point culminant de la commune.

Les touristes qui se promènent en bateau sur la rivière aujourd'hui paisible ont du mal à s'imaginer ce que fut son travail, au cours des grandes crises climatiques du début du Quaternaire. Pour creuser sa vallée dans l'assise calcaire, elle a totalement démantelé celle-ci avant de glisser vers l'ouest dans le creux qu'elle venait elle-même de former. Puis, un peu plus récemment (un million d'années), de gigantesques crues ont déposé des nappes de cailloux, principalement des quartz et silex, que l'érosion se chargea après de remanier. De nouveaux changements climatiques, faisant alterner les grands froids secs et les périodes de réchauffement, ont engendré en

milliers dans le Bordelais. Pire, les hameaux, tel celui de Catusseau, ancien village de tonneliers, font penser à une sorte de grande banlieue de Libourne. Mais, au fond, cette banalité n'est-elle pas une façon de s'inscrire dans un paysage apparemment assez anodin ? Car, contrairement à ses voisines, l'appellation pomerol affectionne les horizons plats.

Mais il ne faut pas s'y tromper ; sous la monotonie des panoramas se cache un terroir exceptionnel par sa pédologie. Par l'un de ces hasards dont la nature a le secret, la carapace de calcaire, qui donne ailleurs dans la région les vignobles de côtes, disparaît. Elle cède la place à un énorme amoncellement de graves qui forment une grande terrasse s'étendant sur la

Ci-dessus, la cuverie du château Gazin. En haut, le château de Sales.

phases successives des creusements dans les constructions alluviales antérieures et des apports de dépôts cailloux.

Le résultat de ces diverses mutations fut un emboîtement de systèmes de terrasses de graves et

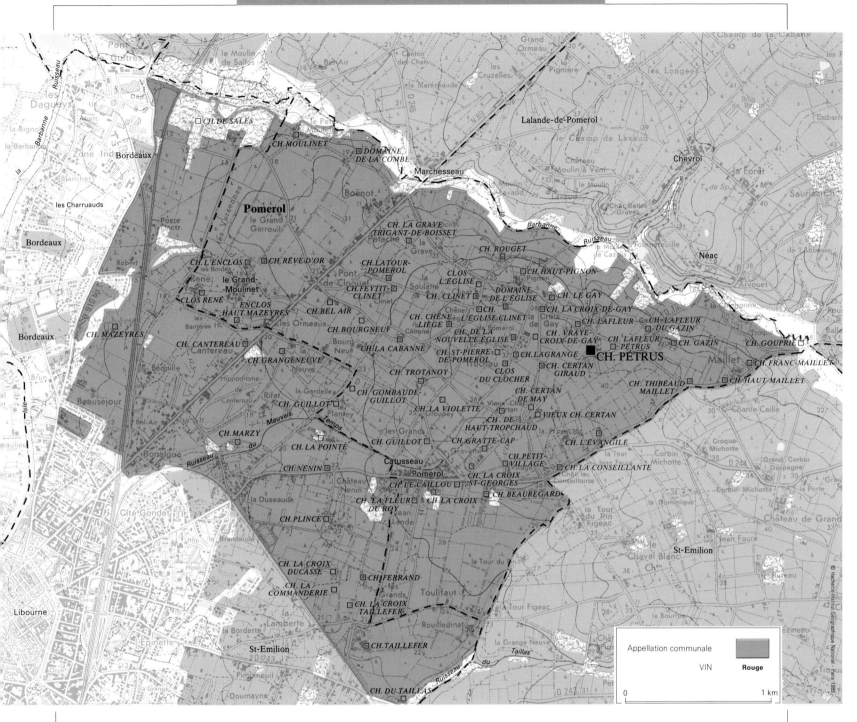

Appellation communale

VIN **Rouge**

0   1 km

de cailloux roulés, venus souvent de fort loin dans le Massif central. Complétant et compliquant le tout, le vent a apporté des sables qui, par endroit, se sont transformés en une sorte de grès ferrugineux que les paysans pomerolais ont appelé dès le XIXᵉ siècle la « crasse de fer ».

Une république villageoise

I déales pour la vigne de qualité, les conditions géopédologiques sont loin d'être bénéfiques pour les autres cultures. C'est sans doute l'une des causes de l'originalité humaine de Pomerol qui peut être considérée comme une petite république villageoise.

Sous l'Ancien Régime, l'aridité des sables et graves n'incitait pas à la mise en place d'une agriculture performante. D'autant plus que la terre était répartie entre de nombreux propriétaires, dont beaucoup étaient des bourgeois et notables libournais, qui faisaient travailler le sol par des métayers. Les riches potentialités du terroir pomerolais exigeaient des moyens importants pour pouvoir se matérialiser. L'absence d'aristocratie et l'émiettement foncier empêchèrent longtemps les vins de sortir d'un honnête anonymat.

Les classements et textes publiés par divers courtiers et voyageurs à la fin du XVIIIᵉ siècle et dans la première moitié du XIXᵉ laissaient dans l'ombre la commune de Pomerol. Ce fut après 1850 seulement que la future appellation commença à émerger et à amorcer son ascension, avec entre autres l'abandon des joualles (cultures entre les rangs de vigne) et la mise en place de techniques viti-vinicoles mieux adaptées.

La croix de Malte du château de la Commanderie.

117

Lalande de pomerol

Légèrement supérieure et par sa superficie (1 095 ha contre 735) et sa production (7 millions de bouteilles contre 5 millions), lalande de pomerol se rapproche de sa voisine méridionale. Comme elle, c'est aussi une appellation dont les « châteaux », presque tous des maisons vigneronnes, sont aux mains de dynasties de viticulteurs qui n'ont jamais rougi de leur appartenance au monde paysan.

Séparé de celui de pomerol par la Barbanne, le plateau offre de très bons sols dans sa partie sud, avec un très bon assainissement l'été. Proches des pomerol, mais légèrement moins élégants, les vins sont puissants, colorés et bouquetés et se situent à un très haut niveau qualitatif.

Des grands mais pas de classement

Aujourd'hui, le succès est incontestable. Il est attesté par la renommée et les prix qu'atteignent les principaux crus. Comme toute grande appellation, pomerol possède sa locomotive, le château Pétrus. Mais celui-ci n'est pas le seul « grand » : L'Evangile, Trotanoy, Lafleur, Vieux-Château-Certan, La Conseillante, Petit Village, Certan de Mays et Lafleur Pétrus, ainsi que beaucoup d'autres, le suivent de près.

Aucun classement n'a jamais été établi, peut-être pour maintenir la cohésion sociale de la petite république villageoise pomerolaise. Cette originalité ne rend que plus évidente la qualité des pomerol. Puissants et bouquetés, mais aussi veloutés, ce sont des vins de longue garde. On est souvent tenté de les considérer

En haut, Vieux-Château-Certan.
Au-dessous, les chais
du château Pétrus.
Ci-dessous, le château Siaurac.

comme un type intermédiaire entre les saint-émilion et les médoc ; ce n'est pas faux mais ne rend que partiellement compte de leur spécificité. L'un de leurs traits les plus originaux est leur parfaite maturation : au bout de cinq ans environ, ils acquièrent cette complexité et cette richesse qu'apporte le vieillissement. Sans doute est-ce là l'une des raisons qui ont hissé les pomerol au premier rang mondial.

Une réussite exceptionnelle : Pétrus

Mystérieux par l'origine de son nom, le château Pétrus est à la fois caractéristique de pomerol et profondément original. Il est typique de l'appellation par l'exiguïté de son vignoble (11 ha) comme par la modestie de sa construction, qualifiée de « maison de poupée », avec ses fenêtres couleur turquoise.

Au-delà de ces apparences banales, que de caractères exceptionnels, à commencer par le terroir, qui, paradoxalement, est implanté pour une large part dans une zone très argileuse, mais aussi la longue lignée de viticulteurs hors pair, les Arnaud, puis les Loubat et les Moueix. Ils surent veiller à n'exploiter que de vieilles vignes, même après les gelées de 1956. Les vendanges ont toujours été effectuées très vite et au meilleur moment. Si l'on ajoute à cela un égrappage limité, une fermentation longue et un vieillissement de deux ans à deux ans et demi en bois neuf, on comprend que le succès de Pétrus ne doit rien au hasard.

BLAYAIS ET BOURGEAIS

Aux confins des pays charentais, se déroulent, sur la rive droite de la Gironde, deux petites contrées, le Blayais et le Bourgeais, aux altitudes relativement élevées (une centaine de mètres) ; elles assurent la transition entre les bois saintongeais et les eaux limoneuses de l'estuaire.

A l'intérieur : fine de Bordeaux et Gavaches

Prolongeant la plate-forme calcaire du Libournais, ces deux régions s'individualisent dans l'ensemble girondin. L'intérieur se rapproche de la Charente, notamment par l'origine de ses habitants, pour la plupart de langue d'oïl. Pendant longtemps d'ailleurs, ces *Gabailhs* ou *Gavaches*, comme les appelaient les Gascons, ont produit du cognac. Aujourd'hui encore, la fine de Bordeaux, eau-de-vie créée en 1974, permet à quelques petites entreprises de distillation de travailler selon le principe de la double chauffe.

Sur ce plateau intérieur plus ou moins recouvert de sables, la vigne se maintient aussi pour la production de vins blancs secs commercialisés sous l'appellation blaye. Mais, pour l'essentiel, il s'agit d'un pays où les paysans sont plus des agriculteurs préférant à la viticulture la culture des céréales et des asperges ainsi que l'élevage.

Un vignoble de côtes

Le vignoble actuel s'est établi principalement sur le rebord du plateau. Dominant la Gironde, la côte est un talus parfois abrupt, creusé de cavernes et de carrières où l'on extrayait les pierres pour la construction de nombreux villages et villes de Gironde. Sculpté de profonds vallons, l'arrière immédiat du front est un pays pittoresque, comme en témoigne son surnom de

Ci-dessus, les Côtes de Bourg et la Gironde.
Ci-dessous, la citadelle de Blaye.

« petite Suisse girondine ». Maintenant livrés à la monoculture de la vigne, ces terroirs sont partagés en deux appellations, côtes de bourg et côtes de blaye. Longtemps peu connus, ces vins ont servi, notamment à Bourg, de « vins médecins ». Mais aujourd'hui, l'adoption d'une politique commerciale audacieuse, axée sur la mise en bouteilles à la propriété, le vieillissement et la vente directe, a permis à ces appellations de s'affirmer.

La production, à Blaye comme à Bourg, est principalement tournée vers les rouges ; celle des premières côtes de blaye rouges atteint en moyenne 130 000 hl par an contre 11 000 pour les blancs alors qu'à Bourg ce sont 157 000 hl qui sont produits pour les rouges contre 3 000 pour les blancs.

Bien que voisins, les côtes de blaye et côtes de bourg ne présentent pas exactement les mêmes caractères. Les blancs secs produits dans le Blayais sont plutôt frais et légers, alors que ceux de Bourg, plus typés, tirent leur personnalité de leur bouquet. Les rouges sont fruités et colorés dans les deux appellations, mais on note un corps et des tanins plus affirmés dans les côtes de bourg et une plus grande finesse dans les côtes de blaye.

L'alliance de l'histoire, du tourisme et du vin

L'une des caractéristiques communes aux deux régions est la richesse du patrimoine historique et naturel, avec, entre autres, les citadelles de Blaye et Bourg, la grotte préhistorique de Pair-Non-Pair et la corniche de la Gironde. Très attachés à leur passé, les Bourquais comme les Blayais ont résolument entrepris de le mettre en valeur.

Cette symbiose entre l'histoire, le tourisme et le vin a trouvé d'heureux symboles dans le clos de l'Echauguette, vigne de prestige plantée sur les murailles même de la citadelle de Blaye, et dans le choix de la ville comme siège de la Conférence européenne des régions viticoles.

CHAMPAGNE

On imagine mal le vin de Champagne sans un décor de fête. Image même de la joie, il naît cependant d'une austère gravité. Au flanc d'un éperon de l'Ile-de-France situé à 120 km à l'est de Paris ou le long de la vallée de la Marne, ce vignoble de coteau se déroule sur 200 km de longueur. Mince ruban dont la couleur change de saison en saison, large de 200 m à 3 km, entre les forêts du plateau et la plaine qui s'étend à perte de vue. Vers la Lorraine, un grenier à blé. Vers la capitale, un relief plus accidenté, une nature plus variée où se mêlent des bois, des prairies, des étangs.

La terre n'a l'air de rien. La vigne pousse sur la craie, dépôt d'une mer qui s'est retirée il y a 100 millions d'années sur la pointe des pieds. Une faible épaisseur de terrains sableux ou argileux ne nourrit pas suffisamment la plante. Il faut sans cesse ici enrichir les sols. Les racines doivent aller chercher plus loin dans la craie, qui peut atteindre 100 et même 200 m de profondeur, absorbant les excès d'humidité et jouant le rôle de calorifère pour restituer le soleil aux ceps.

Cette terre semble faite pour inciter à passer son chemin. La Champagne est le pays des grandes foires du Moyen Age, celui des invasions et des guerres. La vigne aime ce qui est dur, ce qui lui résiste. Elle n'est pas si généreuse que l'on croit. Elle a souvent un caractère bourru. Et puis, tout à coup, elle déborde de tendresse comme l'Ange au sourire de la cathédrale de Reims. Ainsi du paysage, cette mer calme, étale et murmurante, doucement bercée de côtes et de collines. Cette robe de bure en hiver. Ces verts si frais l'été. C'est à l'éveil du printemps que l'on voit cette grande toile grise, blanchâtre, posée à même le sol, rêche, retenue par des piquets, revivre

Ci-dessus, La Vie de saint Remi, tenture, XVIᵉ siècle (musée archéologique Saint-Remi, Reims). En haut à gauche, Jeune Buveur, Quentin de La Tour, XVIIIᵉ siècle (musée Lécuyer, Saint-Quentin). Ci-dessous, la carte du vignoble de l'Aube.

et fleurir, comme si la vigne s'enroulait au paysage.

On a retrouvé près de Sézanne des feuilles de vigne fossilisées il y a 60 millions d'années. Les Romains savaient déjà que la vigne réussit à merveille en s'arc-boutant sous un climat difficile. Depuis le IVᵉ siècle ap. J.-C., elle s'étend de façon discontinue dans l'ancien comté de Champagne rattaché au royaume de France en 1361. Seule une partie du vignoble allemand connaît une situation plus septentrionale et autant de rigueurs naturelles. La moyenne des températures est ici de 10,4°. Or les raisins ne mûrissent plus en dessous de 9,6°.

Combat pour la fête

Le vignoble champenois souffre du froid. Durant les hivers 1985 et 1986, le thermomètre est descendu à −25° et malgré l'étonnante résistance des ceps, des centaines d'hectares ont été détruits. De telles catastrophes engendrent de longues années d'attente avant de nouvelles vendanges. Les gelées de printemps (1991) menacent bourgeons et jeunes grappes ; certaines nuits,

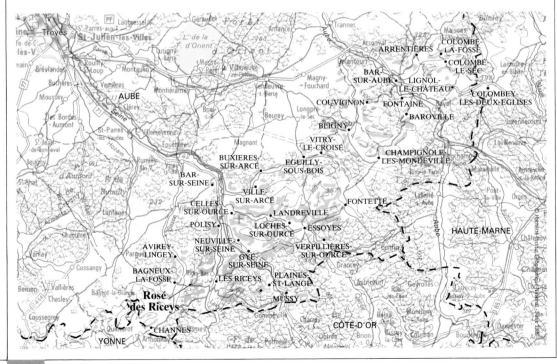

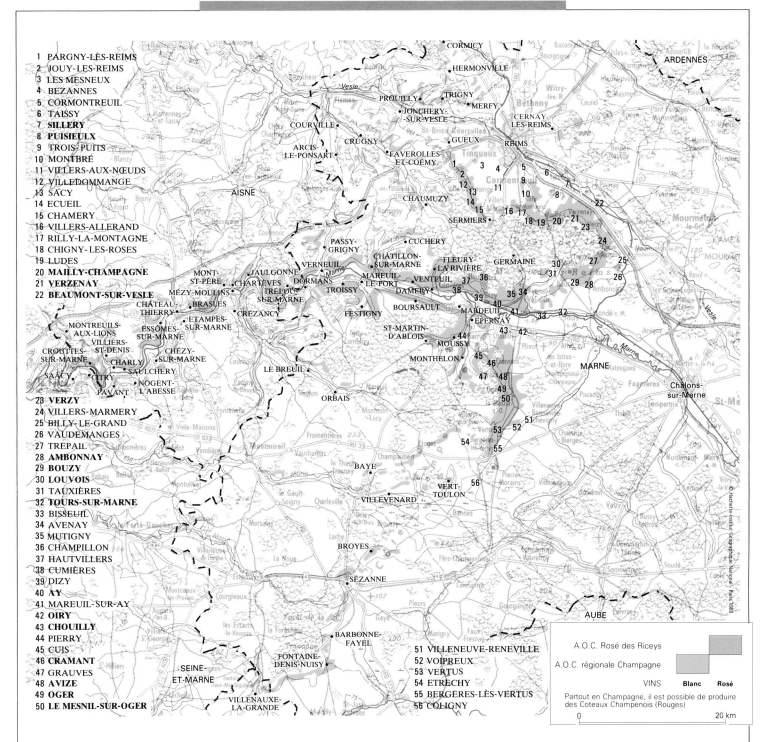

1 PARGNY-LÈS-REIMS
2 JOUY-LES-REIMS
3 LES MESNEUX
4 BEZANNES
5 CORMONTREUIL
6 TAISSY
7 **SILLERY**
8 **PUISIEULX**
9 TROIS-PUITS
10 MONTBRÉ
11 VILLERS-AUX-NŒUDS
12 VILLEDOMMANGE
13 SACY
14 ECUEIL
15 CHAMERY
16 VILLERS-ALLERAND
17 RILLY-LA-MONTAGNE
18 CHIGNY-LES-ROSES
19 LUDES
20 **MAILLY-CHAMPAGNE**
21 **VERZENAY**
22 **BEAUMONT-SUR-VESLE**
23 **VERZY**
24 VILLERS-MARMERY
25 BILLY-LE-GRAND
26 VAUDEMANGES
27 TREPAIL
28 **AMBONNAY**
29 **BOUZY**
30 **LOUVOIS**
31 TAUXIÈRES
32 **TOURS-SUR-MARNE**
33 BISSEUIL
34 AVENAY
35 MUTIGNY
36 CHAMPILLON
37 HAUTVILLERS
38 CUMIÈRES
39 DIZY
40 **AY**
41 MAREUIL-SUR-AY
42 **OIRY**
43 **CHOUILLY**
44 PIERRY
45 CUIS
46 **CRAMANT**
47 GRAUVES
48 **AVIZE**
49 **OGER**
50 **LE MESNIL-SUR-OGER**

51 VILLENEUVE-RENEVILLE
52 VOIPREUX
53 **VERTUS**
54 ETRECHY
55 BERGÈRES-LÈS-VERTUS
56 COLIGNY

A.O.C. Rosé des Riceys
A.O.C. régionale Champagne
VINS **Blanc** **Rosé**
Partout en Champagne, il est possible de produire des Coteaux Champenois (Rouges)
0   20 km

il faut mettre une chaufferette près de chaque pied de vigne. Celles d'automne (1972), plus rares, peuvent parfois provoquer des dégâts irrémédiables.

Si l'insolation annuelle ne s'élève qu'à 1 550 h par an, les pluies sont abondantes (670 mm par an). Quand elles sont froides et persistantes lors de la floraison, elles suscitent coulure et mille-randage, gênant la sortie des grappes (1980). Les orages du mois d'août ravagent parfois un village entier. Les éléments restent l'adversaire le plus opiniâtre du vignoble : une année sur cinq est amputée par la grêle, une

année sur sept par les gelées d'hiver, une année sur trois par celles du printemps. D'où des écarts énormes dans les récoltes : moins de 600 000 hl en 1978, plus de 2 200 000 hl en 1983.

Le vignoble champenois couvre trois départements. Dans le département de la Marne, le plus important avec 21 000 ha, la montagne de Reims, la vallée de la Marne et la Côte des Blancs forment le cœur historique. La vigne est également présente, à l'ouest de Reims, dans les vallées rustiques de l'Ardre et de la Vesle, au sud entre Epernay et

Sézanne, à l'est près de Vitry-le-François. Dans le département de l'Aube (6 400 ha), elle s'est développée autour de Bar-sur-Seine et de Bar-sur-Aube ainsi que près de Troyes. Elle prospère encore de part et d'autre de Château-Thierry, dans le département de l'Aisne (2 700 ha). Enfin, quelques ceps se situent dans les départements de la Haute-Marne (65 ha) et de la Seine-et-Marne (45 ha).

Avec moins d'un million de bouteilles par an, les vins tranquilles n'ont pas disparu en Champagne. Le plus célèbre des coteaux champenois, le bouzy, a un joli

nez de violette. Vin historique, le rosé des riceys est tout à fait original. Alors que le vignoble stagnait à 11 000 ha entre 1930 et 1950, des plantations nouvelles l'ont constamment agrandi depuis. Il compte 30 210 ha aujourd'hui et atteindra les 31 000 ha avant l'an 2000.

On mesure ce qu'il a fallu de courage aux vignerons pour affronter tant de difficultés, d'amour pour entourer la vigne de tous leurs soins. Ces conditions précaires ont contribué à forger l'âme champenoise. Le vin de la joie naît de la peine et de l'effort.

DES MILLIARDS DE BULLES :

Une armée de 100 000 vendangeurs effectue chaque année la cueillette à la main. En effet, la machine à vendanger est interdite ici, puisqu'il faut introduire dans le pressoir des grappes entières. Comme il s'agit de faire des vins blancs avec une majorité de raisins noirs, le pressurage constitue une opération très délicate. Les matières colorantes contenues dans la peau ne doivent pas « tacher » le jus. D'un type particulier, les pressoirs sont installés en grand

res qui transforment les sucres du raisin en alcool, gaz carbonique et composants divers (esters, alcools supérieurs), générateurs des potentialités organoleptiques du vin. En novembre ou décembre intervient la fermentation malolactique qui transforme l'acide malique venant des raisins en acide lactique. Elle permet la stabilisation biologique ; la diminution de l'acidité confère au vin une plus grande souplesse.

Mariage heureux

L'assemblage a lieu avant la mise en bouteilles. Pratiqué à l'origine sur les raisins, il consiste à marier entre eux des vins que distinguent les années de naissance, les terroirs d'origine et les cépages. Cela donne les « vins de base ». Le chardonnay apporte un vin nuance or vert, fin et long en bouche, d'une attaque un peu nerveuse dans sa jeunesse, épanoui après la prise de mousse. Le pinot noir vinifié en blanc (et non en rouge comme en Bourgogne) offre un vin jaune pâle, au nez soutenu sans être puissant, avec du corps et de la générosité, des qualités de garde. Avec un reflet très légèrement rosé, le meunier n'a pas la charpente du pinot noir mais il emplit plus vite le palais en apportant rondeur et fruité. Outre ces trois cépages, 309 crus et une demi-douzaine de récoltes forment l'immense palette offerte à chaque élaborateur pour exprimer ses préférences et composer sa

cuvée. Chacun de ces éléments joue sa propre partition. Isolé, chaque vin ne s'exprimerait pas pleinement et apparaîtrait un peu gauche. Réunis sous l'autorité du chef de cave, ces vins composent une symphonie harmonieuse et subtile.
Chaque élaborateur garde jalousement le secret de la composition et des proportions de son assemblage. On comprend mieux dès lors pourquoi chaque champagne est unique par sa personnalité et son caractère. Il faut parfois jusqu'à 50 ou 70 vins différents pour que jaillisse la flamme. Tout le charme du champagne, c'est justement cette aptitude à conserver l'art de ces assemblages analogues aux bleus ou aux verts des maîtres verriers d'autrefois.

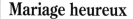

La sélection des vins en vue de l'assemblage chez Krug.

Remuant remué

Mis en bouteilles, le champagne connaît une nouvelle fermentation. Son principe est identique à celui de la première, avec cependant une différence fondamentale : au lieu de s'échapper, le gaz carbonique reste dans la bouteille et provoque la prise de mousse. Celle-ci développe les arômes du vin. Selon Curnonsky, elle « accentue la qualité des vins de Champagne, leur communiquant une alacrité, une vivacité qui n'appar-

Ci-dessus, un pressoir chez Moët et Chandon. A droite, l'addition de la liqueur de tirage chez Bollinger, l'un des rares à vinifier encore sous bois.

nombre dans toutes les communes viticoles, afin d'éviter le transport des raisins et leur éventuelle altération. Car on doit faire vite : éliminer les grains abîmés ou pourris, puis extraire le moût. Seule une partie de ce jus obtenu après pressurage peut bénéficier de l'appellation champagne.
Apparu à la fin du XVIIe siècle, le fractionnement du moût offre une garantie de qualité. Les premiers jus (la cuvée) sont séparés des jus obtenus ensuite (la première et la deuxième taille).
A l'issue du pressurage, les moûts subissent une première fermentation dite alcoolique. Elle se produit sous l'action des levu-

L'échelle des crus
Les 309 communes viticoles de la Champagne sont réunies sur une échelle des crus qui sert à déterminer le prix du kilo de raisins lors des transactions à la vendange entre vignerons et négociants. A partir de références commerciales empiriques, cette échelle a été peu à peu affinée puis codifiée en 1911 pour la première fois. Toutes les communes sont classées de 100 % à 80 % inclus.
100 % : Ambonnay, Avize, Ay, Beaumont-sur-Vesle, Bouzy, Chouilly, Cramant, Louvois, Mailly-Champagne, Le Mesnil-sur-Oger, Oger, Oiry, Puisieulx, Sillery, Tours-sur-Marne, Verzenay, Verzy ; 99 % : Mareuil-sur-Ay et Tauxières ; 95 % : Bergères-les-Vertus, Billy-le-Grand, Bisseuil, Cuis, Dizy, Grauves, Trépail, Vaudemanges, Vertus, Villeneuve-Renneville, Villers-Marmery et Voipreux ; 94 % : Chigny-les-Roses, Cormontreuil, Ludes, Montbré, Rilly-la-Montagne, Taissy et Trois-Puits ; 93 % : Avenay, Champillon, Cumières, Hautvillers et Mutigny ; 90 % : Bezannes, Chamery, Coligny, Ecueil, Etrechy, Jouy-lès-Reims, Les Mesneux, Pargny-lès-Reims, Pierry, Sacy, Villedommange, Villers-Allerand et Villers-aux-Nœuds. L'emploi de la mention « premier cru » est réservé aux vins provenant des communes classées de 100 à 90 % inclus ; « grand cru » correspond aux vins provenant des seules communes classées à 100 %. En raison de la pratique des assemblages, ces termes sont peu utilisés.

L'ALCHIMIE DU CHAMPAGNE

Les différents types de champagne

Selon la teneur du vin en sucre, le champagne est :
- *extra-brut (entre 0 et 6 g par l),*
- *brut (moins de 15 g par l),*
- *extra-dry (entre 12 et 20 g par l),*
- *sec (entre 17 et 35 g par l),*
- *demi-sec (entre 33 et 55 g par l).*
- *doux (plus de 50g par l)*

La dénomination blanc de blancs (vin blanc issu de raisins blancs) désigne un champagne élaboré uniquement à partir de raisins de chardonnay. Comme 63 % des surfaces sont plantées en cépages donnant des raisins noirs (pinot noir et meunier), le champagne est le plus souvent un assemblage de raisins blancs et noirs. Quand il ne comporte que des vins provenant de raisins noirs, on peut l'appeler blanc de noirs. Le champagne rouge n'existe pas. En revanche, le champagne rosé, très en vogue depuis quelques années, résulte d'un usage ancien. Il s'obtient par macération partielle des raisins, égrappés ou non, avant le pressurage ; le soutirage du moût en fermentation est effectué dès que la couleur rosée est atteinte. Mais il peut aussi résulter d'un assemblage, avant la mise en bouteilles, de vin rouge (en général originaire des crus les plus réputés de la montagne de Reims), dans une proportion de 15 à 20 %, avec du vin blanc issu de raisins noirs ou blancs de différents crus de la Champagne. C'est le seul vignoble français où un vin rosé peut être obtenu par mariage de vin rouge et de vin blanc.

*Ci-dessus, un remueur
chez Laurent-Perrier.
Ci-dessous, dépôt emprisonné
dans la glace avant dégorgement.*

tient à aucun autre vin ». Ce phénomène résulte d'une liqueur ajoutée au moment de la mise en bouteilles, sucre de canne dissous dans du vin de Champagne et levures sélectionnées. On l'appelle liqueur de tirage.

Le champagne séjourne longtemps en bouteilles, en présence des levures de cette fermentation. Après avoir appauvri le vin en y puisant les substances utiles à une survie momentanée, ces levures s'autodétruisent progressivement sous l'action de leurs enzymes et elles restituent peu à peu des composés enrichissants. Les échanges qui s'effectuent au contact des levures permettent un développement organoleptique maximum et assurent la qualité du champagne. Aussi les Champenois commercialisent-ils leur vin trois ans en moyenne après la récolte, bien davantage quand il s'agit d'un millésime. Durant son séjour en cave, avant la commercialisation, la bouteille doit être remuée. Il subsiste en effet un dépôt dans chaque bouteille. Patiemment, on rapproche le dépôt du goulot. Le dégorgement consiste à éliminer ce dépôt. De plus en plus automatisé, le remuage se faisait jadis uniquement à la main. Un bon remueur peut manipuler plus de 45 000 bouteilles par jour ! Avant de donner à la bouteille son bouchon définitif, on introduit la liqueur de dosage, faite de sucre de canne dissous dans du vin de champagne.

Le dégorgement à la volée a été remplacé par le dégorgement à la glace.

Dom Pérignon, père du champagne ?

Avant l'apparition de l'effervescence, les Champenois avaient été les premiers à produire du vin blanc à partir de raisins noirs et à assembler des vins provenant de différents crus aux caractères complémentaires. Moine cellérier de l'abbaye bénédictine d'Hautvillers, dom Pérignon aurait découvert le secret du champagne vers 1695. L'origine exacte de cette révolution œnologique demeure cependant mystérieuse. Il est probable qu'elle fut progressive et collective, dom Pérignon y contribuant pour une part. Dom Pérignon, inventeur ? Légende ou vérité historique ? Quoi qu'il en soit, il est sûr que le vin mousseux est apparu à la fin du XVIIe siècle dans la région d'Epernay et que les monastères ont joué là aussi un rôle important. Ces vins n'ont atteint une réelle notoriété qu'au XVIIIe siècle, et c'est au siècle suivant que le champagne a acquis ses titres de noblesse.

CHAMPAGNE
MUMM de **CRAMANT**
Blanc de Blancs
Brut

G.H. MUMM & Cᴵᴱ
REIMS

750 ml   PRODUCT OF FRANCE   N M - 257-001   PRODUIT DE FRANCE   12 % vol.

LES MAISONS DE CHAMPAGNE

Le vin de Bourgogne est connu et apprécié depuis le haut Moyen Age. Celui de Champagne n'a guère plus de deux siècles d'existence, mais il a vite rattrapé son retard. Quelques milliers de bouteilles expédiées en 1760, plusieurs millions en 1860, plus de 240 millions aujourd'hui...

Le vin voyageur

A près avoir maîtrisé le produit et affirmé son excellence, d'opiniâtres négociants de Reims et d'Epernay entreprennent au XIXᵉ siècle de conquérir le monde. On les rencontre partout, en Russie ou aux Etats-Unis. Ils font naufrage, sont emprisonnés, perdent leurs bagages ou tombent amoureux en route, mais ils n'ont à vrai dire qu'une idée en tête : gagner les cinq continents à leur effervescence. Fondées

Florent Heidsieck reçu par Marie-Antoinette (collection Piper-Heidsieck).

A u beau milieu du siècle dernier, une lettre venue de Russie arrive à Paris. Sur l'enveloppe, ces simples mots : « Au plus grand poète de France ». On la remet à Victor Hugo. Courtois, celui-ci la renvoie à Lamartine. On l'ouvre enfin : Zirow, prince russe, destinait cette lettre au propriétaire de l'une des plus illustres maisons de champagne, M. Moët.
Car on dit maisons, tant leurs racines familiales s'enfoncent profondément dans le pays. On leur doit le rayonnement universel du champagne, résultat d'un art et d'une science. La qualité du produit ne serait rien sans l'habileté commerciale. La mousse champenoise est à l'origine de la plus remarquable entreprise de relations publiques de tous les temps.

Les caves champenoises
Idéal pour la culture de la vigne, le sous-sol calcaire de la Champagne favorise la prise de mousse et le lent vieillissement du vin. C'est à une profondeur de 10 à 50 m, à l'intérieur d'un labyrinthe de galeries creusées dans la craie, à une température constante de 8 à 12 °, à l'abri de la lumière et sans aucun bruit, que le vin de Champagne acquiert peu à peu toutes ses qualités. Des centaines de millions de bouteilles attendent ainsi paisiblement une maturité parfaite. Mises bout à bout, toutes ces galeries de Reims et d'Epernay couvriraient une distance égale à 300 km. Certains négociants disposent de plusieurs dizaines de kilomètres de caves dans lesquelles on se déplace en véhicules électriques. A Reims, plusieurs caves ont été aménagées dans des crayères ayant servi, dès l'époque gallo-romaine, de carrières pour la construction de la ville ; quelques-unes sont classées monuments historiques. Les autres furent creusées à la main à partir de la fin du XVIIᵉ siècle.

La cave de Deutz.

au XVIIIᵉ ou au XIXᵉ siècle, ces maisons exportaient déjà il y a cent ans les trois quarts des 30 millions de bouteilles élaborées chaque année. A l'intention surtout des Anglais, des Américains, des Belges, des Allemands et des Russes. Seule une élite en profitait alors en France : une bouteille de champagne représentait en 1900 une semaine de salaire d'ouvrier...
L'expansion du champagne s'est heurtée ensuite, pendant un demi-siècle, à de sérieux obstacles ; les guerres, la révolution en U.R.S.S., la prohibition aux Etats-Unis. Dès les années 50 cependant, les Champenois repartent à l'assaut des marchés. Les 50 millions de bouteilles en 1960 sont 100 millions en 1970, 150 millions en 1976, 250 millions en 1989. L'accroissement des surfaces plantées et l'amélioration des techniques de production et d'élaboration expliquent cet essor, de même que l'élévation du pouvoir d'achat en France : la bouteille de champagne ne représente plus, en 1994, que deux heures de travail ouvrier. Le marché français, fort de 151 millions de bouteilles, reste le premier débouché du commerce champenois.
Il s'y ajoute la soif du monde entier. Le vin de Champagne assure la plus brillante ambassade de la France, exportant près de 40 % de ses ventes. Huit bouteilles bues à l'étranger sur dix le sont dans une dizaine de pays : la Grande-Bretagne et l'Allemagne viennent en tête (plus de 17 millions de bouteilles

pour chacun des deux pays), suivies des Etats-Unis, de la Suisse, de la Belgique, de l'Italie, des Pays-Bas, du Japon, de l'Australie, de l'Espagne et du Canada. Les plantations effectuées au début des années 80 vont permettre d'élaborer 230 à 280 millions de bouteilles chaque année. Actuellement, les stocks de vieillissement atteignent les 800 millions de bouteilles. Mises bout à bout, elles formeraient presque une ligne continue de la terre à la lune.

Les vignes de Laurent-Perrier.

Pour 3,1 % seulement des superficies viticoles françaises (6,8 % en tenant compte des seules A.O.C.), la Champagne représente en chiffre d'affaires 25 % du secteur des vins et spiritueux, le tiers des exportations de vins d'appellation contrôlée, 0,6 % de toutes les exportations françaises. Quelle valeur ajoutée !

Des grandes familles aux grandes maisons

D ans la pénombre de leurs caves si vastes qu'on les visite parfois en train électrique, ou dans la douceur « fin de siècle » de leurs salons aux boiseries veloutées, dans la corbeille de la Bourse ou dans les paniers des vendanges, les familles res-

Le millésime

Le champagne est le plus souvent composé de vins issus de plusieurs années, et l'étiquette alors ne mentionne pas de millésime. Pourtant, quand les raisins puis les vins d'une vendange particulière mettent en évidence des qualités remarquables, les élaborateurs peuvent décider que ce champagne portera son millésime. Seule une partie des vins de cette année sera ainsi mise en valeur, le reste étant destiné à des assemblages avec d'autres récoltes.

Ces vins millésimés représentent à peine 10 % des expéditions totales : parmi les grands millésimes récents, on peut citer : 1982 (structure harmonieuse), 1983 (équilibre et longue garde), 1985 (finesse et plénitude), 1989 (complexité aromatique) et 1990 (équilibre et longue garde).

une centaine de négociants. Depuis 1950, ils sont cependant nombreux à élaborer et à vendre leur propre vin. Ces vignerons expédient chacun en moyenne un peu plus de 10 000 bouteilles par an. Quelques dizaines de coopératives signent aussi leur champagne. Ensemble, ils ont à leur actif 38 % de la commercialisation en France, mais seulement 7 % de l'exportation.

Ci-contre, un bas-relief taillé dans la craie chez Pommery.
A gauche, Dom Pérignon chez Moët et Chandon.

tent bien là. Les grandes maisons, parfois rachetées ou revendues, mais fières de leurs ancêtres au regard décidé et à la corpulence prospère, demeurent fidèles à leur exigence : quand on porte le nom d'un champagne, on doit en être digne.
Ainsi, la veuve Clicquot mit son caractère entier dans ses bouteilles ; de 1806 à 1860, elle multiplia son chiffre d'affaires par 20. Quelle femme ! Mais il en existe bien d'autres en Champagne : Louise Pommery, Mathilde Laurent-Perrier, Elisabeth Bollinger. Si l'on ne descend pas ici d'une veuve, c'est d'un moine (comme Ruinart, première maison fondée en 1729 dans la lignée de dom Thierry Ruinart), ou encore d'un voyageur (les Krug venus d'Allemagne comme les Heidsieck, les Mumm, les Roederer). Enfin, il est permis d'être tout bonnement champenois de père en fils (Henriot, Pol Roger, Lanson, etc.).
Le champagne naît d'un assemblage fort bien réussi. Les maisons de négoce les plus importantes ont pris le contrôle de multiples sociétés dont les activités, tout en étant fort différentes, ne nuisent pas au prestige du champagne et favorisent même des synergies performantes. Taittinger est devenu le premier groupe hôtelier français avec, notamment, plusieurs des plus luxueux palaces, comme le Crillon à Paris, construit en 1758. Après son introduction à la Bourse de Paris, Moët et Chandon par exemple s'associe au cognac Hennessy en 1971 et applique une stratégie de diversification. En 1987, les groupes Moët-Hennessy et Louis Vuitton se rapprochent pour former le premier groupe international de produits de prestige avec un chiffre d'affaires de l'ordre de 30 milliards de francs. En Champagne, le nouvel ensemble (Moët et Chandon, Mercier, Ruinart, Veuve Clicquot-Ponsardin, Canard-Duchêne et Pommery) représente 28 % des expéditions du négoce et 20 % des

ventes totales. Mais il est également implanté dans le cognac (Hennessy, Hine), les vins mousseux (en Californie, en Australie, en Argentine, en Espagne), les vins tranquilles (en Allemagne, en Nouvelle-Zélande), le porto (Rozès), les parfums et produits de beauté (Dior, Givenchy), la bagagerie et la maroquinerie (Louis Vuitton), la haute couture, la distribution de boissons alcoolisées, l'horticulture, la presse économique...
La plupart des 15 000 vignerons, qui exploitent 87 % des surfaces viticoles champenoises, cèdent tout ou partie de leurs raisins à

Ci-dessus, La Marquetterie (Taittinger).
Ci-dessous, Mme Veuve Clicquot née Ponsardin, par Léon Cogniet.

QUE LA FÊTE COMMENCE !

A gauche, une publicité pour Moët et Chandon des années 1900. Ci-dessus, Greta Garbo dans Love d'Edmund Goulding, 1927-1928.

Toutes les secondes, sept bouchons de champagne sautent sur la planète. Ce n'est pas le plus mauvais service à rendre à l'humanité. Il dansait sous la Régence avec Philippe d'Orléans et il est devenu, avec l'âge, cet arbitre des élégances dont aucune société ne peut se passer. A le voir si gai, si spontané, si impulsif, on pourrait le croire insouciant et léger. Il semble en effet être né pour le cinéma, le théâtre, les plumes et les paillettes. Il est de toutes les fêtes, de toutes les cérémonies, de toutes les inaugurations officielles. Il occupe la scène à lui tout seul. Il tient tous les rôles. Il est plein de mots d'auteur. Et parce qu'il pétille, on lui reconnaît de l'esprit.

Emotions

Mais le champagne est aussi un grand vin, avec une âme et un caractère. Il est élégant, harmonieux et complexe. Le bonheur, la joie vraie lui conviennent mieux encore que les discours ou les hymnes. Sourire d'un baptême, tête-à-tête amoureux, il est le témoin attentif et discret de toutes ces petites perles de vie dont il fait briller la nacre.

Aucun vin n'est davantage lié à des symboles, à des images, à des émotions, à des souvenirs. On brise une bouteille de champagne sur la coque du bateau qui glisse pour la première fois vers les flots, pour lui porter bonheur. Baptême d'un avion ? C'est à l'intérieur qu'on boit le champagne. On débouche une bouteille de champagne pour fêter une victoire de grand prix automobile, ou pour se consoler de l'échec d'un opéra. Ainsi Richard Wagner, après *Tannhauser*, reprit-il goût à la vie. Ernest Hemingway prenait volontiers son petit déjeuner avec une bouteille de cham-

pagne, quand il était seul. Mais ce vin est de préférence convivial. « Civilisateur », disait Talleyrand à son propos. Autre diplomate célèbre et son contemporain, le prince de Metternich assurait que les meilleurs traités faisaient plus intervenir le champagne que le canon. La paix lui doit beaucoup. Le champagne comble les sens et parfois les inspire. « Le seul vin qui laisse la femme belle après boire », prétendait la marquise de Pompadour. Pratiqué sous la Révolution par Barras et Danton, le bain de champagne séduisit à la Belle Epoque danseuses et comédiennes. A la suite d'Alice Ozy qui en aurait donné l'exemple, Sarah Bernhardt en reçut l'hommage. Marilyn Monroe fit remplir un soir sa baignoire de 250 bouteilles de champagne.

Le vin qui chante et qui danse

Il chante dans l'*Ode à la joie* de Beethoven, dans *La Traviata* de Verdi, dans *Arabella* de Richard Strauss. Dans *La veuve joyeuse* de Lehār, bien sûr, et dans *La chauve-souris* de Johann Strauss ou dans la revue américaine *Gigi*. Il occupe la tête d'affiche dans d'innombrables films. King Vidor, Jean Delannoy, Billy Wilder, Andrej Wajda, Jacques Demy, Joseph Losey, John Ford, René Clair, George Cukor, David Lean…
Que serait devenu le cinéma, vraiment, sans le champagne ?

On le rencontre sur des affiches de Cappiello et de Mucha, sur *Le bar des Folies-Bergères* de Manet, ou encore *Le chant du monde* de Lurçat. Watteau mêle du champagne à *L'amour au Théâtre Français*.

Enfant de Château-Thierry, Jean de La Fontaine aurait trempé sa plume dans un verre de champagne s'il avait existé alors ! Voltaire le fit :

« (...) Il part, on rit, il frappe
le plafond.
De ce vin frais l'écume pétillante
De nos Français est l'image
brillante. »

L'art de boire le champagne

Déboucher une bouteille de champagne est plus facile qu'on ne le pense parfois. Il suffit de tenir le bouchon d'une main ferme, et, de l'autre main non moins ferme, de tourner la bouteille inclinée à 45° en laissant peu à peu s'échapper le gaz. Une pince spéciale peut venir à bout d'un bouchon rebelle. La distinction commande la discrétion : point trop de bruit. Sabrer le champagne ? Affaire de tempérament. Mieux vaut « sabler le champagne », c'est-à-dire en boire abondamment sans toutefois vider son verre d'un seul trait. Sa température idéale : entre 6 et 9°. Mêlant l'eau et la glace, le seau à champagne est préférable au réfrigérateur. L'expression « champagne frappé », apparue au XVIIIᵉ siècle, fait référence aux glaçons en suspension dans l'eau qui viennent frapper la bouteille. Les verres à champagne ont évolué au cours des âges avant d'aboutir à leur forme actuelle : de type tulipe allongée pour mettre en valeur la mousse et ses bulles, plus large que la flûte pour honorer les arômes, plus étroite et plus haute que la coupe pour ne rien laisser perdre. Un pied fin et élancé permet de tenir le verre avec élégance sans réchauffer le vin. Cristal ? A l'évidence.

ou le *Who's Who*. Ce vin est sur toutes les lèvres, dans tous les palais. Ne faudrait-il pas plutôt citer ceux, parmi les têtes couronnées ou les princes de l'actualité, qui n'en ont jamais bu ? L'exercice paraît impossible...

Vin d'appellation d'origine contrôlée, le champagne appartient au patrimoine universel, à celui de la France, à celui de la Champagne. Le mot et la chose sont copiés, imités dans le monde entier. Sur les cinq continents, des vins honorables mais simplement mousseux se font passer pour champagne. On baptise mê-

Ci-dessus, des verres du XVIIIᵉ siècle.
Ci-contre, le Déjeuner d'huîtres, Jean-François De Troy (musée Condé, Chantilly).
A droite, un bâton de saint Vincent, XVIIIᵉ siècle (Ay).

Ou encore Stendhal : « Le souper finissait, tout brillant de vin de Champagne » *(Lucien Leuwen)*. Balzac, Zola, Maupassant, George Bernard Shaw, Paul Fort, Apollinaire, Colette, Hemingway... il n'existe pas de bonne littérature, de forte poésie sans champagne ! Byron évoque avec délice ce champagne « dont les bulles pétillantes étaient aussi blanches que les perles fondues de Cléopâtre ». Dans *Don Juan*, il compare l'évanescence d'une heureuse journée « au dernier verre de champagne mais sans la mousse qui a égayé sa coupe immaculée ».

Aucun style ne lui déplaît. Il est à son aise aux soupers du Régent ou chez Maxim's, en marquis XVIIIᵉ à perruque et dentelles ou en prince russe 1900, haut-de-forme et monocle. L'habit lui va bien, le décontracté aussi. « Dans la mousse d'Ay luit l'éclair d'un bonheur » (Vigny).

Connaître les amateurs célèbres du champagne consiste à lire de bout en bout l'*Almanach de Gotha*, l'*Annuaire diplomatique*

me « champagne » des sodas, du cidre, un bain moussant ou une cigarette... Si la technique d'élaboration a fait école, donnant naissance à différents vins mousseux, en particulier aux crémants, il n'y a qu'un champagne, le vin issu des terroirs de la Champagne. Avec des fortunes diverses, mais une inlassable bonne foi, le champagne s'efforce de faire respecter son nom et sa personnalité. Le combat permanent qu'il doit mener n'est que la rançon versée à un succès sans précédent.

SUR LES CHEMINS DU CHAMPAGNE

Traverser rapidement la Champagne, c'est courir le risque d'y voir fort peu de vignes. Celles-ci ne sont pas concentrées le long des grands axes de circulation, mais souvent abritées des regards, cachées dans les encoignures du paysage. Il faut prendre son temps, aller un peu à l'aventure, s'enfoncer sur des routes humbles et sinueuses, avant de découvrir la vigne en ses coteaux de faible altitude ; elle s'étale sur les pentes assez douces, en de longs rubans de petite largeur. Presque partout une forêt de chênes ou de sapins occupe la crête ou le plateau et une calme rivière déroule ses méandres dans la vallée. Ces zones boisées et aquatiques réduisent les excès de température

en apportant aux ceps, lorsqu'ils en ont besoin, un peu plus de chaleur ou de fraîcheur. En général, les parcelles sont orientées vers l'est ou le sud-est ; mais on rencontre toutes les expositions : certains vignobles près d'Epernay sont au sud et d'autres à proximité de Reims font même face au nord. Toutes ces localisations résultent de l'expérience millénaire des vignerons à la recherche des meilleurs emplacements.

Du haut de Villedommange

Il n'y a pas ici de maisons, de domaines, de châteaux isolés, mais des villages tassés dans un recoin ou piqués sur une colline. Le vignoble est tout d'une pièce. Le chemin est parsemé de rappels de la première guerre mondiale (bataille de la Marne). Entre Reims et Epernay, la montagne de Reims forme un vaste fer à cheval. A flanc de côte, son pourtour est formé d'un chapelet de gros bourgs viticoles cossus qui cultivent le pinot noir. Arrêtez-vous, le panorama est remarquable à Villedommange : à partir d'un tumulus gallo-romain sur lequel a été construite au XIIᵉ siècle une chapelle dédiée à l'ermite saint Lié, la vue embrasse le vignoble et la plaine rémoise. L'ancien moulin à vent de Verzenay constitue un autre point d'observation. Les terroirs

d'Ambonnay (où le culte de saint Vincent est célébré le 22 janvier avec beaucoup de ferveur) et de Bouzy (fête du vin en juin) assurent la transition avec la vallée de la Marne.
Peu avant Château-Thierry, les vignes se font face, de chaque côté de la rivière. Celle-ci, vers Epernay et au-delà, musarde au pied de fiers châteaux (Dormans, Boursault, Mareuil-sur-Ay) et de belles églises (Mézy-Moulins, Œuilly, Vauciennes). A Châtillon-sur-Marne une imposante statue rappelle la naissance du pape Urbain II qui prêcha la première croisade (1095). Le moine dom Pérignon vécut en l'abbaye bénédictine d'Hautvillers fondée en 650. Sa tombe subsiste dans l'église de ce village fleuri et typiquement champenois qui offre, comme

Ci-dessus, Cumières.
A gauche, Hautvillers.
Page de droite, les crayères d'époque romaine de Ruinart.

Champillon et Mutigny, des aperçus superbes sur la vallée. On prétend que le pape Léon X, François Iᵉʳ, Henri VIII d'Angleterre, Charles Quint et Henri IV possédèrent des vignes à Ay, vieux village à l'église de style gothique flamboyant et aux rues étroites. Sauf ici, pays du pinot noir, les crus de la vallée de la Marne mettent en valeur le cépage meunier.

Le mont du tsar

Le chardonnay en revanche est le grand cépage de la Côte des Blancs. Cette falaise au sommet boisé domine les pentes recouvertes de vigne. La route fait mille tours et détours à travers le vignoble. Souvent, les villages se nichent regroupés autour d'églises d'origine romane (Cuis, Chouilly, Cramant, Avize, Oger, Le Mesnil-sur-Oger). A Vertus, patrie du poète Eustache Deschamps (XIVᵉ siècle), le pinot noir reprend le dessus. Un peu plus loin, cerné par les vignes, le mont Aimé laisse une impression de mystère : tour à tour camp gaulois, oppidum romain, forteresse imprenable, bûcher gigantesque sur lequel périrent en 1259 des cathares champenois, il servit aussi de cadre à l'une des plus grandes parades militaires

Un vignoble sur terrain calcaire à Ay.

Sur la montagne de Reims, le moulin de Verzenay.

de tous les temps : celle du tsar Alexandre Ier, qui célébra en 1815 la victoire des coalisés sur Napoléon Ier. A Bergères-lès-Vertus, les vignerons prétendent : « Des bergères, il n'y en a guère ; des vertus, elles n'en ont plus ! » La vigne est toujours présente au sud, autour de Bar-sur-Aube et Bar-sur-Seine, deux petites villes très vivantes au riche patrimoine historique. A Essoyes, la Maison de la vigne accueille à la fois

une présentation ethnographique consacrée à la culture de la vigne et une évocation d'Auguste Renoir qui vécut ici. Plus loin, Les Riceys, village aux trois églises, rassemble le plus vaste terroir de la Champagne (plus de 700 ha) et peut seul revendiquer les trois appellations champagne, coteaux champenois et rosé des riceys. A la limite du vignoble, Colombey-les - Deux - Eglises n'appartient plus au vin mais à l'histoire : c'est le village où vécut le général de Gaulle et où il repose en terre champenoise.

La ville qui faisait les rois

Cité des sacres des rois de France, Reims est la capitale économique et universitaire de la Champagne. Construite au XIIIe siècle, sa cathédrale gothique est un pur chef-d'œuvre d'équilibre et d'harmonie. Un vitrail moderne évoque les métiers du champagne. La basilique Saint-Remi, le palais du Tau, le musée Saint-Denis ajoutent à l'intérêt de cette ville. Le quartier du Champ-de-Mars et les « crayères » de la butte Sainte-Nicaise abritent les maisons de champagne. Quant à Epernay, au milieu du vignoble, son cœur bat au rythme de l'activité champenoise. Le musée du vin de Champagne et plusieurs importantes maisons se succèdent tout le long de la monumentale avenue de Champagne.

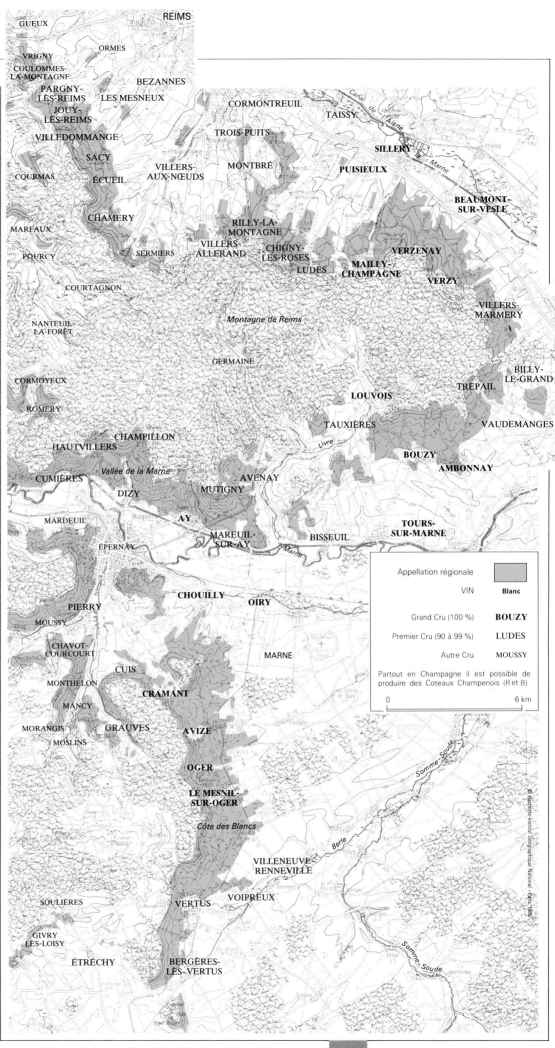

Appellation régionale

VIN **Blanc**

Grand Cru (100 %) **BOUZY**

Premier Cru (90 à 99 %) LUDES

Autre Cru MOUSSY

Partout en Champagne il est possible de produire des Coteaux Champenois (R et B)

0   6 km

BOURGOGNE

L e Bourguignon tape un peu fort ce tantôt ! » disait jadis le vigneron en tombant la hotte, sous le soleil de l'après-midi. Et c'est vrai, le soleil a quelque chose de bourguignon : les toits illuminés de l'hôtel-Dieu de Beaune, l'embrasement soudain de la vigne en automne, une réputation d'opulence qui doit beaucoup à la gloire des grands ducs d'Occident et à la Toison d'or.

Si le destin de la Bourgogne s'est confondu deux fois dans l'histoire à celui de l'Europe (Cluny et Cîteaux du Xᵉ au XIIᵉ siècle, puis le duché de Valois aux XIVᵉ et XVᵉ siècles), son vin assure — comme l'a écrit Raymond Dumay — le plus long règne de l'histoire. La Bourgogne viticole couvre les départements de l'Yonne, de la Côte-d'Or, de la Saône-et-Loire et du Rhône, selon la délimitation de 1935 valable aujourd'hui encore. Elle ne contredit guère l'ordonnance royale de 1416 qui reconnaissait comme bourguignons les vins issus des vignobles situés entre le pont de Sens et le Mâconnais. En 1935 cependant, le Beaujolais (département du Rhône et en Saône-et-Loire le canton de La Chapelle-de-Guinchay) n'avait pas vraiment pris son essor. Aussi parle-t-on maintenant de « Grande Bourgogne » à propos de l'ensemble formé par la Bourgogne et le Beaujolais.

En Grande Bourgogne

C ette « Grande Bourgogne » s'étend sur 40 000 ha (à peine plus de 10 % du vignoble français d'A.O.C.). Sa production moyenne est de 2,3 millions d'hl par an (300 millions de bouteilles). Les appellations régionales représentent 66 % de la récolte, les appellations communales 33 % et les crus 1 % seulement. Aussi la Bourgogne tout entière n'offre-t-elle qu'une goutte de grand vin à l'océan des produits de la vigne. Cette réussite est due à l'épanouissement de cépages d'élite parfaitement adaptés au terroir bourguignon, à l'affirmation des

Les Vendanges (détail), Jean-Baptiste Lallemand, XVIIIᵉ siècle (musée des Beaux-Arts, Dijon).

crus et à l'effort des hommes depuis plus de 1 500 ans.

Il existe près de 10 000 exploitations viticoles en Bourgogne. Leur superficie moyenne est de 4 ha, et elles se composent surtout de domaines familiaux. Plus particulièrement dans le sud du vignoble, 44 coopératives assurent un quart de la production totale. Le négoce-éleveur (165 maisons) commercialise 75 % des vins de la région, le reste étant vendu directement par les viticulteurs, ces chiffres étant à moduler selon les crus. Plus d'une bouteille sur deux est exportée (les Etats-Unis et la Suisse sont les premiers clients de la « Grande Bourgogne »).

La Bourgogne déconcerte souvent, en raison de la multitude de ses appellations. Cette tapisserie « au petit point » est à l'image de la personnalité des *climats* (terme bourguignon exprimant l'identité d'un ou plusieurs lieux-dits, en fonction du sol, du sous-sol, de l'exposition, du microclimat) ainsi que du morcellement de la propriété. Lors de la mise en place des appellations d'origine contrôlées, d'autres vignobles ont opté pour la marque, la propriété ou le cépage comme complément de personnalisation.

Sagement, la Bourgogne choisit le cru, sa nature même. En pays de vigne, on comprend pourquoi l'histoire et la géographie sont enseignées ensemble.

Il existe une grande diversité de paysages, dès lors que les limites extrêmes de ce vignoble se situent à 300 km de distance. En Côte-d'Or, la vigne semble ratissée, tissée, peignée avec soin. Cette image sort-elle tout droit du plan de Dieu ? Pas du tout : jusqu'à la crise du phylloxéra, à la fin du XIXᵉ siècle, la vigne était plantée « en foule », c'est-à-dire en désordre. C'est le cheval, puis ensuite le tracteur qui obligeront le viticulteur à aligner les pieds en rangs de vigne et à « palisser » sur fil de fer.

Quatre personnalités

Q uatre sous-régions partagent la Grande Bourgogne :
— les vignobles de l'Auxerrois, de Chablis, du Tonnerrois et du Vézelois (l'Yonne) ;
— les vignobles de la Côte et des

Hautes Côtes, en Côte-d'Or (avec le Châtillonnais renaissant) ;
— les vignobles du Chalonnais et du Couchois ainsi que du Mâconnais (Saône-et-Loire) ;
— le Beaujolais, essentiellement dans le département du Rhône.
Ces éléments dispersés n'en constituent pas moins une famille dont plusieurs facteurs assurent une relative unité, le Beaujolais ayant des caractères propres.

En pleine expansion, le vignoble de l'Yonne couvre près de 4 000 ha. En Côte-d'Or, les superficies qui n'augmentent guère, sont de l'ordre de 8 400 ha. Quelques possibilités d'expansion limitée existent encore parmi les appellations régionales, dans les Hautes Côtes, et dans une moindre mesure dans le Châtillonnais. En Saône-et-Loire (11 000 ha), l'expansion se fait dans le Mâconnais. Le reste (20 000 ha) se situe en Beaujolais.

Les autres vignes, qui produisaient les vins de consommation locale, ont pratiquement disparu, à l'exception d'un petit noyau de production dans la plaine, aux environs de Beaune et de Chalon-sur-Saône. Avant le phylloxéra, la vigne couvrait ici une étendue quatre fois supérieure.

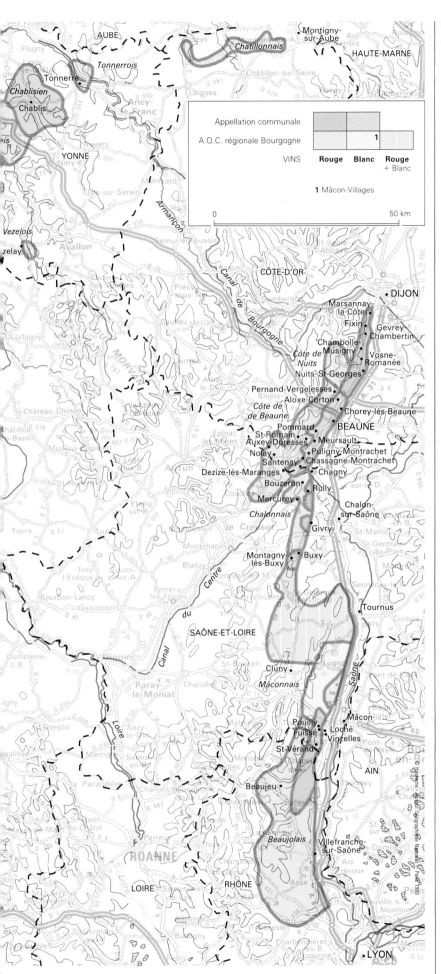

Appellation communale
A.O.C. régionale Bourgogne

VINS   **Rouge** **Blanc** Rouge + Blanc

1 Mâcon-Villages

0   50 km

Un vignoble de coteau

Le climat semi-continental et septentrional présente quelques variations dues à l'étendue du vignoble. L'influence méditerranéenne est sensible jusque dans la Côte de Beaune, alors qu'au nord de Dijon, le seuil de Bourgogne fixant le partage des eaux entre la Saône et la Seine, le relief et l'altitude modifient les caractères climatiques. Comme partout ailleurs, les variations climatiques annuelles ont une incidence importante sur la production : 1,4 million d'hl en 1981 et 2,6 millions en 1982.

Il s'agit surtout d'un vignoble de coteau : les meilleures expositions se situent au levant et au midi. L'altitude varie de 150 m dans les vallées du Serein et de l'Yonne, à 400 m et quelquefois plus dans les Hautes Côtes de Beaune et en Saône-et-Loire. Des cours d'eau à proximité du vignoble constituent un « tampon » thermique favorable.

La roche-mère influence fortement le caractère des vins. Calcaire en Bourgogne, elle est granitique ou schisteuse en Beaujolais.

Les cépages

Trois cépages réalisent l'accord parfait avec les terroirs. Sur presque toutes les formations calcaires, le pinot noir donne des vins pas toujours très colorés, mais d'un caractère affirmé. Leur remarquable finesse s'exprime souvent au bout de quelques années. Le chardonnay est bien adapté aux sols carbonatés mais il préfère les formations marneuses, pour produire de fantastiques vins blancs secs. Le gamay noir se plaît sur les arènes granitiques et les sols sur schistes, afin d'offrir au consommateur, dès la mi-novembre, ces beaujolais de primeur friands et gouleyants. Les « villages » et les « crus » du Beaujolais peuvent cependant vieillir. Ils expriment alors des arômes se rapprochant du type bourguignon. Mystères de la nature !

Trois autres cépages sont encore cultivés : l'aligoté qui donne des vins blancs légers, vifs et agréa-

En haut, chardonnay.
En bas, pinot noir.

bles, le sacy en blanc et le césar en rouge (Yonne) qui offrent des vins secs et vifs destinés à la prise de mousse (sacy), tanniques et corsés (césar). Le melon (blanc) est en voie d'extinction, et le tressot (rouge) n'existe plus.

Un grand damier

Morcelé à l'extrême, le vignoble apparaît dans les coteaux comme un damier irrégulier où s'enchevêtrent des parcelles de superficie souvent peu importante. En regardant les murs anciens, on dirait que la vigne a toujours existé ici. Son origine demeure imprécise, mais son existence est sûre dès l'époque gallo-romaine. Elle était abondante dès le haut Moyen Age et la fondation du clos de Vougeot se situe au début du XIIe siècle.

Des pratiques ancestrales

Les Bourguignons n'ont jamais admis les décisions de la Révolution. Les notaires eux-mêmes continuent de calculer en « ouvrées » et en « pièces ». L'« ouvrée » (4 à 28 ca), correspondant à la surface travaillée au *fessou* (à la pioche) par l'homme durant une journée, reste l'unité de surface des vignerons de Côte-d'Or. Le « journal » correspond à 4 ouvrées. La « pièce » (228 l) et la « feuillette » (114 l) sont les unités de volume sur lesquelles sont fixés les prix, mais leur contenance varie de Chablis à Villefranche-sur-Saône.

Une enseigne de marchand de vin, XVIIIe siècle (musée du vin, Beaune).

La vinification obéit aux pratiques ancestrales ; on coupe le raisin, on le met en cuve ou on le presse. On « pige » pour enfoncer le « chapeau » formé au-dessus de la cuve pendant la fermentation alcoolique. On laisse fermenter. Enfin, on décuve et on élève les vins.
Le vigneron accomplit tout ce travail jusqu'à la vente de son produit. Le négoce-éleveur a en Bourgogne une longue tradition d'élevage, de conditionnement et de commercialisation du vin. Actif depuis le XVIIIe siècle, il a fait connaître le vin de Bourgogne dans le monde entier.
Le classement des crus et des cuvées est ancien et dès le milieu du XIXe siècle ses bases étaient connues. On s'en est inspiré pour établir la hiérarchie actuelle avec des variances limitées puisqu'un seul cépage entre dans chaque cuvée.
Des conditions de plus en plus restrictives définissent la hiérarchie allant des A.O.C. régionales aux A.O.C. de grands crus. Par ailleurs, il existe deux « niveaux » et des variantes dans les régionales.
Le bourgogne aligoté, le bourgogne grand ordinaire à l'avenir incertain et le bourgogne passetoutgrains né de l'assemblage à la cuve des raisins d'un tiers au minimum de pinot noir, le reste de gamay noir, constituent l'aire de production la plus extensive.
Au-dessus, l'appellation bourgogne peut être produite à partir du pinot noir pour le rouge et du chardonnay pour le blanc. A cette appellation bourgogne peut être ajouté le nom d'une sous-région (Hautes Côtes de Nuits ou de Beaune par exemple), ou plus rarement d'une commune (Irancy, Saint-Bris). Bouzeron constitue encore une particularité en pouvant être associé à une appellation de premier niveau : bourgogne aligoté.
Dans les appellations communales, les meilleurs climats répondant à des exigences de degré et à des délimitations plus restrictives sont classés en premier cru.
L'extrême complexité du vignoble bourguignon doit être considérée comme une invitation à la découverte d'un monde secret.

CHABLIS

Le vignoble de Chablis épouse la vallée du Serein sur une vingtaine de kilomètres : douceur des vallons et des coteaux dominés le plus souvent par un front calcaire et une touffe boisée. Porte d'or de la Bourgogne, cette petite ville tout entière consacrée au vin conserve un beau cellier du XIIe siècle, le Petit-Pontigny, construit par les moines cisterciens de l'abbaye voisine, où ils avaient créé le clos La Vieille Plante.
Il s'agit du principal vignoble de l'Yonne. Cette région entretenait autrefois grâce aux cours d'eau un important trafic de vin avec Paris et le Nord de la France. Le phylloxéra détruisit à la fin du siècle dernier les 40 000 ha plantés dans ce département. Seuls les terroirs les plus favorables à la vigne ont vu se maintenir et parfois se développer l'activité viti-vinicole. A Chablis, la superficie du vignoble a plus que doublé durant les quinze dernières années pour dépasser aujourd'hui les 2 900 ha.
Le Chablisien a réussi à maintenir intacte sa haute réputation, au point que le mot « chablis » est devenu dans le monde entier et de façon abusive un terme générique désignant un vin blanc. Mais les véritables vins de Chablis sont produits ici.
Le gel de printemps a longtemps été l'ennemi acharné de ce vignoble. On le combat maintenant à l'aide de retenues d'eau : on arrose la vigne pour la protéger du gel. A l'abri d'un cocon de glace, le bourgeon résiste aux froids plus vifs, aux courants d'air. Voici pourquoi des plans d'eau complètent le paysage. On y voit même parfois des cygnes.
Définie en 1938, l'appellation d'origine contrôlée chablis présente plusieurs particularités : considérée comme communale bien que les conditions de production qui la définissent soient analogues à celles des appellations régionales, cette appellation constitue une entité homogène unique au sein de la Bourgogne ; le nom de chablis est utilisé pour désigner l'ensemble de la production au sein de laquelle une hiérarchie de type « bourguignon » a été établie, avec premiers crus et grands crus ; enfin, le décret de 1938 se réfère à un étage géologique (Kimméridgien)

pour définir l'aire de production, fait rarissime dans les définitions d'appellations d'origine contrôlée. Cette précision d'apparence anodine aura ultérieurement des conséquences considérables sur la vie du vignoble. Pour les vignerons, le Kimméridgien est constitué ici par le faciès marneux qui convient à merveille au chardonnay. Des marnes avec alternance de petits bancs calcaires : cette couche peut atteindre jusqu'à 80 m d'épaisseur et elle imprime au relief les pentes douces qu'épouse le vignoble historique de Chablis.
A la suite d'un long travail d'experts, la définition de l'appellation sera modifiée en 1978 par un nouveau décret rectifiant les différentes aires d'appellation, à l'exception des grands crus. La notion de Kimméridgien fait place à un ensemble de critères (relief, sous-sol, sol, exposition, aptitudes agronomiques) qui concourent à la production de vins de qualité ; si les limites sont parfois modifiées en extension à l'ouest (Maligny, La Chapelle-Vaupelteigne, Beine, etc.), de vastes étendues plus agricoles sont rendues à leur vocation (Préhy, Viviers).

Chablis grand cru

Le chablis grand cru s'étend sur près de 100 ha, presque tous plantés, et se situe uniquement sur le territoire communal de Chablis. Sur la rive droite du Serein, ces terroirs de coteau bénéficient d'une exposition générale ouest - sud-ouest, parfois est - sud-est et jusqu'à nord-ouest selon les caprices des vallons. A l'exception d'une infime partie du bas des Clos et du Blanchot, les sols sont constitués de rendzines grises sur marnes du Kimméridgien.
Dans le haut du coteau, les sols contiennent davantage d'éléments grossiers, enrichis de cailloutis calcaires provenant de la falaise portlandienne qui, en

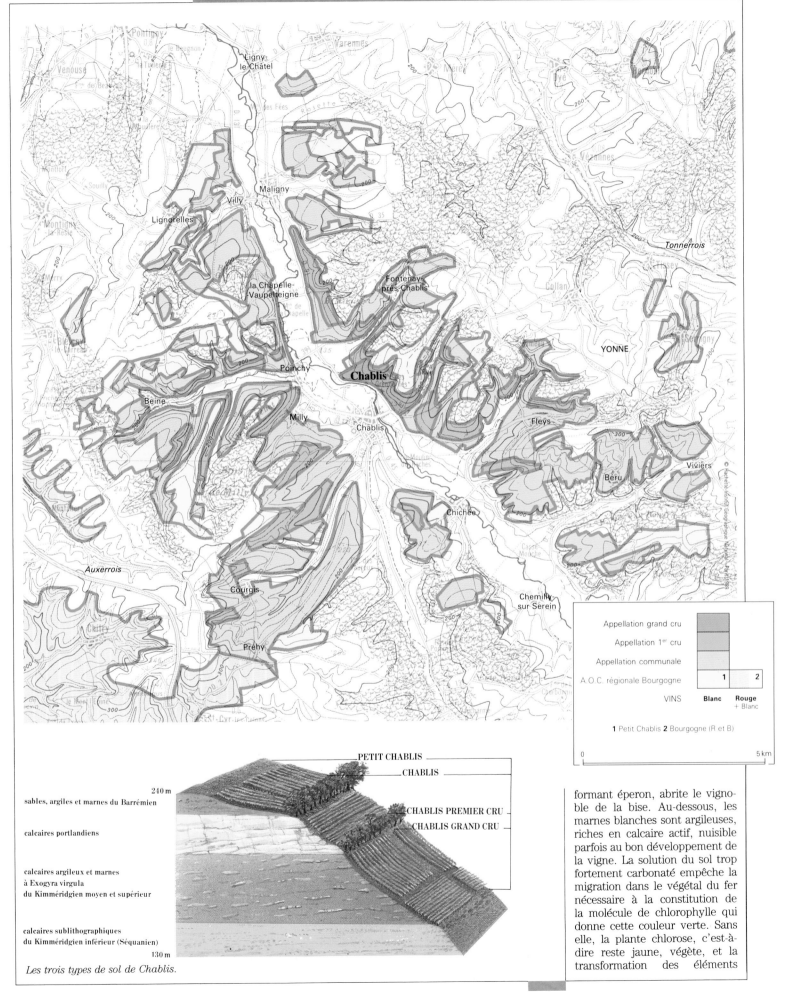

Map legend:

Appellation grand cru
Appellation 1er cru
Appellation communale
A.O.C. régionale Bourgogne

VINS — Blanc — Rouge + Blanc

1 Petit Chablis 2 Bourgogne (R et B)

0   5 km

240 m

sables, argiles et marnes du Barrémien

calcaires portlandiens

calcaires argileux et marnes
à Exogyra virgula
du Kimméridgien moyen et supérieur

calcaires sublithographiques
du Kimméridgien inférieur (Séquanien)

130 m

PETIT CHABLIS
CHABLIS
CHABLIS PREMIER CRU
CHABLIS GRAND CRU

Les trois types de sol de Chablis.

formant éperon, abrite le vignoble de la bise. Au-dessous, les
marnes blanches sont argileuses,
riches en calcaire actif, nuisible
parfois au bon développement de
la vigne. La solution du sol trop
fortement carbonaté empêche la
migration dans le végétal du fer
nécessaire à la constitution de
la molécule de chlorophylle qui
donne cette couleur verte. Sans
elle, la plante chlorose, c'est-à-
dire reste jaune, végète, et la
transformation des éléments

minéraux du sol ne peut se faire dans le végétal ; il n'y a pas de développement normal et pas de fabrication de sucres. Il est dit que les sols ont un fort pouvoir chlorosant. Pour remédier à cet état de fait, car c'est quand même ici que le terroir livre l'essence du grand cru, le chardonnay est associé à un porte-greffes calcicole, c'est-à-dire modérateur des effets du calcaire.

La pente est forte, et la terre, « lourde », jonchée de petites huîtres fossiles en forme de virgule *(Exogyra virgula)*, colle à la botte. La présence voisine du Serein complète les éléments favorables à une production haut de gamme.

est souvent considéré comme le plus tendre. Vaudésir et Valmur, proches l'un de l'autre, sont plus variés, comme leur terroir où les expositions parfois opposées confèrent aux vins des caractères différents ; ils sont en général charpentés, le premier souvent plus nerveux, le second plus charmeur, tous les deux aptes à bien vieillir. Vert de cristal dans sa jeunesse, le chablis grand cru tire ensuite sur le jaune clair. Ses arômes sont d'une élégance parfaite.

Page de droite, Saint Vincent (confrérie des Trois Ceps, Saint-Bris-le-Vineux). Ci-dessous, une belle croupe à Chablis.

durs : des coteaux abrupts sur lesquels les sols peu profonds portent quelquefois de la vigne. Cette « falaise » au rebord du plateau ne dépasse jamais quelques mètres d'épaisseur. Elle est très rarement incluse dans l'aire du chablis premier cru. Cette dernière repose généralement sur les pentes marneuses. Si tous les sols se ressemblent, les expositions impriment des différences sensibles. Près de 600 ha pour une production de plus de 30 000 hl sont cultivés sur une dizaine de communes.

L'étiquetage de la production des terroirs classés en premiers crus permet l'indication du nom du lieu-dit à la suite de l'appellation

fond de laquelle est blotti Fontenay près Chablis, la Côte de Fontenay sur le versant sud-est et Les Vaulorent aux expositions variables complètent la production de ce qui peut être commercialisé sous le nom de climat Fourchaume. Ce sont des vins d'une finesse et d'une élégance remarquable où les arômes de fleurs des prés et de foin fraîchement coupé sont dominants.

A l'est des grands crus, bordant la route qui conduit à Fyé devenu hameau de Chablis, Chapelots, grande pente sud, Montée de Tonnerre, Pied d'Aloup au-dessus, et Côte de Bréchain constituent l'ensemble pouvant s'appeler Montée de Tonnerre.

Les vins sont pleins de finesse mais possèdent également une charpente solide et un « rapeux » leur conférant des qualités de garde. La colline du Mont de Milieu marquant autrefois la séparation des provinces de Bourgogne et de Champagne offre son versant sud aux premiers crus, les plus solides et les plus robustes. Fleys nous conduit vers les plateaux céréaliers du Tonnerrois, et il faut, plus au sud, retrouver la vallée de Béru à Viviers pour entrer à nouveau dans le vignoble de coteau où seul Vaucoupins sur Chichée est en premier cru. Le paysage n'en reste pas moins attrayant et les villages vignerons attestent d'un passé viticole.

Une multitude de lieux-dits aux noms enchanteurs sont classés premier cru : sur la rive gauche du Serein, Butteaux, Montmains, Malinots, Roncières, Les Epinottes... Sur Chablis, Les Lys, sur Milly, Côte de Léchet. Enfin, Troesmes (bien exposé au sud), Vau Vigneau, Vau de Vey et Vaux Ragons donnent des vins plus secs.

Chacun des sept grands crus a son tempérament : Grenouilles est au milieu, pente forte, bas du coteau, assez homogène, ses vins sont complets, généreux, agréables. Les Clos, le plus grand en surface, mais le plus homogène en situation, pente régulière et versant sud-ouest, donne des vins fermes qui atteignent leur plénitude au vieillissement. Blanchot, situé en côte est à pente forte, donne des vins délicats et légers. Bougros ou Bouguerots à l'extrême ouest, soumis plus souvent au gel en raison de sa proximité de la rivière est pour sa plus grande partie difficile à travailler, en pente forte et récompense bien le viticulteur par la richesse de ses vins en général assez durs. Les Preuses

Les premiers crus de Chablis

Les couches sédimentaires qui constituent les formations géologiques plongent légèrement vers le Bassin parisien. Ainsi, et pour une même altitude, le Kimméridgien marneux apparaît en position de plateau à l'est (Viviers, Béru, Poilly-sur-Serein) et au sud (Chemilly-sur-Serein, Chichée, Préhy), alors qu'il constitue l'essentiel des coteaux au « cœur » de l'appellation. Plus on descend le cours du Serein, plus on remarque la petite falaise portlandienne constituée de calcaires

chablis premier cru. Après la révision de la délimitation, 79 lieux-dits ont été classés, soit en totalité, soit partiellement. Un regroupement a été opéré par les viticulteurs sous des noms de climats pour n'en utiliser que 17 (Fourchaume, Montée de Tonnerre, Mont de Milieu, etc.).

Mieux exposés, les premiers crus de la rive droite jouissent à juste titre d'une meilleure réputation. De part et d'autres des grands crus, les coteaux développent une succession de noms recherchés. A l'ouest, L'Homme Mort sur Maligny, puis Fourchaume sur La Chapelle-Vaupelteigne et Poinchy et Vaupulent sur Poinchy, forment une côte homogène en pente douce sud-ouest. De part et d'autres de la vallée au

Chablis et petit chablis

Les plateaux inaptes aux cultures sont occupés par les bois. Lorsque la pente légère permet facilement la mise en valeur des sols, et quand la couche de terre arable est suffisamment épaisse et les argiles de bonne composition, la vigne colonise le pourtour des appellations chablis grand cru et chablis premier cru. Les situations rassemblant un maximum de facteurs favorables ont été classés en A.O.C. chablis

ENTRE L'YONNE ET L'ARMANÇON

(environ 1 900 ha pour 130 000 hl plantés sur 20 communes), celles où la vigne peut donner un vin satisfaisant ont été incluses en petit chablis (250 ha plantés, 14 000 hl). Le chablis est issu de pentes marneuses (Viviers, Béru), du rebord du plateau calcaire portlandien (Fontenay, Maligny, Beine) ou des plateaux argileux du Tertiaire (Lignorelles). Il se présente donc sous des types différents, avec des caractères communs. Dans le premier cas, il est solide, dur, apte à vieillir ; dans le second et le troisième, plus friand et à consommer plus jeune.

L'implantation du chardonnay dans le vignoble chablisien semble assez récente, et date sans doute de la reconstitution du vignoble après la crise du phylloxéra, si l'on s'en réfère au docteur Guyot qui en 1866 se disait en présence de morillon blanc qu'il assimilait au « pineau » blanc, mais qu'il définissait comme très différent du « chardenet » de Saône-et-Loire.

L'expansion de la vigne est spectaculaire depuis 1970. Outre une défense de la vigne plus efficace, les exploitations se sont spécialisées pour passer de la polyculture à la viticulture. Parallèlement, le négoce, sûr de son approvisionnement, a créé des marchés stables. Enfin, la vogue des vins blancs, notamment sur le marché américain, s'est ajoutée à ces atouts. Le vin est toujours « sec et léger ». Sa richesse aromatique est incomparable, avec une remarquable faculté de vieillissement. Les arômes de mousseron dominent souvent, associés à ceux de la truffe, de l'iode et du végétal vert. Les techniques de vinification ont un peu évolué. A la feuillette de 136 l en châtaignier a succédé la cuve en acier inoxydable permettant la vinification homogène en volumes plus grands. Certaines exploitations élèvent les vins en pièces bourguignonnes neuves, comme dans les vignobles voisins de Côte-d'Or et de Saône-et-Loire, innovant ici et donnant un caractère finement boisé, nouveau à Chablis.

L'Auxerrois

On peut traverser le département de l'Yonne de part en part sans y apercevoir un pied de vigne. Les grandes routes empruntent en effet les plateaux couverts de céréales à perte de vue. Vers Auxerre, de vastes plantations de cerisiers décorent de pastel les collines au printemps et se mêlent souvent aux vignes.

L'autoroute Paris-Lyon suit entre Auxerre et Nitry la ligne de crête séparant les bassins du Serein et de l'Yonne. L'auréole externe du Jurassique supérieur traverse l'autoroute. On retrouve à l'ouest les sols et les expositions du Chablisien. D'où l'existence de vieux villages vignerons : Chitry, Saint-Bris-le-Vineux. Plus au nord, les terrains moins favorables à la vigne donnent peu de vin, à l'exception du V.D.Q.S. sauvignon de saint-bris, le seul cépage sauvignon de Bourgogne, appelé jadis « épicier ». Cette présence forme transition entre la Bourgogne et le Val de Loire. Parfumé, moins vif qu'en sancerrois, ce vin blanc vinifié à la bourguignonne connaît un

ST VINCENT

certain succès malgré son faible volume (3 000 hl).

Plus au sud, Irancy et ses petits prolongements sur Cravant (Côte de Palotte) et Vincelottes perpétuent une tradition de vins rouges. Le nom d'Irancy peut être joint à l'appellation bourgogne. Le césar ou romain, cépage local très ancien, entre encore dans certaines cuvées en apportant des tanins propices au vieillissement.

Les vignobles de la rive droite de l'Yonne sont situés sur marnes en coteaux et sur calcaire dur en rebord de plateau où chardonnay et pinot noir donnent d'excellents bourgogne. L'aligoté donne des vins agréables. De plus en plus, le cépage sacy, jadis très cultivé pour son aptitude à la prise de mousse, laisse la place aux cépages plus fins. Cette région a été l'un des berceaux de l'appellation crémant de bourgogne. Les viticulteurs se sont en effet groupés pour apporter la valeur ajoutée nécessaire à la survie de leur vignoble. Bailly possède d'extraordinaires galeries d'où est sortie la pierre de la cathédrale d'Auxerre et du Panthéon à Paris. Là, sur 3 ha souterrains, les vignerons transforment leurs vins de base en vins effervescents. Ils peuvent y loger plus de dix millions de bouteilles.

Sur l'autre rive de l'Yonne, Jussy et Coulanges-la-Vineuse, où l'on peut voir un magnifique pressoir du XVIIIe siècle, produisent des vins analogues. Auxerre, importante commune productrice aux XVIIIe et XIXe siècles, ne possède plus que le clos de la Chaînette. Abandonnés après le phylloxéra, les vignobles ont laissé place à l'urbanisation.

Quatorze autres communes de cette région possèdent des terrains classés, mais des vignobles épars sans notoriété.

Le Tonnerrois

Onze communes de la région de Tonnerre ont également droit aux appellations régionales de Bourgogne, mais ce petit vignoble de l'ouest immédiat du Chablisien n'est actuellement riche que d'une soixantaine

d'hectares situés surtout à Epineuil. « Tonnerre le nom, Epineuil le bon », disait-on. Les vins de Tonnerre et du Tonnerrois, sur les rives de l'Armançon cette fois, jouissaient d'une grande réputation. Considérés comme les meilleurs de l'Yonne, ces vins blancs « pleins de finesse et de spirituosité » étaient comparés aux meilleurs vins de Chablis et « s'approchaient des premières cuvées de Meursault ». On cultivait à Tonnerre les « pineau » noir et blanc, cependant que le morillon blanc donnait les vins blancs d'Epineuil et de Dannemoine ; les vins rouges fins étaient issus du « pineau ». On y faisait aussi, à partir de ces cépages, des vins mousseux.

Le Jovinois

L'Armançon et le Serein se jettent dans l'Yonne à proximité de Joigny. Il semble que ces cours d'eau aient été porteurs des bonnes méthodes de culture de la vigne, puisqu'au XVIIIe siècle les vins de Joigny étaient considérés comme « bourgeois ». Terre d'élection pour le cabernet-franc (Touraine), la craie tuffeau donne ici le vin gris de la Côte Saint-Jacques, seul témoin de ce vignoble d'appellation bourgogne.

Le Vézelien

La merveilleuse colline de Vézelay se recouvre peu à peu d'une guirlande de vigne. A Saint-Pèresous-Vézelay, Vézelay, Asquins et Tharoiseau, de très jolis coteaux sont reconquis par la vigne depuis une dizaine d'années. Pinot noir et chardonnay sont plantés sur des terroirs identiques à ceux du reste de la Bourgogne (pentes, expositions, sols sur calcaires durs et marnocalcaires du Lias).

Ces conditions favorables ont permis de rattacher ce petit secteur de production au vignoble bourguignon. Ses possibilités d'extension sont toutefois restreintes, et la maturation y est parfois difficile.

Du vin, des pierres, des fêtes
Le Chablisien est très attachant. De Béru, on a une large vue sur toute la région. L'église de Ligny-le-Châtel, mi-romane mi-Renaissance contient une belle Vierge au raisin (XVIe siècle) et celle de Poilly-sur-Serein (XVe et XVIe siècles) un portail orné de ceps de vigne. Maligny possède un robuste château et de superbes halles. Un vieux village vigneron ? Courgis. Les 19 communes de ce vignoble organisent à tour de rôle une Saint-Vincent tournante. C'est l'occasion, pour la confrérie des Piliers chablisiens, d'introniser ses amis.

CÔTE DE NUITS ET HAUTES CÔTES DE NUITS

Modeste escarpement de faille entre deux monotonies, celle des plateaux bourguignons et celle de la plaine de la Saône, la Côte n'est guère qu'une moulure sur le paysage. Ce versant exposé à l'est regarde au loin le Jura. Selon un axe nord-sud jusqu'à Nuits-Saint-Georges, nord-est - sud-est ensuite, la vigne occupe un étroit ruban de terre, du coteau au piémont, qui dépasse rarement 1 km de largeur. Son altitude varie de 230/260 m au sud, à 270/300 m aux abords de Dijon.

Il s'agit cependant des « Champs-Elysées de la Bourgogne », une route du vin où chaque nom de village, chaque climat sont connus sur les cinq continents. Œuvre d'un génie opiniâtre, la Côte apparaît comme une conquête de l'homme. En effet, la vigne se heurte à des massifs boisés (Gevrey-Chambertin), puis à des friches arides où des chênes rabougris mêlent leurs racines à de maigres genévriers (Vosne-Romanée, Nuits-Saint-Georges). Dans la plaine, les champs et les forêts remplacent bientôt la vigne.

De village en village, des combes (vallées sèches qui rappellent les reculées du Jura) entaillent vigoureusement la Côte et conduisent aux Hautes Côtes, plateau situé entre la Côte et la vallée de l'Ouche. Leur caractère grave et solitaire, adouci vers le sud, forme contraste avec la Côte passante et bourdonnante.

La pierre est peut-être ce qu'on remarque le plus : murs des clos (clos Saint-Jacques à Gevrey-Chambertin, clos de Vougeot), murgers (tas de cailloux retirés des vignes au fil des siècles, où somnolent les couleuvres) çà et là, toits de lave d'églises, de maisons ou de lavoirs (Fixin), imposants fronts de carrière de pierre marbrière (bassin de Comblanchien). Les villages ont des personnalités bien marquées et les belles demeures vigneronnes s'abritent derrière de hauts murs : on ne fait pas le vin sur la place publique. La vigne aime la pierre. Elle repose ici sur les calcaires du Bathonien et des marnes. Creusées lors des glaciations quaternaires, les combes ont amassé à leur pied des terres où l'homme et la vigne ont pris racine. En se promenant dans les vignes, il n'est pas rare de trou-

ver des coquillages fossiles, vestiges de la mer préhistorique.

On peut distinguer quatre entités géographiques. De Dijon à Marsannay-la-Côte, le vignoble jadis important a disparu en grande partie au profit de l'urbanisation. Les Montreculs témoignent encore de la vitalité du vignoble dijonnais autrefois réputé à l'égal des blancs de Meursault. Chenôve garde son clos du Roy ainsi que l'ancienne cuverie des Ducs de Bourgogne. A partir de Marsannay, le vignoble prend vraiment possession de la Côte. Jusqu'à la combe de Lavaux à Gevrey-Chambertin, c'est la naissance des appellations commu-

Les coteaux de Vosne-Romanée couronnés par le bois.

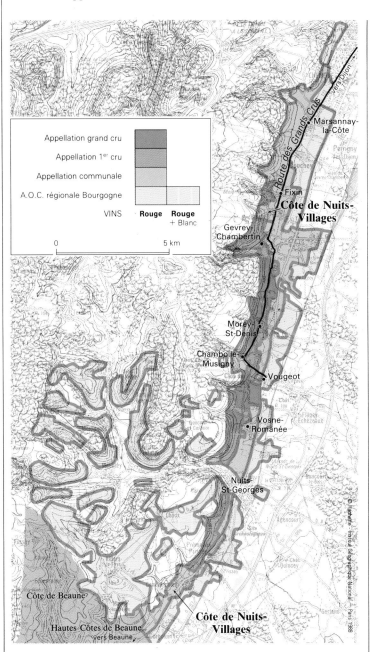

nales. Puis, jusqu'à la combe de la Serrée (Nuits-Saint-Georges), on ne compte pas moins de vingt-deux grands crus. Enfin, jusqu'à la combe de Magny, la vigne monte à l'assaut des carrières : c'est la Côte des Pierres. La Côte de Nuits s'arrête au petit chemin juste avant Buisson : la pancarte du clos de Langres devrait être repoussée de quelques centaines de mètres plus au sud !

Ces quatre unités présentent des différences, mais leur style est le même. On le perçoit dès La Corvée sur Ladoix : des vins francs, vifs, solides, un peu durs, toujours très parfumés de senteurs de fruits rouges, qu'il faut laisser un peu vieillir. Ce style se retrouve partout, avec une multitude de nuances liées aux variations du terroir, aux millésimes et à la « main » du vinificateur.

A l'ouest de la Côte, dans l'arrière-pays, plateau animé de collines et de vallons, certains versants se prêtent bien à la culture de la vigne. Sur les coteaux les mieux exposés, selon la qualité des sols plus diverse que dans la Côte, les vins bénéficient de l'appellation régionale bourgogne à laquelle est ajoutée la mention de l'origine géographique Hautes Côtes de Nuits. L'aligoté, cultivé souvent dans des situations moins favorables, produit un vin blanc sec, vif et nerveux, très agréable jeune (Villers-la-Faye, Magny-lès-Villers, Marey-lès-Fussey). A Villars-Fontaine, Meuilley, Echevronne, le pinot noir et surtout le chardonnay donnent d'excellents bourgogne. Les Vergy (Reulle, Curtil, L'Etang) évoquent le nom d'une grande famille

MARSANNAY ET FIXIN

bourguignonne au Moyen Âge ; les prieurs de Saint-Vivant ont exploité des vignobles illustres dans la Côte (Romanée-Saint-Vivant). Un vignoble a été reconstitué à Bévy.

Le climat des Hautes Côtes de Nuits est plus rude que celui de la Côte. La culture de la vigne n'y dépasse pas la latitude de Chambolle-Musigny, le pays viticole se limitant à un triangle Chambolle - Bévy - Magny-lès-Villers. La vigne débourre, fleurit, mûrit quelques jours plus tard en Côte de Nuits qu'en Côte de Beaune, et pour les Hautes Côtes, le retard par rapport à la Côte est également de quatre à huit jours. L'altitude y est plus élevée et la vigne monte aussi plus haut sur le coteau.

L'appellation côte de nuits-villages

Si les crus ont pour la plupart établi leur réputation depuis plusieurs siècles (il y a très longtemps que l'on connaît le vin du clos de Vougeot ou celui du Chambertin), les appellations communales sont nées au cours du siècle dernier et au début de celui-ci.

Chaque commune de la Côte de Nuits possède son appellation propre avec, pour certaines comme vougeot, des superficies très faibles. L'appellation côte de nuits-villages a été réservée à la production de cinq communes : au nord, Fixin qui peut également utiliser son nom, Brochon pour sa partie non classée en A.O.C. gevrey-chambertin ; au sud, une partie de Prissey, Comblanchien et Corgoloin. Cette appellation, dont les conditions de production sont similaires à celles des appellations communales, offre des vins rouges de très bonne qualité (6 400 hl).

Au sud de la combe d'Orveau.

Marsannay

Le gamay avait remplacé le pinot noir, avant et après la crise phylloxérique, sur le coteau de Marsannay-la-Côte. La proximité de l'agglomération dijonnaise permettait l'écoulement facile de vins courants et les vignerons ne réunirent pas les conditions favorables à l'obtention d'une appellation de type communal. Ils tentèrent en vain de s'intégrer à l'appellation côte de nuits-villages. A la suite d'une reconversion du vignoble, le pinot noir et le chardonnay reprenant leur place, un décret de 1987 définit les conditions de production de l'A.O.C. marsannay : vins blancs et vins rouges produits au-dessus de la route des Grands Crus, dans un territoire délimité sur Chenôve, Marsannay-la-Côte et Couchey. Depuis 1965, Marsannay s'est toutefois créé une notoriété à partir d'une production de vins rosés élégants tout à fait originale, à peu près unique en Bourgogne ; les vins d'appellation bourgogne pouvaient bénéficier de l'A.O.C. bourgogne suivie du nom marsannay. Pour reconnaître cette production originale, l'appellation communale s'applique également aux vins rosés, mais sur une aire de production plus vaste que la précédente. Ces coteaux sont homogènes (exposition, type de sol), les cailloutis soliflués sont en général épais.

Fixin

A Fixin, le clos de la Perrière domine le coteau. Il a appartenu jadis aux moines de Cîteaux et les premiers bâtiments datent du XIᵉ siècle. Ignorant les limites administratives, ce clos déborde sur la commune de Brochon. Ce climat a une réputation bien assise. Propriété entre 1741 et 1843 des marquis de Montmort, ses vins rouges se vendaient au même prix que les vins de Chambertin.

Les vins de Fixin (1 150 hl) sont puissants, tanniques et de bonne

garde. Les climats des Arvelets, des Hervelets, du Chapitre, sont les plus remarquables avec celui de la Perrière ainsi que le clos ayant appartenu à Noisot (clos Napoléon). Vétéran des guerres de l'Empire et amoureux passionné de Napoléon, Noisot demanda au sculpteur dijonnais François Rude de réaliser le Réveil de Napoléon dans son parc accessible aux visiteurs.

Fixin.

Le clos des Marcs d'Or

Ancienne vigne des ducs de Bourgogne puis du roi de France, le clos des Marcs d'Or à Dijon est l'un des plus anciens de la Côte-d'Or (antérieur au VIᵉ siècle). Ce domaine de 5,33 ha disparut en 1967 lors de l'aménagement du quartier de la Fontaine-d'Ouche. Il fut replanté en 1981 sur 42 a en cépage chardonnay (bourgogne blanc). C'est désormais le clos de la Ville de Dijon.

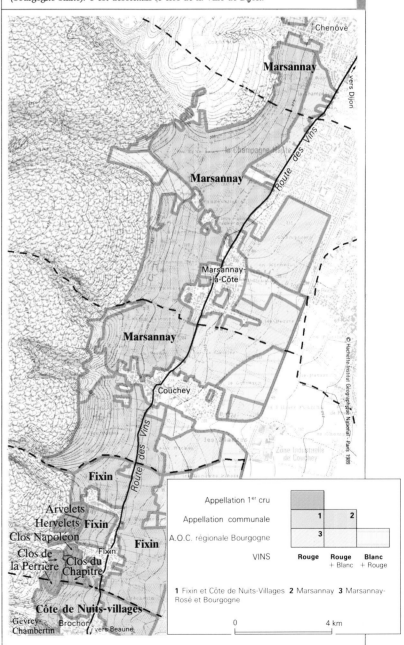

GEVREY-CHAMBERTIN

Le château de Gevrey-Chambertin.

Le vieux village de Gevrey-Chambertin est niché au pied de la combe de Lavaux, une gorge fraîche et profonde qui descend des Hautes Côtes et crée une transition dans la Côte de Nuits. Le ciment rose de l'église doit sa couleur, dit-on, au vin qu'on y aurait versé. Construit par un abbé de Cluny pour abriter le produit de ses vendanges, le château fait figure de « cave fortifiée ». Quant au chapitre, c'est un superbe cellier roman. Plus bas, au cœur de Gevrey, le long des rues étroites et derrière de hauts murs s'ordonnent maisons, cuveries et « magasins » (les dépendances). Un lierre, une glycine adoucissent les façades... Route des Grands Crus, le bel hôtel Jobert-de-Chambertin rappelle le souvenir de celui qui « lança » le chambertin au XVIIIe siècle. Plus bas encore, au-delà de la route nationale et du quartier des Baraques, le « nouveau Gevrey » a grandi depuis une vingtaine d'années. Il n'est plus vigneron. La commune compte 2 500 habitants, dont quelque quatre-vingt familles exploitant des vignes.

Du grand cru au petit vin

Si la Côte commence à Dijon, le paysage s'élargit à Gevrey-Chambertin. Le vignoble emplit l'espace et gagne chaque recoin de terre. La vigne escalade en rangs serrés ces pentes pierreuses et rougies par les sels de fer. Gevrey-Chambertin possède toute la hiérarchie des appellations bourguignonnes. Les grands crus d'abord, avec le chambertin et les sept grands crus satellites. Gevrey-chambertin constitue l'appellation communale la plus vaste. Celle-ci déborde d'ailleurs largement

sur la partie sud de la commune de Brochon (plus de 50 ha). La R.N. 74 marque la limite entre les vins fins et les vins communs. Mais ici l'appellation communale dépasse largement la grande route vers l'est. Gevrey-chambertin se situe, selon la géologie, au milieu de l'anticlinal de la Côte de Nuits. D'où l'affleurement de formations différentes, induisant différents types de sols. L'important cône de déjection de la combe de Lavaux explique l'étendue du vignoble dans la plaine.

Les vins subissent ces influences naturelles : les coteaux portent les grands crus et les premiers crus, alors que l'appellation gevrey-chambertin, plutôt située sur le piémont, présente des caractères qui varient selon la consistance du sol.

Le coteau situé au nord de la combe de Lavaux voit affleurer les niveaux marneux du Jurassique moyen (marnes à *Ostrea acuminata*). Ceux-ci sont souvent recouverts d'éboulis et parfois, comme dans les Etournelles, le clos des Varoilles, la partie haute de Lavaut, du clos Saint-Jacques et des Cazetiers, tous premiers crus, de limons rouges soliflués du plateau. Ces niveaux graveleux apportent finesse et élégance aux vins, alors que les marnes sous-jacentes, plus riches en argiles, les rendent aptes au vieillissement, formant ainsi des vins complets.

Les moines de Cluny, qui furent jadis les plus importants propriétaires de Gevrey-Chambertin, donnèrent leur nom à un premier cru : La Combe aux Moines. Les Champeaux sont également renommés ainsi que Les Evocelles sur Brochon, bien que non classés en premier cru. Tous ces climats sont exposés au soleil levant. L'orientation s'incline vers le sud-est à partir de la seconde moitié sud des Cazetiers. Le clos Saint-Jacques au beau mur de pierre offre des vins de qualité remarquable. A la dégustation, il soutient la comparaison avec les grands crus voisins. Enfin, le clos du Chapitre situé en haut du village juste sous le clos Saint-Jacques, est également témoin de l'histoire. Cédé par les moines de l'abbaye de Bèze au chapitre de Langres dont dépendait Dijon, il est contemporain du clos de Vougeot.

Le grand bourgogne

Plus étroit que celui du nord, le coteau sud accueille tous les grands crus. Partageant avec la romanée-conti et le clos de vougeot le premier rang historique parmi les vins rouges de Bourgogne, le chambertin inclut le clos de bèze (28 ha en tout, 650 hl). Chambertin et chambertin clos de bèze constituent en effet une unique appellation. Etendu entre les bois et la route des Grands Crus, il occupe la meilleure partie du coteau. Tous les atouts sont réunis pour obtenir des vins pleinement épanouis : roche-mère calcaire à fleur de terre, sols peu profonds, pente douce, exposition à l'est permettant de capter dès l'aurore tous les rayons du soleil. Corps, couleur, bouquet, finesse, puissance, il ne manque rien au chambertin. « A lui seul, tout le

grand bourgogne possible », disait l'écrivain G. Roupnel.

Les autres grands crus occupent au nord et au sud des situations voisines (73 ha et 2 000 hl) : les appellations mazis-chambertin et latricières-chambertin s'approchent à tous égards du chambertin. Le ruchottes-chambertin est un cas à part : petite surface, sol plus superficiel et plus cailloux-teux, plus proche du calcaire. Ses vins sont en général élégants et tout en subtilité.

A l'est de la route des Grands Crus, le chapelle-chambertin et le griotte-chambertin (qui évoque la cerise) tirent profit d'une cuvette de terrain bénéficiant d'un mésoclimat favorable. La situation n'est plus tout à fait aussi

Gevrey-Chambertin.

Le vin de Napoléon
Napoléon Ier resta toute sa vie fidèle au chambertin que lui avaient recommandé ses médecins. Ce vin lui était livré dans des bouteilles manufacturées à Sèvres et marquées du N couronné. Il avait 5 à 6 ans d'âge. L'empereur le buvait mouillé d'eau. Jamais plus d'une demi-bouteille au cours d'un repas. Une voiture appelée « la grande cave » accompagnait Napoléon au cours de ses campagnes et il lui arrivait parfois d'envoyer à un blessé, sur le champ de bataille, un verre de son propre vin...

Claude Jobert de Chambertin
Nul n'a le droit en Bourgogne de porter le nom d'un grand cru. S'il existe une Romanée-Conti ou un Corton-Grancey, c'est la famille qui a donné son nom au cru. L'inverse est en revanche contraire à tous les usages. Claude Jobert (1701-1768) s'y risqua. Fermier des chanoines de Langres, il réussit à s'approprier une bonne partie du Chambertin et du clos de Bèze. Il vendit son vin dans les cours allemandes. Fortune faite, il se fit appeler Jobert de Chambertin. Mais, faute de descendance, ce nom s'éteignit à la génération suivante.

bonne, en revanche, dans le charmes - chambertin et le mazoyères-chambertin. L'exposition varie un peu de manière convexe, et les vignes de la partie haute donnent des vins de plus haut niveau que celles de la partie basse qui borde par endroit la route nationale. Depuis 1945, les mazoyères peuvent également s'appeler charmes-chambertin.

Parmi les premiers crus (85 ha, 2 500 hl), certains voisins de la famille du chambertin comme Fonteny ou Les Corbeaux, ainsi qu'Aux Combottes situées entre Les Latricières et le clos de la roche, sont magnifiques.

Sur l'aire de production de l'A.O.C. gevrey-chambertin (350 ha, 10 000 hl), les vins du bas de pente, entre les premiers crus et

Les Goulots à Gevrey-Chambertin.

la R.N. 74, sont assez corsés, riches en tanins, de bonne garde, alors que les vins produits à l'est de cette route, sur le cône de déjection de la combe de Lavaux et des sols plus graveleux, expriment leur qualité aromatique et leur finesse dès leur prime jeunesse. L'assemblage des deux types de cuvée donne les vins les plus complets. Ce n'est cependant pas toujours le cas : Les Crais se suffisent à eux-mêmes.

En 1963, les producteurs ont eu la sagesse de réviser l'aire de production de l'appellation communale dans le piémont, pour éliminer des parcelles jugées indignes de l'appellation. La mise à jour de ce travail a été opérée récemment et une étude de l'université de Bourgogne sous la responsabilité du professeur N. Leneuf confirme l'opportunité de ces limites.

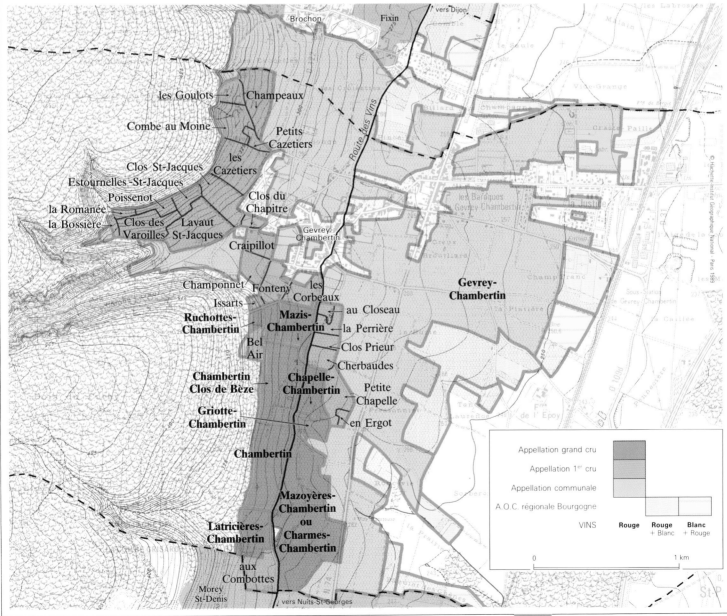

MOREY-SAINT-DENIS

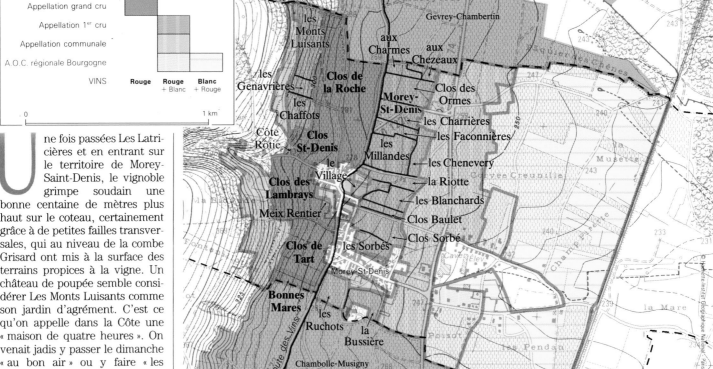

Une fois passées Les Latricières et en entrant sur le territoire de Morey-Saint-Denis, le vignoble grimpe soudain une bonne centaine de mètres plus haut sur le coteau, certainement grâce à de petites failles transversales, qui au niveau de la combe Grisard ont mis à la surface des terrains propices à la vigne. Un château de poupée semble considérer Les Monts Luisants comme son jardin d'agrément. C'est ce qu'on appelle dans la Côte une « maison de quatre heures ». On venait jadis y passer le dimanche « au bon air » ou y faire « les quatre heures » (de plantureux goûters).

Comme le vignoble appartenait autrefois à des abbayes (Cîteaux, La Bussière, Saint-Germain-des-Prés à Paris), les vignerons défrichèrent et plantèrent le haut du coteau pour y créer leurs propres domaines. De grandes parcelles bordées de murs modernes ne contribuent guère aujourd'hui à la grâce du paysage... La combe Grisard sépare Gevrey et Morey. Elle donne naissance à un ruisseau, la Mansouse qui n'a pas d'influence sur la formation des sols viticoles. L'autre combe en revanche, à l'aplomb du village, influence le terroir ; sur le coteau, elle imprime des variantes à l'exposition habituelle ; dans le piémont, elle est à l'origine de terrains où s'est développée l'appellation communale à l'est de la route nationale.

Morey-Saint-Denis est une petite commune, sa superficie en vigne couvre environ 275 ha dont seulement 150 en appellation communale, premiers crus et grands crus, le reste en appellations régionales.

La production est essentiellement faite de vins rouges, mais l'appellation communale peut être revendiquée également pour les blancs. Les Monts Luisants ont, en premier cru, une solide réputation.

Le dernier-né

Déjà composée du clos de la roche, du clos de tart, du clos saint-denis et partiellement du bonnes-mares, la famille des grands crus s'est enrichie du clos des lambrays en 1981. On peut visiter le parc de la propriété qui montre le goût des familles bourgeoises pour les beaux arbres et les décors de rocaille.

Premier des grands crus, voisin au nord de gevrey-chambertin, le clos de la roche est le plus vaste (16 ha, 450 hl). Composée de huit lieux-dits différents, l'appellation doit son nom à l'un d'entre eux qui recouvre un peu plus de 4,5 ha. Comme le clos de bèze à Gevrey, il n'est pas entouré de murs. Sa superficie a été augmentée de près d'un hectare en 1969, par l'adjonction d'une parcelle du lieu-dit Les Genavrières et d'une petite parcelle des Chaffots.

Le clos saint-denis n'est pas davantage enfermé par un mur. Il doit son nom à la collégiale Saint-Denis de Vergy, dans les Hautes Côtes. Le nom de ce terroir a été ajouté en 1927 à celui de Morey pour donner naissance à la commune de Morey-Saint-Denis. D'une superficie de 6,6 ha (170 hl), ce climat occupe la partie médiane du coteau entre le clos de la roche et le village. Moins connu que le précédent, ce cru donne des vins pleins, charnus et de bonne garde. La partie méridionale bénéficie d'une exposition orientée davantage vers le sud, contribuant certainement à produire des vins plus « chauds ».

Le relief animé par la combe produit l'effet inverse sur l'autre versant orienté nord-nord-est. Le clos des lambrays (8,8 ha, 160 hl) se trouve ici. Il monte plus haut sur le coteau. Son mur est nécessaire à la vigne et garantit l'identité du clos. Ses vins ont de la vivacité et leur aptitude à la garde est incontestable.

Au sud de la commune enfin, avec le clos de tart et une petite partie de bonnes-mares, s'achève la galerie des portraits des seigneurs de Morey-Saint-Denis. Le clos de tart (7,5 ha, 200 hl) constitue, comme les lambrays, presque un monopole. Ce grand cru possède une notoriété très ancienne due à l'implantation du vignoble depuis le Moyen Age par les bernardines de l'abbaye de Tart, petit village situé à l'est de la Côte, dans la plaine des Tilles. Le mur du clos ne fut construit qu'à la fin du XIXe siècle. Ses vins sont élégants et très fruités ; ils vieillissent très bien sans perdre leur délicatesse.

A côté de ces grands crus, une dizaine de premiers crus, parmi lesquels Aux Charmes, le dessus du clos des Ormes, Les Millandes, Les Ruchots et Les Sorbés, donnent des vins de grande classe.

L'appellation morey-saint-denis, dont la notoriété n'est pas très ancienne, n'a rien à envier à ses voisines. Souvent commercialisée sous les noms de gevrey ou de chambolle avant le régime des A.O.C., elle a acquis ses lettres de noblesse à la faveur d'une promotion développée par les producteurs eux-mêmes. Le Carrefour de Dionysos, manifestation organisée au printemps le vendredi précédant la vente des vins des Hospices de Nuits-Saint-Georges, y contribue beaucoup.

Les vins de Morey-Saint-Denis sont solides et charnus dans le haut du coteau et le piémont, au-dessus et au-dessous des crus. Produits sur les sols graveleux descendus de la combe, ils sont plus légers.

CHAMBOLLE-MUSIGNY

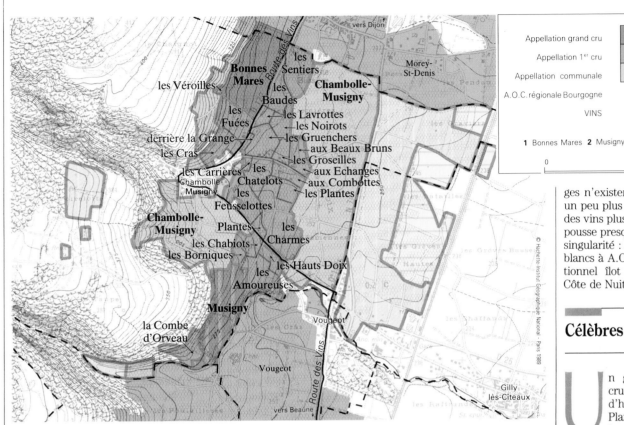

Si Gevrey apparaît comme un gros bourg, Morey comme un village, Chambolle-Musigny semble se faire tout petit. Les épaules serrées, la commune s'est seulement construite le long d'une rue dans l'axe de la combe. Un ou deux rangs de maisons, et voici déjà les vignes. Ancien hameau de Gilly, Chambolle s'est fait une belle place au soleil des grands crus. En 1882, son nom est devenu Chambolle-Musigny.

La production de ce village tout entier offert à la vigne est réputée élégante, en raison notamment de la faible épaisseur du sol. Partout et à quelques exceptions près, la roche-mère est proche. Sur le coteau, les calcaires durs affleurent à quelques centimètres. La partie médiane produit les grands crus et les premiers crus. Sur le cône de déjection de la combe, le socle constitué de blocs et graviers calcaires est également proche de la surface et assure un bon drainage, même si la position topographique semble moins favorable.

La Combotte est venue se fondre à la combe Ambin un peu au-dessus du village pour déverser au Quaternaire dans le piémont les matériaux venant du plateau et recouvrant des calcaires bathoniens homogènes. Cette combe sépare aussi le finage de Chambolle-Musigny en deux parties. La partie nord prolonge le vignoble de Morey-Saint-Denis. Dans la partie sud, le relief, les orientations ainsi que les sols, sont un peu différents.

Bonnes-mares et musigny

Le climat Bonnes-Mares joint au sud le mur du clos de tart. Avec ses 15 ha (1,5 ha sur Morey, le reste sur Chambolle), ce grand cru (410 hl) rassemble l'ensemble des qualités de la Côte de Nuits. D'une unité de situation quasi parfaite, ses vins (rouges seulement) sont à la fois puissants, charnus et harmonieux par leur finesse. Seule la petite carrière située en bordure de la route des Grands Crus présente des caractères distincts du reste du cru, mais sa superficie est peu importante.

L'autre colline, entre la combe de Chambolle-Musigny et celle d'Orveau, porte le deuxième grand cru de la commune, le plus distingué et le plus fin de toute la Côte : le musigny. Couvrant 10,7 ha (270 hl), il comprend trois lieux-dits : Les Musigny, Les Petits-Musigny et La Combe d'Orveau.

L'exposition et les sols comportent quelques différences, transmises aux différentes cuvées. Dans Les Musigny, la pente est un peu plus forte et le sol constitué de limons rouges issus du plateau. La proportion de cailloutis cryoclastiques (issus des glaciations quaternaires) est importante. Ces sols légers sont très propices à la production de vins élégants. Plutôt pauvres, ils nécessitent de petits rendements.

Dans Les Petits-Musigny en revanche, cailloutis et limons rouges n'existent pas. Les sols sont un peu plus profonds et donnent des vins plus tanniques. La vigne pousse presque sur la roche. Une singularité : la production de vins blancs à A.O.C. musigny, exceptionnel îlot de chardonnay en Côte de Nuits (10 hl).

Célèbres Amoureuses

Un groupe de premiers crus d'une vingtaine d'hectares, composé des Plantes, de la partie basse des Charmes, des Hauts Doix et des Amoureuses constitue un ensemble homogène (exposition et sol). Les vins y sont riches et élégants. Ceux du lieu-dit Les Amoureuses, tout en finesse avec toutefois une fermeté remarquable, ont acquis, grâce aussi à leur nom évocateur, une notoriété équivalente à celle des grands crus. Tout proches des Musigny, Les Chabiots et Les Borniques offrent également des vins de grande qualité.

A proximité du bonnes-mares, les vins des Fuées, des Gruenchers, des Cras, des Lavrottes, des Baudes, des Feusselottes, des Chatelots et des Combottes ont une constitution remarquable. Ainsi, sur les 200 ha de vins fins, plus de 80 ha de premiers et de grands crus maintiennent haut l'éclat de cette commune.

Chambolle-Musigny.

VOUGEOT

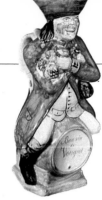

Au cœur de la Côte de Nuits, le clos de vougeot et son château occupent tout le paysage, toute la scène pourrait-on dire, tant il s'agit d'un décor de majesté. Commune minuscule, Vougeot s'étend sur 88 ha seulement, dont 69 plantés de vigne et 51 pour ce seul grand cru. Entièrement ceint d'un même mur, ce véritable clos est le plus vaste de Bourgogne. Sans doute regrette-t-on de voir aujourd'hui la route nationale le surplomber et l'entretien du mur laisser à désirer... Mais l'unité de ce grand vignoble frappe l'esprit, touche le cœur, de même que ce château, rare exemple bourguignon d'une demeure de plaisance construite au beau milieu des vignes. Il n'écrase pas la vigne d'une vanité qui paraîtrait déplacée. Le vrai seigneur est ici le vin et nulle part dans cette région on ne perçoit aussi bien l'harmonie de l'histoire et de la géographie.

devraient donner naissance à trois types de vin dont la qualité s'élèverait en montant vers la partie haute ; la dégustation ne confirme pas toujours cette règle, encore que les parcelles médianes produisent en général de très bons vins.

Il existait jadis de nombreux lieux-dits au sein même du clos (Musigny, Plante-l'Abbé, Chioures, etc.) qui ont disparu des mémoires au profit de leur commun dénominateur.

Grâce à l'abbaye de Cîteaux dont le rayonnement s'étendait à toute la Chrétienté, grâce aussi à ses qualités, le vin du clos de Vougeot acquit, dès le XVIIe siècle, l'une des plus hautes réputations en Bourgogne. A la Révolution, le vignoble vendu comme bien national passa entre plusieurs mains avant de devenir la

propriété de J. Ouvrard. Lui et ses héritiers le conservèrent en monopole jusqu'en 1889, date à laquelle intervint un premier démembrement. Le clos comporte aujourd'hui quelque 90 parcelles réparties entre 80 propriétaires. Des regroupements se produisent toutefois, aboutissant à 60 unités d'exploitation environ (1 500 hl). Certains propriétaires ont créé des portails donnant accès à leurs vignes qui sont un peu comme les chapelles privées d'une cathédrale...

Une appellation unique clos de vougeot recouvre l'ensemble du vignoble. Un autre parti aurait peut-être pu ou dû être pris, dès lors que dans les parcelles voisines les appellations communales correspondent à la partie basse du clos. Mais l'hommage rendu ainsi à ce nom prestigieux

Pichet (musée de la Vie bourguignonne Perrin-de-Puycousin, Dijon).

qui fait figure de symbole en Bourgogne apparaît également légitime. Le vin rouge du clos de Vougeot est plein, charnu, de longue garde. G. Roupnel voyait en lui une somptueuse robe de velours enveloppant la nudité d'un Rubens. Il évoque la truffe, la violette, la menthe sauvage. C'est un vin qu'il faut mériter, et qui ne vous accueille jamais à bras ouverts. La longueur en bouche est remarquable. Indissociable du château, ce vin est un monument historique. Le cellier roman date du XIIIe siècle. Cons-

Un monument historique

Fondé vers 1110 par l'abbaye de Cîteaux, le clos de Vougeot est l'œuvre de cette communauté. Il restera 680 ans dans ce patrimoine. En s'établissant à cet endroit, les moines souhaitaient également contrôler les sources de la Vouge, petite rivière née à Vougeot et qui alimente en eau l'abbaye. Ils y recherchaient aussi des pierres à flanc de coteau pour bâtir leur monastère. Issu d'un long remembrement qui dura plusieurs siècles, le clos de Vougeot procède d'une ambition foncière.

Situé à la base du talus, à la naissance de la plaine, c'est le plus bas de tous les grands crus. De part et d'autre, le coteau offre son ensoleillement au Musigny et aux Echezeaux, tandis qu'au-dessus du clos la végétation n'est guère plus riche qu'en Arizona. Il est habituel de distinguer trois parties dans le clos : la partie supérieure en pente douce, riche en graviers, avec une faible couche de terre sur la dalle calcaire ; la partie moyenne en légère pente, au sol brun argileux reposant sur des cailloutis calcaires ; la partie basse où un sol brun profond repose sur un niveau marneux. Ces types de sol

Le clos de Vougeot.

truit de plain-pied, c'est un modèle d'architecture avec ses toits tombants qui maintiennent, hiver comme été, une température propice à la conservation du vin et parfaitement constante. Plus tardive, la cuverie qui ressemble à un cloître, avec ses gigantesques pressoirs aux quatre angles, apparaît comme un modèle d'exploitation rationnelle. Le château, restauré par L. Bocquet vers 1900, puis par la confrérie des Chevaliers du Tastevin, est l'œuvre d'un abbé de Cîteaux vers 1550 : la Renaissance interprétée à la manière bourguignonne.

Le clos Blanc

De l'autre côté du mur, au nord, le clos Blanc constitue une particularité de la Côte de Nuits. Le chardonnay a subsisté ici alors qu'il a disparu à peu près totalement du clos de vougeot où, au début du XIXᵉ siècle, il était encore mêlé avec le noirien (pinot noir) pour lui apporter de la finesse. D'abord complété par le beurot qui apportait aussi de la finesse sans diminuer la couleur, il a finalement laissé place au pinot noir.

Le lieu-dit s'appelle La Vigne Blanche à la suite d'un malencontreux changement de nom cadastral ; le cru reste le clos Blanc. Il en est de même pour le clos de la Perrière situé dans les Petits Vougeots, ancienne carrière de pierre. Comme dans le reste des Petits Vougeots ainsi que dans Les Cras, les vins rouges sont classés en premiers crus.

Quelques parcelles, autour du village et dans la partie basse des Petits Vougeots, bénéficient de l'appellation communale vougeot restreinte à un peu moins de 5 ha. Avec une superficie aussi faible, cette appellation devient donc une curiosité.

Un pressoir du XIIᵉ siècle au château du clos de Vougeot.

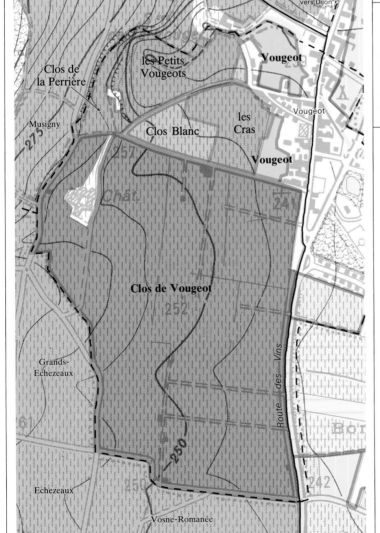

Les chevaliers du Tastevin
Fondée en 1934 et doyenne de toutes les confréries vineuses, la confrérie des Chevaliers du Tastevin est installée au château du clos de Vougeot depuis 1945. Elle célèbre ici ses chapitres (une vingtaine par an réunissant à chaque fois 500 convives). Elle compte 10 000 membres dans le monde entier. Tous ont juré d'être « de mœurs vineuses irréprochables », avant de recevoir le cordon pourpre et or auquel est attaché un tâtevin, outil de travail du dégustateur : « Par Noé père de la vigne, par Bacchus dieu du vin, par saint Vincent patron des vignerons, nous vous armons chevalier du Tastevin ! »

Tastevins (collection du château du clos de Vougeot).

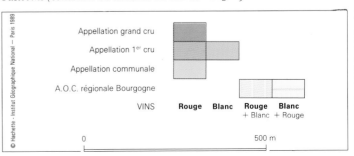

VOSNE-ROMANÉE

L'église Saint-Martin
à Vosne-Romanée.
A droite, l'étuvage des tonneaux.

Entre Vosne-Romanée et Nuits-Saint-Georges, le sommet de la Côte se dénude. On pense à ce qu'écrivait Stendhal : « Sans ses vins admirables, je trouverais que rien au monde n'est plus laid que cette fameuse Côte d'Or ». La vigne s'arrête à mi-pente quand le sol n'est plus que roche. Et pourtant, elle produit ici le vin de la Romanée-Conti.

A Vosne-Romanée, a-t-on coutume de dire, il n'y a pas d'appellation commune. En effet ! Ce n'est pas un village, mais un collier de perles : la romanée, romanée-conti, romanée saint-vivant, richebourg, la tâche, échezeaux, grands échezeaux et la grande rue... Le pays est cossu. Cherchez l'église. Prenez le chemin sur sa droite. Il conduit directement à la romanée-conti, cette pièce de vigne qui, derrière une croix érigée en 1804, semble indifférente à sa propre gloire.

Situé dans la plaine, Flagey-Echezeaux se rattache à Vosne-Romanée. Grand cru, les grands échezeaux sont homogènes. Leur superficie n'est d'ailleurs pas très importante, un peu plus de 9 ha (250 hl). Leur proximité avec le clos de vougeot suscite une certaine analogie avec les vins de la partie haute du clos, ainsi qu'avec le bonnes-mares : puissance, distinction et longévité. Toutes ces qualités ne sont pas étrangères à leur situation en milieu de coteau, en pente douce. L'échezeaux couvre en revanche une superficie beaucoup plus vaste, près de 40 ha (1 000 hl), sur onze lieux-dits différents, inclus en totalité ou partiellement dans l'aire de production. Quatre-vingt producteurs vinifient cette appellation et la plu-

part de ces cuvées s'assimilent aux meilleurs premiers crus de la Côte. Là aussi, la situation topographique accentue les différences. La combe d'Orveaux, une des rares combes de la Côte plantées partiellement en vigne, présente à elle seule, dans le lieu-dit En Orveaux, une situation originale pour un grand cru et totalement différente du reste de ce cru.

En poursuivant vers le sud, on traverse les excellents premiers crus Les Suchots avant de se retrouver en haute compagnie : romanée saint-vivant, richebourg, la romanée, romanée-conti, la grande rue, la tâche.

Quatre de ces crus constituent des monopoles : la tâche et romanée-conti appartiennent au domaine de la Romanée-Conti, la romanée au

chanoine J. Liger-Belair et la grande rue au domaine Lamarche. La tâche couvre 6 ha (170 hl) mais au début du siècle sa superficie était inférieure ; on lui rattacha le lieu-dit Les Gaudichots en 1924. Riche-bourg s'étend sur 8 ha (230 hl).

La romanée, romanée-conti, romanée saint-vivant

D'autres villages possèdent une romanée (Gevrey-Chambertin, dont une partie classée en premier cru, Chassagne-Montrachet). Ces lieux-dits sont toujours situés sur le coteau.

Le vignoble de Vosne-Romanée était très convoité au Moyen Age. Les moines de Saint-Vivant possédaient au XIIe siècle une parcelle de vigne en Romanée. D'autres parcelles vinrent s'ajouter à leur propriété, notamment des dons de la duchesse de Bourgogne Alix de Vergy. Il est donc vraisemblable que Saint-Vivant possédait alors les trois grands crus actuels. Enchevêtrées dans leurs limites, la romanée (84 a, 27 hl) et romanée-conti (1,80 ha, 52 hl) ne constituent en fait qu'un seul et même climat. Un mur ferme de trois côtés cette vigne. Une partie seulement du clos fut acquise avant la Révolution par le prince de Conti qui lui donna son nom.

Romanée-conti connut dès le XVIIIe siècle une célébrité univer-

Les sols de la Côte et des Hautes Côtes à la hauteur de Vosne-Romanée.

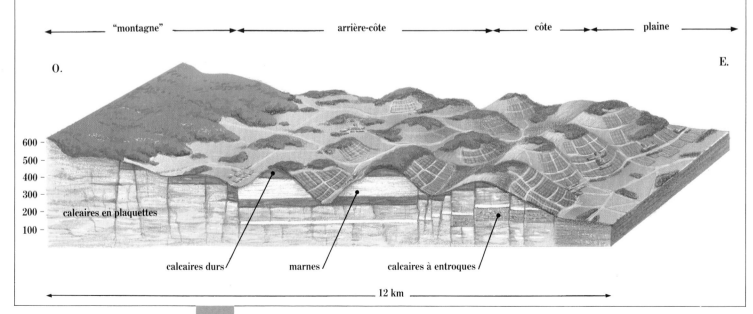

selle, portant quelque peu ombrage à la romanée. Les deux appellations sont cependant remarquables. Leur situation est idéale et leurs vins éclatants. La romanée occupe une position légèrement plus en pente ; c'est peut-être l'élément naturel qui module l'originalité de l'appellation.

Quant à romanée saint-vivant (9,4 ha, 250 hl), elle porte le nom du monastère qui la posséda jusqu'à la Révolution. Elle se trouve dans une position un peu différente de celle des autres grands crus du village. Ses terrains sont marneux dans la partie haute. On rencontre dans la partie basse ceux de la romanée-conti et du richebourg. Ces vins sont astringents et leur corps en favorise

le vieillissement. Leur évolution aromatique tend vers des nuances de type animal.

Les autres grands crus, un peu plus hauts sur le coteau, naissent sur des horizons de calcaire dur et des sols généralement caillouteux et peu profonds. L'exposition tourne légèrement au nord-est dans le richebourg. De grande classe, ces vins se livrent un

peu plus lorsqu'ils sont jeunes, mais tous sont armés pour une longue garde.

Vosne possède encore plusieurs premiers crus remarquables : Les Suchots, Les Beaux Monts, Malconsorts entre romanée et la tâche.

L'appellation vosne-romanée déborde sur Flagey-Echezeaux. Elle est plus diverse.

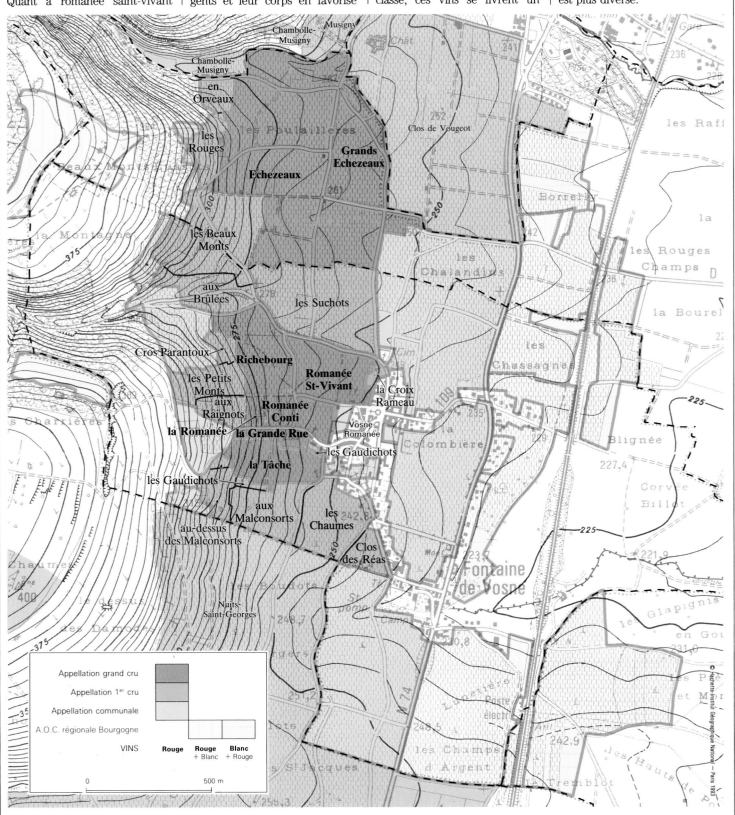

NUITS-SAINT-GEORGES

V ieilles habitudes et riche commerce », c'est ainsi que G. Roupnel voyait Nuits-Saint-Georges, ville affable. Son beffroi du XVIIe siècle domine l'animation des maisons d'élevage et de négoce des vins. Plus de 5 000 habitants et une économie en expansion. Le Meuzin descend des Hautes Côtes par la jolie combe de la Serrée, mais Nuits a recouvert son lit. A la sortie de la ville en direction de Beaune, le château Gris perché sur le flanc du coteau offre au paysage une touche de belle architecture.

Au nord de la commune, le vignoble s'apparente à celui de vosne-romanée : coteau abrupt, puis pente douce jusqu'à la grande route. L'exposition n'a pas changé depuis Gevrey-Chambertin. Au sud s'amorce une orientation de la Côte bien différente : les coteaux se tournent vers l'est-sud-est. Les bonnes terres sont plus rares, la vigne rétrécit. Constituant toujours la limite des

vins fins, la grande route se rapproche du coteau. Aux sommets dénudés de Vosne et du nord de Nuits succèdent des hauts de pente boisés. Sur la commune de Premeaux qui fait partie de l'aire géographique de l'A.O.C. nuits-saint-georges (170 ha, 4 500 hl), une succession de clos alignés au long de la grande route enrichissent l'appellation.

Nuits a ajouté à son nom celui de Saint-Georges en 1892. C'est, après Beaune, le siège d'un négoce-éleveur important. De nombreuses activités annexes s'y sont installées : production de vins effervescents (crémant de bourgogne), jus de fruits, emballage et étiquetage du vin.

La proximité des Hautes Côtes qui produisent les petits fruits (cassis, framboise, etc.) et le courant normal de circulation vers Nuits des habitants de cette région ont favorisé l'implantation de liquoristes fabriquant des liqueurs à base de fruits, et plus particulièrement de la crème de

cassis. Le vieillissement et la commercialisation des eaux-de-vie de marc et fine de Bourgogne constituent également une activité importante du pays nuiton.

Des premiers crus de grande classe

S es vins possèdent toutes les qualités reconnues aux grands bourgogne. En général, ils sont solides et se conservent bien. Ils sont souvent durs dans leur jeunesse. Il n'y a pas de

Les vendanges à Nuits-Saint-Georges.

grands crus, mais un certain nombre de premiers crus (100 ha, 3 000 hl) de grande classe. Les différences des sols, des orientations et des situations entre les vignobles du nord et du sud de Nuits entraînent une diversité des vins.

Au nord, Les Damodes, Aux Boudots, La Richemone, Aux Chaignots, clos de Thorey, Aux Murgers et Aux Vignerondes donnent des vins du même style à quelques nuances près et très voisins de ceux de Vosne-Romanée issus du même coteau. Les

Le cratère Saint-Georges
Dans son Voyage autour de la Lune, *Jules Verne fait boire à ses héros une bouteille de vin de Nuits pour fêter « l'union de la Terre et de son satellite ». Le 25 juillet 1971, l'équipage d'Apollo XV commémora ce geste en baptisant officiellement cratère Saint-Georges un trou lunaire. Les Nuitons à leur tour ont donné le nom de Cratère-Saint-Georges à l'une de leurs places, inaugurée en 1973 par les astronautes américains. Nuits s'enorgueillit donc avec raison de posséder le seul vin au monde connu sur la Terre et sur la Lune !*

niveaux marneux sous-jacents existent toujours et les racines viennent y puiser ce qui donnera au vin une certaine astringence, gage de longévité.

Dans la partie haute du coteau, la faible épaisseur et la légèreté du sol apportent davantage de finesse. De nombreuses parcelles incultivables parsèment le coteau. L'érosion a emporté la terre arable nécessaire à la vigne. Dans certains cas, la roche a été concassée pour qu'on puisse installer le vignoble, mais l'interdiction des apports de terre limite les aménagements en vue de plantations nouvelles.

Le fief des clos

Dans la partie sud, Les Pruliers, Les Procès, Rue de Chaux et Roncière fournissent des vins élégants et agréables jeunes, mais qui vieillissent bien. Les Porrets tirent certainement du calcaire rose de Premeaux leur caractère sauvage de poirettes alors que Les Vaucrains, Les Cailles et Les Saint-Georges (un cru qui existait déjà en l'an mil) doivent extraire du cailloutis issu de la petite combe voisine leur force pour résister aux atteintes du temps. Au-dessus, Les Perrières, Les Crots et Les Poulettes sont directement sur la roche.

Premeaux-Prissey (42 ha en premiers crus, 1 800 hl) est le fief des clos : clos des Forêts-Saint-Georges dans Les Forêts ; clos des Corvées, clos des Corvées Pagets, clos Saint-Marc, proches de l'église dans le lieu-dit Aux Corvées ; clos des Argillières, clos des Grandes Vignes, clos de l'Arlot, tellement pentu en plein cœur de Premeaux qu'une partie ne peut être cultivée qu'à la main ; clos de la Maréchale enfin, qui offre une belle unité à sa terre très rouge.

A l'exception de deux lieux-dits, l'appellation nuits-saint-georges se cantonne à cette commune. Son homogénéité n'est pas parfaite. Les vins de la partie sud de la commune, sur éboulis issus du plateau, se distinguent de ceux de la partie nord, qui, comme dans la zone du village de Vosne-Romanée, sont issus des formations plus récentes de l'Oligocène.

Nuits-Saint-Georges a également donné son nom à une appellation régionale : côte de nuits-villages.

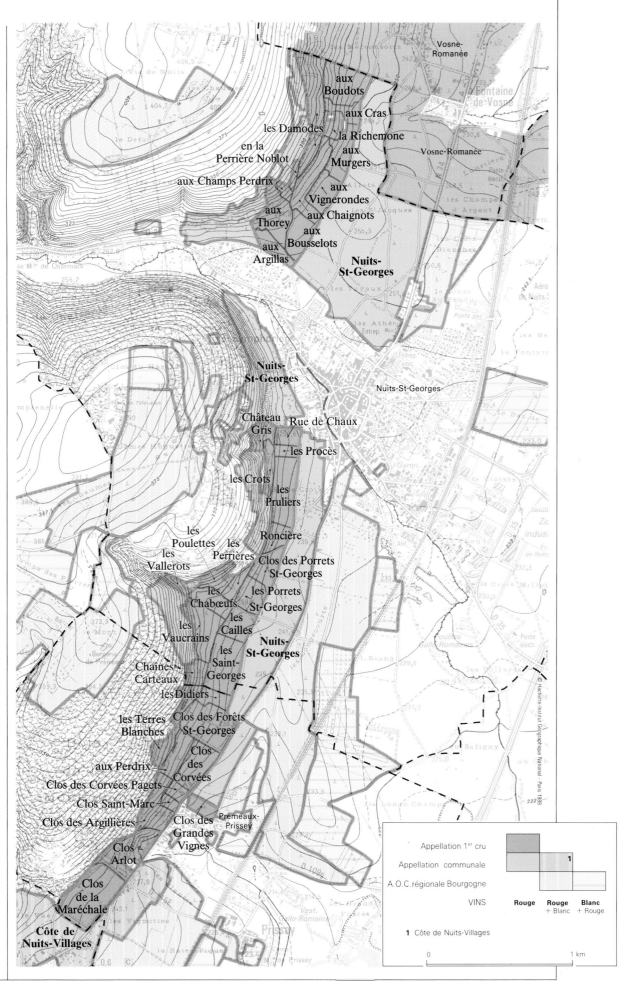

Appellation 1er cru
Appellation communale
A.O.C. régionale Bourgogne

VINS   Rouge   Rouge + Blanc   Blanc + Rouge

1 Côte de Nuits-Villages

0   1 km

CÔTE DE BEAUNE   HAUTES CÔTES DE BEAUNE

Peu après Corgoloin, toute la Côte de Beaune apparaît en enfilade, depuis la butte de Corton jusqu'à la colline pyramidale du Camp de Chassey située en face des Maranges. Une vingtaine de kilomètres séparent ces deux vignobles. Moins raide, la Côte prend de l'ampleur, s'ouvre sur des combes profondes, s'inonde de vignes. Des formations géologiques plus tendres modulent un relief aux formes adoucies.

Unité et diversité

L'unité n'exclut jamais en Bourgogne la diversité. Les versants de la butte de Corton réunissent sur une faible étendue toutes les situations rencontrées en Côte de Beaune. La vigne accapare le coteau jusqu'à son sommet presque toujours coiffé de bois de chênes ou de pins. Les marnes s'enfoncent profondément dans le sol, formant de longues pentes et élargissant le piémont. Constitué de roches calcaires plus dures, le bas du coteau se confond peu à peu avec les alluvions de la plaine de la Saône. Ces terrains recouverts d'éboulis descendus du plateau portent des vignes d'appellations communales, puis régionales. Les expositions varient davantage qu'en Côte de Nuits.

Plutôt qu'une véritable côte, il s'agit maintenant d'une succession de collines entre de larges vallons. Comme les types de sol et les expositions varient beaucoup, l'encépagement s'enrichit du chardonnay, très rare en Côte de Nuits.

Faut-il penser que les vignes blanches se plaisent surtout sur les terres blanches ? C'est vrai en Charlemagne et sur Saint-Romain, mais il existe ici d'excellents vins rouges, comme ceux de Volnay et de Pommard produits

également sur des terres blanches. Les vins de Meursault ainsi que ceux de Montrachet sont issus de sols différents. Si les vins rouges de la Côte de Nuits sont de garde, ceux de la Côte de Beaune ont souvent un éveil plus précoce.

Beaune est la capitale incontestée des vins de Bourgogne. Dominée par la montagne de Beaune, une hauteur aux frais ombrages, la ville possédait presque la même population que Dijon au début du XIXᵉ siècle. Jusqu'à une époque récente, elle a choisi de ne pas grandir, gardant son corset de remparts et se vouant au vin, son unique passion. L'essentiel de cette activité économique se réalise en effet à Beaune où un grand nombre de maisons de négoce-éleveur ont leur siège et leurs caves.

On disait jadis « vin de Beaune » pour désigner les produits de toute cette partie de la Côte. Les appellations ont aujourd'hui plus de rigueur. Sous l'A.O.C. côte de beaune-villages sont commercialisés les vins rouges de toutes les appellations communales de la Côte de Beaune, sauf aloxe-corton, beaune, pommard et volnay. La différence est donc sensible avec l'appellation similaire en Côte de Nuits, limitée aux communes des deux extrémités.

Par ailleurs, l'A.O.C. côte de beaune, produite sur 50 ha à Beaune même, ne bénéficie pas de cette faculté. En revanche, la mention côte de beaune doit figurer auprès de l'A.O.C. communale lors du baptême si l'on envisage la commercialisation en A.O.C. côte de beaune-villages. Sans doute ces prescriptions apparaissent-elles souvent byzantines. Mais on ne comprend rien à la Bourgogne si l'on n'accepte pas de pénétrer dans le labyrinthe de sa complexité.

Renaissance

Moins austères que les Hautes Côtes de Nuits, dont la beauté respire la gravité, les Hautes Côtes de Beaune ont quelque 30 km de longueur et 5 à 6 km de largeur. C'est un pays naturel au relief plein de surprises. D'innombrables vallées le découpent en tout sens.

La vigne offre son sourire à des coteaux dont l'altitude varie de 300 à 400 m, quelquefois un peu plus. Absentes dans les Hautes Côtes de Nuits, les formations liasiques étendent ici l'éventail géologique.

La Rochepot.

La vigne plonge ses racines loin dans le passé. On but du vin de Meloisey au sacre de Philippe Auguste, assure-t-on au village. Comme dans les Hautes Côtes de Nuits, ce vignoble fut décimé par la crise du phylloxéra, la surproduction, la concurrence des vins du Midi et d'Algérie, la mévente, la guerre de 1914, la dépopulation... Une renaissance s'est cependant produite, suscitant la création de la coopérative des Hautes Côtes, un premier outil économique.

Des efforts de qualité ont permis à cette région oubliée par les A.O.C. de conquérir en 1961 les appellations bourgogne hautes côtes (de nuits et de beaune). La vigne qui couvrait dans les Hautes Côtes 3 000 ha en 1914 et 770 seulement en 1963 renaît peu à peu, dépassant actuellement les 1 000 ha. La stricte délimitation des meilleurs terroirs, la replantation sur les coteaux les mieux exposés, le choix du pinot noir et du chardonnay, associés parfois au gamay et à l'aligoté, le dynamisme de jeunes viticulteurs qui ont fait le pari de « rester à la terre » favorisent l'expansion de ce vignoble courageux. Ses vins ont beaucoup de fruit. Ils sont agréables jeunes et leur solidité les rend aptes à une garde de quelques années.

Une source sacrée
Beaune doit à l'eau son origine et même son nom. La ville est née avant notre ère auprès de la source sacrée de l'Aigue, Belena, et sous le patronage de Belenos, dieu des eaux vives. Les Romains remplacèrent ce culte celte par celui d'Apollon. Puis le christianisme se développa... Beaune demeure placée sous la protection de la Vierge, qui figure sur son blason. Celle-ci offre à l'Enfant Jésus une grappe de raisin, car on ne saurait oublier ici d'où vient toute richesse.

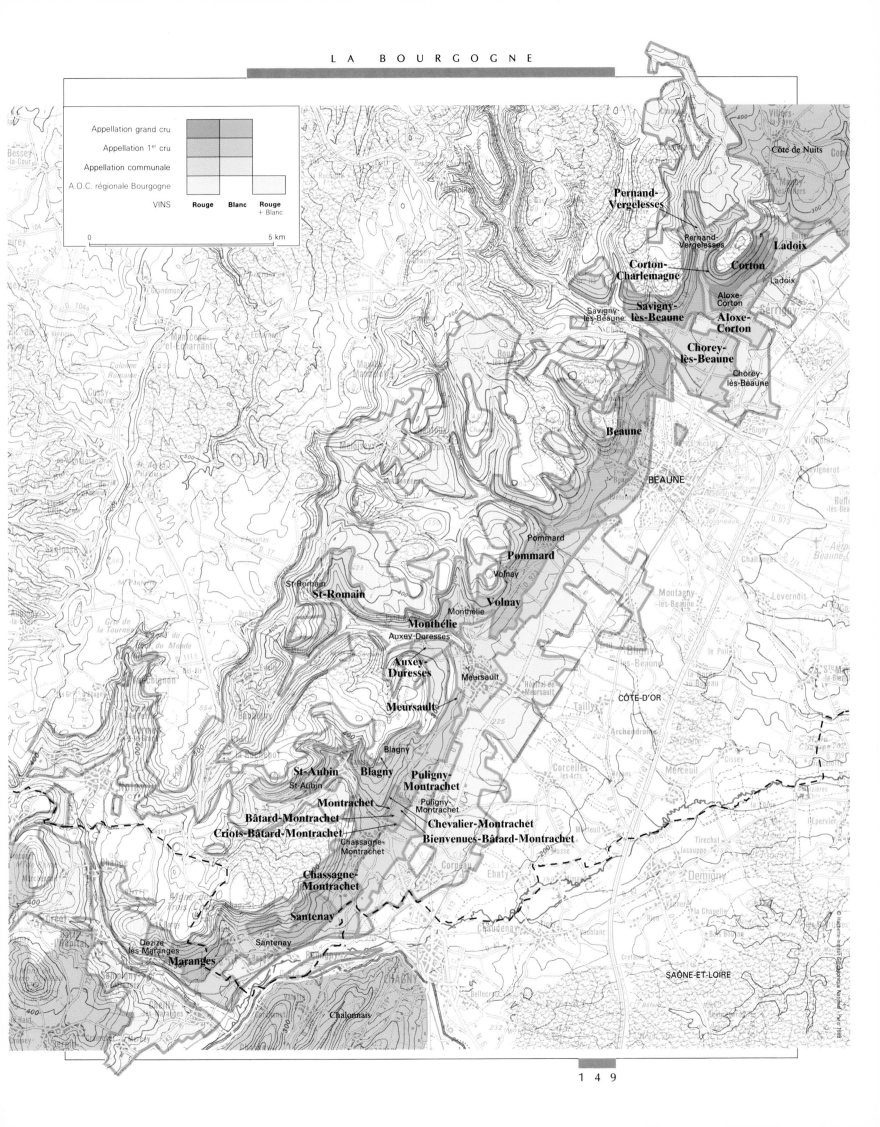

Appellation grand cru
Appellation 1er cru
Appellation communale
A.O.C. régionale Bourgogne

VINS   Rouge   Blanc   Rouge
+ Blanc

0   5 km

Bessey-
la-Cour

Côte de Nuits

Pernand-
Vergelesses

Pernand-
Vergelesses

Ladoix

Corton-
Charlemagne

Corton

Ladoix

Savigny-
lès-Beaune

Savigny-
lès-Beaune

Aloxe-
Corton

Aloxe-
Corton

Chorey-
lès-Beaune

Chorey-
lès-Beaune

Beaune

BEAUNE

Pommard

Pommard

Volnay

Volnay

St-Romain

St-Romain

Monthélie

Monthélie

Auxey-Duresses

Auxey-
Duresses

Meursault

Meursault

CÔTE-D'OR

Blagny

St-Aubin

Blagny

Puligny-
Montrachet

St-Aubin

Montrachet

Puligny-
Montrachet

Bâtard-Montrachet

Chevalier-Montrachet

Criots-Bâtard-Montrachet

Bienvenues-Bâtard-Montrachet

Chassagne-
Montrachet

Chassagne-
Montrachet

Santenay

Santenay

Dezize-
les-Maranges

Maranges

SAÔNE-ET-LOIRE

Chalonnais

AUTOUR DE LA

Formant belvédère au-dessus de la partie nord du pays beaunois, la « montagne » de Corton, orientée sud-est - sud-ouest, domine ce paysage adouci, aux angles arrondis. La vigne en profite. Elle s'étend sur la plaine et elle gagne les combes sans perdre de sa valeur. Les villages ne sont plus alignés sagement tout au long de la Côte, mais ils ont grandi dans la plaine (Chorey-lès-Beaune), au creux d'un vallon accueillant (Savigny-lès-Beaune) ou au flanc d'une combe (Pernand-Vergelesses).

Ladoix-Serrigny

Serrigny est un hameau agricole de la plaine, la-doix (135 ha, 2 200 hl, surtout rouges) le nom de l'appellation commu-nale principale donnée surtout à des rouges. Il provient du vieux mot *douix* (source, résurgence) : il s'agit de la Lauve, petite rivière née au pied de la butte de Corton. Mais le véritable pays viticole est le hameau de Buisson. Porte de la Côte de Beaune, c'est un vrai petit village vigneron dont les rues ont du mal à se faufiler entre les maisons.

Aloxe-Corton. Les vendanges. En bas, le château de Corton-André.

Les calcaires durs de la Côte de Nuits s'enfoncent sous les marnes du Corton. Sous le bois de Mont, les vins ressemblent à ceux de la Côte de Nuits : vinosi-té et charme. Le reste se situe dans le piémont de la « monta-gne » de Corton et sur le coteau qui prolonge au nord le versant. Les vins de piémont, issus du pinot noir comme ceux produits plus au nord, sont différents, plus durs et plus longs à se faire. Au pied de la combe de Magny, on rencontre un matériau plus argileux et plus riche en chailles (silex) : Les Chaillots.
Le coteau qui prolonge les cortôn offre d'excellents vins rouges dont certains sont classés en pre-miers crus (Le Bois Roussot). Au-dessus, les marnes sont plus propices à la production de vins blancs de qualité (Les Grêchons). Mais dans les premiers crus ré-cemment promus, c'est la partie non retenue en grand cru des Basses et Hautes Mourottes et surtout La Corvée qui, dans un style différent, retiennent l'atten-tion.

Aloxe-corton

Les meilleurs climats de la commune sont inclus dans les grands crus et dans les premiers crus. Ils correspondent aux niveaux marneux et calcaires peu recouverts. La partie basse est variée, en majorité recouverte d'éléments apportés par la combe de Pernand, auxquels se mêlent en abondance des chailles.
Les vins sont ici du même style que ceux des Chaillots de Ladoix, en général durs dans leur jeunes-se. Il faut les attendre. La zone des Boutières se distingue par ses sols argileux, plus ou moins lessivés, produisant des vins de moindre qualité. A la limite de Ladoix, en haut de la Côte et face à la belle chapelle Notre-Dame-du-Chemin, protectrice des usagers de la rou-te, les marnes de la Bresse font une toute petite incursion dans l'A.O.C. aloxe-corton.

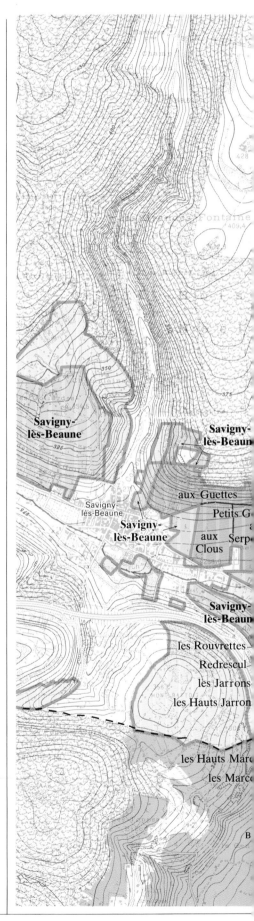

MONTAGNE DE CORTON

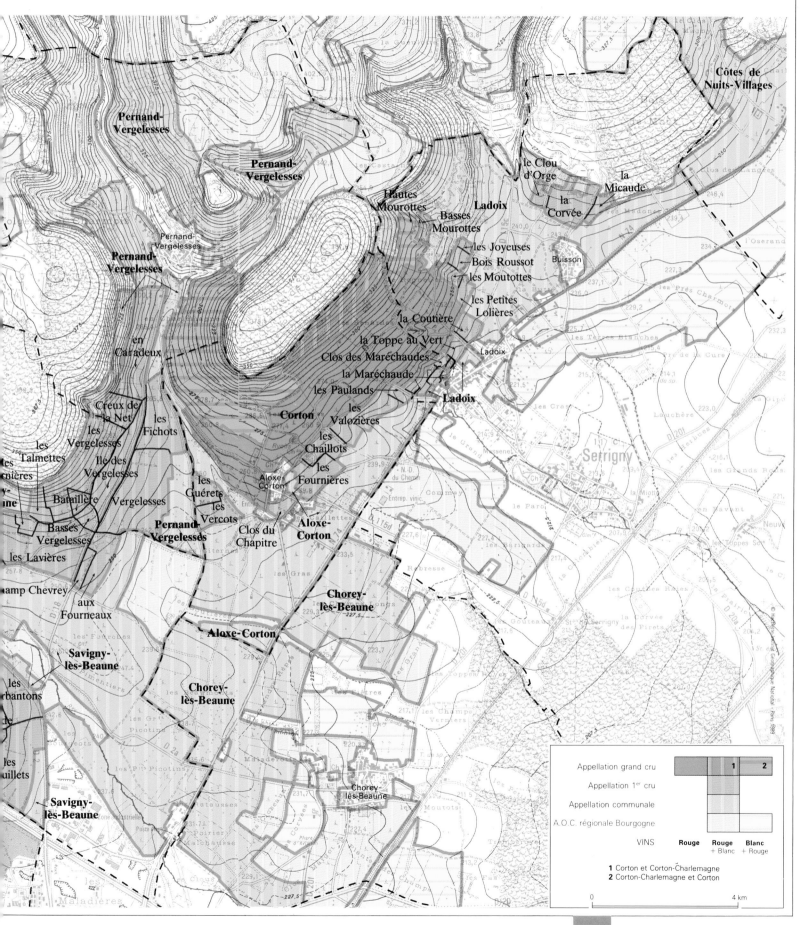

Côtes de
Nuits-Villages

Pernand-
Vergelesses

Pernand-
Vergelesses

Hautes
Mourottes

le Clou
d'Orge

la
Micaude

Ladoix

Basses
Mourottes

la
Corvée

Pernand-
Vergelesses

les Joyeuses

Bois Roussot

Buisson

Pernand-
Vergelesses

les Moutottes

les Petites
Lolières

en
Caradeux

la Coutière

la Toppe au Vert

Ladoix

Clos des Maréchaudes

la Maréchaude

les Paulands

Ladoix

Creux de
la Net

les
Vergelesses

les
Fichots

Corton

les
Valozières

Serrigny

les
Talmettes

Île des
Vergelesses

les
Chaillots

Bataillère

Vergelesses

les
Guérets

les
Fournières

Basses
Vergelesses

les
Vercots

Aloxe-
Corton

Aloxe-
Corton

les Lavières

Clos du
Chapitre

amp Chevrey

aux
Fourneaux

Chorey-
lès-Beaune

Pernand-
Vergelesses

Savigny-
lès-Beaune

Aloxe-Corton

Chorey-
lès-Beaune

Savigny-
lès-Beaune

Chorey-
lès-Beaune

Appellation grand cru		1	2
Appellation 1er cru			
Appellation communale			
A.O.C. régionale Bourgogne			

| VINS | Rouge | Rouge + Blanc | Blanc + Rouge |

1 Corton et Corton-Charlemagne
2 Corton-Charlemagne et Corton

0   4 km

Pernand-vergelesses

« Qui voit Pernand n'est pas dedans » : on grimpe en effet pour l'atteindre. Ce village vigneron semble avoir été peint pour un décor de théâtre, pense P. Poupon. La grande maison qui surplombe la route fut habitée de 1925 à sa mort en 1949 par Jacques Copeau, créateur du théâtre du Vieux-Colombier à Paris et rénovateur de l'art dramatique. Son idée était d'en faire pour le théâtre un « Bayreuth français ».

Pernand-Vergelesses est copropriétaire de la butte de Corton. Son versant sud-ouest porte les grands crus corton-charlemagne et charlemagne. Dans le même lieu-dit, on peut également produire, selon les endroits, l'A.O.C. corton rouge, l'A.O.C. aloxe-corton et l'A.O.C. pernand-vergelesses rouge et blanc.

La commune (195 ha, 3 500 hl dont 2 000 en rouges) est réputée pour ses aligotés (cultivés autrefois jusqu'au sein du charlemagne) produits en coteau. Ils ont souvent laissé place au chardonnay ou au pinot noir, car on y fait d'excellents vins blancs et en quantité plus importante des vins rouges. Ceux d'appellation communale sont solides, d'aspect robuste dans leur jeunesse. Ils évoluent bien. Des vins « paysans » au sens noble du terme.

Savigny-lès-beaune

Pernand partage avec Savigny-lès-Beaune le lieu-dit Les Vergelesses (Charlemagne buvant ce vin aurait dit : « Vin je bois, verre je laisse ! »). Il existe comme premier cru sur les deux communes, mais la meilleure cuvée est constituée par le cœur du lieu-dit, formant comme une île sur cette mer de vigne : l'île

des Hautes Vergelesses. Si ces vins sont très « féminins », la femme jouit alors de la plénitude de l'âge : charme et élégance.

Le Rhoin descend de Bouilland, pittoresque village des Hautes Côtes. Sa vallée rejoint celle de Pernand et constitue un replat où la vigne s'est implantée presque jusqu'au village de Chorey-lès-Beaune dans la plaine. C'est là que le vignoble occupe la plus grande largeur. Les vins rouges produits sur des éboulis soliflués sont remarquables par leur légèreté. Mais Savigny doit sa renommée aux premiers crus dont la finesse apparaît comme le point commun. Au sud, Les Lavières font suite aux Vergelesses et occupent la partie basse du coteau. Développées sur de la « lave »

— calcaires grenus en petites dalles de quelques centimètres d'épaisseur — les vignes donnent des vins élégants et légers (375 ha, 11 500 hl, surtout rouges).

De l'autre côté s'élève la « montagne » de Beaune, et sous l'autoroute, Les Narbantons et Les Jarrons, quelquefois complantés en blanc, donnent des vins plus solides, plus vifs dans les deux couleurs. Les Marconnets se rapprochent des vins de Beaune.

Chorey-lès-beaune

Au fur et à mesure que l'on s'écarte de la Côte vers l'Est, les sols s'enrichissent des influences de la Bresse et les vins deviennent moins fins. Deux types différents apparaissent à Chorey-lès-Beaune : ceux du sud, évolués sur éboulis calcaires vraisemblablement canalisés par les combes de Pernand et de

Bouilland, proches de l'appellation savigny, et ceux du nord, sur argiles enrichies de chailles, s'apparentant à l'appellation voisine aloxe-corton (140 ha, 5 500 hl, rouges).

Corton et corton-charlemagne

Le bois de Corton couronne majestueusement le plus bel ensemble viticole de la Côte. On parle même de la « montagne » de Corton, bien qu'elle culmine à 400 m d'altitude seulement. Aloxe - Corton, Pernand - Vergelesses et Ladoix-Serrigny ont en partage ce terroir éblouissant, le seul à produire un grand cru rouge (le corton) et un grand cru blanc (le corton-charlemagne).

Sur la commune de Pernand-Vergelesses, le bois a la forme d'un haricot. Du côté du versant le mieux exposé, il forme une petite falaise fixant la limite supérieure du vignoble. Constitué de calcaires fins et compacts (Oxfordien supérieur), le sol n'offre pas à la vigne des ressources suffisantes pour nourrir ses raisins. L'altitude est par ailleurs un peu trop élevée pour des grands crus.

En dessous, le coteau est couvert de vigne sur les versants bien exposés. Les expositions varient de l'est à l'ouest - nord-ouest, en passant par le plein sud. Les cultures s'étagent de 250 à 350 m sur une pente presque ininterrompue, ce qui est assez rare dans la Côte bourguignonne.

Relativement homogènes, les formations géologiques ont directement influencé l'implantation des cépages, les types de vin et les appellations d'origine.

Juste sous le bois, la partie haute du coteau s'appuie sur des marnes épaisses contenant une proportion importante de calcaire (jusqu'à 45 %) et sur une forte couche de sables fins quartziques. Ces marnes peu recouvertes sont d'apparence blanchâtre, entrecoupées de minces bancs de

En haut, Pernand-Vergelesses, un village typiquement bourguignon. Ci-dessus, le coteau de Corton en haut duquel le chardonnay donne sa pleine expression.

Pourquoi Charlemagne ?

L'empereur Charlemagne possédait un domaine entre Aloxe et Pernand, qu'il fit planter de vigne et qu'il offrit en 775 à la collégiale de Saulieu. D'où l'origine du climat En Charlemagne. Pourquoi un vin blanc ? L'empereur ne voulait pas rougir sa barbe fleurie...

De nombreux lieux-dits proviennent de noms de famille (Bertin pour Chambertin, Boudriot pour La Boudriotte, seigneurs de Commarin pour La Commaraine, Bressand pour Les Bressandes, etc.).

calcaire. Le chardonnay donne ici des vins blancs de grande qualité.

En descendant, un peu en dessous de la courbe de niveau 300, le relief devient moins abrupt. On aborde des niveaux calcaires plus compacts, où l'érosion est plus faible. Les calcaires supérieurs, peu épais, sont gréso-marneux. Ils surmontent un niveau de terre jaune ou rouge, oolithique, riche en fer (oolithe ferrugineuse), apparent sur le versant sud, puis un complexe calcaire (la « dalle nacrée », appelée ainsi en raison des nombreux coquillages fossiles). Ces niveaux calcaires sont souvent recouverts de colluvions. Ils conviennent bien au pinot noir.

Bien entendu, la séparation entre marnes et calcaires durs n'est pas aussi nette dans l'encépagement. Le pinot noir existe par exemple aux côtés du chardonnay dans la partie haute, alors que l'inverse ne se produit pas.

Les sols sur marnes sont souvent peu profonds (rendzines grises).

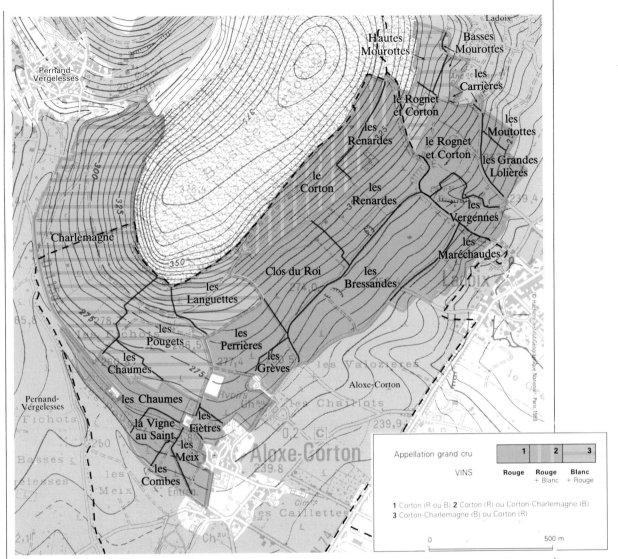

Le pigeage de la vendange à Aloxe-Corton.

Le chardonnay y mûrit mieux que le pinot noir, ces sols étant plus froids. Il peut croître sur les sols bruns calcaires, mais il donnerait peut-être des vins trop tendres à l'acidité insuffisante. En revanche, le pinot noir mûrit très bien sur des formations légères superficielles où il puise toute la finesse des arômes des grands bourgognes. Les marnes plus profondes lui fournissent l'ampleur, la mâche (c'est-à-dire l'astringence), le corps, davantage que les simples tanins, rappelant dans la jeunesse du vin le râpeux de l'argile. On retrouve cela dans tous les vins rouges de Bourgogne

Un brûleur de sarments.

issus de sols identiques, riches en argile, et qui évoluent avec l'âge vers des notes aromatiques sauvages, animales ou de sous-bois.

Sur les calcaires plus ou moins marneux, fissurés, peu profonds, les sols sont d'apparence plus rouge ; le pinot noir donne des vins très distingués.

S'il n'existe sur la butte de Corton qu'un seul grand type de vin blanc, plusieurs types de vins rouges cohabitent.

Les usages ont consacré plusieurs appellations : la principale est le corton, surtout en rouge (160 ha, 3 000 hl), la plus connue en blanc est le corton-charlemagne (72 ha, 1 300 hl), mais il existe aussi l'appellation charlemagne, non utilisée.

L'origine de ces appellations peut être attribuée à l'existence sur Pernand du lieu-dit En Charlemagne qui par la nature de ses sols et son exposition était plus propice à la production de vins blancs. L'appellation charlemagne pouvait, jusqu'en 1948, être produite à partir du cépage aligoté qui couvrait ce coteau.

Comme on rencontre des vins rouges assez différents, les vignerons ont pris l'habitude de faire suivre leur appellation corton du nom du lieu-dit de production, à ne pas confondre avec un nom de marque accolé à l'appellation. La signification du nom du climat joint à l'A.O.C. corton varie en fonction de sa situation et du type de vin produit. C'est ainsi que les vins rouges des lieux-dits Les Languettes, le clos du Roy, Le Corton, Les Renardes sur Aloxe-Corton, Les Hautes et Basses Mourottes sur Ladoix-Serrigny, avec beaucoup plus de corps, évoluent très différemment des vins issus des climats Les Perrières, Les Bressandes, Les Maréchaudes sur Aloxe-Corton et Les Vergennes et Les Lolières sur Ladoix-Serrigny.

BEAUNE

Au carrefour de plusieurs autoroutes, Beaune avec son hôtel-Dieu est devenu un haut-lieu touristique. La ville est aussi la capitale du vin de Bourgogne. Remparts et bastions, rues silencieuses, grilles ouvragées, hauts murs, portraits de famille, lierre et glycine, Beaune vit et travaille sur des caves où dorment des millions de bouteilles…

La vigne a résisté à l'urbanisation, repoussant les quartiers nouveaux (Saint-Jacques) vers la plaine. On a pu craindre que la saignée de l'autoroute Paris-Lyon plongeant de Savigny sur Beaune ne soit irrémédiable. A la vérité, il n'en est rien et Beaune maintient le charme de sa montagne. Le large coteau qui domine la cité ne porte pas de grand cru, mais la plus grande surface en appellations de premier cru de toute la Côte (320 ha). Il s'y ajoute l'A.O.C. beaune (130 ha). En tout, 12 000 hl, surtout rouges.

Les Hospices de Beaune.

Blancs ou rouges, les vins de Beaune ont une personnalité bien marquée. Les premiers évoquent l'acacia, le chèvrefeuille, le miel, l'amande grillée, rappelant ceux de Pernand et de Savigny. Les seconds expriment une grande richesse aromatique, des nuances fauves complétant celles, classiques en Bourgogne, des fruits rouges.

Les différences perceptibles entre les premiers crus sont cependant sensibles : vins assez légers sur un sol sableux dans Les Grèves, par exemple. C'est ici que se situe la Vigne de l'Enfant Jésus,

ancienne propriété des carmélites. Le clos des Mouches doit son nom à la présence des guêpes ou des abeilles appelées jadis des « moûches ».

L'A.O.C. côte de beaune n'est ni communale ni régionale (50 ha, 220 hl). Elle occupe le haut du coteau (Les Mondes Rondes, La Grande Châtelaine). En raison de l'altitude, la maturation y est un peu plus tardive. Les vins sont proches de ceux de l'appellation communale. Côte de beaune ne peut pas actuellement être vendu sous le nom de côte de beaune-villages.

A l'ombre de l'hôtel-Dieu

Construit en 1443 par le chancelier de Bourgogne Nicolas Rolin, l'hôtel-Dieu est le monument bourguignon par excellence. Son gothique flamboyant, ses toits recouverts de tuiles multicolores, le polyptyque du *Jugement dernier* par Van der Weyden, la grande salle des

Pôvres en font l'image même de la région, à la mesure du siècle d'or des grands ducs d'Occident. La vente des vins des Hospices de Beaune (troisième dimanche de novembre) constitue un événement mondial. Ce domaine viticole s'étend sur 58 ha dans la Côte de Beaune, à l'exception d'une vigne en Mazis-Chambertin. Les cuvées portent les noms des donateurs. Les enchères, qui ont lieu traditionnellement « à la bougie », atteignent souvent des prix astronomiques, sans rapport aujourd'hui avec les cours du marché.

Carte

Savigny-Chorey

Côte de Beaune
Beaune
les Marconnets
en l'Orme
Blanches Fleurs
les Perrières
Clos de l'Ecu
à l'Ecu
en Genet
Clos du Roi
les Fèves
les Bressandes
les Cent Vignes
Côte de Beaune
les Toussaints
sur les Grèves
les Grèves
Beaune
Clos de la Féguine
aux Coucherias
le Bas des Teurons
Montée Rouge
aux Cras
les Teurons
la Mignotte
Clos des Avaux
les Seurey
Champs Pimont
le Clos de la Mousse
les
les Reversées
les Aigrots
les Sizies
Avaux
les Sceaux
le Clos des Ursules
Pertuisots
Bélissand
BEAUNE
Tuvilains
les Vignes Franches
Beaune
les Montrevenots
le Clos des Mouches
Clos St-Landry
les Chouacheux
les Boucherottes
les Epenotes
Pommard

Appellation 1er cru
Appellation communale
A.O.C. régionale Bourgogne
VINS | Rouge | Rouge + Blanc | Blanc + Rouge
1 Côte de Beaune
0   1 km

© Hachette-Institut Géographique National - Paris 1989

POMMARD

Sur le chemin de Beaune à Chagny, Pommard était jadis connu pour son gué signalé par une croix. Quand on dit en Bourgogne : « Tu n'es pas à la croix de Pommard », on veut dire : « Tu n'es pas au bout de tes peines ! »

Ce bourg situé à flanc de coteau (280 m) est traversé par la Vandaine, un ruisseau qui rejoint la Dheune.

Mis en valeur par des communautés religieuses dès le haut Moyen Age, ce terroir produit des vins rouges, solides et tanniques, plus corsés que ceux de Beaune, souvent d'un beau rouge foncé. Leur bouquet évoque le cuir ou encore la prune. Réputés pour leur franchise, ils se conservent bien. Le village ne possède pas de grands crus, ce qui peut paraître injuste. Les Epenots, Les Rugiens, clos de la Commaraine, clos Blanc, Les Chanlins en premiers crus apparaissent en effet comme d'excellents vins, ainsi que Les Noizons en appellation communale (350 ha dont 125 en premiers crus, 10 500 hl de rouges).

Les pins couronnent le sommet de la Côte et la vigne monte jusqu'à leur pied. Les sols contiennent davantage d'argile qu'à Beaune. Souvent rougie par des oxydes de fer (l'origine du climat Les Rugiens), la terre grasse explique la fermeté de ces vins. Les expositions varient selon les mouvements de terrain, de part et d'autre de la combe creusée par la Vandaine. Ainsi Les Charmots, Les Arvelets, La Chanière sont exposés plein sud.

Sur le coteau, le reste du vignoble est exposé au sud-est. Les clos et leurs murs font souvent obstacle à la circulation de l'air. Sans doute la chaleur et la vinosité des vins de Pommard en résultent-elles.

Exemple unique en Côte-d'Or, le château de Pommard, entouré d'un clos d'un seul tenant, couvre une vingtaine d'hectares. A La Commaraine, les celliers datent du XIIe siècle.

Le pressoir traditionnel de la cave coopérative de Pommard.

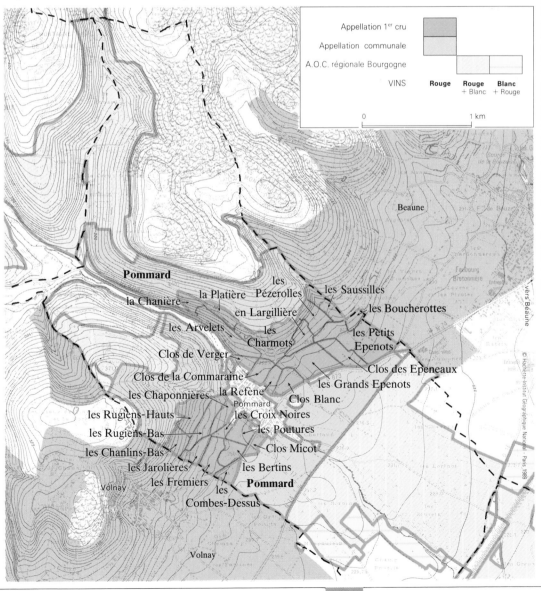

POMMARD-CLOS DE VERGER
PREMIER CRU
APPELLATION POMMARD CONTRÔLÉE
Domaine BILLARD-GONNET
PROPRIÉTAIRE A POMMARD, CÔTE-D'OR, FRANCE
MIS EN BOUTEILLE AU DOMAINE
75 cl

VOLNAY

Alors que la plupart des villages de la Côte de Nuits s'étendent au pied des combes et glissent vers la plaine, ceux de la Côte de Beaune grimpent volontiers sur le coteau. Haut perché, étroit et pentu, Volnay a le dos appuyé à la petite montagne du Chaignot. Comme Pernand, c'est un vrai village vigneron.

La plus grande partie de son coteau viticole, d'exposition sud-est, est constituée en profondeur par des couches marno-calcaires. Sur des surfaces importantes, ces niveaux sont recouverts par différentes formations à l'aspect caillouteux ou « sableux ». Sans doute est-ce pourquoi Volnay passe pour produire les vins les plus fins de la Côte de Beaune. Ils font le pendant avec ceux de Chambolle-Musigny en Côte de

Nuits. Ces appréciations doivent toutefois être nuancées, car terroir et climat diffèrent entre Volnay et Chambolle, de même qu'il existe des différences importantes dans le finage de Volnay (220 ha, dont 114 de premiers crus, 7 400 hl de rouges en tout).

Calcaires et argiles rouges

Marquée par la présence d'argiles rouges plutôt légères, la partie nord du vignoble est assez homogène et voisine à tous égards de celle de Pommard (Chanlin et Fremiets). Dans la partie basse, des cailloutis argilo-calcaires issus de la combe du village couvrent tout le versant du nord au sud. L'appellation volnay est surtout produite sur ce type de sol brun calcaire.

Entre les deux et sur des affleurements de marnes, aux abords du village, les premiers crus Les Pitures-Dessus et clos des Ducs ont du corps et de l'ampleur. Argiles rouges encore au sud pour les premiers crus : Les Caillerets (dont le clos des Soixante Ouvrées), Champans et juste au-dessus de la route d'Autun la partie basse du Taille-Pieds et du clos des Chênes. Ces vins se rapprochent des Chanlin. Le haut du Taille-Pieds et du clos des Chênes est constitué d'argiles et de colluvions caillouteuses plus ou moins épaisses sur des marnes argileuses. Ces vins peuvent être de longue garde. Leurs arômes évoluent souvent comme certains corton (Renardes), dans des nuances de sous-bois.

Produits sur la commune de Meursault mais appartenant à l'A.O.C. volnay, Les Santenots ressemblent aux Caillerets, comme le clos de la Bousse d'Or, le clos de la Barre et Les Angles.

VERS ST-ROMAIN

Voici monthélie. Le col est taillé dans des calcaires durs, puis on aborde la combe de Saint-Romain. Le chardonnay succède ici au pinot noir. Le paysage prend soudain du recul, du relief, de la diversité : il s'élargit sur les Hautes Côtes. L'origine du vignoble bourguignon se situe-t-elle ici ? On a pu le penser.

De part et d'autre de la combe d'Anay, le vignoble ouest de monthélie s'accole à celui d'auxey-duresses. Il s'agissait autrefois de deux hameaux, Auxey-le-Grand et Auxey-le-Petit. Ils ont adopté le nom du climat Les Duresses. Tous ces villages ont beaucoup de charme, et leurs habitants une spontanéité simple et attachante.

Bâtie sur le versant ouest du coteau de Volnay, Monthélie possède des terroirs (Sur la Velle, Les Vignes Rondes) dont les vins s'apparentent à ceux du clos des Chênes sur Volnay. Les Champs Fulliot, nettement calcaires dans le bas, produisent également des bouteilles dont l'extrême finesse l'emporte sur le corps (140 ha dont 31 en premiers crus, 2 850 hl en tout et essentiellement des rouges).

Sur le versant sud-est de la montagne du Bourdon, la meilleure part de l'appellation auxey-duresses est constituée par Les Duresses et le climat du Val sur ce même coteau, au sud de la Combe. Une cuvette naturelle bien exposée et des sols en cailloutis épais font parfois préférer Le Val aux Duresses tant ses vins apparaissent racés (170 ha dont 32 en premiers crus, 4 050 hl en tout dont les trois quarts de rouges).

Le versant nord-ouest se hérisse de superbes falaises au flanc desquelles s'accrochent de petits villages vignerons : Saint-Romain, Orches, Evelle, Baubigny. En raison de la qualité de ses vins blancs, seul le premier dans les Hautes Côtes a droit à une appellation communale. Comme c'est souvent le cas en Bourgogne, il existe deux vignobles à Saint-Romain : à l'ouest, des terrains du Lias, froids et argileux, où l'on produit, sur des éboulis épais et lorsque l'exposition est favorable, des appellations régionales.

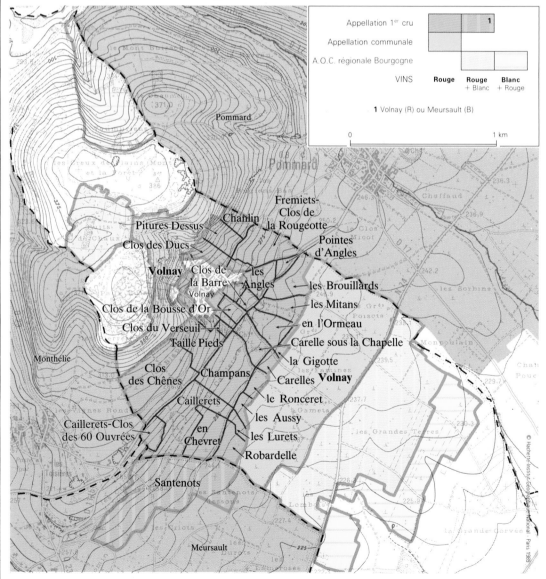

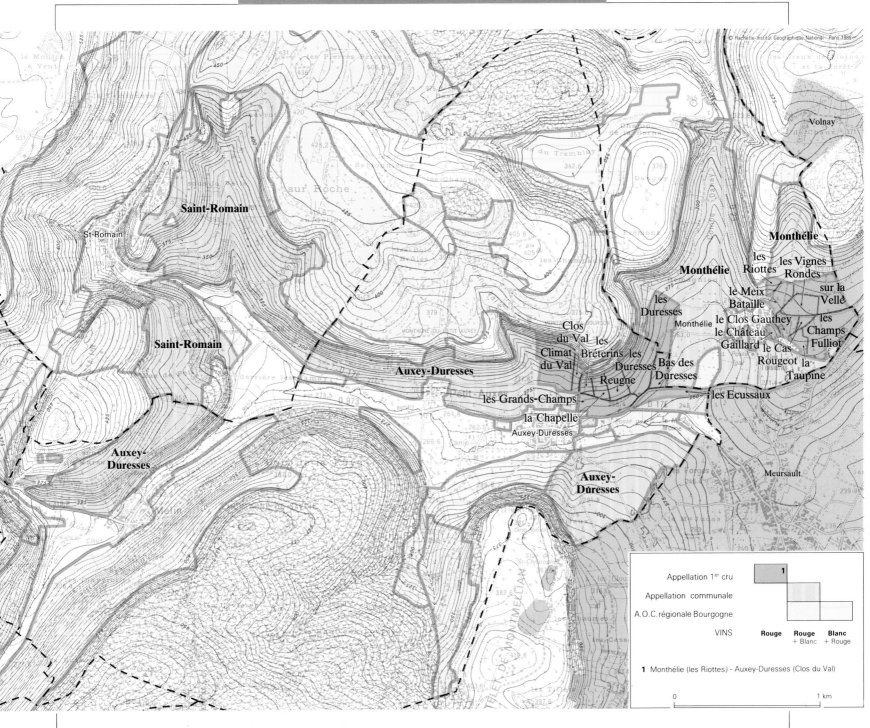

© Hachette-Institut Géographique National - Paris 1989

Saint-Romain

St-Romain

Saint-Romain

Auxey-
Duresses

sur Roche

MONTAGNE DU PETIT AUXEY

Clos
du Val
Climat
du Val

les
Bréterins
Reugne

les Grands-Champs
la Chapelle
Auxey-Duresses

Auxey-Duresses

Auxey-
Duresses

Volnay

Monthélie

les
Riottes

les Vignes
Rondes

sur la
Velle

le Meix
Bataille

les
Duresses

Monthélie

le Clos Gauthey
le Château
Gaillard le Cas
Rougeot la
Taupine

les
Champs
Fulliot

Monthélie

les
Duresses

Bas des
Duresses

les Écussaux

Meursault

Appellation 1er cru		**1**
Appellation communale		
A.O.C. régionale Bourgogne		

VINS   **Rouge**   **Rouge** + Blanc   **Blanc** + Rouge

1 Monthélie (les Riottes) - Auxey-Duresses (Clos du Val)

0   1 km

*A gauche, tapisserie de Lurçat,
détail (musée du Vin, Beaune).
A droite, Saint-Romain en hiver.*

Ce fossé va de Bouilland à Nolay.
A l'est en revanche, sur des sols
jurassiques, les marnes conviennent très bien au chardonnay,
donnant des vins secs et fruités,
assez vifs, d'une réelle originalité (135 ha, 1 900 hl, moitié en
blancs et moitié en rouges).
Au retour, un vignoble en pente
douce, orienté au nord-est, s'est
développé sur Auxey-Duresses à
proximité de meursault. Ses vins
blancs ont, avec ceux de cette
prestigieuse voisine, beaucoup de
points communs.

MEURSAULT

La Côte de Beaune est faite soit de petits villages serrés autour de leur clocher, soit de communes plus amples. Comme Gevrey-Chambertin, Meursault appartient à cette seconde famille. Ce gros bourg prend largement ses aises : un mélange de ruelles et de grand-rues, de minces maisons vigneronnes et d'opulentes demeures bourgeoises, un château aux caves magnifiques, de la vigne, des jardins, des vergers et des parcs. La flèche du clocher semble être l'œuvre des fées : une aiguille en pierre de taille, haute de 53 mètres, construite au XVe siècle.

Antérieure même au clos de Vougeot, la première vigne de l'abbaye de Cîteaux se situait à Meursault. Ce terroir, comme l'écrit le docteur J. Morelot en 1831, « doit son antique réputation à ses vins blancs ». Au milieu du siècle dernier, c'en était l'activité essentielle et très renommée. Pourtant dès cette époque, on divise le bon vignoble en deux parties, car il existe aussi des rouges à Meursault, et fort estimables, encore que les plus connus ne portent pas ce nom.

Entre rouges et blancs

A l'écart de la R.N. 74 qui s'éloigne peu à peu de la Côte et de part et d'autre du ruisseau des Cloux, meursault chevauche une vallée qui prolonge celle d'Auxey-Duresses en fixant la limite entre les terroirs « rouges » au nord et « blancs » au sud. Formant continuité avec le vignoble de volnay, Les Santenots (30 ha) offrent les meilleurs vins rouges de Meursault. Les Santenots du Milieu étaient déjà classés « tête de cuvée » en 1855. Un jugement du tribunal de Beaune leur reconnut, en 1924, le droit de s'appeler non pas meursault mais volnay santenots. L'usage s'est maintenu ici d'une culture en pinot noir. Ce qui ne s'appelle pas volnay santenots bénéficie de l'A.O.C. meursault côte de beaune.

La petite parcelle des Caillerets ainsi que le lieu-dit Les Cras, dans le prolongement des Caille-

En haut, le Château de Meursault. A droite, la fabrication des fûts.

rets de volnay, auraient dû normalement bénéficier aussi de l'A.O.C. volnay, tant ces vins en sont proches.

Le coteau sud marque deux niveaux séparés par de petites falaises exploitées autrefois en carrières. Le Jurassique moyen (pierre de Comblanchien) réapparaît ici après avoir plongé sous terre à Buisson (Ladoix-Serrigny) pour former un synclinal dont les géologues situent l'axe médian à Volnay. Le calcaire a cependant changé de physionomie et au « marbre » calcaire dur succède un calcaire dolomitique. La dolomie a été utilisée dans la région pour la fabrication du verre.

Au-dessus de ces falaises et jusqu'au sommet boisé ou dénudé de la Côte, entre 260 et 270 m d'altitude, le chardonnay s'épanouit sur des calcaires plus ou moins marneux, inégalement durs et fissurés. L'épaisseur de terre est faible, mais suffisante. Les vins sont élégants et subtils, d'une bonne qualité dans l'appellation communale d'où émergent quelques noms de lieux-dits (Les Chevalières, Les Luchets). La vigne des Tillets s'étage en terrasses sur les marnes calcaires. Il s'agit de la limite de l'appellation, un peu haute cependant.

Une situation idéale

Au-dessous des carrières s'étendent les vignobles les plus fins. Ils croissent sur des terroirs plus marneux où alternent en surface des sols bruns évolués à même la roche-mère ou sur des formations colluviales. C'est la situation idéale et le climat abrité des vents se conjugue au sol pour donner des vins éblouissants. Les Perrières d'abord, cru à la personnalité la plus nette qui associe charme et finesse. Ses vins sont pleins et riches, secs et moelleux. Ils atteignent leur plénitude au bout d'une dizaine d'années dans les bons millésimes. Les Genevrières-Dessus, Le Porusot-

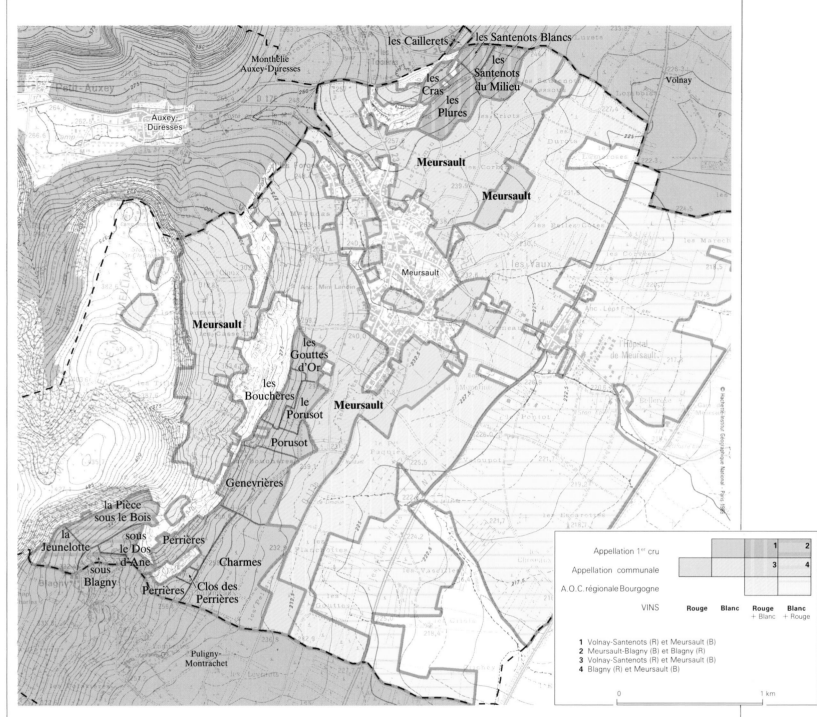

Appellation 1er cru

Appellation communale

A.O.C. régionale Bourgogne

VINS

| | Rouge | Blanc | Rouge + Blanc | Blanc + Rouge |

1 Volnay-Santenots (R) et Meursault (B)
2 Meursault-Blagny (B) et Blagny (R)
3 Volnay-Santenots (R) et Meursault (B)
4 Blagny (R) et Meursault (B)

0   1 km

Dessus (partie haute) et Les Bouches-Chères appelé aujourd'hui Les Bouchères (partie haute) ont des caractères analogues. Les terrains plus bas reposent sur des formations de versant caillouteuses qui allègent les vins. L'élégance prend le pas sur le corps (partie haute des Charmes, des Genevrières-Dessous et du Porusot). Plus au nord, Les Gouttes d'Or forment, avec la partie basse des Bouchères, un petit ensemble où des sols moins profonds favorisent la production de vins plus secs, charpentés et gras, « beurrés » selon l'expression locale. Bien que non classés en premier cru, Les Charrons,

Petits et Grands, n'en fournissent pas moins des vins de grande qualité. Le piémont descend ensuite en pente douce vers l'est et le vignoble atteint parfois la R.N. 74. Tandis qu'on s'éloigne du coteau, les blocs et graviers calcaires, en quantité importante à la base du coteau, laissent place à des formations plus argileuses (130 ha en premiers crus). L'appellation communale meursault (305 ha) est sagement restée au-dessus de la route de Puligny, sauf sous le village (Sous la Velle) où elle déborde un peu. Aux abords du village, certaines productions d'appellation régionale bourgogne sont honnêtes.

BLAGNY

Quelques maisons, au-dessus des carrières, entre Meursault et Puligny, tout près des montrachet, forment le hameau de Blagny. Les pierres des marches de l'hôtel-Dieu à Beaune viennent d'ici. La vigne pousse sur une grande terrasse de sols marneux exposés au midi, abritée des vents nord et ouest par un rideau d'arbres et une falaise. L'ensemble forme un microclimat particulier.
L'appellation blagny est réservée

aux vins rouges (54 ha, dont 44,4 ha en premiers crus), et la récolte moyenne est de l'ordre de 260 hl. Ils sont souvent un peu durs, toujours excellemment parfumés, avec un côté sauvage qui leur donne une personnalité originale. Ils sont parmi les plus prisés de la Côte de Beaune.
Les vins blancs sont vendus soit sous le nom de meursault suivi du nom de climat, soit sous le nom de puligny-montrachet.
La Pièce sous le Bois, Sous le Dos d'Ane, La Jeunelotte sont les climats les plus connus. On les trouve aussi bien en rouge qu'en blanc. Ils ont tous une personnalité très affirmée.

MONTRACHET

C ru sublime, classé depuis toujours au premier rang mondial des vins blancs secs, le montrachet vient au monde sur une maigre colline qui paraît insignifiante. Une herbe rase et quelques buissons chétifs couvrent son sommet. On disait autrefois « Mont-Rachat » (le mont chauve). Les portails de pierre qui donnent accès au clos sont tout juste piétonniers. Ils n'ont pas l'ampleur orgueilleuse de ceux du clos de Vougeot. Bref, la vigne se fait ici humble et discrète. Rien ne signale sa gloire.

Au bas bout de la Côte de Beaune regardant déjà Chagny dans la plaine et la Côte chalonnaise vers le sud, les communes de Chassagne-Montrachet et Puligny-Montrachet ont en partage ce grand cru. Contrairement à la plupart des clos, il n'a jamais été un monopole. Apparu au Moyen Age, il a pris son essor au XVIIe siècle. La parcelle du marquis de Laguiche est l'une des rares propriétés bourguignonnes demeurées dans la même famille depuis plusieurs siècles.

Les murgers sont nombreux et, sur Chassagne, un beau front de carrière montre que la pierre fait aussi partie des richesses du pays.

La délimitation actuelle du montrachet (un peu moins de 8 ha) résulte d'un jugement du tribunal de Beaune en 1921. Outre le clos historique, on reconnut alors le bénéfice de cette appellation à 50 a dans le lieu-dit voisin des Dents de Chien, sous le chemin de desserte à l'ouest.

*En haut, un Bacchus
(musée du château de Tanlay).
Au centre, le clos de la Pucelle
à Puligny-Montrachet.*

Le chevalier, le bâtard et l'aîné

L es autres grands crus (chevalier - montrachet sur 7,3 ha, bâtard-montrachet sur 11,8 ha, bienvenues - bâtard - montrachet sur 3,6 ha et criots-bâtard-montrachet sur 1,6 ha) ont été délimités en 1938, lors de la mise en place des A.O.C. Si les deux premières appellations étaient déjà connues sous ce nom double depuis le XVIIIe siècle, les deux autres apparaissent comme des compromis d'arbitrage entre les revendications locales. Une parcelle du Cailleret (Les Demoiselles, du nom d'Adèle et Julie Voillot qui vivaient à Beaune au siècle dernier et possédaient cette vigne) fut incluse alors dans le chevalier-montrachet à la demande de maisons de négoce-éleveur beaunoises faisant état d'usages commerciaux constants et des actes notariaux. On écarta cependant l'idée de créer un blanchots-bâtard-montrachet.

Enfin l'I.N.A.O. a intégré en 1974, au chevalier-montrachet, une autre parcelle du Cailleret.

On ignore l'origine des mots « chevalier » et « bâtard ». Ils sont utilisés depuis très longtemps, sans doute en raison de la situation de ces crus par rapport au montrachet qu'on appelait autrefois « montrachet aîné », « grand montrachet » ou « vrai montrachet ». Il reste d'ailleurs « le » montrachet.

D'où vient l'exceptionnelle réussite du chardonnay sur ce terroir à l'aspect banal, sinon ingrat ? Les facteurs naturels sont en réalité très favorables. L'exposition à l'est et au sud-est offre

un ensoleillement parfait et c'est dans le montrachet, doté d'un climat au caractère semi-méditerranéen, que fond tout d'abord la neige. Sur Puligny, le chevalier-montrachet domine ses frères (265 à 290 m d'altitude). En pente régulière assez forte (20 %), il dispose de sols peu profonds. Au reste, on a souvent raclé sur le « mont » cette terre si précieuse pour compléter les sols du coteau viticole. Le montrachet (260 m d'altitude environ) épouse la pente déjà plus douce du coteau (à 10 %, puis presque à l'horizontale en sa partie basse). A la limite sud du clos, la vigne se tourne tout à fait vers le sud-est. On a prétendu que cette exposition légèrement différente au sein du montrachet se traduisait par des nuances dans le vin. La dégustation ne les confirme pas.

A gauche de la route en allant à Chassagne - Montrachet, le bâtard-montrachet, puis dans la partie basse le bienvenues-bâtard-montrachet sur Puligny-Montrachet n'ont plus aucune pente. L'exposition ne varie pas. Quant au criots-bâtard-montrachet, il occupe le petit versant sud - sud-est d'un coteau joignant le bâtard, à 240 m d'altitude.

Le chevalier-montrachet et le montrachet prennent pied sur le socle bathonien ; les faciès diffèrent. Dans la partie supérieure, des marnes alternent avec des calcaires plus ou moins magnésiens (chevalier). Elles n'existent plus dans le montrachet où la partie basse en bord de route est constituée d'éboulis remaniés sous des sols bruns calcaires.

Dans le bâtard-montrachet, les sols voisins de la route et composés d'éboulis ne diffèrent pas de ceux du bienvenues-bâtard-montrachet et du reste du bâtard, deviennent cependant plus riches en argiles et limons ainsi qu'en chailles. Beaucoup moins abondants en cailloux calcaires et en carbonates, ces terrains profonds gênent l'écoulement des eaux.

A la droite du Seigneur

L e montrachet n'extériorise pas ses qualités en un instant. Quel que soit le millésime, sa race, sa vinosité, sa longueur en bouche le situent « à la droite du Seigneur ». Or vert, il allie

l'élégance et la puissance à une grande richesse aromatique. Il peut être de longue garde. Le chevalier possède une ossature solide, mais il semble avoir ôté son armure. La légèreté des formations superficielles sur lesquelles il est produit lui confère une éclatante finesse aromatique exprimée dès son jeune âge.

Le bâtard paraît parfois un peu épais. Tout en étant aimable, il a de la terre à ses souliers. Mais ces caractères, dûs à des sols lourds, lui offrent une étonnante capacité de longévité. Criots et

Joseph Drouhin

Montrachet

APPELLATION CONTROLÉE

Marquis de Laguiche 75 cl

MIS EN BOUTEILLE PAR JOSEPH DROUHIN
DISTRIBUTEUR EXCLUSIF, NÉGOCIANT À BEAUNE, COTE-D'OR, FRANCE

A gauche, une cave où vieillissent des grands blancs de Bourgogne à Chassagne-Montrachet.

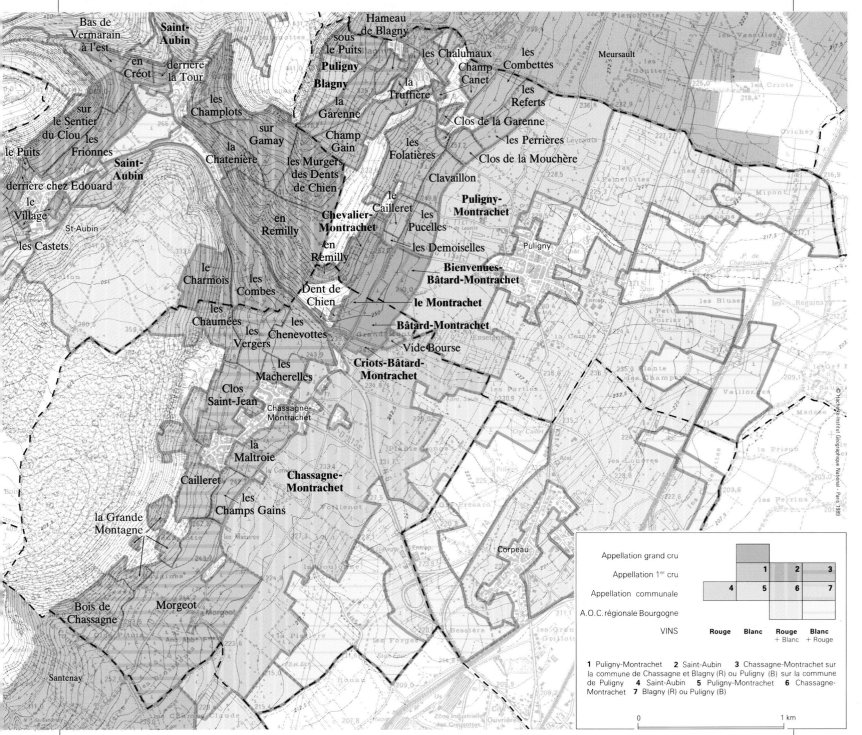

Appellation grand cru

Appellation 1er cru

Appellation communale

A.O.C. régionale Bourgogne

VINS	Rouge	Blanc	Rouge + Blanc	Blanc + Rouge

1 Puligny-Montrachet **2** Saint-Aubin **3** Chassagne-Montrachet sur la commune de Chassagne et Blagny (R) ou Puligny (B) sur la commune de Puligny **4** Saint-Aubin **5** Puligny-Montrachet **6** Chassagne-Montrachet **7** Blagny (R) ou Puligny (B)

0   1 km

bienvenues sont très voisins, en général plus secs pour les premiers et plus légers pour les seconds.

Les grands crus ne couvrent guère plus de 30 ha en tout (850 hl dont 230 en montrachet).

Puligny-montrachet, chassagne-montrachet

A lors qu'au siècle dernier Puligny produisait surtout des vins rouges, cette commune se consacre aujourd'hui presque entièrement aux blancs. Ses premiers crus (100 ha sur 215 plantés) sont rassemblés en un peu plus d'une dizaine de

Ci-dessus, le domaine Thénard à Montrachet.
Ci-dessous, le village de Chassagne-Montrachet.

climats, situés sur le coteau entre meursault et les montrachet. Certains (Les Combettes, Les Pucelles, Le Clavoillon) ont une finesse remarquable, qui devient « aérienne » dans Les Folatières. Le Cailleret est contigu des montrachet. Champ Gain, Champ-Canet, La Garenne donnent d'excellents rouges.

Comme le hameau de Blagny situé dans la hauteur sur un faux plat, chassagne-montrachet produit également des blancs et des rouges.

L'îlot des grands vins blancs de Bourgogne s'est prolongé un peu au-delà du village. Le coteau présente les mêmes formations. Les Grandes Ruchottes, En Virondot et Les Caillerets sont des fiefs blancs par excellence. Le chardonnay s'exprime ici tout en délicatesse. Entre Chassagne et

Santenay, près de Morgeot où subsistent les vestiges d'un domaine de moines de l'abbaye de Maizières, les blancs réussissent à merveille.

Le reste du territoire viticole convient mieux aux vins rouges (Morgeot). Le clos Saint-Jean donne des vins très fins, à la faveur d'une couverture colluvionnaire importante par endroits. Ce village qui cultivait autrefois le cépage beurot possède, avec Santenay, la particularité d'avoir adopté un système de taille différent du reste de la Côte. De nombreuses vignes sont conduites en cordon de Royat plutôt qu'en taille Guyot : cela permet une plus grande accumulation de réserves, dans le corps du cep, à la disposition des raisins futurs. Cette pratique n'est pas étrangère à la qualité des vins.

SAINT-AUBIN, SANTENAY ET LES MARANGES

En arrière de la Côte, la commune Saint-Aubin occupe une situation un peu plus élevée que Chassagne et Puligny-Montrachet : climat plus sec et plus froid. Le vignoble en cours de replantation s'étend sur plus de 150 ha (2 800 hl). Tout près des grands crus de Montrachet, Les Murgers des Dents de Chien et La Chatenière sont de très bonnes vignes blanches. Vineux et souple, le saint-aubin a une saveur de noix caractéristique.

Au-dessus du hameau de Gamay qui aurait donné son nom à ce cépage, des terrains similaires à ceux de Blagny favorisent l'épanouissement des rouges, avec un peu plus de chaleur qu'à Blagny. Derrière Saint-Aubin, un joli coteau, abrité des vents froids et bénéficiant de sols favorables, produit de bons vins. L'aligoté obtient ici un honnête succès.

Si Santenay est connu pour ses sources thermales et son casino qui attirent en cette commune quelques curistes et beaucoup de joueurs, ses vins sont estimables. Le village se structure en trois parties : Santenay-le-Haut, Santenay-le-Bas et Saint-Jean. Amorcée à Chassagne-Montrachet, la diversité des sols se poursuit et annonce le relief mouvementé de la Côte chalonnaise sur l'autre rive de la Dheune (375 ha, 10 200 hl, surtout en vins rouges).

D'une personnalité réservée, les rouges de Santenay marquent volontiers une certaine rudesse au premier abord. On apprécie à la longue leur amabilité. Ce ne sont pas des vins légers à boire rapidement. Laissez-les vieillir. Il en est ainsi de Beauregard et de La Comme qui, grâce à leur robustesse, se conservent bien en acquérant des charmes in-

soupçonnés. Le pinot noir confère à ces vins des arômes de fraise, de fruits rouges mêlés à une touche d'amertume. Le dernier verre de Santenay est toujours le meilleur... Les plus grands climats, dit-on ici, se situent à l'est du clocher : Les Gravières et leur clos de Tavannes qui touche Chassagne, un vin plein et nerveux. Son élégance provient sûrement des cailloutis abondants sur les marnes. Derrière Santenay, sur le coteau, Beaurepaire et La Maladière se situent sur les calcaires fissurés et de minces couches marneuses.

Incrustée dans le coteau, la commune de Remigny bénéficie partiellement des appellations chassagne-montrachet et santenay. Plus au sud, Saint-Jean conduit à la pointe sud de la Côte de Beaune qui forme la transition avec les vignobles du Chalonnais et du Couchois.

Trois villages se partagent le versant sud de la montagne des Trois Croix. Mais, par le jeu d'accidents tectoniques, les formations géologiques ne sont plus les mêmes. Aux marno-calcaires du Jurassique, succèdent des marnes du Lias plus argileuses, plus froides aussi. Ce handicap est compensé par une excellente exposition au sud et un drainage parfait dû à une pente forte. D'un style différent, les vins sont plus astringents. Quelques années permettent d'apprécier leur plénitude.

Les trois communes de Dezize-lès-Maranges, Cheilly-lès-Maranges et Sampigny-lès-Maranges se sont regroupées pour ne bénéficier que d'une seule A.O.C., les maranges. A Sampigny-lès-Maranges, on peut voir un monumental pressoir du XVIIIe siècle et des maisons vigneronnes aux porches anciens.

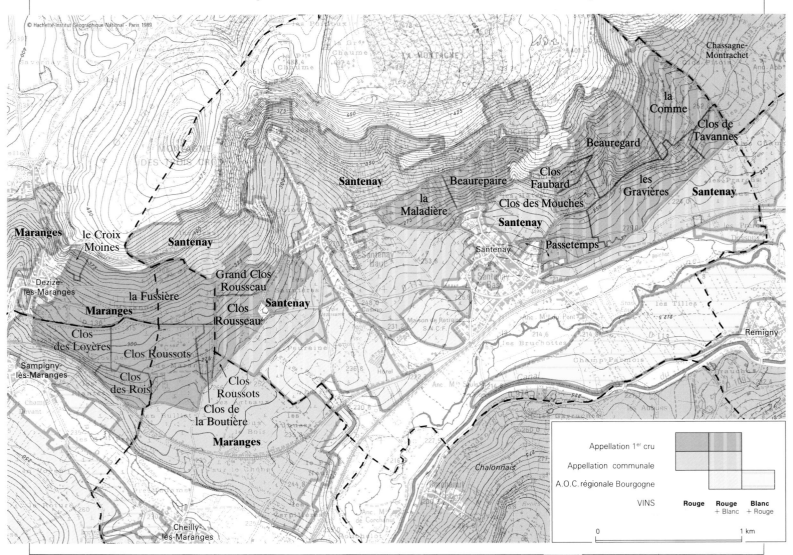

CÔTE CHALONNAISE

Dès que l'on franchit la Dheune, tout change sous le regard. Sans doute un front régulier de collines prolonge-t-il la Côte, dans le même axe. Mais la nature perd son unité pour devenir une mosaïque de paysages qui se bousculent.

Le vignoble de la Côte chalonnaise occupe une étroite bande de terrains sédimentaires, entre Chagny et Saint-Gengoux-le-National. Jusqu'à la hauteur de Chalon-sur-Saône, au nord, les roches dures calcaires disloquées reposent sur des sables et argiles du Trias et du Lias.

De nombreuses failles ont modelé un paysage qui offre à la vigne des expositions variées. Le socle cristallin du Massif central affleure parfois. On rencontre donc des sols sablo-argileux sur la famille des roches granitiques, des sables purs ou mélangés sur le Trias gréseux, des marnes plus ou moins argileuses et calcaires, des calcaires en falaise ou en coteaux. Les climats locaux diffèrent également, avec des nuances méditerranéennes sensibles en descendant vers le sud.

Comme ce vignoble est né de la diversité, il s'adapte aux circonstances. Ses vignerons cultivent le pinot noir et le chardonnay, de même que le gamay et l'aligoté.

Le port de Chalon eut autrefois, sur la Saône, une activité importante de négoce. C'est seulement depuis le début du siècle que l'on a commencé de parler des « côte chalonnaise », dénomination délaissée ensuite au profit de l'appellation bourgogne. Cette mention peut à nouveau être adjointe à l'appellation bourgogne pour les vins produits sur une quarantaine de communes.

La Côte chalonnaise qui affirme ainsi son identité est surtout connue pour ses quatre appellations communales : rully, mercurey, givry et montagny.

Rien n'est simple, cependant, en pays de vigne, car les limites administratives ne correspondent pas toujours aux frontières viticoles. Quatre communes de la Saône-et-Loire, proches de la Côte-d'Or sont logiquement rattachées aux Hautes Côtes de Beaune. Il s'agit de Créot, Epertully, Change et Paris-l'Hôpital. Leurs vins ont le même accent tannique que ceux des environs de Nolay. Il ne faut pas les boire trop jeunes.

Le Couchois constitue également un vignoble voisin. Ses cinq communes situées au sud des Hautes Côtes produisaient jadis de bons vins de grand ordinaire à l'intention du pays minier d'Epinac et de Montceau. Certains terrains argilo-calcaires donnent aujourd'hui d'honnêtes bourgogne, tandis que les sols plus argileux offrent des vins solides, manquant parfois de finesse dans leur jeune âge mais se rattrapant plus tard. Sur le soubassement cristallin et les sols sablo-gréseux, le gamay réussit bien, avec des vins plus légers.

Le château de Rully, du XIIᵉ s., souvent remanié, domine le vignoble.

Le bourgogne aligoté bouzeron

Très cultivé au début du siècle et avant le phylloxéra, l'aligoté produisait alors des « vins de carafe » (consommation rapide). Mais sa fraîcheur et sa vivacité le faisaient quelquefois préférer au chardonnay en des terroirs illustres. On le trouve aujourd'hui en plaine, un peu dans l'Auxerrois, dans les Hautes Côtes et ici à Bouzeron, petite commune proche de Chagny. Ses sols bruns calcaires prennent

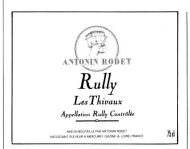

appui sur les calcaires durs du Jurassique. Deux coteaux se font face, de part et d'autre d'une vallée orientée nord-sud. L'aligoté s'y plaît tant qu'on a créé pour ce seul village une appellation régionale originale. Le nom de bouzeron peut être ajouté à celui de bourgogne aligoté (1 000 hl). Il n'en existe pas d'autre exemple.

Rully

Bien ancré sur sa colline avec son château flanqué de tours féodales, son église au clocher élégant, ses maisons et ses parcs aux vieux arbres pensifs, Rully semble être là depuis l'éternité. Et pourtant... Le village a occupé plusieurs sites avant de trouver l'emplacement qui lui convenait.

A propos des vins de Rully, on a évoqué le poli et la fraîcheur du marbre. Il est vrai qu'avec un arôme subtil, un goût très sec, un charme spontané, il a un style qui n'appartient qu'à lui. On le reconnaît assez vite.

L'aire de rully couvre près de 520 ha, sur les communes de Rully et un peu sur Chagny. La production qui était en 1955 d'environ 500 hl, représente aujourd'hui quelque 10 000 hl en appellation communale ainsi que près de 2 000 hl en premiers crus. Sa croissance est donc récente et les superficies plantées l'ont été, à parts égales, en chardonnay et en pinot noir.

Les formations géologiques appartiennent au Jurassique moyen et supérieur et sont constituées de calcaires oolithiques fissurés et de marnes. Plusieurs failles longitudinales d'orientation nord-sud compartimentent le vignoble. Assez homogènes, en général de type brun calcaire, les sols confèrent à l'appellation une assez bonne unité. Les variations de caractères sont plutôt induites par les expositions et l'altitude qui varient. Ouvert sur la plaine

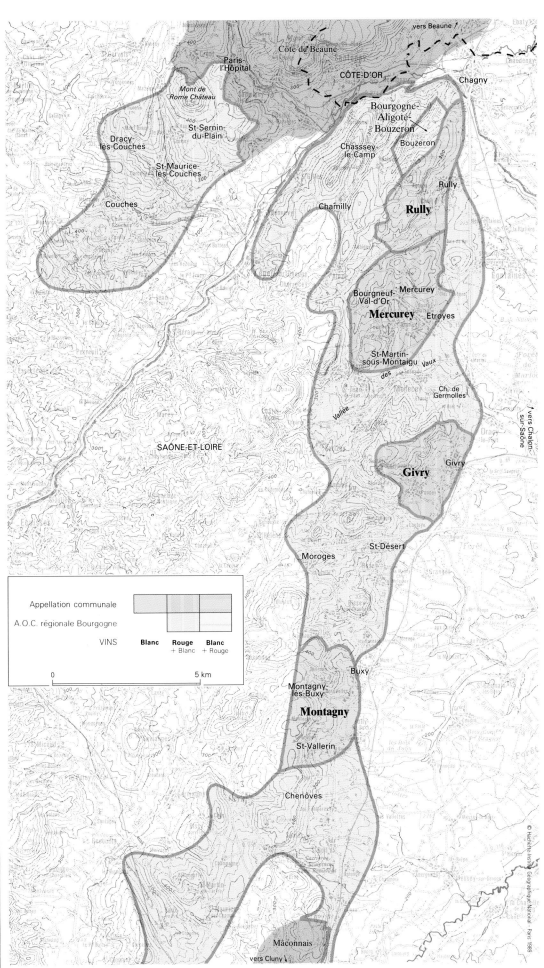

Appellation communale

A.O.C. régionale Bourgogne

VINS | Blanc | Rouge + Blanc | Blanc + Rouge

0   5 km

de Saône et sans nul doute le meilleur, le versant est est cultivé entre 230 et 300 m d'altitude environ. Le pinot noir y est fréquent et donne des vins pleins, francs, charnus, qui rivalisent avec les meilleurs crus de la Côte de Beaune. Plusieurs climats ont acquis une réputation de premier cru, parmi lesquels il faut citer Les Saint-Jacques et Les Cloux. Pour chaque nouvelle plantation, l'altitude, jusqu'à 370 m, la topographie, une position de col avec diverses expositions et les sols plutôt marneux ont conduit à préférer le chardonnay. Les vins blancs de Rully sont vifs et très parfumés. Leurs caractères aromatiques se rapprochent de ceux de leurs voisins des envi-

rons de Chassagne-Montrachet. Ils sont francs et agréables.
Autrefois destinés à la prise de mousse, ces vins ont été à l'origine de l'implantation de plusieurs maisons spécialisées dans l'élaboration de vins effervescents par fermentation en bouteilles. Depuis le succès mérité de l'appellation rully en vins blancs tranquilles, ces entreprises produisent surtout du crémant de bourgogne. Elles recherchent leur approvisionnement dans les communes voisines.

Mercurey

Mercurey est presque un village de sommet : il est situé entre 250 et 300 m d'altitude. Un gros bourg de 2 000 habitants voué à la vigne. Adossé à ses coteaux ou allongé sur le Val d'Or si bien nommé, c'est

un point central. D'un côté on aperçoit le Morvan, de l'autre le Val de Saône. Le circuit touristique relie le caveau de dégustation à une table d'orientation et passe par la jolie église de Touches, le château de Montaigu accroché au-dessus de Saint-Martin, la Vierge de Mercurey.
C'est la plus connue des appellations de la Côte chalonnaise. Le vignoble couvre 550 ha (21 000 hl de vins rouges et 1 000 hl environ de vins blancs). Il s'étend sur deux communes : Mercurey (Bourgneuf-Val d'Or y est rattaché depuis 1971) et Saint-Martin-sous-Montaigu. A peine plus vaste en superficie que celle de rully, l'appellation mercurey doit son développe-

ment plus important à l'implantation de plusieurs domaines de grande superficie ainsi qu'à un tissu vigneron ancien et actif.
Sols et microclimats produisent des vins dont le style général apparaît moins caractéristique qu'à Rully. Les formations géologiques les plus fréquentes sont toutefois identiques à celles de cette commune, dont elles sont la continuité plus ou moins accidentée au nord de Mercurey. Elles conviennent au pinot noir qui produit des vins rouges de qualité, charpentés et élégants dans les bonnes expositions, puissants sur le calcaire, plus souples sur l'argile. Le classement des premiers crus n'est pas achevé. On peut toutefois citer, sans contestation possible, parmi les meilleurs, les vins issus des Champs Martin, du clos L'Evêque et des Petits et Grands Voyens. Dans cette même partie nord, certaines expositions moins favorables (Les Montelons) donnent des vins plus vifs qui n'at-

teignent l'excellence qu'en millésimes parvenus à bonne maturation.
Dans la partie sud et sur Bourgneuf-Val d'Or, l'exposition est moins favorable, souvent orientée dans le cadran nord. Des situations plus favorables se présentent à partir du hameau de Touches, où le versant s'oriente vers l'est. Celles-ci se poursuivent jusqu'à Saint-Martin-sous-Montaigu, où les vignobles voisins de l'ancien château occupent une position idéale. A partir de ce village et plus au sud, des sols sur Lias marneux atténuent la finesse du vin. Enfin, sur la bordure est (Etroyes), le vignoble descend dans la plaine et repose sur des formations pliocènes de

Le mercurey, de la vigne au verre.
A gauche, le château de Chamirey.

la Bresse qui s'éloignent du type mercurey pour devenir plus communes.
La confrérie des Compagnons de Saint-Vincent et Disciples de la Chanteflûte célèbre la pipette du vigneron ainsi que les vins de cette appellation. Le chanteflutage en désigne les meilleurs, dans l'esprit du tastevinage.

Givry

Givry fut longtemps la principale commune viticole de la Côte chalonnaise. Son vin jouissait déjà d'une excellente réputation au Moyen Age, et Henri IV aurait eu quelques faiblesses pour lui comme pour l'hôtesse du château de Germolles, Gabrielle d'Estrées. Mais ce

village a du mal à résister à la poussée urbaine de Chalon-sur-Saône. Quelques viticulteurs s'attachent cependant à maintenir la vitalité de Givry.
Sa situation est remarquable. L'unité des sols et des expositions atteint presque la perfection. Seul le petit secteur des Champs Pourot diffère un peu du reste de l'appellation, en raison de ses terrains. Il en est de même pour l'îlot de Russilly, qui se distingue lui aussi de l'ensemble, mais son orientation au sud compense ce léger handicap. D'une manière générale, les couches marno-calcaires de l'Argovien donnent naissance à des vins rouges surtout (8 000 hl), tanniques, ronds et parfumés, dont le bouquet rappelle le sous-bois humide. Il existe aussi une petite production de vins blancs (inférieure à 1 000 hl).

Montagny

Appellation la plus méridionale de la Côte chalonnaise, montagny offre uniquement des vins blancs produits sur quatre communes : Montagny-lès-Buxy, Saint-Vallerin, Buxy et Jully-lès-Buxy. La surface plantée est de 170 ha environ (9 000 hl) et elle pourrait être plus importante. Situé sur des collines dont l'altitude varie de 250 à 400 m, au gré d'un relief assez accidenté, le vignoble apparaît presque entièrement depuis Montagny, au creux d'une vallée.
L'exposition générale va du nord-est au sud-sud-ouest avec une dominante à l'est. Appartenant au Lias et au Trias, les sols, très différents de ceux des autres appellations communales de la Côte chalonnaise, sont marneux et marno-gréseux. Montagny ouvre en effet la porte du Mâconnais.
Un bon montagny possède un bouquet délicat, le plus souvent discret et peu expansif, ainsi qu'un goût très sec. La cave coopérative de Buxy, la plus importante au nord de la Saône-et-Loire, apporte à cette appellation un réel dynamisme.

MERCUREY
CLOS DES BARAULTS
APPELLATION MERCUREY CONTRÔLÉE
MIS EN BOUTEILLE PAR
DOMAINE DE CHAMEROSE
Louis MODRIN - Propriétaire-Récoltant - Mercurey Saône-&-Loire
PRODUIT DE FRANCE

LE MÂCONNAIS

Entre Tournus et Mâcon, la France du Nord devient celle du Midi. Les toits changent de pente, les tuiles s'arrondissent. La maison s'orne d'une « galerie », terrasse couverte d'un avant-toit et ponctuée de piliers de bois. La cave se niche en dessous. Le « tinailler » abrite cuves et pressoirs. Car la vigne qui avait presque disparu après la Côte chalonnaise réapparaît aux abords de Mâcon.

Lamartine en a chanté le paysage, la terre et les hommes. Milly, Pierreclos, Saint-Point, Monceau forment le « pays lamartinien ». Au pied des collines du Mâconnais, la Saône se donne des allures de fleuve nonchalant, estimant sans doute qu'elle a bien le temps de rejoindre le Rhône à Lyon. Elle musarde et quitte volontiers son lit. Mâcon doit tout à cette rivière. Bâtie aux confins du Charolais et juste avant la Bresse, cette ville administrative et commerçante est depuis longtemps un centre important pour le négoce des vins. On appelait autrefois « vin de Mâcon » celui qui était vendu et expédié depuis cette cité.

Le Mâconnais forme sur la carte un rectangle de 50 km environ

du nord au sud, d'une quinzaine de kilomètres d'est en ouest. La Grosne le délimite bien au nord et à l'ouest. A l'est, c'est la Bresse, toute plate. Au sud, le Mâconnais bute sur le massif cristallin du Beaujolais et l'on passe alors d'un vignoble à un autre vignoble.

Les formations géologiques se répètent d'ouest en est, selon trois chaînons monoclinaux basculés vers l'est que bordent des failles longitudinales nord / nord-est - sud / sud-ouest. La différence de dureté des roches qui affleurent se lit sur le paysage : des reliefs variés qui se répètent. Les marnes du Lias et surtout du Jurassique supérieur offrent de larges versants exposés à l'est, occupés par la vigne. Moins favorables du point de vue climatique, les versants ouest sont souvent composés de calcaires durs et beaucoup plus abrupts, laissant moins de place à la vigne. Sur les sommets, des bois constituent d'utiles abris climatiques. Des vallées creusées par de petites rivières offrent des coteaux dont le versant sud est souvent planté de vigne.

Le gamay pousse sur le socle cristallin, surmonté des formations gréseuses (sables et arènes granitiques acides), de même que sur les argiles. Les autres formations géologiques sont la plupart du temps calcaires. Là se développent le chardonnay et l'aligoté sur les terrains les plus marneux,

Une habitation mâconnaise à Chasselas.

le pinot noir sur les sols moins profonds et calcaires.

Bien que subissant nettement l'influence méditerranéenne, le climat est encore continental en Bourgogne du sud. Les vents dominants viennent du nord, surtout en hiver (la bise), et du sud (le vent doux qui annonce la pluie).

La vigne est cultivée jusqu'à 350 et 400 m d'altitude.

Le vignoble mâconnais est un peu moins dense que celui de Côte-d'Or. Aux 10 000 pieds par ha succède une densité de l'ordre de 7 000 pieds. La taille est également différente et, conséquence du climat, la mise à fruit ne se fait régulièrement qu'avec une taille longue. On l'appelle « taille à queue du Mâconnais » : le long bois fait une arcure, en passant au-dessus du fil de fer de palissage de milieu, pour revenir attaché à la pointe sur le fil inférieur.

Mâcon

Plusieurs appellations portent ce nom alors que Mâcon ne possède pas de vigne. En rouge et rosé, les appellations mâcon et mâcon supérieur, et mâcon suivi du nom de village pour certaines communes, sont produites essentiellement à partir du gamay, mais aussi avec le pinot noir.

Les vins de cette appellation sont de types différents selon leur lieu de production, tantôt de type bourgogne et tantôt beaujolais. Rustiques, ils ont un caractère tannique (110 000 hl).

En blanc (340 000 hl) un seul cépage, le chardonnay. Deux appellations subsistent : mâcon et, à l'intérieur de ́ celle-ci, mâcon-villages pour laquelle le terme « villages » peut remplacer le nom de la commune de production. L'implantation importante de la coopération dans ce secteur viticole, près de 80 % de la production, contribue à l'essor de ces vins légers, parfumés, souvent muscatés. Les meilleurs mâcon-villages proviennent du « sillon » marneux du Jurassique supérieur, tout à l'est des côtes du Mâconnais, à partir d'Hurigny et jusqu'à Viré. D'autres villages, comme Lugny, Prissé ou Cruzille, ont acquis aussi une bonne réputation.

Pouilly-fuissé et saint-véran

Des éperons calcaires de Solutré et de Vergisson donnent un élan imprévu au paysage si sage des environs de Mâcon (8 km à l'ouest). Comme si de grands navires pétrifiés s'étaient échoués sur l'océan des vignes... Au pied de la roche de Solutré qui a donné son nom à une époque de la préhistoire (vers 20 000 ans avant notre ère), on a découvert un amoncellement d'ossements de chevaux sur près de 4 ha et 2 m d'épaisseur. Ces chevaux (plusieurs dizaines de milliers) étaient tués ici par un peuple chasseur quand les troupeaux allaient de la plaine de la Saône vers l'arrière-pays. Ce sont plutôt des chèvres qu'aujourd'hui l'on rencontre sur les chemins du vignoble. Elles donnent le lait d'excellents fromages mâconnais. Les maisons du pays ont souvent de très jolies « galeries » et leurs toits plats aux pentes douces accompagnent le

Ci-dessus, le château de Chasselas et ses trois tours médiévales. A gauche, la roche de Solutré.

mouvement des coteaux. De grosses maisons fortes montrent que ce bon vin fut toujours convoité. Avec Fuissé, Chaintré et Vergisson, Solutré possède en partage les crus pouilly-fuissé, pouilly-loché et pouilly-vinzelles. S'étendant sur 750 ha, l'aire de production de l'appellation pouilly-fuissé donne 40 000 hl

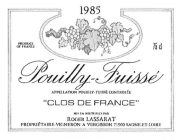

environ par an. Très célèbre aux États-Unis, elle y suscite une véritable passion. De couleur or vert, ces vins issus du chardonnay (à ne pas confondre avec ceux de Pouilly-sur-Loire) sont secs, fins, distingués. Francs, au bouquet agréable, leurs arômes évoquent souvent la noisette et le pain grillé, dus au passage sous bois. Des différences sensibles apparaissent cependant, en raison de la diversité des sols. Des formations calcaires et marno-calcaires constituent le versant est de l'appellation (Vergisson, Fuissé). Plus au sud, Chaintré ne se situe qu'en partie sur ces types de sols du Jurassique moyen et supérieur. On trouve des terrains plus argileux reposant sur le socle granitique, dans la partie la plus à l'ouest.

Quant au versant ouest-est, il mêle des couches de marnes et du Lias, avec des débordements sur les niveaux argileux et gréseux du Trias. L'altitude varie de 225 à plus de 350 m. Les vignes n'ont pas toutes la même exposition, et certaines sont même tournées vers le nord.

Minuscule, l'appellation pouilly-loché (15 ha) se situe sur le village de Loché. Ces vins assez rares peuvent porter le nom de pouilly-vinzelles (60 ha), appellation reconnue aux communes de Loché et de Vinzelles. Ils sont cousins très proches du pouilly-fuissé.

Saint-véran

L'A.O.C. saint-véran est assez récente. Née en 1971, elle réunit plusieurs communes autour de Saint-Vérand qui a perdu son « d » dans l'affaire.

Il s'agit de deux zones distinctes, de part et d'autre de l'appellation pouilly-fuissé. Au nord, les villages de Davayé et de Prissé ; au

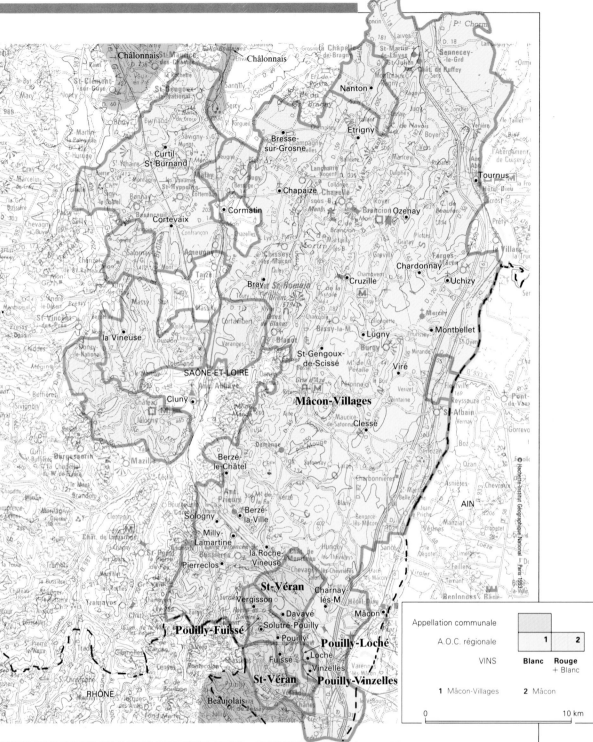

En haut à gauche, la pesée du raisin. A gauche, l'église de Fuissé.

sud, ceux de Chânes, Chasselas (qui aurait donné son nom à ce cépage, à moins que ce ne soit le contraire), Leynes, Saint-Amour et Saint-Vérand. La délimitation n'a retenu que des terroirs carbonatés, d'où une réelle homogénéité de ces vins blancs issus du chardonnay (25 000 hl) qui rappellent ceux de Pouilly-Fuissé, avec peut-être un peu moins de longueur en bouche. Saint-véran a réussi à se faire une place estimée au soleil du Mâconnais.

Appellation communale

A.O.C. régionale

VINS · Blanc · Rouge + Blanc

1 Mâcon-Villages · 2 Mâcon

0   10 km

BEAUJOLAIS

Du Beaujolais on ne connaît souvent que le beaujolais nouveau. Reconnu en 1951, ce type de vin a, depuis 30 ans, une image simple et universelle : vin joyeux et gouleyant. Le monde entier l'attend avec impatience dès la sortie du pressoir et sa course pour arriver à Londres ou à San Francisco constitue un événement mondial.

Le beaujolais nouveau écoule actuellement plus de la moitié de la récolte des appellations beaujolais, beaujolais-villages et beaujolais supérieur quelques semaines après les vendanges : 65 millions de bouteilles ! C'est en réalité un vin de primeur. Il doit attendre la mi-novembre pour faire ses premiers pas. On pratique des cuvaisons plus courtes, et la vinification beaujolaise, dite de semi-macération carbonique parce que les cuves ne sont pas initialement saturées de gaz carbonique, ce qui permet de développer les arômes de fruit jeune.

Cette image présente l'inconvénient de masquer la diversité des vins du Beaujolais ainsi que leur aptitude au vieillissement.

Né au sud de Mâcon et s'étendant sur quelque 50 km jusqu'aux portes de Lyon, le Beaujolais appartient à la Bourgogne viti-vinicole (jugement de Dijon en 1930). Sa personnalité et l'importance de sa production (20 500 ha dans le Rhône et 1 600 ha en Saône-et-Loire, 1 300 000 hl, soit 170 millions de bouteilles) en font cependant un vignoble original.

C'est la partie orientale d'un voussoir montagneux bordant le Massif central. Les rivières qui descendent vers la Saône l'ont creusé de vallées. Celle de l'Ardières met en contact le Val de Saône et celui de la Loire par le col des Echarmeaux. Si le relief grimpe jusqu'à 1 012 m au Saint-Rigaud et se couvre de bois sur les hauteurs, la vigne que l'on voit partout sur les coteaux ne dépasse guère l'altitude de 500 m. Elle prospère sur le versant oriental, bien protégée du vent d'ouest (la « traverse » venue de la Loire) et face au soleil levant. Châteaux, maisons et cuvages (on appelle ainsi les dépendances viticoles) ont souvent bien du mal à échapper à l'emprise du

Du côté de Juliénas.

vignoble qui se plaît sur ces généreux mamelons.

A la hauteur de Villefranche-sur-Saône, une route marque la frontière entre les deux espaces géologiques du Beaujolais. Au nord, des terrains anciens du plissement hercynien, sans influences calcaires, formés de débris de granite, de porphyre, de schiste, donnent un pays doux, aux formes arrondies, de forte tradition viticole depuis le Xe siècle. Les collines portent la vigne et les fonds des vallons en partie comblés par l'arène granitique (ces sables provenant de la désagrégation de roches éruptives) sont occupés par des prés. Au sud, des sols argilo-calcaires jurassiques et notamment ce calcaire à entroques (la « pierre dorée »), dus à l'érosion de la chaîne hercynienne à l'ère secondaire, font perdre au paysage son unité, de même que subsistent prairies et taillis.

Le climat est tempéré, rarement très froid. La dernière forte gelée d'hiver qui décima 10 % du vignoble date de 1956. L'ouverture sur la plaine de la Saône, qui joue le rôle de régulateur thermique et lumineux, lui est particulièrement bénéfique. Si les pluies sont moyennes, la grêle parfois ruine une récolte.

Le règne du gamay

A l'exception de quelques parcelles plantées en pinot noir et pinot gris ainsi que du chardonnay (les vins blancs du Beaujolais, peu connus mais agréables), le gamay noir à jus blanc règne en maître sur le vignoble. Il marque une nette préférence pour les sols acides du haut Beaujolais où se situent les villages

et les crus. Une méthode de vinification particulière, en raisins entiers, permet l'élaboration de vins riches en arômes floraux et fruités tels que ceux de violette, iris, pivoine, pêche, banane et petits fruits rouges. Elle exclut foulage et égrappage. Pas de machine à vendanger non plus. Les vins de primeur doivent leur fraîcheur à cette vinification qui explique aussi l'aspect de la maison beaujolaise sous son toit aplati. Le cuvage se trouve souvent à l'étage, afin que le raisin apporté des vignes tombe par gravité dans la cuve. Ensuite le vin coule naturellement du pressoir à la cave où il est logé dans des foudres ou cuves inox ou ciment d'une contenance de 20 à 70 hl qui ont remplacé les pièces, petits tonneaux de 214 à 216 l selon les appellations et dont l'usage se perpétue comme unité de vente. Le Beaujolais ressemble à son vin. Son nom provient des sires de Beaujeu qui le tinrent entre leurs mains, presque indépendant, jusqu'en 1400. François Ier le rattacha à la couronne de France.

Le caractère du Beaujolais diffère de celui de la Bourgogne. Sa ligne de pente descend vers Villefranche et vers Lyon, bien davantage que vers Beaune. Déjà méridional, il s'exprime avec plus de gaieté et de fantaisie que la région entre Mâcon et Dijon, où l'on est volontiers moins expansif. Les difficultés économiques (avant la vogue des primeurs) et le tempérament associatif ont suscité ici la création d'une vingtaine de coopératives, la plupart très actives. Les caveaux sont aussi une spécialité beaujolaise, alors qu'ils ont été beaucoup plus lents à se mettre en place en Bourgogne.

Le beaujolais

Bien que 79 communes du Rhône et 11 de Saône-et-Loire puissent produire du beaujolais, cette appellation créée en 1937 est surtout importante sur une cinquantaine de communes à l'ouest et au sud de Villefranche-sur-Saône, entre les rivières du Nizerand et de l'Azergues.

Les 610 000 hl produits sur 9 700 ha sont essentiellement des vins rouges, accessoirement rosés. Les terrains plus calcaires du canton de La Chapelle-de-Guinchay au nord fournissent, grâce au chardonnay, près des trois quarts des 6 000 hl des vins blancs.

La taille Guyot est la plus utilisée. Des techniques anciennes comme l'incision, la torsion, ainsi que la concentration sont interdites. Les raisins doivent être ramassés entiers (pas de vendange mécanique), les jeunes vignes de moins de 4 ans ne pouvant pas prétendre à l'A.O.C.

L'appellation beaujolais supérieur (10 000 hl) concerne des vins rouges, rosés et blancs. Ils n'ont pas une délimitation particulière, mais ils doivent présenter une richesse alcoolique minima légèrement supérieure à celle des beaujolais.

Un vin espiègle

Les beaujolais sont parés d'une robe rubis aux nuances violines. Ils sont fruités et floraux, frais et vifs, simples et espiègles. On les boit en « pot », flacon au « cul » épais, qui depuis 1846 délivre 46 cl de vin aux joueurs de boules, garnit aussi bien les « bouchons » de Lyon que les tables des « mères » de cette ville. Mais la capitale économique du vignoble, c'est Villefranche-sur-Saône, cité de 30 000 habitants. A partir de 1530, Villefranche supplanta Beaujeu comme capitale de cette petite région. Ses habitants, les Caladois, doivent leur nom aux « calades », ces grandes dalles que l'on voit devant la collégiale Notre-Dame-des-Marais. Les vitrines nombreuses et étroites des magasins de la rue Nationale témoignent d'une ancienne taxe calculée en fonction de la largeur des étalages ! Fin janvier, la vague des conscrits qui fêtent leurs 20, 30, 40, 50 ou 60 ans et plus, déferle sur le pavé en smoking, gibus et gants blancs.

Toute la région est pittoresque et haute en couleur. Vaux-en-Beaujolais a été immortalisé par Gabriel Chevallier, l'auteur de romans savoureux. Le caveau du pays s'appelle d'ailleurs Clochemerle, comme le village imaginaire de ses livres.

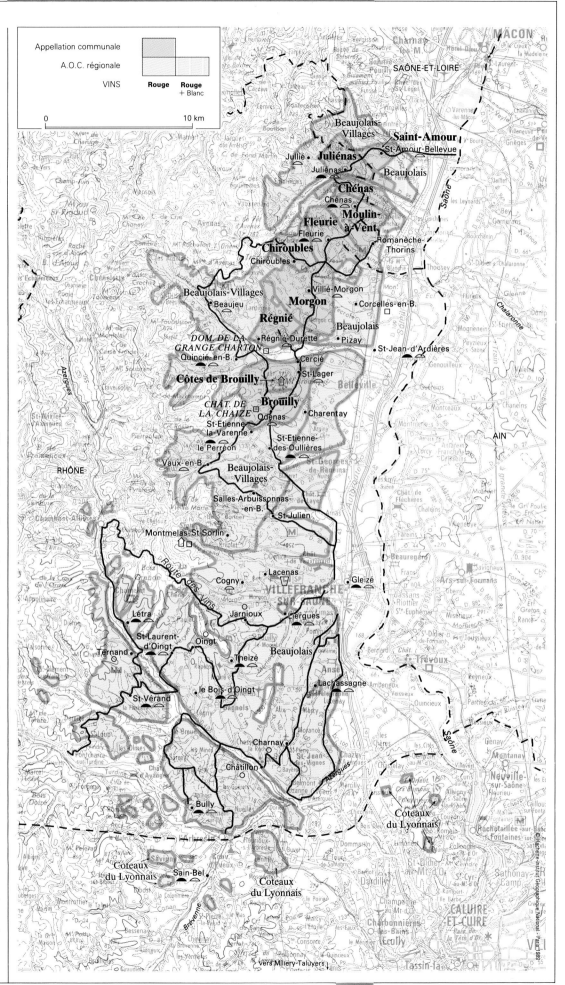

BEAUJOLAIS-VILLAGES

En Beaujolais, on va par monts et par vaux sur fond vert de vignoble. Les 6 200 ha situés au nord de Villefranche-sur-Saône forment un trait d'union entre les beaujolais et les crus, sur les terrains décalcifiés des arènes granitiques. Trente-huit communes en tout, dont huit en Saône-et-Loire et les autres dans le département du Rhône.

On a reconnu en 1946 la notoriété de ces vins en autorisant l'adjonction du nom de la commune de production à celui du beaujolais. Une simplification est intervenue en 1950, afin de présenter sous l'étiquette beaujolais-villages les 350 000 hl de cette appellation régionale. Les blancs sont infimes (2 500 hl). Il s'agit surtout de vins rouges et rosés qui obéissent aux mêmes règles, de taille et de production, que les crus. Leurs qualités annoncent les crus, mais les sols les plus légers produisent des cuvées recherchées comme vins de primeur.

Ci-dessus, le temple de Bacchus à Beaujeu.
En haut, le gamay noir à jus blanc qui trouve sa pleine expression sur les sols du Beaujolais.

Capitale historique du Beaujolais, Beaujeu est aujourd'hui un bourg de 2 500 habitants. Là se trouvait, avant l'an 1000, un château fort défendant la route permettant de passer du couloir rhodanien à celui de la Loire. Les sires de Beaujeu affirmèrent très tôt leur sentiment d'indépendance vis-à-vis de leurs puissants voisins, comtes de Mâcon, abbés de Cluny ou archevêques de Lyon, tous propriétaires de vignes dans la contrée. Beaujeu a élevé un monument à Gnafron, l'ami de Guignol, personnage comme lui des théâtres de marionnettes lyonnaises et grand amateur de beaujolais. Chaque deuxième dimanche de décembre, les Hospices de Beaujeu, qui ont leurs racines au XIIe siècle, accueillent les acheteurs de la traditionnelle vente aux enchères de leurs vins. Comme à Beaune, on disperse les cuvées au feu des chandelles. Sur la route de Juliénas, le hameau des Thévenins garde le souvenir des chanoines de Mâcon qui y logeaient leurs vins et s'y reposaient gaiement des rigueurs de leur état...

SAINT-AMOUR ET JULIÉNAS

L'envol mondial des beaujolais primeur éclipse quelque peu les appellations locales du Beaujolais que l'on appelle aussi les crus. Il s'agit pourtant de vins excellents, très typés, mais qui exigent de la patience car leurs qualités ne se révèlent pas au bout de quelques semaines. Il existe désormais dix crus, régnié s'ajoutant depuis 1988 à saint-amour, juliénas, moulin-à-vent, chénas, fleurie, chiroubles, morgon, brouilly et côte de brouilly. Ce sont des vins rouges issus du gamay noir à jus blanc. Le pinot noir et le pinot gris autorisés pour les beaujolais et beaujolais-villages peuvent toutefois participer à l'élaboration des côtes de brouilly. Pour chacune de ces appellations, il est permis d'ajouter 15 % de vins de plants blancs (chardonnay, aligoté, pinot blanc), mais cette pratique a disparu.

Page de gauche, Anne de Beaujeu, volet du retable des Bourbons, du Maître de Moulins (cathédrale de Moulins). Au centre, le sud du Beaujolais et ses pierres dorées.

Le mode de taille le plus fréquent est le gobelet, avec 12 yeux au maximum par cep. Les tailles longues (Guyot) sont exclues. La taille en éventail est peu pratiquée. La région des crus s'étend sur une vingtaine de kilomètres. Lieux-dits et climats peuvent quelquefois compléter le nom de l'appellation.

Saint-amour

On peut mourir d'amour, mais il faut ressusciter au saint-amour », disait Louis Dailly, amoureux passionné de ce terroir qui réussit en 1946 à obtenir cette appellation beaujolaise, la dernière-née, avant régnié 30 ans plus tard. A la limite du Mâconnais calcaire et du Beaujolais granitique au nord-est de Juliénas, les 280 ha de l'aire de production se situent sur la commune de Saint-Amour-Bellevue en Saône-et-Loire.

Un légionnaire romain converti à la foi chrétienne, saint Amateur, aurait donné son nom au village. Sa statue est blottie à l'angle de la salle des fêtes, près de l'église. Longtemps propriété des chanoines de Mâcon, le vignoble prend appui sur le flanc est de la montagne de Bessay (478 m) et sur la colline de l'Eglise (310 m). Ses coteaux orientés à l'est et au sud-est descendent en pente douce vers la Saône paresseuse. Ils se situent pour la plupart à 250 m d'altitude.

Plantée sur des terrains granitiques et argilo-siliceux, des cailloutis, des couches schisteuses, la vigne produit 16 000 hl d'un vin à la robe pourpre dont les parfums fruités ont des accents de fruits rouges, d'abricot ou de pêche. Elégant et charmeur, le saint-amour ne fait pas mentir son nom. S'il est souvent tendre, il a parfois une charpente assez solide. Bref, il offre des nuances qui proviennent des sols mais aussi des méthodes de vinification privilégiant aujourd'hui la précocité des vins.

Le caveau date de 1965. Il a été décoré par un artiste lyonnais, Nicolas Janin. On y rencontre fréquemment des visiteurs suisses qui achètent en effet la moitié de la production locale.

Juliénas

Tout autour du mont de Bessay, du sud-ouest au sud-est, l'appellation juliénas couvre 600 ha (32 000 hl) sur les communes de Pruzilly en Saône-et-Loire, d'Emeringes et surtout de Jullié et Juliénas dans le Rhône. Ces deux derniers villages seraient d'ailleurs les doyens du Beaujolais. Ne prétendent-ils pas tirer leur origine de Jules César ? C'est une zone de transition où l'on trouve à la fois des terrains granitiques nés d'influences volcaniques et sédimentaires, et des formations plus récentes, riches d'alluvions. Les sols sont alors plus profonds et plus argileux. Cette appellation créée en 1938 offre des vins fermes et robustes, nerveux et charnus.

Popularisé par les gastronomes lyonnais, souvent pourvus d'une bonne plume, le juliénas souffre parfois d'une réputation de « vin facile », sinon truculent. Il ne manque en réalité ni de caractère

L'ancienne maison de la Dîme, XVIᵉ-XVIIᵉ siècle, à Juliénas.

ni de vigueur. C'est à 2 ou 3 ans qu'il prend de l'ampleur tout en conservant des arômes de framboise ou de cerise.

Ayant appartenu jadis aux sires de Beaujeu, le château de Juliénas possède de belles caves qui abritent la récolte du domaine. Le château du Bois de La Salle est un ancien prieuré érigé en 1660 par Mathieu Gayot, trésorier de France ; en 1960 y est née la cave coopérative qui vinifie près du tiers de l'appellation. Quant au cellier de la Vieille Eglise, il occupe une église désaffectée depuis un siècle. Au milieu du village, c'est aujourd'hui un caveau de dégustation. Ses décorations dionysiaques sont l'œuvre des peintres lyonnais R. Basset et H. Monier. Le deuxième week-end de novembre, les voûtes vénérables de cet édifice retentissent d'hommages au juliénas. On y décerne le prix Victor Peyret, dont le lauréat — artiste ou journaliste — reçoit 104 bouteilles afin de pouvoir en boire deux chaque semaine durant une année entière.

Voulez-vous imaginer ce que fut l'intense activité volcanique de la région ? A la carrière de Pruzilly, le front de taille permet d'admirer les roches du sous-sol surmontées d'une épaisse couche de grès. On en fait des gravillons. Mais bientôt vont disparaître ces roches verdâtres. On entre dans le pays des granites roses...

Le Beaujolais des lettres

C'est de Vaux-en-Beaujolais que Gabriel Chevallier s'est inspiré pour son célèbre roman Clochemerle où il décrit avec truculence la vie d'un village : soucis et joies, bonne humeur... et humeurs, avec de ravageuses disputes qui ont fait de Clochemerle le symbole des querelles de clocher. Et pourtant, Chevallier ne disait-il pas du beaujolais : « Plus on en boit, plus on trouve sa femme gentille, ses amis fidèles, l'avenir encourageant et l'humanité supportable. »
A Salles-en-Beaujolais, le chevalier de Lamartine, venu visiter sa tante au peu sévère couvent de chanoinesses-comtesses, y rencontra la jeune Alix Des Roys. Ils se marièrent et eurent un fils : Alphonse de Lamartine.

MOULIN-À-VENT ET CHÉNAS

Moulin-à-vent

A u cœur des vignes, un moulin à vent visible de très loin signale le cru. Bâti il y a 300 ans à l'intention des paysans qui venaient y faire moudre le grain, classé monument historique, il a perdu ses ailes. L'autre moulin du pays, construit en bordure de la N 6 au lieu-dit La Maison Blanche, possède en revanche depuis 1957 tous les attraits d'un... caveau de dégustation.

Objet de fréquents conflits entre l'abbaye de Tournus dont dépendait jadis Romanèche-Thorins, et la baronnie de Beaujeu dont dépendaient Chénas et Fleurie, le terroir obtint en 1924, par un jugement du tribunal de Mâcon, le droit d'utiliser le nom de moulin-à-vent plutôt que celui de thorins. Un décret de 1936 confirma cette situation. Moulin-à-vent n'est pas, en effet, le nom d'une commune. L'aire de production s'étend sur 640 ha à la limite de deux départements (Romanèche-Thorins en Saône-et-Loire et Chénas dans le Rhône).

Ses coteaux tournés au levant et en pente très douce (de 280 à 250 m d'altitude) ont un sol peu profond. Au maximum 1 m de gore, un grès rose saumon issu de l'altération de la roche granitique situé en dessous, riche en bioxyde de manganèse. Ce minerai fut d'ailleurs exploité aux XVIIIe et XIXe siècles, jusqu'au milieu de la place du village...

Moulin-à-vent produit 36 000 hl d'un vin rubis profond, parfois rouge grenat. Ses arômes fondus mêlent les fruits rouges, la violette, la rose. Généreux et charpenté, il est équilibré en bouche. On peut souvent le garder une dizaine d'années. Avec l'âge, il prend des parfums capiteux de truffe, de cèpe, de venaison. Les cuvées influencées par le bioxyde de manganèse produisent des bouteilles très corsées, au cachet original.

Romanèche-Thorins conserve pieusement le souvenir de Benoît Raclet (1780-1844) fêté chaque année le dernier dimanche d'octobre. Celui-ci trouva le moyen de détruire la pyrale de la vigne (« ver coquin ») en déversant de l'eau chaude sur les ceps. Un musée lui est dédié dans la maison qu'il habita. Quant au musée Guillon, il abrite des chefs-d'œuvre de compagnons du Tour de France. Il existe aussi à Romanèche un zoo agréablement aménagé.

Après la traversée des Guillates, des Gimarets, des Bruyères, de Champ de Cour, où les ceps forment d'épais bataillons sur des dunes de sable rose, un caveau aménagé au pied du moulin permet tout à la fois de faire connaissance avec ce vin et de découvrir le panorama depuis Mâcon jusqu'à Belleville-sur-Saône.

Moulin-à-Vent : le moulin date du XVIIe siècle.

Chénas

O n ne voit plus beaucoup de chênes à Chénas, qui doit son nom à ces arbres. Il est vrai que la vigne les a remplacés depuis le Moyen Age avec une notoriété incontestable puisque Louis XIII invitait déjà le chénas à sa table.

Cette appellation surplombe d'ouest en est le moulin-à-vent. Le tiers des 200 ha viticoles du cru occupe, sur la commune de Chénas, les terroirs que ce voisin n'a pas conquis. Orientés à l'est et au sud, situés à 250 m d'altitude, ils s'adossent à deux monticules, la Cabane des Chasseurs et le pic de Rémont qui, dit-on, aurait été élevé par le géant Gargantua qui vidait sa hotte... L'autre partie du vignoble s'étend sur les coteaux et terrasses de la commune de

Chénas possède encore quelques rares bosquets de chênes.

La Chapelle-de-Guinchay. On se trouve ici à 210 m d'altitude, face à la vallée de la Saône. De pur sable granitique à l'ouest, les sols se transforment ensuite pour laisser place à des sables limono-granitiques, mêlés à des graviers et cailloutis. La commune est ponctuée de plusieurs hameaux. L'appellation (13 000 hl) date de 1936 ; le vin présente beaucoup de points communs avec le moulin-à-vent : robe rouge intense, arômes fruités et floraux, avec un rien parfois de la saveur épicée de la pivoine. Solidement bâti, il vieillit fort bien.

La coopérative, installée depuis 1934 dans une dépendance du château des Michauds à Chénas, vinifie près de 40 % de l'appellation. Sa cave voûtée en anse de panier (XVIe siècle) est l'une des plus vastes du Beaujolais. Elle abrite un très grand nombre de foudres et de pièces de chêne.

Benoît Raclet et le ver coquin

Le « ver coquin », ou pyrale, a longtemps ravagé la vigne. Au XIXe siècle, le fléau n'était toujours pas vaincu, quand Benoît Raclet, habitant de Romanèche-Thorins, constata que des ceps recevant régulièrement l'eau chaude de la cuisine n'étaient pas atteints par le ver. Il suggéra donc d'échauder les vignes durant l'hiver, et étaya par des expériences rigoureuses une découverte qu'il mit longtemps à faire accepter et qui lui valut la Légion d'honneur... à titre posthume.

FLEURIE ET CHIROUBLES

Fleurie

En quittant Chénas par la D 68 en direction du sud, on aperçoit aussitôt la chapelle de la Madone construite en 1875 pour remercier la Vierge d'avoir protégé le vignoble de l'invasion allemande. Elle s'élève à 425 m d'altitude au sommet d'une colline tout entière couverte de vignes. L'appellation s'étend sur 810 ha. Une borne de 1744, sur la N 6 au hameau des Maisons Blanches, signale que Fleurie fut autrefois village-frontière entre Mâconnais et Beaujolais. Ses vignes, et notamment celles du couvent d'Arpayé dépendant de Cluny, suscitèrent d'innombrables querelles au cours des siècles passés.

Les limites de l'appellation créée en 1936 ne dépassent pas celles de la commune. On trouve des coteaux exposés à l'est, à 300 m environ d'altitude. Implanté sur une variété de granite (biotite à grands cristaux) qu'on appelle granite de Fleurie et qu'on retrouve souvent dans le Beaujolais, le vignoble grimpe à l'ouest en forte pente. Ce sont ici des sols de faible épaisseur (30 à 50 cm) constitués de sable formant une arène granitique. Légers et arides, ils doivent être enrichis régulièrement en humus. Mais la disparition de l'élevage rend difficile l'approvisionnement en fumier ! A l'opposé, un relief plus doux marque la présence d'un cône de déjection largement ouvert au sud-est. Les terrains sont alors composés de cailloutis d'origine cristalline ou volcanique avec une matrice de sables et graviers généralement riche en argile.

Si les vins produits sur les parcelles sableuses qui se prolongent jusqu'au moulin-à-vent expriment finesse et délicatesse, ceux des cailloutis offrent davantage de couleur et de force. La dégustation annuelle au début de novembre permet d'apprécier des parfums d'iris, de violette et d'ambre. Vif et fruité, ce vin flatteur fait volontiers honneur à son nom. On le présente souvent comme le plus « féminin » des crus du Beaujolais.

C'est en volume (44 000 hl) le troisième producteur du vignoble après brouilly et morgon. Il existe deux caveaux au pays : l'un à la mairie, l'autre à la coopérative vinicole, bâtie en 1932 au milieu du village, qui vinifie le tiers de l'appellation. Une salle en sous-sol, décorée d'une fresque en céramique, permet l'accueil de groupes importants. Ces caveaux offrent toute la gamme des vins aux noms de terroirs évocateurs : La Rochette, La Chapelle des Bois, Les Roches, Grille-Midi, La Joie du Palais... Parmi les grands, Les Moriers ne laissent jamais indifférent.

Une enfant du pays, Marguerite Chabert, est la seule femme qui fut présidente de cave. Un personnage haut en couleur dont la famille offrit au monde la célèbre andouillette au fleurie.

Un pressoir traditionnel à Fleurie.

Les 350 ha (18 000 hl) de cette appellation créée en 1936 se situent sur des coteaux dont la pente est parfois raide, entre 480 et 300 m d'altitude. Les sols entièrement composés de sables granitiques du massif de Fleurie présentent une remarquable unité. Ce cirque naturel bien ensoleillé est un bonheur pour la vigne. Il a fallu beaucoup d'efforts pour le défricher, l'aménager et l'entretenir, notamment en le défendant contre l'érosion. On appelle ici les murets de pierre sèche des « rases ».

La personnalité du chiroubles le fait reconnaître sans trop de difficulté. Sa couleur est plutôt légère, sa fraîcheur très tendre, son parfum pénétré de violette. « De l'extravagance de beaujolais », dit de lui Georges Dubœuf. Encore assez peu connu hors de France, le chiroubles est fréquemment le plus charmeur et le plus aérien des crus de ce vignoble. On ne cultive plus le navet, qui était jadis l'autre gloire du pays.

Sur la place de l'Eglise, le buste de Victor Pulliat (1827-1896) rappelle le souvenir de cet ampélographe qui ne possédait pas moins de 2 000 variétés différentes de cépages dans son domaine de Tempéré sur la route de Villié-Morgon. Il fut l'un des précurseurs de la lutte contre le phylloxéra par la greffe et le recours au « bois » américain.

Environ 15 % de la production sont vinifiés par la Maison des Vignerons, la plus petite coopérative du Beaujolais. Chaque printemps, la fête des crus du Beaujolais et du Mâconnais attire à Chiroubles les bons vivants.

Chiroubles

A l'ouest de fleurie, la vigne se sent des ardeurs montagnardes. Si on l'accompagne à l'assaut des pentes, le regard découvre l'un des plus larges panoramas sur le Beaujolais. Après le Fût d'Avenas, à plus de 700 m d'altitude, c'est le petit village d'Avenas sur une ancienne voie romaine. L'église abrite un bel autel roman. Mais si l'on reste au col, le chalet-dégustation de la Terrasse offre un autre panorama : sur les vins de Chiroubles cette fois. Une table d'orientation invite à reconnaître 80 clochers alentour.

A Fleurie, la chapelle de la Madone domine les vignes.

Le troisième fleuve de Lyon

Si l'on en croit Léon Daudet, Lyon serait arrosé par trois fleuves : le Rhône, la Saône et... le beaujolais qui n'est jamais à sec. Ce vin doit sa promotion à des écrivains et à des journalistes lyonnais dans les années 1930, puis à leurs confrères parisiens quand leurs journaux s'installèrent à Lyon de 1940 à 1942. Après la guerre, le journal satirique Le Canard enchaîné fit du beaujolais l'inspirateur exclusif de sa verve et contribua beaucoup à sa notoriété.

MORGON ET RÉGNIÉ

Morgon

En gagnant Villié-Morgon par la D 18 depuis la terrasse de Chiroubles, on traverse d'est en ouest une grande partie du cru morgon. Aux taillis et aux prés qui bordent la route dans sa partie haute succèdent, à partir du hameau de Saint-Joseph, point culminant de la commune de Villié-Morgon, les 1 040 ha du vignoble. Ses versants orientés à l'est et au sud-est descendent

doucement de 450 à 235 m d'altitude jusqu'au château de Pizay dont le donjon féodal domine un fameux cuvage et de beaux jardins aux arbres sculptés.

Les meilleurs vins de Morgon proviennent de la montagne de Py. Au-dessus d'un océan de ceps, un arbre solitaire coiffe le sommet de cette colline au contour presque parfait. Sur toute l'appellation créée en 1936, ces ceps puisent leurs forces dans des sols dits « pourris », d'origine volcano-sédimentaire (roches basaltiques coupées de schistes pyriteux

Ci-dessus, le château de Pizay et ses jardins à la française. A gauche, une cérémonie d'intronisation chez les compagnons du Beaujolais.

imprégnés d'oxydes de fer que l'on appelle « morgons »). Ils donnent des vins colorés (60 000 hl), riches en extrait sec, aptes à une assez longue garde. Comparé parfois au bourgogne en raison de sa virilité, le morgon a une charpente puissante et ferme, sans excès cependant. Tout en chair, il « morgonne » comme on dit au pays. Des cuvaisons attentives épanouissent souvent des arômes de framboise et de kirsch. La couleur de ces vins est grenat foncé, assombri.

A l'est et sur des terrains à la pente moins accusée, les vins sont un peu différents. Là prédominent des cailloutis de roches cristallines ou volcaniques, des roches siliceuses, sur des sables et des graviers assez riches en argile. A l'ouest et au nord, des arènes granitiques forment des terrains proches de ceux de fleurie et de chiroubles.

Le bourg doit son nom à la fusion en 1867 du bourg de Villié et du hameau de Morgon. C'est un très ancien village viticole. On y trouve trace de la vigne dès le Xᵉ siècle. Son caveau, construit en 1953, fut le premier du Beaujolais. Il se trouve sous les murs du château de Fontcrenne (XVIIIᵉ siècle) dans un parc au milieu de Villié-Morgon.

Régnié

Dixième cru du Beaujolais depuis 1988, régnié a dû combattre pendant de longues années pour obtenir cette A.O.C. Une promotion qui apparaît tout à fait légitime. Elle reconnaît une qualité réelle et constante.

Né en 1973 de la fusion des communes de Régnié et de Durette, le territoire de Régnié-Durette s'enfonce comme un coin entre morgon au nord et à l'ouest, brouilly au sud. Sur près de 800 ha, son terroir est orienté au sud-est, face à la montagne de Brouilly. Implanté sur des sols issus de l'altération du massif granitique de Fleurie, le vignoble se situe à 350 m d'altitude. Il domine la vallée de l'Ardières qu'emprunte la route entre Belleville-sur-Saône et Beaujeu, au cœur des crus et des beaujolais-villages. Avec le canal de Briare, à partir du XVIIᵉ siècle, c'est cette voie qui permit aux vins du Beaujolais de voyager

plus facilement, notamment vers Paris. Près de Beaujeu, le hameau des Dépôts, solidement bâti en granite, témoigne de l'activité de cette route au temps jadis, pour le commerce des vins de la région.

Grâce aux deux clochers de son église édifiée au milieu du siècle dernier dans un style rappelant celui de la basilique de Fourvières à Lyon, Régnié-Durette se repère de loin. En bordure de la D 9 et à proximité de cette église, le domaine de la Grange Charton fut légué en 1806 aux Hospices de Beaujeu. Ceux-ci utilisent son vaste cuvage et ses dépendances pour vinifier et conserver les vins de leur domaine : 63 ha de vignes, exploités par onze vignerons. Comme les Hospices de Beaune, ceux de Beaujeu vendent chaque année leurs vins aux enchères.

Les vendanges 1988 ont vu les premiers crus portant cette nouvelle A.O.C. Ces cuvées (35 000 hl) séduisent par leur couleur rubis et leur fruit. Élégantes et souples, elles sont cousines des brouilly. Leur force parfois les rapproche du morgon.

Confréries beaujolaises

Les compagnons du Beaujolais font honneur à leur devise : « Vuidons les tonneaux ». Cette confrérie née en 1948 possède un cuvage à Lacenas près de Villefranche-sur-Saône où ont lieu ses chapitres. Elle se rend souvent aux quatre coins du monde pour chanter les vertus du beaujolais. Elle organise par ailleurs le grumage, analogue au tastevinage en Bourgogne : c'est une dégustation permettant de distinguer les cuvées de bonne garde. On parle ainsi de « vins grumés ». La confrérie des Grapilleurs de Pierres Dorées est née en 1968 et celle du Gosier Sec en 1961.

BROUILLY, CÔTE DE BROUILLY, ET LYONNAIS

Brouilly

Pour Edouard Herriot, l'ancien maire de Lyon, le paradis terrestre se situait à Quincié, l'une des six communes de l'appellation brouilly.

Couvrant un peu plus de 1 200 ha, l'A.O.C. brouilly est la plus vaste du Beaujolais. Coupée au nord par la vallée de l'Ardières, voie traditionnelle de circulation des vins du Beaujolais en direction de Paris, elle enveloppe

Ci-dessus, le mont Brouilly. En haut à droite, un motif pour éventail, vers 1830 (bibliothèque des Arts décoratifs, Paris). En dessous, le château de la Chaize.

le mont Brouilly qui domine le paysage à 484 m d'altitude. La vigne occupe le piémont.

Le géologue distingue trois bandes nord-sud. Des granites du type Fleurie marquent les sols à l'ouest du mont Brouilly, lui-même formé de roches compactes dures. A l'est, près des anciennes terrasses de la Saône, des failles brisent un ensemble demeuré jusque là assez homogène, parfois recouvert d'alluvions. On retrouve cette diversité dans les bouteilles de brouilly. Celles-ci (70 000 hl) sont parfois très agréables jeunes, parfois moins précoces. Les cuvées issues du granite ont davantage de fruit et s'apprécient assez jeunes. Celles nées des schistes, sur la partie

centrale, présentent une robe plus soutenue. Elles disposent de sérieux atouts pour une bonne garde. Sur les bordures aux sols variés, tout dépend du doigté du vigneron. Le brouilly évoque la myrtille, la pomme, la mûre.

Entre Belleville-sur-Saône et Cercié, la route des vins offre beaucoup d'attraits. La chapelle Saint-Ennemond protège les vendanges et le célèbre coteau de la Pisse-Vieille reste le fleuron des Hospices de Beaujeu. A Saint-Lager se trouve le caveau des brouilly et côte de brouilly. A Charentay, la tour de la Belle-Mère rappelle qu'au siècle dernier un gendre était observé à 35 m de hauteur par la mère de son épouse qui ne voulait rien ignorer de ses activités. Beaucoup de châteaux au fil du chemin : celui de Sermezy (XVIIIe siècle), celui d'Arginy (XIIe siècle) bâti par les templiers, celui de la Chaize près d'Odenas (XVIIe siècle) construit par un neveu du confesseur de Louis XIV et doté de la plus grande cave de tout le Beaujolais, longue de 110 m.

Côte de brouilly

Ceinturant complètement le mont Brouilly, l'appellation côte de brouilly couvre quelque 300 ha. Les puristes la citent volontiers en exemple, tant son unité géologique semble parfaite. On y trouve du granite et des schistes très durs de couleur vert bleu qu'on appelle ici les « cornes vertes ». Des bois couronnent le mont Brouilly d'où l'on voit la vallée de la Saône, la Dombes et les premières constructions de Lyon. La chapelle, dédiée à Notre-Dame du Raisin et construite en 1857, témoigne de la lutte contre l'oïdium.

D'expositions très variées en raison de sa position circulaire, le vignoble produit 17 000 hl de vins colorés et ardents, pourpre foncé, qu'agrémentent des parfums de fruits rouges comme la groseille ou la framboise, ou encore la myrtille. Solides, ils vieillissent assez bien. Leur degré alcoolique est le plus élevé de tous les crus du Beaujolais, en raison d'un fort ensoleillement sur des terrains pentus.

Les coteaux du lyonnais

Le paysage, qui offre une succession de vallées et de collines, ne permet guère de distinguer les coteaux du lyonnais des deux vignobles qu'ils joignent : le Beaujolais et les Côtes du Rhône. Cette A.O.C., reconnue en 1984, ne couvre que 250 ha et demeure peu connue. Sauf à Lyon, bien sûr, où les joueurs de boules reprennent souffle grâce à ses vins légers, fruités et gouleyants.

L'essor de la culture de la vigne dans les monts du Lyonnais date du Moyen Age. La vigne, qui s'étendait ici sur 12 000 ha durant la seconde moitié du XIXe siècle, ne subsiste plus aujourd'hui que sur deux îlots. L'un se situe aux confins du Beaujolais et au nord-ouest de Lyon, l'autre

au sud-ouest de cette ville dans la vallée du Rhône.

La nature des terrains est variée ; on y rencontre des granites, des roches métamorphiques, des roches sédimentaires, des limons, des alluvions. Les sols sont légers et perméables à l'exception des monts d'Or où ils sont argileux et calcaires. Situés entre 200 et 500 m d'altitude, ils permettent au gamay noir à jus blanc de produire 13 000 hl de vins rouges et rosés qui s'apparentent à ceux du Beaujolais. Le chardonnay et l'aligoté donnent une petite production de vins blancs (400 hl).

JURA

P etits villages aux grands toits, clochers aux bulbes comtois, c'est le Jura. Il fut bourguignon puis espagnol avant de redevenir français sous Louis XIV. Son vignoble, le Revermont, s'étend sur la fracture géologique séparant la plaine de Bresse et le premier plateau des monts du Jura. Environ 80 km de longueur, une dizaine de kilomètres de largeur : un chapelet de grains de raisin. Les reculées forment des marches d'escalier rocheuses et boisées. Elles donnent une profonde originalité à ce paysage déjà grave et rude, qu'adoucissent les coteaux plantés de vigne. La vigne plonge ici ses racines loin dans le passé. Pline le Jeune en vantait les mérites ! Près de 20 000 ha plantés au siècle dernier, guère plus de 1 500 aujour-

Le caveau du cellier des Chartreux, XIIIᵉ siècle, à Montaigu.

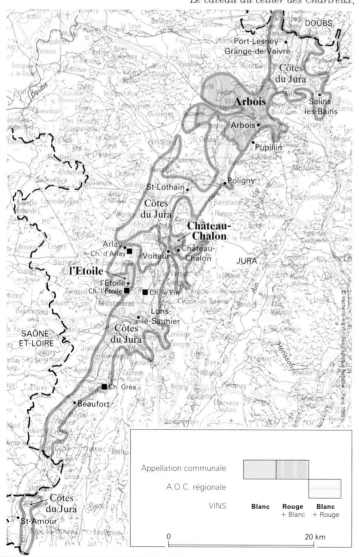

d'hui en A.O.C., et une production de l'ordre de 41 000 hl. Situé entre 220 et 380 m d'altitude, le vignoble est généralement exposé à l'ouest, parfois au sud-ouest et au midi au gré des combes. Assez plat aux abords de l'Ain, le relief s'anime ensuite, surtout de Château-Chalon à Arbois. Au-dessus de Salins, le mont Poupet marque la fin du vignoble.

Si le climat soumet parfois la vigne à des rigueurs, l'ensoleillement compense ces difficultés. Très enchevêtrés par les caprices d'une géologie agitée, les terrains appartiennent au Secondaire : marnes rouge lie-de-vin, argileuses qui donnent les rouges et les rosés (Trias), marnes bleues mêlées aux éboulis calcaires où réussissent très bien les blancs (Lias). Les vignerons cultivent différents cépages : ploussard ou poulsard, trousseau et pinot noir en rouges, chardonnay, appelé melon en Arbois ou gamay blanc ailleurs, et savagnin ou naturé en blancs. Ils produisent des vins qui ont vraiment, comme les Jurassiens, leur accent. Rouges et rosés sont francs, fruités et floraux, avec juste ce qu'il faut de corps pour s'épanouir après quelques années. Les rosés présentent ici la particularité d'être des « faux rouges », car ils sont vinifiés comme des vins rouges, par cuvaison longue. Leur faible couleur n'est due qu'à la particularité du cépage poulsard, peu

coloré. Ils ont d'ailleurs le caractère des vins rouges et prennent souvent une teinte tuilée au vieillissement. Secs, aux arômes de noix, de noisette et d'amande grillée, les blancs expriment une personnalité qui tire parfois sur le « jaune » (il s'agit d'un goût et non d'une couleur) et les rend absolument uniques. On produit aussi d'excellents effervescents.

Côtes du jura

L 'A.O.C. côtes du jura recouvre tout le vignoble, une soixantaine de communes, à l'exception des appellations arbois, château-chalon et l'étoile intercalées en son sein. Elle produit de 15 000 à 30 000 hl pour près de 600 ha plantés.

Parmi les plus beaux sites, le château d'Arlay, Montaigu, haut perché, où naquit Rouget de Lisle, l'auteur de *La Marseillaise*, Poligny où le vin rencontre sur sa route le fromage de Comté, Le Vernois, où le vignoble a été totalement remembré (unique en France), Château-Chalon et Nevy-sur-Seille bien sûr.

Arbois

A rbois est produite sur 780 ha plantés dans une aire délimitée de 2 700 ha répartis sur 13 communes du canton d'Arbois. La jolie petite ville d'Arbois, ocre, traversée par la Cuisance et nichée autour du clocher de calcaire jaune de son église, est maintenant tout entière cernée de vignes. Ayant sonné le réveil des vins du Jura, elle en constitue le principal centre économique. Le tiers du vignoble jurassien appartient à la Maison Henri Maire qui par ailleurs achète les raisins de 800 viticulteurs. Le premier dimanche de septembre, on fête le *biou*, énorme grappe faite de centaines de raisins que l'on offre en procession à saint Just, patron d'Arbois. Mais le grand homme du pays reste L. Pasteur dont on visite la maison et l'un des laboratoires.

Appellation communale

A.O.C. régionale

VINS   **Blanc   Rouge   Blanc**
                    + Blanc   + Rouge

0   20 km

La production varie de 20 000 à 40 000 hl par an (trois cinquièmes de rouge et rosé, le reste en blanc). Depuis 1970, la production de Pupillin est identifiée par l'adjonction de son nom à celui d'Arbois.

L'étoile

Le vin de L'Etoile (4 300 hl, 77 ha) est produit sur les marnes liasiques des coteaux particulièrement bien exposés des trois communes de L'Etoile, Plainoiseau et Saint-

Séchage pour le vin de paille.

Didier. Cette appellation est réservée aux vins blancs et jaunes. Elle doit son nom à la forme des segments de tiges d'encrines, fossiles que l'on trouve dans le sol. Le chardonnay et le savagnin donnent des vins élégants ayant beaucoup de caractère et particulièrement aptes à vieillir.

Château-chalon

Nul ne discute son rang : le château-chalon fait partie des plus grands vins blancs de France. Blanc n'est d'ailleurs pas le mot, puisque cette appellation concerne exclusivement le

« vin jaune » produit sur les communes de Château-Chalon, Menétru, Domblans et Nevy-sur-Seille. En tout, guère plus de 50 ha qui produisent jusqu'à 1 700 hl par an : ce vin est aussi précieux que rare. Les viticulteurs groupés en syndicat, définissent — cas unique en France — après une visite de chaque parcelle, le rendement possible. Lorsque la maturité du raisin a été insuffisante, ils décident de n'en pas produire (1974, 1980, 1984).

Vieux village perché sur un escarpement rocheux, Château-Chalon domine des pentes d'abord boisées puis recouvertes de vigne. Des éboulis calcaires se mêlent sur les versants les plus rudes aux marnes du Lias, puis les terrains marneux sont plus homogènes. La Seille a sculpté une « reculée » qui abrite le vignoble des vents du Nord.

Seul cépage donnant droit à cette appellation, le savagnin (ou naturé) constitue une énigme historique. Est-ce le tokay importé d'un couvent de Hongrie par les abbesses de Château-Chalon au Xe siècle ? Non. Est-il venu de Jérez à l'époque où les Espagnols régnaient sur la Comté ? Improbable. Ou n'est-ce pas plutôt un cépage issu en droite ligne de la vigne sauvage (lambrusque) qui poussait autrefois dans le nord-

A gauche, la Saint-Vernier à Château-Chalon. A droite, le poulsard.

Le vin de paille

Naturellement doux, le vin de paille naît du passerillage des raisins des cépages jurassiens. Les plus belles grappes sont disposées sur un lit de paille ou suspendues dans un local sec, bien aéré. Il faut parfois trois mois pour obtenir une exceptionnelle concentration en sucre. Puis les raisins sont pressés et mis à fermenter. Ce vin suave et onctueux, qui s'est arrêté de fermenter seul, et dans lequel il reste 40 ou 50 g ou plus de sucre, vieillit de nombreuses années en fûts, avant d'emplir des demi-bouteilles que l'on conserve religieusement.

est de la France ? Le savagnin est d'ailleurs un cousin très proche du traminer alsacien.

Les vendanges ont lieu fin octobre-début novembre. Après une vinification classique, le vin s'élève en fûts de chêne pendant six ans. Encore faut-il lui offrir un fût dans lequel il « prendra le jaune ». Le fût n'est pas totalement empli. Une mince pellicule se forme à la surface. Ce voile de levures vivantes produit de façon lente et complexe le « jaune ». Parfois le vin prend ce caractère, parfois il s'y refuse. On l'enferme enfin dans une bouteille spéciale, la « clavelin »

(63 cl), qui correspond, après six ans, à un litre de vin récolté. Le vin jaune devient alors éternel. Il peut vieillir plus de 100 ans, sans subir le moindre déclin.

Il faut le boire non point frais mais à la température ambiante, après l'avoir ouvert pour lui permettre de développer ses subtils arômes qui évoquent la noix verte. Sa couleur est foncée et en vieillissant peut aller jusqu'à l'ambre. Il est très charpenté, et son association avec la cuisine jurassienne est remarquable. Biologiquement neutre, il peut rester dans la bouteille entamée indéfiniment.

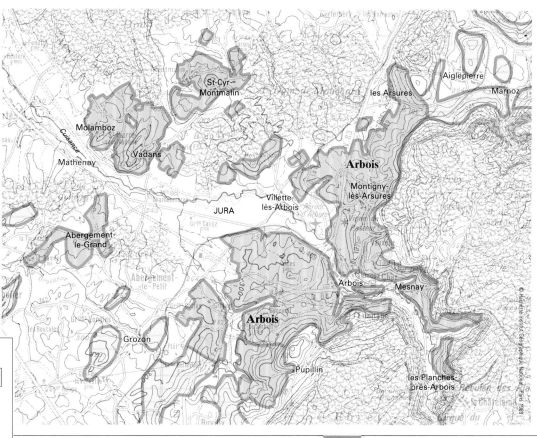

Appellation communale	1
A.O.C. régionale	2

VINS   **Rouge**   **Blanc**
   + Blanc   + Rouge

1 Arbois   **2** Côtes du Jura

0   5 km

SAVOIE

Du Léman à la rive droite de l'Isère, le vignoble savoyard a le pied montagnard du chamois. Sur fond de cimes enneigées, au bord de lacs romantiques, la vigne occupe les vallées et s'accroche aux premières pentes des Alpes, en profitant des meilleures expositions. Elle donne un vin vif comme l'air de la montagne.

Formant un arc de cercle dont l'extrémité méridionale se resserre en crochet contre le massif des Bauges, le vignoble se situe principalement à proximité du lac Léman et de celui du Bourget, des rives du Rhône et de l'Isère. Il atteint parfois l'altitude de 500 m et il est orienté au sud-est et au sud-ouest. Les barrières rocheuses des Bauges et de la Chartreuse, les lacs et les rivières tempèrent le climat continental. D'où des conditions favorables à la maturation du raisin, d'autant que l'ensoleillement (1 600 h par an) est important, avec une belle arrière-saison.

Ci-dessus, le vignoble de Chignin. En haut, le vignoble des Abymes qui borde le lac Saint-André ; au loin, la chaîne de Belle Jounc.

Il s'agit surtout ici de petites exploitations (1 200) sur 1 500 ha d'appellation. La plus grande partie des vignes se situent en Savoie (1 100 ha), le reste en Haute-Savoie (160 ha), en Isère (90 ha) et dans l'Ain (80 ha). Les vins blancs représentent 70 % de la production. Les sols calcaires, mêlés à des marnes ou à de l'argile, favorisent en Savoie les cépages blancs. Il en est de même des moraines glaciaires en Haute-Savoie. Les vins blancs secs réussissent bien sur les argiles, les limons ou les alluvions apportés par les glaciers.

La mosaïque des vins de Savoie

Au sud de Chambéry, sur l'éboulement du mont Granier, se trouve le vignoble le plus important : près de 500 ha pour les crus Apremont et Abymes (communes d'Apremont, des Marches, de Myans, Saint-Baldoph ainsi que Chapareillan en Isère). Cépage fondamental des blancs de Savoie, la jacquère produit 35 000 hl de vins élaborés à basse température sans presser la nature. Ils sont conservés sur fines lies. Souvent perlants, ces vins sont légers, frais et fruités.

Comme dans les Abymes de Myans, l'éboulement du mont Granier survenu au XIIIe siècle marque le paysage mouvementé, de colline en colline.

De Montmélian à Albertville, sur la rive droite de l'Isère, on longe le massif des Bauges. Arbin, Cruet, Saint-Jean-de-la-Porte, Saint-Pierre-d'Albigny, Fréterive produisent 17 000 hl de vins rouges, rosés et blancs avec une nette dominante de mondeuse, le cépage rouge le plus typique de la Savoie. Le cru le plus réputé, Arbin, est un vin de garde. Les pépinières viticoles sont nombreuses dans cette région (la Savoie est en France le second département producteur de plants de vigne).

Au sud-est de Chambéry et contre les Bauges, le cru Chignin produit de remarquables blancs issus de la jacquère ou de la roussanne, appelée localement bergeron (Chignin-Bergeron). Les tours millénaires d'un château en ruine dominent ce vignoble très ancien.

A l'ouest du lac du Bourget et au bord du Rhône, adossé à la montagne de la Charve, un vignoble bien structuré qui bénéficie du cru Jongieux couvre plus de 180 ha sur Lucey, Jongieux, Billième, Saint-Jean-de-Chevelu et Yenne. On trouve ici les excellentes roussette (crus Marestel et Monthoux). A la pointe nord du lac du Bourget, le cru Chautagne (cave coopérative à Ruffieux) est issu du gamay. L'un des meilleurs rouges de Savoie.

En bordure du Léman, le chasselas offre sa personnalité aux blancs secs et agréables, perlants, des crus Ripaille à Thonon, Marignan à Sciez et Marin dans cette commune. Même cépage pour le crépy, réplique miniature du vignoble du Valais suisse (70 ha pour 4 000 hl). Le docteur Ramain affirmait qu'il est le plus diurétique des vins français.

Dans l'étroite vallée de l'Arve, près de Bonneville, les vins blancs pétillants du cru Ayse (1 000 hl) proviennent de la méthode champenoise ou d'une méthode locale (la fermentation spontanée en bouteille). Au confluent de la rivière des Usses et du Rhône, l'altesse donne un vin très apprécié, la roussette de frangy (500 hl).

Seyssel

Créée en 1942, l'A.O.C. seyssel est la plus ancienne de Savoie. Ses 65 ha (3 000 hl) s'étendent sur les deux rives du Rhône entre des coteaux abrupts et ravinés. Berceau du cépage altesse, elle offre des vins souples au bouquet élégant. Leur arôme de violette rappelle que l'on a longtemps cultivé ici l'iris de Florence à l'intention des parfumeurs de Grasse. Le seyssel mousseux (1 000 hl) est issu de la molette ; il peut aussi provenir du bon blanc (chasselas). Tous deux sont toujours associés à au moins 10 % d'altesse.

Les vins tranquilles de Savoie sont plutôt destinés à une consommation assez rapide.

Le vin du Bugey

Dans le département de l'Ain, le vignoble du Bugey fut jadis très important grâce aux abbayes. Il s'est beaucoup réduit (452 ha donnant 22 000 hl de V.D.Q.S.). L'histoire rattachait autrefois ce pays à la Bourgogne. Sa géologie est jurassienne, avec une grande variété de sols marneux et argileux au bas des pentes, calcaires sur les coteaux. Si le climat est surtout océanique, les influences méditerranéennes

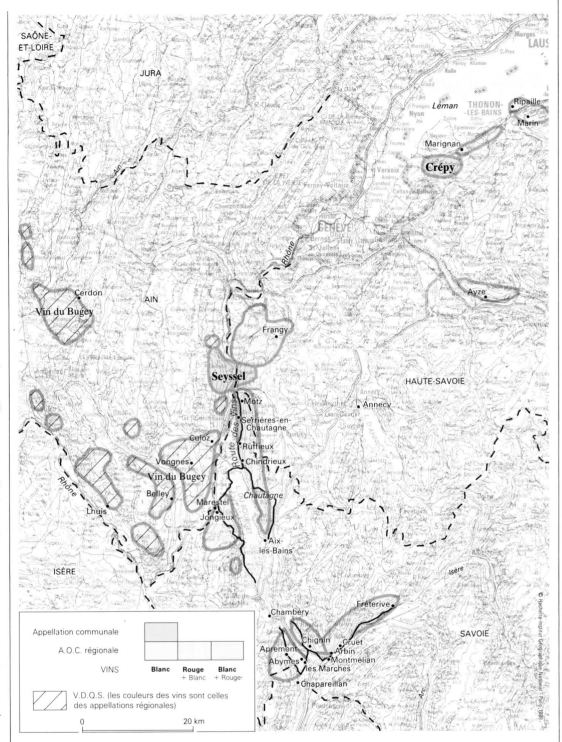

Un sarto près d'Apremont.

et continentales ne sont pas absentes.

Pays de Brillat-Savarin, le Bugey n'a pas perdu sa tradition gastronomique. La porte s'ouvre volontiers, comme en Savoie, mais la cuisine est ici le haut lieu de la maison. De multiples cépages sont cultivés en Bugey : en rouges, le poulsard du Jura, la mondeuse de Savoie, le pinot et le gamay de Bourgogne ; en blancs, l'altesse et la jacquère savoyardes, le chardonnay et l'aligoté bourguignons ainsi que la molette, seul plant vraiment local dont la production depuis plus de 100 ans est entièrement élaborée à Cerdon.

Le Sarto
Parmi les crus d'Apremont et des Abymes, de nombreuses maisonnettes portent le nom de sartos en patois du pays. Ce sont des « resserre-tout » où le vigneron range ses outils. Confrérie vineuse, le Sarto est l'ambassade permanente des produits savoyards.

VALLÉE DU RHÔNE

Le vignoble rhodanien joue à saute-mouton avec les collines, il s'accroche aux terrasses comme aux flancs abrupts des coteaux et tranche par sa belle couleur verte avec les vieux toits de tuiles patinées par le soleil. Le vignoble rhodanien est un monde à part. Mais peut-on parler du vignoble, tant le pluriel s'impose ? Au nord, en aval de Vienne, la vigne doit se contenter de terroirs confidentiels, recroquevillés dans des limites bien précises au-delà desquelles elle n'a plus sa place. Au sud, au contraire, comme si elle voulait compenser les contraintes de l'amont, elle explose et prend tout l'espace qui s'offre à elle. Annonçant les vastes horizons des vignobles languedociens et provençaux, elle grimpe à perte de vue jusque sur les pentes du Ventoux et du plateau ardéchois.

De défilés en bassins

Vignoble septentrional, vignoble méridional, la dualité du paysage viticole ne fait que refléter celle de la nature. Sur quelque 200 km, entre Vienne et

Avignon, la vallée du Rhône est loin de présenter un visage homogène. Tout au long de son cours, le Rhône doit se frayer avec peine un passage entre les Alpes et le Massif central, principalement dans le nord, en aval de Lyon, où il est bridé dans un corset de montagnes. Parfois, c'est à peine si le fleuve, la route (les deux nationales 7 et 86), l'autoroute et la voie ferrée parviennent à trouver leur place. Bassins et défilés se succèdent, comme pour rythmer la marche des eaux. Le fleuve a poussé l'amas d'alluvions venues des Alpes sur la rive occidentale, au pied des pentes abruptes du Pilat et du Vivarais, auxquelles les forêts de châtaigniers donnent un caractère sombre et puissant ; à Vienne et à Tournon, il se glisse au cœur du massif ancien en d'étroits défilés qui rompent l'unité de la plaine fluviale. Après avoir abandonné le fleuve et sa vallée en aval de Valence, la

vigne fait brusquement sa réapparition une trentaine de kilomètres plus au sud, au défilé de Donzère, peut-être parce que la plaine qui s'étale généreusement dans le vaste bassin d'Orange se montre moins rude. Les pentes douces des coteaux du Tricastin annoncent déjà la Provence par leur clarté et leurs cultures avec cependant un rien de sévérité. Dernier obstacle, le massif des Alpilles qui oblige le fleuve à se resserrer au pied des contreforts gardois. Puis c'est la Camargue aux vastes espaces où le Rhône peut serpenter pour rejoindre calmement la Méditerranée.

Une géologie à la fois simple et complexe

Complexe, car l'on y retrouve comme support des vignobles la plupart des formations, depuis l'ère primaire jusqu'au Quaternaire. Simple, car tout est dominé par un seul phénomène : le contact, parfois violent, entre la jeune chaîne alpine à l'est et le vieux socle du Massif central. A l'ère secondaire, celui-ci constituait déjà un ensemble de montagnes imposantes, alors que les Alpes n'étaient encore qu'une vaste mer au fond de laquelle s'accumulaient des quantités importantes de sédiments calcaires ; n'émergeaient que les massifs du Pelvoux et du Mercantour. A la fin du Secondaire et au Tertiaire, la plaque italienne, remontant vers l'Europe du Nord-Ouest, fit jaillir des profondeurs les sédiments accumulés pendant des milliers d'années, avant de les plisser et de les écraser contre le vieux socle du Massif central qui, lui, restait pratiquement immobile. Entre les deux masses, l'une inerte, l'autre en plein mouvement, la voie du Rhône, bien qu'étroite, était toute tracée. Elle allait d'ailleurs être empruntée par les incursions marines du Miocène et du Pliocène venues du sud, dont la première devait déposer une grande partie des sols qui forment la rive gauche des Côtes du Rhône méridionales.

Enfin, à l'ère quaternaire, l'érosion intense du jeune massif alpin par les rivières entraîna le transport et le dépôt de quantités considérables de cailloux qui, roulés, polis sur des centaines de kilomètres, allaient former les vastes étendues planes des terrasses que l'on retrouve à Crozes-Hermitage et, plus au sud, en bordure du Tricastin (Donzère, Les Granges Gontardes), dans le bassin de Visan-Valréas, au Plan de Dieu et, surtout, à Châteauneuf-du-Pape, Tavel, Lirac et Roquemaure où elles donnent des terroirs dotés de très riches potentialités viticoles.

Nord et sud

S i la géologie porte la marque des affrontements est-ouest, le climat se caractérise par une lutte entre les influences continentales, venues du nord, et méditerranéennes. Un seul lien tout au long de la vallée : le mistral. Qu'il souffle avec violence sur toute la largeur de celle-ci, ou plus faiblement se laisse porter au gré des légères différences de température (et

de pression) entre les bassins successifs, il reste omniprésent et marque le paysage de son empreinte, ne serait-ce que par la forme courbée des arbres et arbustes de toutes sortes.
Bien que située à une latitude méridionale, la partie nord de la vallée connaît un climat continental ; l'encaissement et les vents contribuent à conserver une forte amplitude entre des étés chauds et des hivers rigoureux. Mais lorsqu'il arrive au défilé de Donzère, le voyageur venu de Lyon voit souvent le ciel gris se déchirer brusquement et laisser la place à un bleu profond. Il pénètre alors dans la partie méditerranéenne de la vallée, au climat atténué par la barrière très nette des Alpilles, réputée pour sa luminosité et la pureté de son air.
La diversité des influences, tant géologiques que climatiques, ne pouvait que favoriser l'apparition d'une production de vins extrêmement variée. Mais les facteurs naturels n'expliquent pas tout. La naissance et le développement de la viticulture dans la région doivent aussi beaucoup à l'histoire, avec notamment l'implantation de la papauté à Avignon à la fin du Moyen Age.

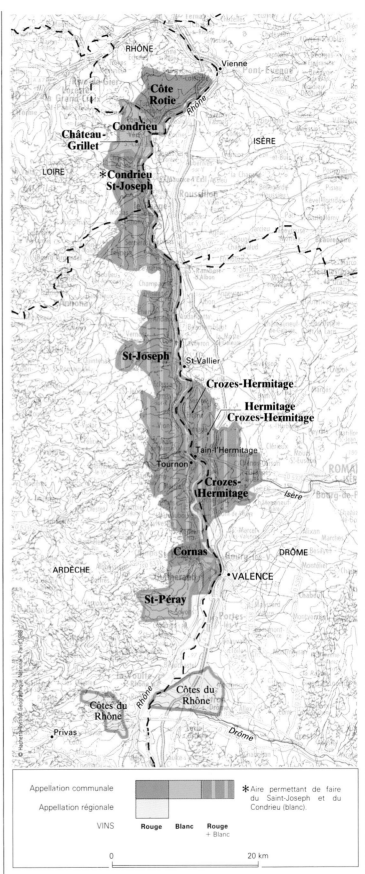

Appellation communale
Appellation régionale

VINS · Rouge · Blanc · Rouge + Blanc

* Aire permettant de faire du Saint-Joseph et du Condrieu (blanc).

0 · 20 km

*Page de gauche, en haut, Condrieu domine le Rhône.
En bas, une mosaïque représentant le foulage de la vendange dans le calendrier rustique de Saint-Romain-en-Gal, première moitié du IIIe siècle ap. J.-C.
Sur cette page, Saint-Joseph et ses rudes coteaux granitiques.*

LA VIGNE DES PAPES

Tous les vignobles français doivent beaucoup au clergé médiéval. Mais seuls ceux de la vallée du Rhône peuvent s'enorgueillir de porter directement la marque de la papauté elle-même.

Des negociatores aux papes

Toutefois, la rencontre des populations rhodaniennes et du vin fut bien antérieure à l'arrivée des souverains pontifes. Les initiateurs vinrent, une fois encore, de Grèce. Les Massaliotes établirent des comptoirs qui leur permettaient de commercer avec les populations locales. Familiarisés par les Grecs avec la consommation du vin, les autochtones furent amenés à la viticulture par les Romains. Assez paradoxalement, les premiers vignobles ne sont pas apparus, semble-t-il, dans le sud de la vallée, mais dans la partie nord. Etagée en amphithéâtre dans une boucle du fleuve, Vienne, ville garnison et haut lieu culturel, devint une capitale viticole. Hasard d'un temps d'arrêt dans la conquête romaine, attrait de la beauté naturelle des rives du Rhône en aval de la ville ou géniale intuition d'un peuple

pionnier ? Toujours est-il que grâce aux fantastiques travaux des légions venues d'outre-Alpes, la vigne fit son apparition sur l'aire de ce qui allait devenir les actuelles côtes du rhône septentrionales. Dès les origines, la région acquit une notoriété qui n'allait jamais être démenti. Les succès obtenus par les Allobroges entraînèrent le développement d'un négoce dont le dynamisme est attesté, aujourd'hui encore, par les bas-reliefs et inscriptions découverts lors des fouilles archéologiques. Comme partout en Occident, les invasions barbares entraînèrent la destruction des vignobles et, plus encore, la désorganisation des routes commerciales. Malgré le partage de la vallée entre le royaume de France qui possédait la rive droite, et l'Empire dont relevait la partie orientale, le Moyen Age vit la renaissance de la viticulture : les ordres religieux, chartreux et cisterciens, jouèrent un grand rôle dans le développement des vignobles septentrionaux. Au sud, l'impulsion vint de l'installation de la cour pontificale dans le comtat en 1305. Grands consommateurs de vin, les dignitaires ecclésiastiques et leur entourage ne se contentèrent pas d'importer des vins bourguignons. Ils plantèrent des vignes,

notamment à Châteauneuf-du-Pape, où les papes possédaient une forteresse et une propriété. Après le retour de la papauté à Rome, le vignoble ne cessa de grandir, tant en surface qu'en réputation, jusqu'à la Révolution. Cependant, à la différence d'autres régions, comme Bordeaux ou la Bourgogne qui bénéficièrent de conditions commerciales favorables avec la proximité de l'Angleterre et de Paris, la vallée du Rhône connut de nombreuses entraves. L'augmentation de la production fut longtemps freinée par les taxes et impôts qui frappaient le commerce des vins. Heureusement, le XVIIe siècle vit leur abolition et le développement de grandes voies de communication comme le canal du Midi.

La Côte du Rhône gardoise

Au cours des deux derniers siècles de l'Ancien Régime, les vins de la Côte du Rhône gardoise connurent une grande vogue. La croissance très rapide de ce secteur résulta du regroupement des vignerons de la région de Tavel, Roquemaure, Lirac, Chusclan et des alentours. Ils firent d'abord interdire l'entrée des vins provenant de paroisses voisines moins réputées ; puis, par réaction contre un édit royal de 1729 les désavantageant, ils parvinrent à rendre obligatoire l'apposition sur les fûts d'une marque à feu portant les trois lettres C.D.R. (Côtes du Rhône). Etonnante par sa modernité, cette organisation fut complétée

---

Beaumes-de-Venise et Rasteau

Le nom de Beaumes-de-Venise, village blotti au sud des Dentelles de Montmirail, vient de grotte (balme) et de venaissin (le Comtat). Merveilleusement évocateur, il sent bon la chaleur, le miel et les fleurs fraîches. Exposée au sud, bien à l'abri du Mistral, l'aire se prête tout particulièrement à la production de vins doux naturels à partir du seul muscat à petits grains blancs. A découvrir dans l'année qui suit la récolte, ces vins sont d'une douceur sans excès, avec des arômes riches et complexes où se mêlent le citron, la citronnelle et une légère nuance de rose. Situé au nord-ouest de gigondas, rasteau bénéficie, grâce à la présence d'un petit massif entre Aygues et Ouvèze, d'un site abrité où le grenache noir atteint une richesse en sucre très élevée. Les rasteau blancs acquièrent avec le temps une couleur ambrée ; les rouges (lorsque le raisin a cuvé) offrent une grande qualité aromatique avec une dominante de petits fruits rouges.

Les sols dans les Côtes du Rhône méridionales.

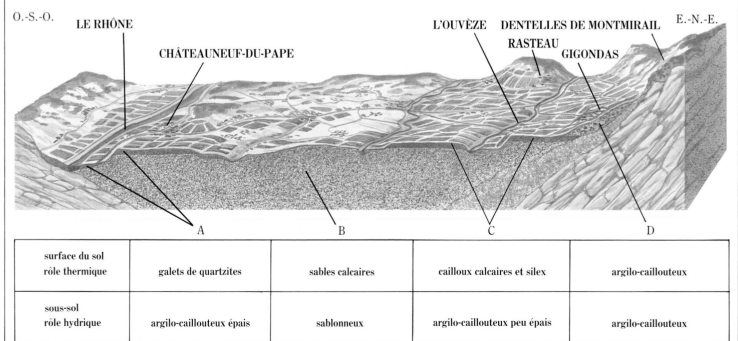

surface du sol rôle thermique	galets de quartzites	sables calcaires	cailloux calcaires et silex	argilo-caillouteux
sous-sol rôle hydrique	argilo-caillouteux épais	sablonneux	argilo-caillouteux peu épais	argilo-caillouteux

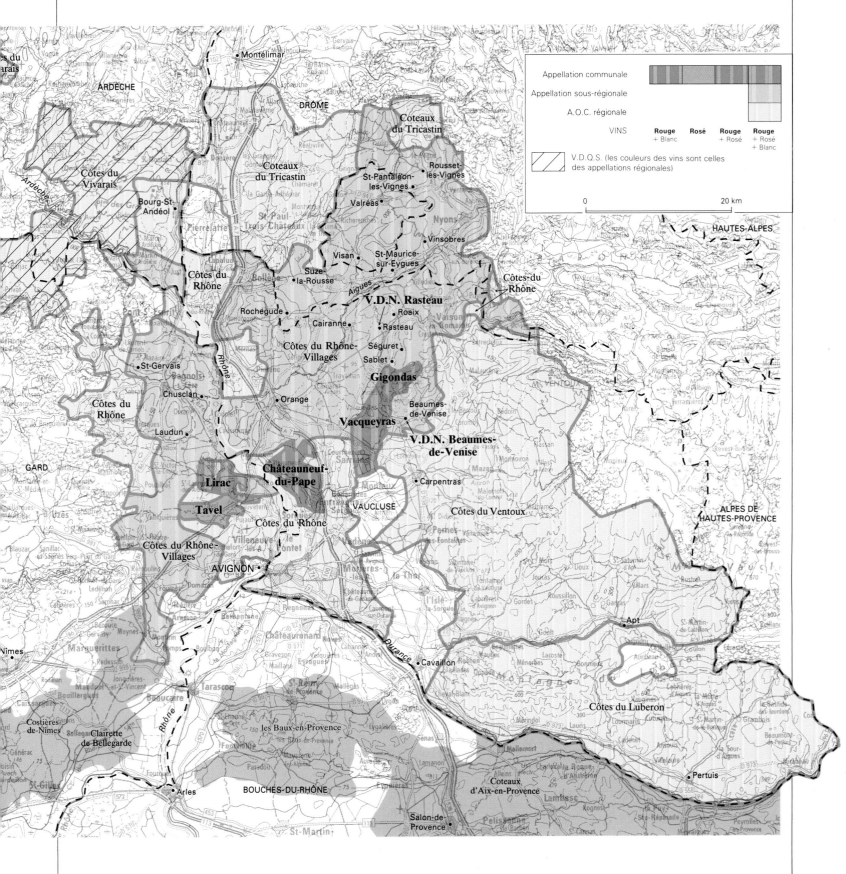

par tout une série de mesures renforçant la défense des vins de qualité produits dans ces villages. Les vins de la Côte du Rhône gardoise trouvèrent ainsi de nombreux débouchés au XVIIIᵉ siècle, notamment en Grande-Bretagne, en Allemagne, en Hollande et dans les Flandres. Sur la rive gauche, la destinée du vignoble fut très différente. Concurrencé par les cultures maraîchères et fruitières, notamment par l'olivier (qui occupait les coteaux et les terrasses caillouteuses maigres où la vigne produit aujourd'hui les crus les plus réputés), il ne connut longtemps qu'une faible extension. A l'exception de châteauneuf-du-pape, les vignes restèrent longtemps à l'état d'îlots dispersés, du moins jusqu'à ce que, en grande partie grâce au baron Le Roy de Boiseau-marie, les côtes du rhône aient pu recouvrer leurs lettres de noblesse en même temps que leur identité au XXᵉ siècle.

CÔTES DU RHÔNE

Mosaïque d'appellations, la vallée du Rhône possède l'une des plus petites appellations de France : château-grillet. Mais elle se distingue également par la présence de la plus vaste appellation régionale après Bordeaux puisque l'aire des côtes du rhône s'étend sur quelque 163 communes réparties entre six départements (Rhône, Loire, Drôme, Ardèche, Gard et Vaucluse).

Le règne du vin

L'importance même de cette appellation explique qu'elle soit souvent confondue, dans l'esprit du public, avec l'ensemble des vignobles de la vallée. En théorie, cette assimilation ne paraît pas absurde, puisque les terroirs donnant droit à son utilisation s'étendent du sud de Vienne à Avignon. Mais dans la pratique, la quasi-totalité de la production de côtes du rhône — à l'exception d'un petit millier d'hectolitres — provient de la seule partie méridionale. En effet, les vignobles du nord se consacrent presque exclusivement à la production d'appellations locales.

Vaste amphithéâtre, les côtes du rhône du sud étalent leur domaine sur quatre départements (Drôme, Vaucluse, Gard et Ardèche) entre Bollène et Avignon. Là, de part et d'autre du Rhône, on parle exclusivement du vin ; il règne aussi souverainement sur la vie des gens que la vigne sur le paysage. Mais si les ceps fournissent l'indispensable trait d'union entre les deux rives, chacune possède sa propre personnalité.

Un vignoble avec terrasses récentes à Saint-Joseph.

Sur la rive gardoise, les vignobles se sont regroupés sur une série de collines aux formes arrondies, bloquées entre le fleuve, à l'est, et les plateaux d'altitude moyenne de l'Ardèche et du Gard, à l'ouest. Peut-être parce qu'ils mènent vers la rude et noble montagne cévenole, ces plateaux calcaires portent la marque d'une géologie dure et compacte.

Contrastant avec cet univers sauvage où les vallées s'enfoncent en d'étroites gorges, le territoire où s'épanouit le vignoble est souriant, moulé dans des roches suffisamment tendres pour que les rivières puissent prendre leurs aises dans de larges vallées ouvertes sur le Rhône. Jouant avec les collines et les sols sableux ou marno-sableux, la vigne paresse sous les rayons du soleil,

Ci-dessus, Aiguèze, à l'embouchure des gorges de l'Ardèche.
A droite, un détail du décor de la chapelle de l'université du vin à Suze-la-Rousse.

sur des pentes plus ou moins fortes, sans dépasser 250 m d'altitude, tandis que les sommets des collines sont largement boisés de résineux méditerranéens.

Le Rhône et ses affluents n'ont déposé sur la rive droite que peu d'alluvions anciennes caillouteuses, sauf en deux endroits, vers le sud, autour de Tavel et Lirac, puis de Domazan et Estézagues. Au moutonnement des collines de la rive languedocienne s'opposent, de l'autre côté du fleuve, les vastes horizons uniformes des larges bassins à fond plat de Valréas, Saint-Cécile-les-Vignes, Orange, Travaillan, Avignon. Seuls les bosquets des parcs des grands domaines parviennent à apporter un semblant de relief dans cet univers de plaines.

Senteurs de thym et de lavande

Mais les hauteurs ne sont jamais bien loin, des écrins de collines séparant les différents bassins. La rive orientale est dominée, au nord-est, par la montagne de la Lance et, à l'est,

par le mont Ventoux, célèbre à cause du Tour de France cycliste. Si la première veille jalousement sur la région privilégiée de Nyons aux oliveraies réputées, le second protège des froides influences alpines l'ensemble du vignoble. Cette protection permit ici à la vigne de grimper allègrement, comme à Vinsobres, jusqu'à 450 m d'altitude. Néanmoins, c'est surtout dans les fonds des bassins qu'elle se plaît. Là, par-dessus le soubassement miocène qui a donné des sols sableux et légers, elle trouve de grandes quantités de cailloux, arrachés aux Alpes et roulés sur des dizaines de kilomètres par le Rhône, le Lez, l'Aygues et l'Ouvèze. Grâce au patient travail des eaux, sont nées les grandes terrasses de Valréas et de Suze-la-Rousse, du Plan-de-Dieu, comme les garrigues de Vacqueyras et Sarrians et, bien sûr, de Châteauneuf-du-Pape. Formés d'épaisseurs, souvent considérables, de cailloux

arrondis mêlés à des argiles sableuses rouges, les sols de ces régions constituent d'excellents terroirs pour la vigne.

Sur les deux rives, les parfums de thym et de lavande qui viennent imprégner le vignoble, sont là pour le rappeler : les Côtes du Rhône méridionales sont bien méditerranéennes par leur latitude mais la présence de la chaîne des Alpilles donne ici au climat sa particularité. Les pluies sont moins abondantes que sur le littoral en automne et au printemps. L'été, époque de la maturation des raisins, les écarts entre les températures diurne et nocturne sont plus marqués.

Une belle collection de cépages

Dans l'ensemble français, les côtes du rhône se caractérisent par la vaste palette des cépages — pas moins de 23 noms — dans laquelle les viticulteurs peuvent faire leur choix. En réalité, une dizaine, pas plus, sont réellement utilisés. Pour les rouges, le cépage dominant est bien entendu le grenache. Il donne des vins riches en alcool comme en arômes qui possèdent beaucoup de gras et de puissance. De son côté, le cinsault, qui entre notamment dans la composition des rosés, apporte un bouquet fruité d'une finesse et d'une élégance incomparables. Mais il exige des rendements faibles. Parfait complément du grenache par sa résistance à l'oxydation, la syrah marque sa présence par de complexes notes aromatiques et une meilleure tenue des vins dans le temps. Ce sont des qualités assez proches qu'apporte le mourvèdre. Mais celui-ci garde de ses origines ibériques une forte exigence de chaleur et il exige une très bonne exposition. Parmi les autres cépages rouges, citons également le carignan et la counoise.

Pour les vins blancs, la clairette, le bourboulenc, le picpoul et le grenache blanc sont les plus utilisés.

Ci-dessus, la marsanne.
A droite, le grenache.

En haut, un vignoble au-dessus de Beaumes-de-Venise ; au loin, les Dentelles de Montmirail.

A droite, l'étendard de la confrérie Saint-Vincent de Visan.

Les « villages »

Dans un ensemble aussi étendu que les côtes du rhône, nombreuses sont les nuances entre les terroirs. Ces variations, habilement exploitées, ont abouti à l'apparition d'une catégorie de vins de plus longue garde dont l'originalité trouve sa reconnaissance depuis 1966, dans l'appellation côtes du rhône-villages. Englobant 77 communes, les côtes du rhône-villages comportent deux grandes familles, l'une ayant le droit d'ajouter un nom communal à celui de l'appellation, l'autre ne l'ayant pas. Dans le premier groupe, le plus prestigieux, on trouve 25 communes, avec 16 noms reconnus : Rochegude, Rousset-les-Vignes, Saint-Pantaléon - les - Vignes, Saint-Maurice, Vinsobres, Chusclan (5 communes), Laudun (3), Saint-Gervais, Cairanne, Beaumes-de-Venise (4), Rasteau, Roaix, Sablet, Séguret, Valréas et Visan.

Répartis sur l'ensemble du territoire des côtes du rhône, les « villages » ont acquis une réputation qui les a souvent fait choisir comme vins officiels dans de grandes manifestations comme le tournoi de Roland-Garros ou le festival de Cannes. Ils justifient l'intérêt qui leur est porté par leur caractère plus puissant, corsé et capiteux que celui des côtes du rhône. Ils exigent d'ailleurs un encépagement comprenant plus de syrah et de mourvèdre (20 % minimum). Les vins les plus connus sont les rouges de Vinsobres et Cairanne, amples et charnus, les rosés fruités de Chusclan et les blancs de Laudun, élégants et frais.

La riche variété des côtes du rhône-villages se retrouve, a fortiori, dans l'appellation régionale : les différences des sols, sous-sols, expositions et microclimats créent une multitude d'écosystèmes dotés chacun d'une forte personnalité.

Les Dentelles de Montmirail
Imprégné des senteurs sauvages des crus de Gigondas, le village est adossé à l'un des plus beaux sites naturels de la vallée, le massif des Dentelles. Toute la violence de la surrection des Alpes s'exprime ici avec les calcaires du Jurassique relevés à la verticale en trois vagues successives (Les Florets, les Sarrazines et Montmirail).

Une cave romaine
Son importance historique a fait de la vallée du Rhône une terre d'élection pour l'archéologie. Celle-ci rejoint parfois le vin, comme à Donzère où l'on a dégagé, à la ferme du Mollard, l'une des plus grandes et des plus anciennes caves vinicoles découvertes jusqu'à ce jour. La diversité et l'importance du matériel viticole retrouvé atteste de la présence de grands vignobles dans la région. Cette cave en effet était destinée à traiter la vendange de quelque 50 hectares.

CÔTE RÔTIE

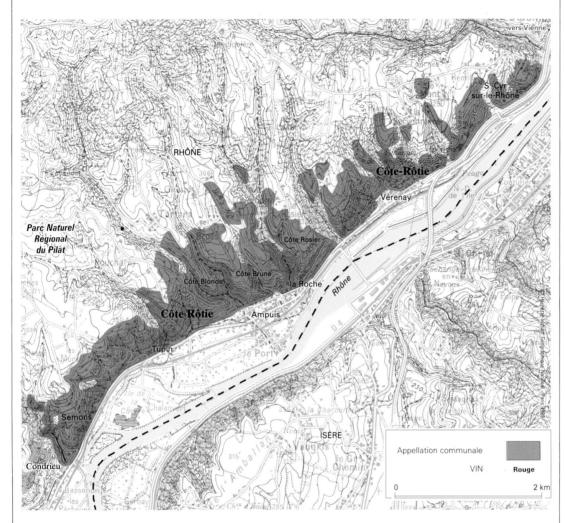

Le vignoble du vertige

On comprend mieux ici que nulle part ailleurs à quel point la viticulture peut être une affaire d'hommes. Pour que la vigne puisse s'établir sur ces terrains abrupts, il a fallu corriger la nature et emprisonner la terre dans des murs de pierres sèches *(cheys)*. Sur les pentes raides des parcelles de la Landonne, dans la Côte Rozier, le seul engin mécanique utilisable est le treuil.

A quelques kilomètres au sud de Vienne, l'automobiliste, même le plus pressé, ne manque pas de remarquer un étrange vignoble accroché aux pentes impressionnantes qui dominent la rive droite du Rhône.

Les petites routes descendent du plateau et dégringolent des pentes de la Côte Brune ou de la Côte Blonde en donnant la sensation que l'on va atterrir sur les toits d'Ampuis.

Est-ce bien le plus vieux cru de France, comme le prétendent certains producteurs ? Peut-être. Quoi qu'il en soit, parmi les vins de Vienne, très réputés dès le Ier siècle avant notre ère, côte rôtie occupait déjà une place de choix. Depuis, la qualité des vins de ces coteaux escarpés est toujours restée très élevée. Mais comment pourrait-il en être autrement quand on connaît les conditions de production ? Avec environ 5 000 hl, elle est restée longtemps connue des seuls initiés et vendue en grande partie à l'exportation. Mais depuis la fin des années 70, l'appellation a connu un regain incontestable de notoriété et la production ne pouvant augmenter que très lentement, ce sont les prix qui ont fait un important bond en avant. Comment expliquer la qualité tout à fait exceptionnelle de ces produits ? L'examen d'une carte régionale nous renseigne déjà en grande partie. En effet, à hauteur de Vienne, le Rhône fait un grand virage et prend brusquement la direction du sud-ouest, orientant ainsi, jusqu'au hameau de Semons, sa rive droite au sud-sud-est, exposition idéale. Mais il existe aussi une subtile différence entre la Côte Brune et la Côte Blonde.

Brune ou Blonde ?

Les micaschistes à deux micas forment la matrice de la roche-mère à peine décomposée en surface en un sol rocailleux appelé localement arzelle. Certains croient trouver des nuances dans la texture ou la composition des sols. Mais la réponse pourrait bien résider dans l'encépagement. En effet, la côte rôtie ne produit que des vins rouges à partir du seul cépage syrah, mais il est d'usage d'ajouter 10 à 15 % de viognier pour arrondir les vins et les rendre plus aimables. Or, il se trouve que le viognier est surtout présent en Côte Blonde et très peu en Côte Brune. Le connaisseur trouve dans la première des vins tendres, d'une finesse et d'une élégance rares, tandis que dans la seconde les vins sont plus corsés et structurés, mais aussi plus longs à se faire.

On notera que la syrah grimpe sur les bataillons d'échalas fixés au sol deux par deux, en forme de V retourné, contrairement aux vignobles situés plus au sud où ils sont dressés un par un, droit vers le ciel.

Les vins de la Côte Rôtie peuvent être dégustés dans les caves fraîches creusées dans le roc ; ils possèdent des arômes complexes de violette, d'épices et de fruits rouges qui prennent, avec l'âge, une ampleur et une classe exceptionnelles.

Certaines cuvées, provenant d'une seule parcelle, La Mouline ou La Turque, sont particulièrement remarquables. Et c'est sans doute cela la meilleure récompense que peuvent attendre les vignerons qui doivent souvent cultiver leurs vignes à la main, tant les pentes sont rudes dans cette région des Côtes du Rhône.

Côte Rôtie et ses murs en pierres sèches appelés cheys.

CONDRIEU ET CHÂTEAU-GRILLET

Château-Grillet : un vignoble illustre à la production confidentielle.

Condrieu

Situé à 11 km au sud de Vienne, sur la rive droite du Rhône, le vignoble de condrieu s'inscrit historiquement dans le prolongement de celui de côte rôtie. L'un comme l'autre remontent à l'époque romaine, au temps de la splendeur de Vienne. Etait-il alors plus étendu qu'aujourd'hui ? Seule une petite cinquantaine d'hectares reste en production. Quoi qu'il en soit, il est étonnant qu'un vignoble ait pu ainsi traverser vingt siècles d'histoire.

Avant tout un port

La beauté de la cité, avec ses allures de petit port méditerranéen et ses maisons anciennes, laisse deviner que Condrieu a toujours été une place importante le long du Rhône. D'abord passage à gué, si rare dans cette partie du fleuve qui constituait une barrière infranchissable, et site idéal pour l'implantation d'un port, Condrieu fut, pendant des siècles et jusqu'à la création des chemins de fer, une plaque tournante dans l'économie régionale. Car la ville, capitale des « culs de piau », les mariniers du Rhône, a toujours été un double lieu de passage, nord-sud et est-ouest. Ainsi, la ville a trouvé facilement à la fois une riche clientèle et une main-d'œuvre nombreuse qui, à mi-temps, pouvait à loisir cultiver la vigne.

Toutes ces conditions se retrouvent bien souvent dans d'autres vignobles et ne suffisent pas à expliquer le caractère exceptionnel de Condrieu. Car voilà un cru bien peu ordinaire : condrieu ne produit que des vins blancs ; l'appellation ne retient que les sites réellement propices au cépage viognier, le seul autorisé ; parfaitement délimités, ceux-ci ne s'étendent que sur 300 ha, répartis sur le territoire de sept communes (Limony en Ardèche, Chavanay, Malleval, Saint-Michel-sur-Rhône, Saint-Pierre-de-Bœuf, Vérin dans la Loire et Condrieu dans le Rhône) sur un étroit ruban de 16 km de long.

En effet, pour exprimer toutes ses potentialités, le viognier exige beaucoup de chaleur et une situation bien précise, offerte par les versants exposés au sud des petites vallées que les ruisseaux descendant du mont Pilat ont ouvertes dans les granites. Encore faut-il en plus que ces sites soient parfaitement protégés des vents du Nord.

A cela s'ajoutent des pentes aussi abruptes qu'à Côte Rôtie et des terrasses aussi étroites, qui ne peuvent porter que quelques rangées de souches. Avec des pieds qui ne commencent à produire qu'à partir de la sixième ou septième année. La production est faible : 20 hl à l'ha. On comprend aisément la part d'opiniâtreté et de courage demandée au vigneron pour produire ces vins délicats, onctueux, aux parfums de miel et d'acacia.

Château-grillet

Exceptionnelle par sa taille (3,2 ha), l'appellation château-grillet appartient à un seul propriétaire dont le domaine, établi dès l'Antiquité, garde des caves médiévales remaniées à la Renaissance. Située en plein cœur de condrieu, elle est produite avec un cépage unique, le viognier, qui trouve ici comme à Condrieu les terrains granitiques parfaitement adaptés. Château-grillet ne s'individualiserait en rien par rapport aux vignes condriotes si elle ne se trouvait dans un cirque très abrupt parfaitement exposé au lieu d'être à l'embouchure d'une vallée comme ses voisines. Un détail, diront certains, mais il fait la différence et donne toute sa particularité aux quelque 50 à 70 hl produits chaque année. Une rareté pour quelques privilégiés.

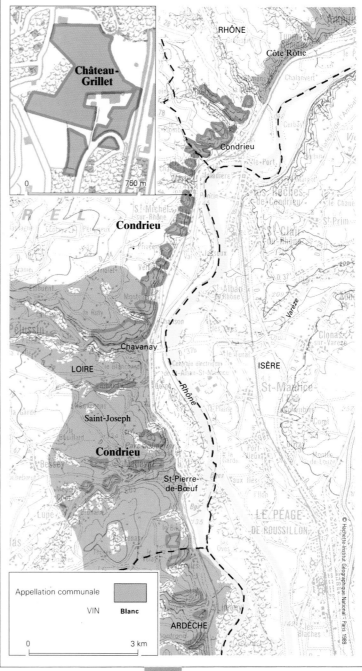

HERMITAGE

Aujourd'hui, l'autoroute passe un peu à l'écart, à quelques lieues de la ville de Tain-l'Hermitage ; mais l'habitué de la Nationale 7 ou du chemin de fer connaît le coteau magnifique souligné par les grandes barres blanches portant les noms de grands négociants, Jaboulet, Chapoutier, etc.

Comme à Côte Rôtie, l'intérêt de ce versant abrupt s'offrant aux chauds rayons du soleil n'avait pas échappé aux Romains arrivés ici quelques décennies avant le début de notre ère. Il est à peu près certain que les vins de ces vignes participèrent à la réputation des vins de Vienne ; pourtant, le nom d'Hermitage apparut beaucoup plus tard dans l'histoire. Certes, les Romains y bâtirent, au sommet de la colline, un temple dédié à Hercule, mais sans rapport avec le vignoble. Probablement détruit par les invasions barbares, cet édifice fut reconstruit en chapelle dédiée à saint Christophe qui donna son nom au coteau. La légende raconte que le chevalier Henri Gaspart de Sterimberg, revenant en 1224 fatigué et las des croisades, choisit, avec l'autorisation de la reine Blanche de Castille, de se retirer dans une petite masure près de la chapelle, à la recherche de la paix, dans la solitude de la vie contemplative. Il défricha et replanta la vigne sur les pentes du coteau.

Le bon vin des ermites

Plus tard, après sa disparition, d'autres ermites prirent possession du lieu. Bien placé, entre Lyon et la Méditerranée, il constituait une étape pour les voyageurs qui ne manquaient pas d'y faire halte pour prier mais aussi pour déguster le vin des ermites dont la réputation allait grandissant : le nom de l'Hermitage était né et la notoriété du vin dépassa rapidement les frontières, jusqu'en Angleterre et à la cour des tsars, au XVIIe siècle. On raconte même, mais la mémoire bordelaise serait, paraît-il, défaillante à ce sujet, que des vins de l'Hermitage, transitant par Bordeaux, seraient arrivés en Grande-Bretagne, grâce à un curieux mariage, sous le nom de « bordeaux hermitage ». De nos jours, la chapelle existe toujours,

au sommet du coteau majestueux qui semble garder l'entrée de la vallée. Mais curieusement, le coteau de l'Hermitage n'a pas la belle homogénéité des terroirs de la rive droite, sans, bien entendu, que cela nuise à la qualité de sa production.

L'Hermitage : en haut, la chapelle, ci-dessous, le vignoble.

Une avancée du Massif central

En effet, la partie ouest du coteau, la plus élevée, qui supporte la chapelle, est formée d'un massif de granite porphyroïde qui est en fait le seul débordement, en rive gauche, des formations de la bordure du Massif central et, en cela, le prolongement du coteau de Saint-Joseph. Elle porte le fameux quartier des Bessards.

Mais ce bloc de granite a joué en quelque sorte le rôle de pile de pont au moment où le Rhône charriait des quantités considérables de cailloux arrachés par l'érosion aux Alpes. Les cailloux roulés se sont ainsi accumulés sur plusieurs mètres derrière ce rempart, et forment aujourd'hui toute la partie est du coteau (quartiers Méal, Chante Alouette, Les Murets, Rocoules) dont la culture est rendue difficile par la pente, mais aussi par la présence très dense de cailloux qui se sont cimentés en profondeur (griffe). L'appellation hermitage produit

des vins rouges et des vins blancs. Comme dans les appellations voisines, seule la syrah entre dans la composition des vins rouges. En majorité implantée sur l'ouest du coteau, dans les granites, elle donne des vins à la robe rouge sombre, à l'intense bouquet de violette, de cassis et de framboise. Chaque quartier donne des nuances particulières bien précises, dans certains tirant sur la violette, dans d'autres plus épicées. Avec l'âge, la rugosité des premières années s'assouplit et le vin devient plus riche et plus complet. Les vins blancs, produits à base de marsanne et d'un peu de roussanne, exhalent des parfums de fleur et de café vert. La roussanne était autrefois la plus cultivée mais, trop sensible aux parasites et craignant les effets de l'oxydation, elle a beaucoup régressé.

Les vins blancs de l'Hermitage, comme les rouges, sont capables d'évoluer durant plusieurs années, voire durant deux ou trois décennies, et prennent alors des bouquets de miel et de cire d'une rare intensité.

La production atteint 3 300 hl en rouge et un peu moins de 1 000 hl en blanc.

CROZES-HERMITAGE

qu'emprunte le tracé de l'autoroute, les communes occidentales comportent plusieurs terroirs. En venant de l'est, on trouve d'abord une terrasse caillouteuse du Mindel que recouvrent des lœss. Là, le vignoble disparaît dès son arrivée sur les replats aux sols plus froids, terre d'élection des abricotiers. A l'extrémité de ce plateau, le village de Larnage se singularise par ses vins blancs bien typés produits sur les sables blancs (kaoliniques de

l'Eocène). Le vignoble ne déborde pas de cette formation.
Plus à l'ouest se trouve Crozes, le village qui a donné son nom à l'appellation, et un peu plus au nord, le long de la vallée du Rhône, le coteau de Gervans, réputé pour ses vins blancs nés sur des granites recouverts de lœss.
Ainsi, plus qu'un vignoble homogène, crozes-hermitage est un assemblage de situations particulières, parfois assez différentes les

unes des autres ; elles apportent une certaine diversité à ses vins. Ceux-ci toutefois présentent un air de famille avec ceux de l'Hermitage puisqu'ils sont obtenus à partir des mêmes cépages, syrah pour les rouges, marsanne et roussanne pour les blancs. Mais, cultivés sur des pentes moins abruptes, ils donnent des vins moins colorés. Mûrs plus rapidement, les rouges conservent les qualités d'arômes et d'élégance que donne la syrah sur ces terroirs. Les blancs, moins complexes et moins intenses, sont aussi plus frais et, en cela, très agréables à boire.

L'appellation crozes-hermitage a toujours vécu dans le sillage du célèbre coteau. En fait, crozes-hermitage entoure de toutes parts l'appellation phare et pourtant en diffère assez sensiblement, même si l'on y retrouve des formations géologiques similaires. La plus grande partie de l'aire géographique et celle où la progression du vignoble a été la plus importante au cours des dernières années reposent sur la terrasse würmienne située dans la partie méridionale. Il s'agit d'une vaste zone en triangle, relativement plane, avec des sols de cailloux roulés, mêlés à une matrice argileuse rouge craignant la sécheresse. Il y a quelques années encore, l'arboriculture fruitière, notamment celle du pêcher, dominait largement. Aujourd'hui, la surface du vignoble est pratiquement équivalente à celle des pêchers.

Un vignoble en expansion

Un peu plus au nord, dominé en son extrémité ouest par une vieille tour ruinée, le coteau des Pends produit des vins excellents, notamment en blanc, qui ont fait la réputation de Mercurol. Formé de cailloutis de la terrasse du Riss, il s'inscrit dans le prolongement du coteau de l'Hermitage. Séparées de la partie méridionale de l'appellation par la vallée de la Bouterne

L'Habit de vigneron, XVIIᵉ siècle (musée Carnavalet, Paris).

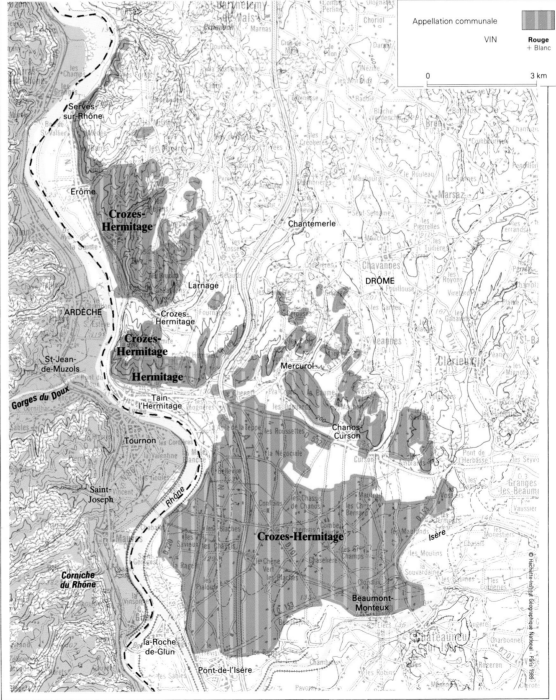

SAINT-JOSEPH, CORNAS ET SAINT-PÉRAY

Saint-joseph, c'est un étroit ruban de terroirs de quelque 60 km de long qui serpente de Chavanay à Guilherand. Il fait ainsi le lien entre condrieu et côte rôtie au nord, les appellations de la région de Valence au sud. Superbe balcon en bordure du Massif central, les coteaux de saint-joseph offrent un panorama unique sur les sommets découpés des Alpes et, par temps clair, la masse majestueuse du mont Blanc.

Du vin de Mauves au saint-joseph

Mais l'appellation n'a pas toujours eu la dimension géographique qu'elle a aujourd'hui. Au Moyen Age, ses vins étaient très appréciés des rois de France pour leur finesse et leur élégance ; ils portaient alors le nom de « vins de Mauves ». Nés entre les villages de Mauves et de Tournon, sur un coteau granitique escarpé, prolongement sur la rive droite du Rhône d'une partie du coteau de l'Hermitage, ils avaient acquis une grande renommée. Encore aujourd'hui, les meilleures vignes de l'appellation appartiennent à ces coteaux : celui de Saint-Joseph à Tournon et, un peu plus au nord, de Sainte-Epine à Saint-Jean-de-Muzols, à l'embouchure des pittoresques gorges du Doux ; c'est autour

Ci-dessus, Saint-Joseph et Notre-Dame-de-Vion. En bas, la statue de saint Joseph, qui domine Tournon. A droite, une cave de vieillissement à Cornas.

de ces deux îlots granitiques de grande valeur que s'est développée l'appellation depuis un quart de siècle. La partie centrale, autrefois entièrement plantée en terrasses sur gneiss plus tendres, est aujourd'hui moins viticole. Essentiellement rouges, élaborés à partir du seul cépage syrah, tout en délicatesse, ce sont des vins tendres, assez rapidement mûrs pour être bus dès leurs deuxième et troisième années. Les blancs, issus de marsanne et parfois d'un peu de roussanne, sont racés, avec des parfums à dominante florale.

Cornas

Cornas est un tout autre aspect de l'infinie diversité des richesses que nous offrent la vallée du Rhône septentrionale, sur le thème unique de la syrah et du granite. La situation du village est grandiose. A proximité du Rhône, le vignoble enveloppe véritablement Cornas d'un amphithéâtre aux gradins abrupts. Pour découvrir cornas dans toute son intimité, il faut prendre, au centre du village, la route qui monte à la chapelle Saint-Pierre et Saint-Romain-de-Lerps. Dès que la pente se fait moins forte, quand la vigne disparaît brutalement pour laisser place aux moutons et aux sapins de l'austère plateau, il faut rejoindre, par un chemin de terre, la maison en ruine de Tézier qui finit ses jours calmement au milieu des cèdres. Le spectacle qui s'offre alors au voyageur est d'une infinie beauté. Sous ses pieds, le vignoble dévale la pente en une cascade de terrasses jusqu'au village blotti autour de l'église et de sa flèche élancée de 52 m qu'on pourrait toucher, semble-t-il, en étendant les bras. A gauche, le massif de calcaires jurassiques des Arlettes ferme l'amphithéâtre vers le nord et le protège des vents froids. A droite, le château de Crussol qui vit naître la famille d'Uzès, domine majestueusement la plaine de Valence tandis que le Vercors, la forêt de Saou et, enfin, les Alpes forment la toile de fond. Dans le vignoble, on ne rencontre qu'un seul cépage, la syrah, mais cette fois, contrairement au nord, les souches et leur échalas ne sont plus deux par deux, mais seuls, comme une armée de baïonnettes dressées vers le ciel. Les sols sont les mêmes qu'un ou deux kilomètres plus au nord, à Saint-Joseph, mais la vigne n'en fait qu'à sa tête ! Autant le saint-joseph est délicat, tendre, féminin de caractère, autant le cornas est dur et sévère à sa naissance, avec des tanins lui conférant une virilité certaine qui ne s'assouplira qu'avec plusieurs années, pour donner un vin toujours charpenté, à la robe sombre.

Saint-péray

La vigne n'en finit pas de nous étonner le long de cette rive du Rhône où, en quelques centaines de mètres, la syrah de cornas disparaît totalement pour laisser place aux seules marsanne et roussanne (encore appelée roussette) qui produisent le saint-péray blanc.
Le décor change lui aussi. L'appellation se répartit sur les deux flancs de la vallée du Mialon qui emprunte un ancien cours du Rhône abandonné. Le fond de la vallée, rempli de dépôts pliocènes, est dominé, au nord, par la bordure granitique du plateau de Saint-Romain-de-Lerps et, au sud, par la barre de calcaire

jurassique qui fait le gros dos et supporte les ruines du château de Crussol à l'allure altière.
Dans un paysage avant tout dominé par les prairies et les bois de la bordure du plateau, le vignoble est concentré dans quelques lieux-dits privilégiés, où il doit livrer bataille contre un ennemi implacable, l'urbanisation envahissante de Valence.
Le saint-péray, autrefois naturellement mousseux, est aujourd'hui élaboré par une seconde fermentation en bouteilles, depuis que la méthode a été introduite dans les chais du château de Beauregard. Les vins effervescents allient la finesse de la mousse et le corps, apporté certainement par le support granitique, inhabituel dans les mousseux d'appellation d'origine française. Il existe également une toute petite production de vins blancs tranquilles, secs, nerveux, qui se rapprochent des blancs de Crozes-Hermitage.

GIGONDAS

Au cœur des côtes du rhône méridionales, appuyé au célèbre massif calcaire aux crêtes finement ciselées des « Dentelles de Montmirail » s'étend le vignoble de Gigondas.

Les écrits de Pline l'ancien, les vieilles caves taillées à même le safre (sable miocène) témoignent de l'existence d'un vignoble romain.

Le vignoble se développe surtout sous l'impulsion d'Eugène Raspail, neveu du célèbre savant et homme politique du XIXe siècle. A l'écart des grands courants de circulation, Gigondas était alors l'image même de la Provence profonde avec sa « mer d'argent ». La célébrité de la commune ne tenait pas au vin mais... à l'eau purgative de Montmirail qui jaillissait d'une source réputée pour ses valeurs médicinales.

Les oliveraies alors très développées concurrençaient le vignoble. Les gelées de 1929, 1940 et 1956 permirent à la vigne de conquérir tout le territoire communal jusque sur les pentes des fameuses « Dentelles ».

La production est majoritairement consacrée aux vins rouges, très peu de vins rosés et pas de vins blancs. Le grenache noir a trouvé ici son terroir de prédilection, syrah et mourvèdre l'accompagnent, le décorent. Le cinsault est de plus en plus réservé aux vins rosés.

Les vins sont généreux, sauvages, épicés, riches de fruits très mûrs ; le temps leur apporte rondeur et complexité.

Ci-dessus, Gigondas.
A droite, une cariatide
de la façade du château Raspail.

VACQUEYRAS

Voisine de gigondas et de beaumes de venise, l'appellation vacqueyras s'étend sur les communes de Vacqueyras et de Sarrians, sur des sols sableux miocènes et sur des terrasses très caillouteuses de l'Ouvèze. Patrie du troubadour Raimbaud (1155), Vacqueyras retrouve dans son histoire les traces d'une viticulture romaine et de l'ordre des Templiers, propriétaire viticole en 1145.

C'est la plus récente des appellations communales des côtes du rhône (décret du 9 août 1990). Les trois couleurs de vins ont été reconnues en AOC mais ici encore, c'est le vin rouge qui a fait la renommée. L'encépagement est comparable à celui de Gigondas.

Les vins sont puissants, aux arômes de fruits rouges très mûrs, d'épices et parfois de cuir.

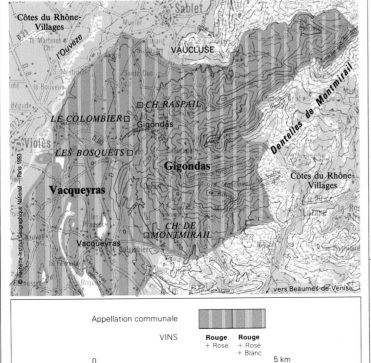

Appellation communale		
VINS	**Rouge** + Rosé	**Rouge** + Rosé + Blanc

0 _____ 5 km

Eugène Raspail

Neveu du célèbre savant et homme politique François-Vincent Raspail, Eugène rejoignit son oncle à Paris pour s'engager dans la vie politique. Avec lui il connut l'exil. Amnistié à son retour, il reprit l'exploitation du domaine du Colombier, acheté par son père, sur lequel il fit bâtir, en 1866, l'actuel château Raspail, belle résidence méridionale, célèbre pour ses cariatides. C'est surtout en introduisant des méthodes rationnelles et scientifiques dans le vignoble gigondassien jusque-là dominé par la routine, qu'il favorisa l'évolution de sa région.

CHÂTEAUNEUF-DU-PAPE

buvait le plus souvent du vin de Beaune. Car il eut l'idée de planter un petit vignoble où « il faisait récolte d'excellents vins ». Cette vigne ne manqua pas d'être remarquée et elle servit d'exemple. A plusieurs siècles d'intervalle, elle inspira même — assez librement — Alphonse Daudet. Il semblerait que la plupart des grands domaines typiques de châteauneuf-du-pape, appartenant presque tous à d'anciennes familles, aient peu évolué jusqu'au milieu du XVIIe siècle, période à laquelle ils se développèrent plus ou moins rapidement, pour atteindre les sommets qu'ils connaissent aujourd'hui.

Un vignoble au sang bleu

C'est vers 1750 que le vignoble connut sa plus forte extension. Conséquence et symbole de l'enrichissement de la cité castelpapale, plusieurs beaux châteaux furent bâtis par de prestigieuses familles nobles. En 1769 fut achevée l'harmonieuse résidence de Vaudieu par le lieutenant général de l'amirauté de Marseille, le chevalier Jean-Joseph de Gérin, descendant

Du haut de ses 120 m d'altitude, l'appellation la plus prestigieuse de la viticulture méditerranéenne trône fièrement au cœur de la plaine du Comtat venaissin. Symbole de rigueur et d'authenticité, l'A.O.C. châteauneuf-du-pape a toujours eu valeur d'exemple pour l'ensemble des appellations d'origine contrôlée françaises.

longtemps appelé Châteauneuf-Calcernier. Certains prétendent que le vignoble était peu développé avant le XIIIe siècle, parce que les agriculteurs n'avaient pas les moyens d'acquérir des outils suffisamment solides pour travailler ces terres remplies de gros galets. Singulièrement, c'est ce village que choisirent les papes pour établir leur résidence de campagne.

séjour castelpapal, même après l'édification de l'imposante résidence d'Avignon.

La présence de la cour pontificale à Châteauneuf favorisa le développement de la vigne, même si Jean XXII, pourtant né à Cahors,

En haut Châteauneuf-du-Pape.
Ci-dessous, le château des Fines Roches.
A gauche, le moule en acier de la bouteille écussonnée.

L'implantation du vignoble sur ce site exceptionnel remonte vraisemblablement à la période de l'installation de la papauté en Avignon. Peut-être a-t-il existé beaucoup plus tôt, mais l'histoire nous fournit peu de documents sur la formation du cru de châteauneuf-du-pape, dont le village principal s'est d'ailleurs

Un petit vieillard maigre

Le destin de ce coin de Provence bascula lorsqu'un petit homme de 72 ans décida de s'y installer. Maigre et pâle, ce vieillard donnait l'impression qu'il n'avait plus que quelques mois à vivre. Mais c'était compter sans l'énergie qui allait lui permettre de mener à terme, au bout de 16 ans, la construction du château, plus forteresse que palais. L'histoire n'aurait eu qu'une importance secondaire si ce personnage n'avait été Jean XXII, le second pape avignonnais qui régna de 1316 à 1334. En effet, plusieurs de ses successeurs apprécièrent le

d'une vieille maison florentine, les marquis de Gérini ; quelques années plus tard, c'était au tour du domaine de la Nerthe de prendre son aspect actuel ; enfin, au début du XIXe siècle, le marquis Fortia d'Urban, historien dont la famille était issue de la dynastie des rois d'Aragon, faisait édifier le château Fortia.

Le prestige de ces domaines au siècle dernier était tel que les auteurs citaient plus souvent leurs noms que celui de l'appellation. Il n'en demeure pas moins vrai que châteauneuf-du-pape a toujours représenté une réalité. Cela devait apparaître très nettement au XXe siècle : châteauneuf prit alors valeur d'exemple. Dès 1929, sous l'instigation du baron Le Roy de Boiseaumarie, les propriétaires décidèrent, par un effort continu, d'améliorer la qualité et de codifier les conditions de production. Le baron Le Roy, à l'égal de Mistral, eut d'ailleurs le suprême honneur de pouvoir assister de son vivant à l'inauguration de son buste.

S'étendant sur cinq communes (Châteauneuf-du-Pape, Orange, Bédarrides, Courthézon et Sorgues), l'aire de production occupe une colline culminant à 124 m. Géologiquement, elle correspond à des terrasses du Villafranchien aux épaisseurs parfois considérables de gros galets de quartzite entremêlés d'argile sableuse rouge. Ces galets, qui ont fait la renommée de l'appellation, jouent un rôle essentiel par leur aptitude à emmagasiner la chaleur le jour, pour la restituer aux souches la nuit.

Mais il existe d'autres formations géologiques. Notamment, tout le soubassement de la colline est formé par les marnes sableuses du Miocène qui s'appuient, à l'ouest, contre des calcaires massifs. Elles ont été recouvertes par les fameuses terrasses villafran-

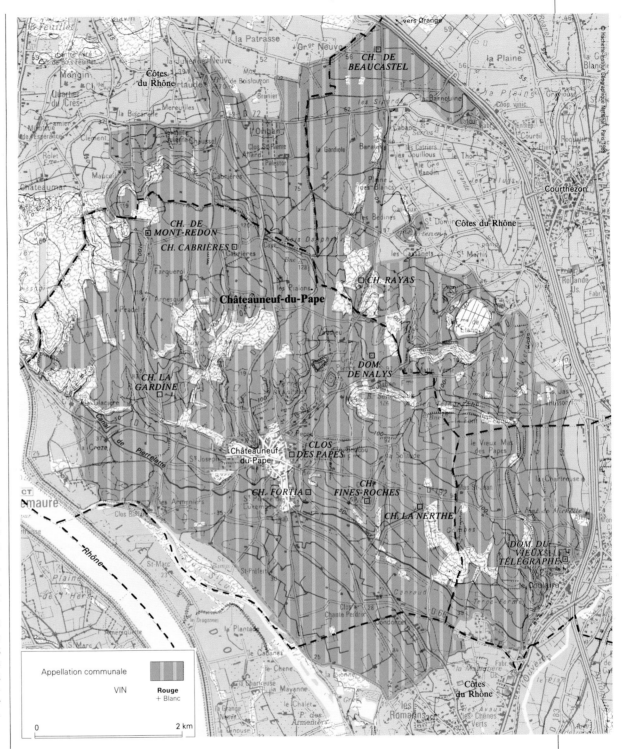

Les chais du château La Nerthe qui date du XVIIIe siècle.

chiennes, et aussi par d'autres dépôts et terrasses (du Riss et du Würm), certes très caillouteux, mais sans atteindre la densité exceptionnelle du Villafranchien. Sur ces sols qui font l'originalité de l'appellation, pas moins de treize cépages sont autorisés pour la production des vins rouges mais aussi des blancs. Six d'entre eux jouent un rôle dominant : le grenache, la clairette, le mourvèdre, le picpoul, le terret et la syrah. Les sept autres sont considérés comme accessoires. Il s'agit de la counoise, du muscardin, du vaccarèse, du picardan, du cinsault, de la roussanne et du bourboulenc.

Défiant la géologie et la pédologie, les ceps qui poussent sur cet océan de galets donnent un vin rouge particulièrement coloré, puissant et charpenté, qui doit être apprécié après un certain vieillissement. Majoritaire à l'époque des papes, le châteauneuf blanc est aujourd'hui assez rare ; pourtant, sa richesse aromatique est remarquable.

LIRAC ET TAVEL

Les deux villages de Tavel (ci-dessus) et Lirac (en bas) sont le berceau du vignoble de la Côte du Rhône gardoise.

En matière de vinification, comme en art ou en littérature, il est des genres ingrats, pour lesquels seul un fil sépare le succès de l'échec. Mais quel charme quand la réussite arrive, le vin étant alors la porte du rêve, évocatrice du soleil et de vacances. Particulièrement pour celui qui naît ici. Faisant face à Châteauneuf, sur la rive droite du fleuve, Lirac et Tavel jouissent d'une situation privilégiée. La nature comme l'histoire les ont placés parmi les hauts lieux des Côtes du Rhône. La disposition des terroirs est exceptionnelle ; les plateaux calcaires du Vivarais lancent vers Avignon une sorte de promontoire, du bois de Saint-Victor et de la forêt de Malmont, à l'extrémité duquel Tavel et Lirac se sont établis.

Au cœur de la Côte du Rhône gardoise

Bien servis par leurs terroirs, Tavel et Lirac bénéficièrent d'un second atout : la présence du fleuve, avec, à Roquemaure, un site d'un grand intérêt. Aujourd'hui encore, la présence de deux châteaux sentinelles (Roquemaure et Lers), qui se font face sur chaque rive du Rhône, rappellent que l'endroit a joué un rôle important dans le passé. Barrant la vallée, ces deux bastions, solidement campés sur leurs pitons rocheux, protégeaient le port de Roquemaure où la batellerie était très active.

Au XVIIIe siècle, c'était de là que partaient les vins de la Côte du Rhône gardoise dont Tavel et Lirac constituaient le cœur et la partie la plus vivante.

Tavel, le rosé de Louis XIV

Gros bourg vigneron enserré par la forêt gardoise, Tavel est réputé pour sa belle pierre claire, appelée marbre de Tavel. Mais il est surtout connu pour son vin, le « premier rosé de France », comme le rappelle fièrement une enseigne lumineuse bien visible par le voyageur empruntant l'autoroute de la Languedocienne en direction de Nîmes.

La renommée du rosé de Tavel est établie de longue date. Louis XIV en faisait servir à Versailles. La seconde moitié du XVIIe siècle fut marquée par une expansion du vignoble. Mais celle-ci ne se fit pas sans abus. Pour ne pas prendre le risque de compromettre la qualité, il devint nécessaire de limiter les plantations et de prévoir des amendes contre les fraudeurs. Ces mesures furent suffisamment efficaces pour qu'au XVIIIe siècle Tavel pût exporter une grande partie de sa production dans toute l'Europe. La vigne fournissait alors la quasi-totalité des revenus des habitants du village. Au XIXe siècle, vanté par Brillat-Savarin et Balzac, le vignoble se maintint jusqu'à la crise phylloxérique. Celle-ci eut des effets catastrophiques ; la surface plantée en vignes passa de 700 ha à une petite cinquantaine. Le marasme se prolongea longtemps puisqu'à la veille de la seconde guerre mondiale, le vignoble se limitait encore à environ 200 ha.

Aujourd'hui, la vigne recouvre une superficie égale à celle occupée avant la crise phylloxérique. S'étendant sur la commune de Tavel et une petite partie de celle de Roquemaure, l'aire de l'appellation offre sur le plan géologique deux visages bien distincts : au nord-est du village, les sables fluviatiles fins sont recouverts par une terrasse villafranchienne de cailloux roulés, mêlés à une fine argile sableuse de la forêt de Clary ; à l'ouest, le vignoble s'est implanté plus récemment, sur les éclats calcaires de la bordure du plateau.

Ici, seul le rosé est autorisé. Mais quel rosé ! Pas moins de neuf cépages peuvent participer à son élaboration. Les deux principaux sont le grenache et le cinsault qui apportent, l'un la chaleur et l'onctuosité, l'autre la finesse et l'élégance. On leur associe de plus en plus la syrah et le mourvèdre qui donnent une classe et un fruité exceptionnels, mais aussi une meilleure tenue dans le temps. Car le tavel connaît actuellement une lente mais très favorable évolution. La classique couleur « pelure d'oignon », aux reflets rubis mêlés de topaze, en partie due à l'oxydation du

grenache, autrefois très prisée, aujourd'hui plus discutée par le consommateur, évolue vers des teintes plus rosées et plus vives, tandis que le vin gagne en fruit et en rondeur. Tavel a pris aujourd'hui les chemins du monde entier.

Lirac

L'appellation lirac s'étend sur quatre communes dont Saint-Laurent-des-Arbres, ancienne enclave du diocèse d'Avignon, où les évêques possédaient une vigne. Celle-ci, entourant le château, facilement reconnaissable avec son donjon à échauguette, produisait au XVIᵉ siècle suffisamment de vin pour envoyer de l'autre côté du fleuve, à titre de dîme, « cinq vaisseaux de vin rouge, pris à ras de cuve ». Déjà la production locale était renommée pour sa qualité. La vigne devint une activité essentielle pour la population, notamment au XVIIIᵉ siècle. A cette époque, les consuls de Lirac, pour assurer la réputation de la production, fixaient la date de la vendange après une inspection des vignobles. Et celui qui récoltait avant était condamné à une amende en faveur des pauvres, à la confiscation de sa récolte en faveur de la communauté et enfin à voir ses cornues brûlées sur la place publique.

Ici, la nature est tout à fait comparable à celle de Tavel : même sol, même situation, même climat, même histoire. Pourtant, la voie choisie à Lirac a été autre. Outre le fait que son aire soit plus étendue et répartie sur quatre communes (Lirac et Roquemaure, mais aussi Saint-Laurent-des-Arbres et Saint-Genies-de-Comolas), elle produit à la fois des rouges, des rosés et des blancs.

Les plus connus sont les rosés, qui se différencient de ceux de Tavel par un caractère plus charnu annonçant ceux de Chusclan. Puissants, généreux et bien équilibrés, les rouges sont typiques de cette région gardoise, mais malheureusement encore assez méconnus. Tout de grâce, de finesse et de parfums, les blancs, où la clairette et le bourboulenc dominent, se marient naturellement avec les fruits de mer, comme pour annoncer la Méditerranée toute proche.

Une des nombreuses confréries de la région intronise l'acteur Jean Le Poulain à Tavel.

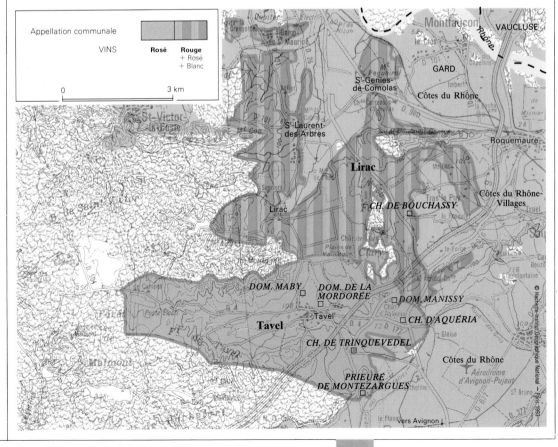

DU DIOIS AU LUBERON

chardonnay associé à l'aligoté, le blanc est frais et léger. Le rouge est issu de gamay associé à la syrah et au pinot ; produit sur l'unique coteau caillouteux qui domine le village de Châtillon-en-Diois, il est friand et fruité.

Côtes du vivarais

Encadrant et gardant le défilé de Donzère, les côtes du vivarais (sur la rive droite) et les côteaux du tricastin ont en commun le fait de vivre dans le sillage du géant viticole voisin que sont les côtes du rhône méridionales. Pour les deux appellations, ce voisinage est autant une gêne qu'un atout.

Pourtant, le V.D.Q.S. côtes du vivarais diffère assez nettement du côtes du rhône. Il naît dans un décor étranger à la vallée du Rhône, celui des plateaux de Saint-Remèze et d'Orgnac-l'Aven qui encadrent, au nord et au sud, les gorges de l'Ardèche. Celles-ci, comme les avens, sont dues au travail de l'eau sur la roche constituée par des calcaires particulièrement durs. Sur ces plateaux, les sols sont très peu profonds et recouverts de garrigues. Toutefois, lorsque la pro-

En haut, le vignoble entre Ventoux et Luberon.
Ci-dessous et à gauche, décor
XIXᵉ-XXᵉ siècle en remploi
sur une villa de Carpentras.

Si la vigne est chez elle dans la vallée du Rhône, elle n'abandonne pas complètement le promeneur qui s'éloigne du fleuve pour gagner des terres plus hautes. Du Diois au Luberon, encadrant la zone des côtes du rhône, tout une série de vignobles offrent des vins dont la personnalité s'affirme à côté de celle de leur grand voisin.

Clairette de die et châtillon-en-diois

Le plus septentrional de ces vignobles est celui du Diois qui a établi son domaine sur les versants de la haute vallée de la Drôme, entre Luc-en-Diois (550 m) et Aouste-sur-Sye (160 m). Là, en amont de Crest, deux appellations se partagent la région : la clairette de die, à l'ouest ; et châtillon-en-diois, à l'est.

Situé en plein cœur des Préalpes, abrité par les falaises du plateau du Vercors, le Diois est un véritable paradis pour le géologue, tant les roches ont été plissées et cassées avant d'être mises à nu par l'érosion au cours du soulèvement des Alpes. C'est au cœur de l'aire de l'appellation, en amont d'Espenel, que se trouvent les fameuses « terres noires », des marnes schisteuses du Jurassique, qui ont fait la réputation de la région. Elles forment en effet

d'excellents sols à vigne dans un secteur où le climat, plus froid et plus humide que celui de la vallée du Rhône, convient parfaitement aux vins blancs.

Les habitants de la région s'en sont d'ailleurs rendu compte très tôt puisque dans son Histoire naturelle, Pline signalait, au Iᵉʳ siècle de notre ère, la fabrication par les Voconces d'un vin doux naturel, au demeurant mousseux, l'*aiglencos*. Aujourd'hui, deux types de vin mousseux sont élaborés. Le premier est obtenu par la méthode dioise traditionnelle, à partir du muscat à petits grains. La mousse est fournie par les sucres naturels de raisin ; les vins sont mis en bouteilles sans liqueur de tirage, alors qu'ils ne sont que partiellement fermentés. Le second type est élaboré à partir du cépage clairette. Il est rendu mousseux par une seconde fermentation en bouteilles.

Dans la haute vallée de la Drôme, ainsi que dans celle du Bez, on trouve une autre production, avec les châtillon-en-diois qui sont des vins tranquilles. Issu du

La « maîtrise des températures » chez les Gaulois
Opposant le vin doux « vraiment naturel » des Voconces aux vins « sophistiqués », obtenus par addition de miel ou d'autres produits, Pline expliquait aussi comment les Gaulois procédaient à la réfrigération des moûts : « Pour l'empêcher de bouillir et par conséquent de se changer en véritable vin, le moût soutiré à la cuve était mis en fûts que l'on plongeait dans l'eau froide des rivières..., jusqu'à ce qu'il gèle fortement. »

portion de terre argileuse rouge typique est plus importante, elle permet l'implantation du vignoble qui croît dans la pierraille blanche du calcaire, désagrégée en surface. Bien que différents géologiquement, les calcaires blancs de Bernas, au sud d'Orgnac, montrent les mêmes types de sol.

Associé à la syrah, le grenache donne sur ces terroirs, plus humides et moins chauds que ceux de la vallée, des rouges et des rosés d'une fraîcheur et d'une finesse très particulières, avec une dominante de petits fruits rouges. Les uns comme les autres sont à boire jeunes.

Coteaux du tricastin

Faisant face aux Côtes du Vivarais, sur la rive gauche, au sud de Montélimar, les coteaux du Tricastin se présentent comme un massif de calcaires durs, découpé en vallées plus ou moins larges, d'orientation est-ouest. Cette disposition ralentit les influences méditerranéennes. C'est pourquoi ces vallées se consacrent principalement à la polyculture et ne laissent pour la vigne que quelques positions particulières, bien abritées et orientées au sud. En fait, la plus grande partie du vignoble est située autour du massif, sur les alluvions anciennes du Villafranchien dont les sols mêlent les cailloux aux argiles rouges. Le meilleur exemple en est le lieu-dit Bois des Mattes, visible de chaque côté de l'autoroute, près du village perché de La Garde-Adhémar.

Produits à base de grenache noir, cinsault et syrah, les vins rouges sont corsés et élégants, avec un caractère moins chaud que leurs voisins des Côtes du Rhône. La production de blancs et de rosés est assez confidentielle.

Côtes du ventoux

Comprenant le bassin de Malaucène - Entrechaux au nord, celui de Carpentras au centre et le versant septentrional de la vallée d'Apt au sud, les côtes du ventoux peuvent apparaître

Vignes et oliviers des Côtes du Luberon.

au premier abord comme une appellation assez hétérogène. Mais tous ces secteurs trouvent leur dénominateur commun dans la présence du massif du Ventoux et du plateau du Vaucluse. Blanc toute l'année, l'hiver par la neige, l'été par les calcaires dépourvus de végétation, le « géant de Provence », du haut de ses 1 909 m, envoie sur ses pentes des masses d'air froid ou simplement frais qui tempèrent les excès du climat méditerranéen. Ainsi, le bassin de sables de Malaucène, les terrasses à cailloux roulés qui entourent Carpentras, comme les pentes de sables et de marnes sableuses de la région d'Apt connaissent tous des hivers plus rigoureux et plus humides, mais aussi des étés moins secs avec des nuits plus froides qui reposent des chaleurs torrides de la journée. Bien que venu à la viticulture moins tôt que ses voisines plus proches du fleuve, la région possède aujourd'hui d'importants vignobles qui occupent largement les piémonts du Ventoux. Leur production est presque exclusivement orientée vers les rouges et les rosés. Moins capiteux et moins puissants que les côtes du rhône, ces vins sont très fruités et se caractérisent par un remarquable équilibre dans la fraîcheur et l'élégance, notamment quand ils sont jeunes.

Côtes du luberon

Terre de sortilège chantée par Henri Bosco, le Luberon fut longtemps abandonné aux cigales. Aujourd'hui, cette montagne secrète est devenue un refuge pour de nombreux artisans, artistes et écrivains, attirés par la lumière bleutée des petits matins, la pureté de l'air, les parfums de la garrigue et le charme des villages perchés. Oppède-le-Vieux, ranimé par les artisans, Lacoste, gardien des ruines du château du marquis de Sade, Bonnieux sur sa pyramide de terrasses, mais aussi Lourmarin où repose Albert Camus, Cucuron, le Cucugnan de Daudet, Ansouis où la beauté du village répond à celle du château. D'un tel univers de plénitude, la vigne ne pouvait être absente. Même si, comme dans le Ventoux, elle ne s'est imposée que tardivement, concurrencée là encore par le raisin de table et le maraîchage.

Les calcaires du Crétacé inférieur forment l'ossature du massif ; ils ne jouent pas un rôle important dans l'implantation du vignoble, si ce n'est par les éboulis formés en piémont sur lesquels les

souches donnent d'excellents produits. En fait, la plus grande partie du terroir viticole est constituée par des sables du Miocène, recouverts par endroits de terrasses caillouteuses.

Appellation d'origine contrôlée depuis 1988, les côtes du luberon produisent, à base de grenache et de syrah, d'excellents vins rouges, fleuris et fruités. Mais leur originalité réside dans les vins rosés et blancs, mieux représentés ici que dans le reste du vignoble méditerranéen. Provenant essentiellement du versant méridional et issus d'ugni-blanc et de clairette, ils sont onctueux, élégants, avec des parfums de fleur à la fois riches et délicats.

Coteaux de pierrevert

Située au nord-est du Luberon, dans les Alpes de haute Provence, l'appellation coteaux de pierrevert (V.D.Q.S.) est l'une des plus élevées de France. Officiellement, son aire comprend 40 communes. Mais, en raison de la rigueur des conditions naturelles, seule une dizaine portent des vignes qui produisent des vins rouges, rosés et blancs, frais et nerveux.

PROVENCE

L a vigne, qui couvre près de 5 000 ha, soit près de la moitié des surfaces agricoles exploitées, marque le paysage provençal ; elle longe les calanques et les plages de la Méditerranée entre Marseille et Nice, se faufile dans les vallées de l'Arc et de l'Argens, s'étale sur la rocaille écrasée de soleil, se gorge des merveilleuses senteurs du thym et du romarin, pour s'arrêter aux lisières parfumées des pinèdes.

L'histoire du vignoble provençal commence par une belle histoire d'amour, racontée par l'historien Trogue-Pompée. Alors que les Phocéens, navigateurs commerçants, s'établissent sur le site actuel de Marseille (600 av. J.-C.), le roi d'une tribu locale, les Ségobriges, souhaitant marier sa fille Gyptis, invite ces mêmes Phocéens. Au cours du banquet, Gyptis, pour signifier le choix de son mari, offre une coupe de vin à Protis, le chef des Phocéens, qui devient alors son époux. Ce récit montre que la vigne existait bien, avant l'arrivée de ces fabuleux com-

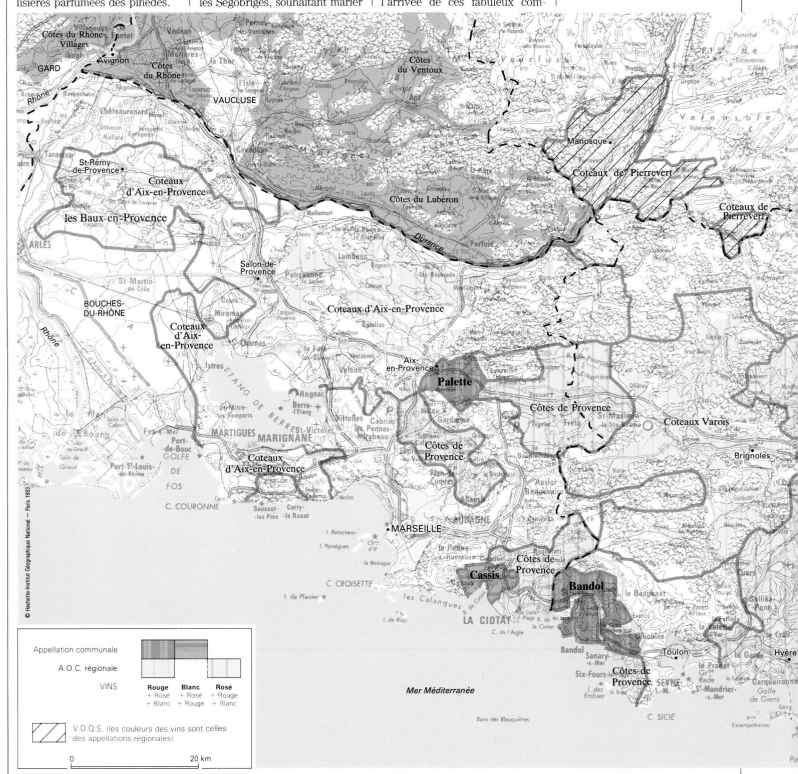

Appellation communale

A.O.C. régionale

VINS

Rouge	Blanc	Rosé
+ Rosé	+ Rosé	+ Rouge
+ Blanc	+ Rouge	+ Blanc

V.D.Q.S. (les couleurs des vins sont celles des appellations régionales)

0   20 km

© Hachette-Institut Géographique National — Paris 1993

merçants grecs qui par la suite enseigneront aux autochtones la taille des ceps.

En 125 av. J.-C., quand les Romains colonisent la région, ils trouvent un vignoble prospère : les fonctionnaires romains adoptent le vin que les soldats laboureurs, c'est-à-dire les vétérans des légions à qui l'Empire a accordé des lots de terre, élèvent et commercialisent dans toute la Méditerranée à partir du port de Marseille.

Vers les années 50, la grande villa du Pardigon à Cavalaire produit un millier d'hectolitres. Elle comporte déjà des bâtiments en maçonnerie, avec cuvons de foulage, pressoirs et récipients de fermentation.

Les récentes fouilles archéologiques des ports provençaux, et, plus particulièrement, de Toulon, ont révélé dans les strates du IIᵉ siècle la présence de fagots de sarments de vignes et des amphores de vins fins numéro-

tées et marquées du nom de l'exportateur. A cette époque, Marseille, Toulon et Fréjus sont d'importants centres d'exportation de vins provençaux, ainsi que d'huile et de pourpre.

Au début du IIIᵉ s., l'activité vinicole et la production furent gravement touchées par les invasions barbares. C'est l'Eglise, avec les papes d'Avignon, qui reprend et maintient la tradition vinicole provençale. Ainsi, le vin de Provence connaît un réel suc-

cès au premier concours international des vins organisé en 1214 par le roi de France Philippe Auguste.

Eléonore de Provence, épouse d'Henri III, roi d'Angleterre, sait donner aux vins de Provence un grand renom tout comme sa belle-mère, Aliénor d'Aquitaine, l'a fait pour les vins de Gascogne. Au XVᵉ siècle, le roi vigneron René d'Anjou, comte de Provence, possède un petit vignoble aux portes d'Aix, élevant un excellent vin de Palette, aujourd'hui encore très apprécié. Ce même roi a fait de Marseille un port franc, favorisant ainsi le commerce des vins et leur production. Il introduit aussi le procédé d'élaboration du « vin clairet » et du « rosé ».

Dans les dernières années du XVIIIᵉ siècle, Madame de Sévigné recommande à ses relations aristocratiques les vins de Provence. Les Cassidains reçoivent des commandes de leur vin de la part du gouverneur de Bourgogne. Au siècle suivant, les vignerons de Cassis continuent, par des livraisons de leur nectar, à s'assurer les sympathies des notables tels que l'évêque de Marseille, les procureurs d'Aix et les responsables de l'affouage.

Au XIXᵉ siècle, la Provence est une région connue pour ses vins rouges, corsés, à base de mourvèdre, dont l'élégance est saluée par les chroniqueurs spécialistes du vin comme les docteurs Guyot, Julien ou Pélicot.

Une résurrection

Après 2 600 ans de tradition vineuse, la Provence vinicole connaît aujourd'hui une véritable résurrection, comptant six vins d'appellation d'origine contrôlée. Tout d'abord, sur le littoral, trois appellations de mo-

Le Roi René, une statue sculptée par David d'Angers, XIXᵉ siècle (Aix-en-Provence).

destes dimensions : cassis, bandol et bellet. Cassis, classée en 1936, occupe le territoire entier de la commune, combe calcaire ouverte sur la mer. Bandol, classée en 1941, avec ses « restanques » (champs en terrasses soutenues par des murs en pierre sèche) calcaires ou sablonneuses, son encépagement rigoureux et son ensoleillement exceptionnel est un des fleurons des vins français. Bellet, classée en 1941, est incluse dans les limites de la commune de Nice.

La Provence intérieure comprend des appellations de dimensions variées. La plus importante, l'aire des côtes de provence, s'étend de manière continue de Toulon à Draguignan avec quelques extensions limitées à l'ouest, du côté de Cuges-les-Pins et de Gardanne. Entre la Durance et l'étang de Berre, se disperse le vignoble des côteaux d'aix-en-provence, entre les bois et les garrigues et, aux portes de la ville d'Aix, le petit vignoble de palette, classé en 1948.

A ces A.O.C., on peut ajouter le V.D.Q.S. coteaux varois localisé autour de Brignoles sur un sol calcaire. Enfin, on trouve de nombreux vins de pays désignés souvent par le nom du département producteur ou d'une région, comme les vins de pays des Maures, les vins de pays d'Argens et les vins de pays du Mont-Caume dans le Var, les vins de pays de Petite Crau et les vins de pays du golfe du Lion dans les Bouches-du-Rhône. La production actuelle du vignoble provençal atteint près de 4 millions d'hl dont plus d'1 million dans les six appellations d'origine contrôlées. Pour le seul département du Var, la vigne représente 45 % du produit agricole brut et couvre 51 % de la surface.

En haut, le vieux port de Toulon, détail, Claude Vernet, 1756 (musée de la Marine, Paris). Ci-dessous, Frédéric Mistral, de Théodore Rivière, 1909 (Arles).

Un terroir protégé

En Provence, le terroir producteur des A.O.C. couvre des surfaces protégées des vents froids du Nord comme le mistral et la tramontane, et jouissant, par leur exposition (ouverture au sud et au sud-est), de l'influence adoucissante du domaine maritime. De telles conditions climatiques, déterminées par la topographie et l'exposition, caractérisent une grande partie du département du Var (le massif des Maures, Draguignan, etc.).

Les sols, quel que soit leur âge, portent la marque minérale des massifs cristallins anciens, dont les Maures sont un vestige, et évoluent en fonction du drainage des terrains qui leur servent de support. L'intervention de ce facteur est d'autant plus sensible en Provence que l'alternance saison sèche - saison pluvieuse est bien

Un chapiteau au cloître du monastère Saint-Paul-de-Mausole.

marquée et que l'exposition, soumise à un ensoleillement permanent, favorise un assèchement rapide des versants. Ces sols rocheux et durs, les vignerons opiniâtres les ont aménagés en terrasses successives qui maintiennent les sols lors des grands orages d'automne.

La grande richesse du vignoble provençal s'exprime par l'existence de treize cépages. Pour

Ci-dessus, la clairette.
Ci-dessous, le mourvèdre.

les rouges et rosés, on trouve d'abord le cinsault très fruité, dont le vin moelleux, modérément coloré, est bouqueté ; le

Derrière les cyprès et les platanes

Des Alpes à la mer, sur les bancs calcaires de Colignac, sur les grès de Vidauban, sur les schistes des Maures, la roche effritée communique aux vins finesse et caractère. Entre deux villages à flanc de coteaux, on découvre les domaines, derrière les cyprès et les fières allées de platanes. Dans les profondes caves voûtées, les amateurs peuvent déguster de fameux rosés, les premiers vins de l'histoire comme l'attestent les fresques de Thèbes, des rouges de longue garde et des blancs, certes plus rares mais souvent surprenants. Quant aux muscats, qui firent la gloire du vignoble provençal avant la crise du phylloxéra, ils ont disparu. Aujourd'hui, les confréries vineuses, comme l'Ordre Illustre des Chevaliers de Méduse, exaltent les vins de Provence, suivant en cela l'exemple des troubadours médiévaux.

A gauche, la fontaine du Thoronet, une des plus belles abbayes de l'ordre cistercien.
Ci-dessous, la montagne Sainte-Victoire.

Ci-dessus, le grenache.
Ci-dessous, la syrah.

grenache donne un vin généreux, chaud et parfumé ; le mourvèdre au goût poivré est responsable de la réputation du bandol ; le carignan produit un vin coloré et très charpenté ; le tibouren, peu coloré, est léger, frais et fruité ; le cabernet-sauvignon, autre cépage noble, assure une longue garde ; la syrah, introduite par les Romains en Provence, apporte aux vins des arômes de cerise et de violette ; enfin, le barbaroux complète cet ensemble.

Pour les cépages blancs, on trouve l'ugni-blanc qui donne un vin acide et de faible garde ; la clairette produit un vin assez fin ; le bourboulenc est rustique et riche d'alcool ; le rolle a fait la réputation du bellet à Nice ; le sauvignon apporte un arôme de fumé très particulier.

La structure du vignoble est souvent morcelée ; c'est pourquoi, outre les grands domaines embouteilleurs, près de la moitié de la production est élaborée en caves coopératives ; on en compte une centaine dans le seul département du Var.

Les illustres vignerons

Le plus connu des vignerons provençaux est certainement le bon roi René (1409-1480), populaire comte de Provence. Il possédait un clos sur la commune actuelle de Palette où il produisait un fameux vin cuit. Selon certains, il introduisit aussi en Provence le muscat. Au XVIIIe siècle, Boyer de Foresta fonda le port de Bandol, favorisant ainsi le commerce du vin. La fin du XIXe siècle et le début du XXe siècle virent arriver ces fabuleux chercheurs comme Marcel Ott qui planta des variétés de cépages abandonnées, tissant la terre provençale de nouvelles vignes. On pourrait citer d'autres vignerons qui se sont fait les champions de certains cépages, comme Jean Rougier pour la clairette, Lucien Peyraud pour le mourvèdre ou Mari pour la folle noire. Enfin, pour achever cette galerie de seigneurs de la vigne provençale, nommons le prince vigneron Emile Bodin qui replanta les vignes de son mas de Calendal, ressuscitant le vin de Cassis, et défendit avec ardeur la langue provençale et les traditions ancestrales de son terroir.

CÔTES DE PROVENCE

Les côtes de provence, classés A.O.C. le 24 octobre 1977, constituent près de 80 % de la superficie du vignoble provençal : 18 000 ha (800 000 hl) s'étendent sur les départements du Var et des Bouches-du-Rhône avec une petite enclave dans les Alpes-Maritimes (Villars). Treize cépages se partagent la production, dont les plus cultivés sont le cinsault, le grenache, le carignan, le mourvèdre, le tibouren et la syrah pour les rouges et les rosés, l'ugni, le sémillon, la clairette et le rolle pour les blancs.

Si les côtes de provence se sont surtout fait connaître par les rosés (60 % de la production), l'appellation présente aujourd'hui des rouges charpentés, souvent de longue garde (35 %), élevés avec de plus en plus d'ardeur par les vignerons provençaux, et des blancs de grande classe, secs et fruités (5 %).

Coteaux et restanques

Tantôt accroché à flanc de coteau, sur des restanques, tantôt niché dans les pinèdes, le vignoble présente une géologie variée. On distingue la zone côtière du massif des Maures, la dépression permienne et le plateau triasique.

La première, constituée de terrains très anciens, schisteux ou granitiques, s'étend de Toulon à Saint-Raphaël. Ici, les vignes reposent sur des micaschistes blonds et sur des phyllades, ces roches feuilletées et sombres, associées à du quartz blanc opaque et dur. Pratiquement dépourvus de calcaire, ces terrains sont recouverts en grande partie de forêts de pins et de chênes-liège ; le sous-étage est recouvert de grande bruyère et de lavande.

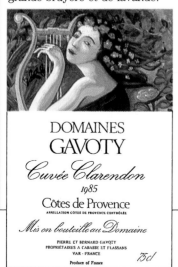

DOMAINES GAVOTY
Cuvée Clarendon
1985
Côtes de Provence
APPELLATION CÔTES DE PROVENCE CONTRÔLÉE
Mis en bouteille au Domaine
PIERRE ET BERNARD GAVOTY
PROPRIÉTAIRES A CABASSE ET FLASSANS
VAR - FRANCE
75cl
Produce of France

A Gassin, petite ville fortifiée dans l'arrière-pays de Saint-Tropez, la vigne joue un rôle déterminant dans l'équilibre économique et plusieurs domaines viticoles (château Barbeyrolles, château Minuty, etc.) sont fameux. Ce sera le point de départ d'un véritable petit circuit des vins jusqu'à La Croix-Valmer. Cette station hivernale vantait au siècle dernier les mérites d'un climat sain ; elle propose aujourd'hui des cures de raisin.

La dépression permienne se déploie en arc de cercle de Toulon à Saint-Raphaël, de l'autre côté des Maures ; elle présente des terres et des roches d'un rouge foncé, émaillé du vert des pins et du gris vert des oliviers. Ce sont des grès du Permien, dont les plus spectaculaires se trouvent entre Gonfaron et Le Luc, de part et d'autre de la voie de chemin de fer.

Cette dépression permienne sépare le pays siliceux du pays calcaire et donne des sols sablo-argileux, parfois riches en sel, qui communiquent aux vins une saveur et un arôme originaux. Au cœur du Var, on trouve de nombreux villages à vocation viticole, dont Le Luc (domaine de la Bernade entre autres), dans une belle vallée verdoyante et fertile, et Vidauban, sur la rive droite de l'Argens.

Le plateau, formé au Trias, offre un relief extrêmement pittoresque, à dominante calcaire, où les vignes s'étagent le plus souvent en terrasses. Les pentes retiennent, grâce aux murs de pierres sèches, une terre rousse parsemée de cailloux qui repose sur une roche calcaire, épaisse de plusieurs centaines de mètres parfois. Au sud de Draguignan, la plaine vallonnée est devenue une importante aire de production avec de grandes propriétés viticoles souvent très renommées, tels les domaines de Sainte-Roseline ou de Saint-Martin. Les amateurs découvriront mas et domaines le long de ces routes qui s'élèvent à travers un paysage de vignes et d'oliviers, ponctué de superbes bastides des XVIe et XVIIe siècles.

La Maison des vins des Côtes de Provence, point d'orgue d'une superbe promenade, présente une exposition sur la vigne et l'histoire des vins en Provence.

*A gauche, un hameau vers Saint-Antonin-du-Var.
Ci-dessous, un vignoble des Maures.*

BELLET

Planté par les Phocéens au IVᵉ siècle av. J.-C., le petit vignoble de bellet (38 ha), qui s'étend sur les hauteurs occidentales de Nice, parsemées d'oliviers et d'arbres fruitiers, produit un vin très recherché des connaisseurs. A partir de cépages rares ou inconnus dans le reste du vignoble provençal (folle noire, braquet, rolle et chardonnay), les vignerons du terroir de bellet élèvent, à raison de 900 hl annuels, un vin d'exception presque entièrement consommé sur place.

tous un peu moins de 12 % d'alcool, et vieillit 10 à 30 ans.

Le bellet est célèbre pour ses rouges somptueux au bouquet de cerise, auquel deux cépages locaux, la fuella et le braquet, donnent une originalité certaine. Les amateurs apprécient, sous les murs imposants du château de Crémat, de style troubadour, le vin rouge rubis du même nom qui faisait les délices de la bonne société turinoise avant que Nice ne fût rendue à la France.

A gauche, le château de Bellet. Ci-dessous, Double Portrait au verre de vin, détail, Marc Chagall, 1917 (musée d'Art moderne, Paris).

La culture en terrasses, dans les poudingues au sol silico-calcaire, l'alternance des courants d'air alpins et marins, l'excellent ensoleillement donnent au vin de Bellet sa finesse et sa légèreté. Admis très tôt dans la catégorie des A.O.C. (1941), il propose des rouges (40 %), des rosés (30 %) et des blancs (30 %) qui titrent

Les rosés, soyeux et frais, à base du cépage braquet, sentent le genêt et le miel. Les blancs sont secs, mais d'une belle rondeur, au bouquet de tilleul et de fleur de vigne ; ils doivent leur originalité essentiellement au rolle, véritable fleuron du vignoble niçois, et au chardonnay qui se plaît particulièrement à cette altitude.

BANDOL

Est-ce au climat que la Méditerranée tempère, au sol truffé de coquillages fossiles ou au raisin roi, le mourvèdre au puissant caractère, que les vins de Bandol, avec leur parfum de framboise et de vanille et leur robe si sombre pour les rouges, doivent leur noble réputation ? C'est tout cela à la fois. Mais c'est surtout une situation géographique exceptionnelle. Les 1 000 ha d'appellation se répartissent sur huit communes (Bandol, Sanary, La Cadière-d'Azur, Le Castellet, Evenos, Ollioules, Le Beausset et Saint-Cyr), dans un vaste cirque adossé au nord sur le plateau désert du Camp du Castellet (célèbre par son circuit automobile de Formule 1) qui lui sert d'écran contre les vents du Nord.

Au centre de cet amphithéâtre, le relief est particulièrement tourmenté. Il faut savoir que le soulèvement du massif alpin au cours de l'ère tertiaire s'est ressenti jusqu'ici : de puissantes nappes de charriage ont été repoussées loin vers le sud. Ainsi, la colline du Beausset-Vieux, au cœur de l'aire, est une curiosité mondialement connue des géologues, les couches les plus anciennes se retrouvant au sommet.

Un lieu magique

Une visite du vignoble de bandol ne peut se concevoir sans un pélerinage à la chapelle du Beausset-Vieux d'où l'on a une vue grandiose sur l'aire d'appellation : on aperçoit au nord les deux villages perchés de La Cadière-d'Azur et du Castellet avec le massif de la Sainte-Baume en toile de fond ; au sud, la mer apparaît derrière les collines dominant Bandol. Tout le charme de la Provence concentré en ce lieu magique.

Outre les 3 000 heures d'ensoleillement, ce sont les cépages qui assurent l'extrême qualité de ces vins à la hauteur de leur terre de naissance. Les vins blancs sont élaborés essentiellement à partir d'ugni-blanc, de clairette et de bourboulenc. Le cinsault, le grenache et le mourvèdre donnent des rosés couleur de braise et des rouges tanniques dont la dominante est poivrée, marquée pour certains de cerise et de mûre.

Les vins de Bandol sont renommés depuis l'Antiquité. Au Moyen Age, ils portent le nom de La Cadière. Au XVIIIe siècle, un petit seigneur local, Boyer de Foresta, fonde le port de Bandol, favorisant ainsi le commerce et tout particulièrement celui des vins qui en prendront l'appella-

*A gauche, La Cadière-d'Azur.
Ci-dessous, le château
des Baumelles. En bas, la cave
du château de Pibarnon.*

tion. Ils sont expédiés jusqu'en Amérique, au Brésil et aux Indes dans des futailles marquées de la lettre B. Au début du XIXe siècle, 1 200 bâtiments font escale chaque année dans le port de Bandol, embarquant plus de 60 000 hl.

Après la crise du phylloxéra, les vins de Bandol connaîtront un nouvel essor, un peu avant la guerre de 1940, grâce à l'action vigoureuse d'un groupe de vignerons, et recevront l'appellation d'origine contrôlée en 1941. Aujourd'hui, la production annuelle de 40 000 hl (55 % de rouges, 40 % de rosés, 5 % de blancs) est vendue dans le monde entier.

C A S S I S

Au pied des plus hautes falaises de France, entre Marseille et La Ciotat, la combe qui s'ouvre sur le petit port de Cassis, aux étonnantes maisons colorées abrite un vignoble qui s'étage sur 200 ha de roches calcaires dures et blanches, produisant 4 700 hl annuels dont les deux tiers sont blancs. Classé A.O.C. en 1936, le vin de Cassis est déjà connu au Moyen Age puisque de puissantes institutions religieuses comme l'abbaye de Saint-Victor et le chapitre de la cathédrale de Marseille se disputent son vignoble au XIIe siècle, en appelant à l'arbitrage du pape.

Après le phylloxéra, il faudra attendre le début du XXe siècle pour que le vin de Cassis soit réhabilité par le vigneron poète Emile Bodin qui, de son mas de Calendal, contribuera à définir les cépages actuels du cassis. On trouve ainsi les très classiques

Cassis : la mer, les falaises et les collines.

sauvignon, clairette et ugni-blanc mais aussi le doucillon, le pascal-blanc et la marsanne, bien moins fréquents mais aux subtils arômes de fleur de tilleul. L'appellation contrôlée et les limites de la commune se confondent.

Aujourd'hui, Cassis doit sa renommée à son vin blanc, sec, capiteux et parfumé, dont le poète provençal Frédéric Mistral disait : « L'abeille n'a pas de miel plus doux, il brille comme un diamant limpide et sent le romarin, la bruyère et la myrte qui recouvrent nos collines ».

Là-haut sur les terrasses ensoleillées du col de la Belle Fille, les vignerons font goûter avec le sourire aux amateurs de passage les jolis blancs dont l'agréable fraîcheur est due, selon la coutume, aux constances des brises de la Méditerranée.

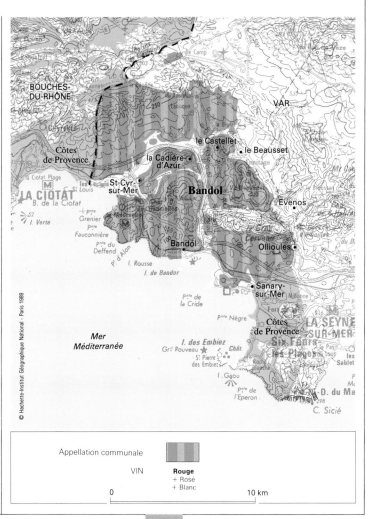

Appellation communale

VIN   **Rouge**
       + Rosé
       + Blanc

0   10 km

COTEAUX D'AIX, PALETTE, COTEAUX VAROIS

L e vignoble des coteaux d'aix-en-provence se disperse dans les bois et les garrigues entre la Durance et la Méditerranée. Il s'épanouit à l'abri du mistral sur 3 000 ha à l'ouest d'Aix-en-Provence, ancienne capitale, aujourd'hui élégante ville d'art. Il se divise en trois zones : les coteaux proches d'Aix, ceux des Baux ainsi que les collines bordant l'étang de Berre.

les vins s'efforcent d'atteindre la réputation des olives et de l'huile de la vallée des Baux. Là, une dizaine de domaines, dont le mas de la Dame peint par Van Gogh. L'encépagement se compose essentiellement du grenache, du cabernet-sauvignon, du mourvèdre et de la syrah pour les rouges, de l'ugni-blanc, de la clairette et du sauvignon pour les blancs. Issus en général de terrains argilo-calcaires, les vins

1905, les bords de la rivière d'Arc dans la célèbre scène des *Grandes Baigneuses*.
A cheval sur les communes d'Aix, de Meyreuil et du Tholonet, protégé des vents par un cirque lui-même entouré de forêts et dominé par l'échine rocailleuse de la Sainte-Victoire, le vignoble de palette fut planté, il y a 500 ans, par les grands carmes d'Aix. Il s'y élaborait, il n'y a pas si longtemps, un fameux vin

Coteaux varois

A utour de Brignoles, ancienne résidence d'été des comtes de Provence, s'est développé un vignoble accueillant, tout nouveau venu dans le « club » des A.O.C. Les coteaux

Les collines rocheuses et arides qui émergent des alluvions du Rhône et de la Durance contrastent avec les plantureux jardins et vergers aux délicieux parfums balsamiques du pays d'Aix où, dans chaque creux de verdure, se cachent des mas et bastides, ces anciennes demeures de la noblesse aujourd'hui maisons de vignerons, simples et raffinées avec leurs parcs et parterres de buis.
Au nord-ouest, vers le Luberon, au pied de la chaîne de la Trévaresse, les propriétaires vignerons de ces bastides aux vastes allées de platanes et aux fraîches fontaines cultivent des crus renommés. La partie occidentale du vignoble englobe le massif des Alpilles, immense vaisseau de pierre déchiquetée sous un ciel d'une luminosité légendaire, avec ses collines ceinturées d'oliviers, d'amandiers et de vignes dont

rouges sont de bonne constitution, avec de la charpente et un fin bouquet, animal si le mourvèdre domine, fruité et floral si c'est la syrah ; les blancs, peu abondants, sont frais et parfumés.

Palette
la bien nommée

A ux portes d'Aix-en-Provence s'étend le vignoble de palette (15 ha, 600 hl), dans cette magnifique campagne dont les fuseaux noirs des cyprès, les vignes, les oliveraies, les pins d'Alep émergeant de la terre rouge ont tant inspiré des générations de peintres. Le plus illustre, Paul Cézanne, représentera, en

cuit, gourmandise inséparable des treize desserts du rite provençal de Noël.
Cultivé sur l'étage géologique bien particulier des calcaires de Langesse, il se répartit aujourd'hui sur deux domaines, dont le fameux château Simone qui a su conserver la tradition et donner ses lettres de noblesse à l'appellation palette. Blotti au pied de sa colline, en versant nord, le château Simone respire le calme.
Les rouges, sombres et solidement charpentés, embaument la violette et la résine de pin. Quant aux rosés et surtout aux blancs, qui constituent à eux deux 40 % de la production, ils possèdent une grande complexité et une exceptionnelle longévité. Les cépages en sont le cinsault et le grenache pour les rouges et les rosés, et la riche clairette pour les blancs.

A gauche, le château de Fonscolombe, du XVIe siècle, qui reçut son nom au temps du roi René.
A droite, le vignoble des Baux de Provence, un des lieux importants de l'histoire provençale.

varois sont entourés de toutes parts par les côtes de provence et les coteaux d'aix, mais s'en différencient par la nature des terrains, ici uniquement calcaires, et par le climat, plus frais puisque le vignoble est soustrait aux influences maritimes par les monts du Toulonnais et le massif de la Sainte-Baume. Avec un encépagement où dominent le carignan, le grenache, le cinsault et la syrah, auxquels on peut adjoindre le tibouren et le cabernet-sauvignon, les coteaux varois produisent des vins rosés, rouges et blancs, friands et tendres, à boire jeunes.

CORSE

Né à l'ombre des statues-menhirs de Filitosa et implanté par les Génois au XVIe siècle, le vignoble corse couvre aujourd'hui à peine 10 000 ha, dont 1 800 pour les seules A.O.C., avec une production de 60 000 hl et à peine 10 % de vins blancs. La vocation viticole de l'île s'est manifestée à partir de 1957 et, par le travail opiniâtre des vignerons qui ont défriché le maquis, les vignes ont regagné les coteaux abrupts. Entre 1970 et 1980, les 30 000 ha ont été dépassés mais la crise des vins de table a touché

au pied des villages perchés comme autant de nids d'aigle aux noms enchanteurs. Ailleurs sur le pourtour de l'île, la variété des sols, ajoutée aux proportions respectives des différents cépages, apporte des tonalités diverses. Ainsi les vignerons peuvent-ils ajouter le nom de leur petite région : vin de corse-coteaux du cap Corse, à l'extrême nord de

patrimonio, cette petite enclave calcaire qui, à partir du golfe de Saint-Florent, se développe vers l'est et surtout vers le sud. On y déguste des rouges somptueux et de bonne garde, avec des parfums de venaison et de violette

Ci-dessous, à gauche, le vignoble de la côte est du cap Corse et la Méditerranée.

et une exceptionnelle longueur. La malvoisie ou vermentino, qui fleure bon la camomille, est le même cépage que le rolle provençal. Son vin d'or pâle est présent à raison de 75 % ou même 80 % dans les blancs d'appellation contrôlée.

Les vignes de l'appellation ajaccio couvrent les collines entourant le golfe de la vieille ville, sur des terrains granitiques. Le cépage sciacarello à peau craquante y domine et donne des vins rouges de longue garde aux arômes de café, d'amandes grillées et de framboise.

ce vignoble en premier. Depuis peu — moins de cinq ans —, il a retrouvé la superficie cultivée avant le phylloxéra.

Le type de sol le plus répandu est d'origine granitique ; c'est celui de la quasi-totalité du sud et de l'ouest de l'île. L'est est schisteux et les roches y ont donné des terres sombres et fortes. Le sud et les abords du golfe de Saint-Florent au nord sont calcaires.

Toutes ces conditions sont favorables à la viticulture de qualité sous un climat méditerranéen tempéré par la proximité d'une mer omniprésente.

L'aire de l'appellation vin de corse ceinture l'île de Beauté. Cependant, la plupart des vins sont produits d'une part le long de la plaine orientale, de Bastia à Aléria, où les caves coopératives dominent, d'autre part sur la bordure des montagnes corses,

l'île, cultivé en terrasses vertigineuses ; vin de corse-Calvi, au nord-ouest ; vin de corse-Sartène ; vin de corse-Figari ; vin de corse-Porto-Vecchio, tout autour de la pointe sud.

Les appellations ajaccio et patrimonio sont les deux fleurons de l'île. 1993 voit la création de l'A.O.C. muscat du cap corse.

L'île aux quarante cépages

La Corse a conservé une quarantaine de cépages spécifiques, en particulier le niellucio, que certains rapprochent du chianti, au caractère tannique dominant, et qui excelle sur le calcaire. C'est le cépage roi du

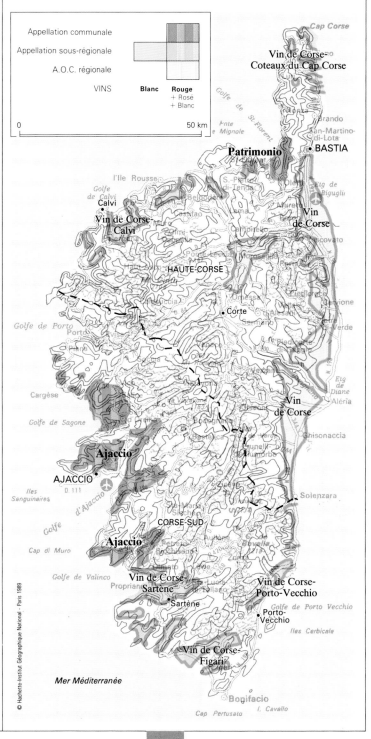

LANGUEDOC

AVEYRON

TARN

Coteaux
du Languedoc

Clairette
du Languedoc

St-Saturnin • Montpeyroux

St-Saturnin

Montpéyroux

Clairette
du Languedoc

Clermont-
l'Hérault

Cabrières

Cabrières

Clairette
du Languedoc

St-Pargoire

CASTRES

Faugères

Faugères

Laurens

Berlou

Cessenon

Pézenas

Picpoul
de Pinet

Coteaux
du Languedoc

Pinet

Muscat de St-Jean-
de-Minervois

St-Chinian

St-Chinian

Mèze

Béziers

St-Jean-
de-Minervois

Minerve

Caunes

Minervois

Olonzac

CAP D'AGDE

Côtes du
Cabardès

Conques

Montréal

Carcassonne

Côtes du
Cabardès

Lézignan

Capendu

Narbonne

Fleury

la Clape

Côtes de
la Malepère

Quatourze

Quatourze

Alaigne

St-Hilaire

Lagrasse

Corbières

Limoux

Corbières

Blanquette
de Limoux

Mer
Méditerranée

Couiza

Durban

AUDE

Fitou

Fitou

Fitou

Tuchan

Cucugnan

Côtes
du Roussillon

Côtes du
Roussillon-Villages

Côtes
du Roussillon

PYRÉNÉES ORIENTALES

Appellation communale		
A.O.C. régionale		
VINS	**Rouge**	**Blanc**	**Rouge** + Blanc + Rosé	**Rouge** + Rosé
Limite appellation		
Limite Coteaux du Languedoc		
V.D.N.		
V.D.Q.S.		(les couleurs des vins sont celles des appellations régionales)

0   20 km

ROUSSILLON

Golfe du Lion

Gigantesque camaïeu de verts, la plaine languedocienne est une mer de vignes. Celle-ci domine tout. Elle repousse la garrigue vers les hauteurs, dispute le sable aux estivants, vient s'allonger au bord des étangs littoraux, comme si elle voulait contempler à son aise l'île singulière de Sète, enveloppe les villages et cerne les villes. Elle s'appuie sur des images si fortes qu'elle fait presque oublier que le Languedoc-Roussillon viticole est riche d'une extraordinaire diversité.

Un fait culturel

Mais comment pourrait-il en être autrement alors que la vigne s'est emparée de plus du tiers des terres dans les plaines gardoises et que son emprise s'accroît vers le sud-ouest, avec plus de la moitié, voire plus des deux tiers des surfaces, dans les basses vallées de l'Hérault et de l'Aude. Plus de la moitié de la production française de vins de table vient de ce vignoble composé principalement de carignan et d'aramon. La part de ce dernier, toutefois, diminue depuis que les viticulteurs améliorent la qualité par un retour aux cépages traditionnels du Languedoc, comme le cinsault, le grenache noir, la syrah ou le mourvèdre, et par l'implantation d'autres cépages aromatiques, comme les cabernets ou le merlot. Ancrée dans la mémoire collective par les événements de 1907, par les images des wagons foudres marqués Béziers ou Narbonne comme par la masse imposante des caves coopératives, la présence du vignoble de masse en bas Languedoc est devenue un fait culturel, une manifestation de l'identité régionale. Pour s'en convaincre, il suffit de se rendre à Montpellier lors du S.I.T.E.V.I. (Salon international des techniques viti-vinicoles), de flâner dans Béziers, « méridionale en diable » ou d'écouter le Sétois Georges Brassens chanter Le Vin. Pourtant, l'existence du vignoble de masse n'est pas un fait très

ancien. C'est ainsi que Jefferson au cours de son voyage dans la France du Sud en 1787 écrivait : « A Béziers, le pays est formé de collines et est couvert d'oliviers, de sainfoin, de pâturages, de quelques vignes et de mûriers. » L'origine de la monoculture remonte au milieu du XIXe siècle, avec l'ouverture de nouveaux marchés, grâce au chemin de fer, et la descente du vignoble dans la plaine, mouvement qu'accentua le phylloxéra car on cherchait des terrains inondables. Puis, au début du XXe siècle, la viticulture entra dans la légende et l'Histoire, avec les événements de 1907 et le « quart de pinard » que recevaient les poilus avant l'assaut pendant la Grande Guerre. Mais le vignoble entra aussi dans une phase de recul. Celle-ci devint particulièrement nette au début des années 50. Pour faire face à la mévente des vins, plusieurs plans de reconversion cherchèrent la solution dans le développement d'autres cultures, notamment fruitières. La perte de l'Algérie apporta un mieux. Mais la constitution de la Communauté économique européenne amena de nouveaux concurrents méditerranéens. La crise devint si grave que, vers le milieu des années 80, de sévères affrontements entre les vignerons et les forces de l'ordre troublèrent la sérénité du Languedoc-Roussillon. En fait, la véritable solution réside dans le retour à la qualité par l'amélioration des cépages et la remontée des vignobles vers les coteaux.

L'abbaye Sainte-Marie de Fontfroide.

Les principautés perchées

Plus vaste vignoble de masse du monde, le Languedoc - Roussillon s'étend sur plus de 250 000 ha. Mais au-dessus de la plaine qu'il régente, de nombreuses appellations, tournées vers la production de vins fins, ont établi leurs principautés perchées sur les coteaux. En effet, les paysages du Languedoc-Roussillon présentent une incomparable richesse : aux douces ondulations des terrasses des Costières de Nîmes (à l'est) s'opposent la tourmente des reliefs des Corbières ou des abrupts coteaux de Banyuls. Variées par la topographie, les appellations languedociennes et catalanes le sont aussi par la géologie et la pédologie.

Les sols et terroirs peuvent être, entre autres, des schistes de massifs primaires, des grès du Secondaire, comme des cailloux roulés du Quaternaire. Le réseau hydrographique, particulièrement dense, contribue à la diversité du relief et des terroirs qu'il façonne par une érosion très active.

Les meilleurs vins sont obtenus dans des sols caillouteux, riches en éléments solides, donc bien drainés pour éviter les excès d'eau, mais aussi assez profonds pour avoir une réserve hydrique suffisante. Le sol doit être meuble pour permettre une exploration importante des racines dans les trois dimensions.

Dans l'ensemble, malgré l'extraordinaire complexité géologique de la région, une unité générale se dégage autour des formations schisteuses d'une part, et des sols rouges caillouteux d'autre part.

L'autre élément unificateur est le climat méditerranéen. Le Languedoc-Roussillon est la région la plus chaude de France après la Corse ; les moyennes annuelles sont comprises entre 13,5° et 15°. Les précipitations présentent un caractère orageux, mais sont réparties sur un nombre de jours assez faible. Les vents renforcent la sécheresse lorsqu'ils soufflent de la terre (mistral, cers, tramontane) ; au contraire, lorsqu'ils proviennent de la mer, ils modèrent les effets de la chaleur et apportent une humidité bénéfique à la vigne.

Sols et climats constituent donc un environnement très favorable aux vignobles de qualité, notamment pour la production des vins doux naturels (V.D.N.) qui trouvent en Roussillon leur terre d'élection. Nombreux sont les cépages qui peuvent s'y épanouir. Ils permettent d'obtenir, par des assemblages, des vins riches et complets. Les principaux sont le carignan, la syrah, le mourvèdre et le grenache pour les rouges, le grenache blanc, le muscat blanc, la clairette, le picpoul, le macabeu, la marsanne, la roussane, le rolle et le muscat blanc pour les blancs.

La diversité des terroirs, jointe à la variété des cépages, permet au Languedoc-Roussillon de n'être plus seulement la première région au monde pour les vins de table et de pays, mais aussi, quantitativement, la troisième de France (après le Bordelais et la vallée du Rhône) pour les vins d'appellation.

Un silène sur retable,
Jean-Jacques Melair, XVIIIe siècle
(église Saint-Julien, Vinça).

Surfaces et volumes des vignobles du Languedoc-Roussillon.

	SURFACES	VOLUMES
VINS DE TABLE	252 000 ha	10 000 000 hl
VINS DE PAYS		9 000 000 hl
A.O.C.	51 500 ha	2 600 000 hl
V.D.Q.S.	628 ha	35 000 hl
V.D.N.	29 150 ha	604 000 hl

Vaste croissant dominant la plaine, les coteaux du languedoc s'étendent de Nîmes à Narbonne sur 156 communes. Ici, en dépit d'une production importante (400 000 hl par an), il n'est plus question d'un vignoble de masse occupant tout le paysage. Au contraire, les coteaux du languedoc constituent un ensemble de petits territoires disséminés dans la garrigue. Cela explique pourquoi les producteurs ont le droit d'ajouter onze dénominations particulières en rouge et rosé, ainsi que deux en blanc, à l'appellation d'origine contrôlée coteaux du languedoc : pour les rouges et les rosés, La Clape et Quatourze (dans l'Aude), Cabrières, Montpeyroux, Saint-Saturnin, Pic-Saint-Loup, Saint-Georges-d'Orques, La Méjanelle, Saint-Drézéry, Saint-Christol et Vérargues (dans l'Hérault) ; et, pour les blancs, La Clape et Picpoul de Pinet.

Une nécessité, l'assemblage des cépages

Compte tenu des conditions climatiques, il est nécessaire d'assembler plusieurs cépages pour obtenir des vins complets. Les vins rouges et rosés doivent provenir des cépages carignan, grenache, cinsault, syrah et mourvèdre. Originaire de Carinea en Aragon, le carignan, principal plant de la région, donne de bons résultats dans les coteaux. Il se plaît dans les zones chaudes et sèches, ainsi que sur les schistes. Il donne des vins colorés et tanniques dont la faiblesse aromatique et l'astringence peuvent être corrigées par la macération carbonique. Le cinsault, xérophile lui aussi, produit des vins souples et élégants mais légers. Il convient bien pour les rosés et tous les vins primeurs. Actuellement, le carignan et le cinsault ne doivent pas dépasser 50 % de l'encépagement. En 1992, ils seront limités à 40 %, leur part diminuant au profit de celle de la syrah, du mourvèdre et du grenache. Celui-ci est vigoureux et résistant à la sécheresse, mais sensible à la coulure et irrégulier dans les rendements. Il apporte au vin un caractère généreux, rond, gras et assez aromatique. C'est un cépage qualitatif, com-

COTEAUX DU

La vigne occupe une grande place dans le paysage languedocien.

me la syrah. Originaire de la vallée du Rhône, cette dernière est assez précoce. Il faut donc éviter la surmaturation. Récoltée entre 11° et 12,5°, elle produit des vins très colorés et aromatiques, avec une bonne charpente. Le mourvèdre est, au contraire, assez tardif. Il doit être cultivé dans des terroirs chauds et peu sensibles à la sécheresse comme les terrasses caillouteuses du Villafranchien. Il apporte de la couleur, de la charpente et des arômes. Avec la syrah, il doit être présent à raison de 10 % minimum, cependant que la part de grenache est au moins de 20 %. Les vins blancs sont élaborés à partir des cépages grenache blanc, picpoul, clairette, bourboulenc, marsanne, roussanne et rolle.

LANGUEDOC

L'hommage de Rousseau

Surtout connue pour son V.D.N. muscat de lunel, la région des Coteaux de Vérargues, qui forme la partie la plus orientale des coteaux du languedoc, peut s'enorgueillir aussi de ses vins rouges, fruités et souples. Jean-Jacques Rousseau fit leur éloge dans une lettre à d'Alembert. Il est vrai que ce secteur qui comprend trois crus (Coteaux de Vérargues proprement dits, Saint-Christol et Saint-Drézéry), répartis sur onze communes, jouit d'excellents sols rouges apportés par une nappe villafranchienne riche en cailloux.

Séparé des coteaux de vérargues par le château de Castries, le « Versailles languedocien », le plateau de la Méjanelle étale à l'est de Montpellier ses sols cail-

louteux, épais et chargés d'argiles rouges, qui donnent naissance à un paysage de croupes graveleuses très favorables à la vigne. Héritage du travail accompli par le Rhône à l'époque où il venait se jeter dans la mer à proximité de Montpellier, ce plateau est agrémenté de nombreuses résidences du XVIIIe siècle et de mas cachés par d'imposantes pinèdes. Une vingtaine de vignerons, vinifiant en caves particulières, produisent un vin rouge réputé.

Situé également aux portes de Montpellier mais à l'ouest, Saint-Georges-d'Orques bénéficie d'une notoriété fort ancienne. Jefferson recommanda de favoriser la consommation de ses vins pour lutter contre l'alcoolisme dû aux alcools de grains. Le souci de préserver la qualité et l'identité du vin s'est manifesté très tôt à Saint-Georges puisque dès 1730 les consuls de la ville firent apposer sur les fûts une marque qui représentait un cavalier terrassant le dragon. Rouges et rosés, les vins de Saint-Georges jouissent d'un terroir composé de cailloutis rouges villafranchiens et d'épandages de cailloux calcaires, originaires des massifs portant la garrigue.

Montagnette de 658 m, le pic Saint-Loup n'en domine pas moins tout le paysage avoisinant. Ses environs sont devenus la terre d'élection des amateurs de vol à voile, qui se laissent porter par les courants créés par le relief, comme des chasseurs ou des randonneurs qui y trouvent une flore et une faune très riches. La vigne n'est pas absente des basses collines qui entourent les pentes boisées du pic. Elle trouve là en effet, sur quelque 30 km de long et 15 km de large, des sols favorables : calcaires compacts ou sableux, éboulis et cônes de déjection, ainsi que des lambeaux de terrasses à sols rouges et caillouteux. L'éloignement de la mer et l'altitude (en moyenne 150 m) donnent au climat une note plus continentale, avec davantage de fraîcheur au printemps et à l'automne. Les vins rouges en portent la marque, avec un caractère léger, fruité et tendre. Dans l'avenir, la vocation de ces terroirs serait de développer aussi des vins blancs et rosés.

Muscat de frontignan

Situés aux environs immédiats de Montpellier, les vignobles de Frontignan, Lunel, Mireval et St-Jean de Minervois ont pour spécialité la production de muscats, vins doux naturels d'appellation d'origine contrôlée. Obtenus à partir du cépage muscat blanc à petits grains, ces vins doivent avoir au minimum 125 g par l de sucre. Dans le cas du muscat de frontignan, l'élaboration de vins de liqueur, avec mutage sur le moût avant fermentation, permet d'avoir un produit beaucoup plus riche en sucre (185 g par l environ).

Les parfums de la garrigue

Au pied du Larzac, encore riche des parfums de la garrigue, Saint-Saturnin et Montpeyroux se sont glissés entre la faille limitant les ruffes rouges lodévoises et la bordure du causse de Viols-le-Fort à l'est. Là, l'Hérault, en débouchant du plateau calcaire de Saint-Guilhem-le-Désert, a formé de vastes terrasses caillouteuses à argiles rouges qui descendent en pente douce jusqu'à la rivière. Presque entièrement consacré à la vigne, ce terroir donne des vins rouges et rosés dont la renommée est ancienne.

A une dizaine de kilomètres au sud-ouest de Saint-Saturnin, Cabrières dissimule son vignoble dans son cirque schisteux que protègent quatre massifs boisés impénétrables. Là, bien à l'abri dans leurs collines perdues, les vignerons produisent des vins rouges et le rosé auquel est due la notoriété de ce cru.

A la différence des vignobles précédents qui escaladent les premières marches du Massif central, celui de Pinet se trouve au bord de la mer ou, plus exactement, de l'étang de Thau. Clin d'œil de la géographie à la gastronomie, ce vignoble, qui se baigne presque dans les eaux turquoises où naissent les huîtres, est voué à la production de vin blanc. Les sols gris et blanchâtres, constitués d'argiles et d'un cailloutis mêlant les esquilles calcaires aux coquillages fossiles sur des marnes, conviennent au cépage picpoul qui donne un vin sec et parfumé, parfaitement adapté aux coquillages.

Littoral lui aussi, le massif de la Clape sépare Narbonne de la mer. Ce roc calcaire, jadis baptisé l'Ile du Lac, conserve une âme particulière. Elle puise sa source dans l'émouvant cimetière marin dont l'atmosphère paisible contraste avec les drames commémo-

rés par les stèles des disparus en mer. Objectif de promenade pour les estivants, La Clape est aussi un terroir qui a affirmé de longue date sa vocation viticole. La rencontre de sols peu fertiles (calcaires marneux, falaises de calcaires durs, alluvions quaternaires) et des précipitations les plus faibles de France permet au vignoble de qualité d'être chez lui ici et de donner de beaux vins. Tanniques, généreux et fruités, les rouges nécessitent quelques années d'élevage. Obtenus à partir du cépage bourboulenc, les blancs, frais et souples, sont aussi réputés.

Se trouvant également aux portes de Narbonne et au bord de la côte, la terrasse de Quatourze constitue une unité homogène, mêlant les cailloux aux argiles rouges du Villafranchien. Ces sols, d'une belle couleur rouille rehaussée de quartz blancs, donnent des vins puissants, chauds et étoffés qui développent au vieillissement des arômes de sous-bois et d'épices. Mais l'avenir de ce vignoble est en partie menacé par la croissance urbaine.

Détail d'une tapisserie flamande du XVIIe siècle faisant partie d'un ensemble qui se trouve au château de Flaugergues.

FAUGÈRES, ST-CHINIAN, COSTIÈRES DE NÎMES

Le vignoble des coteaux du languedoc comprend deux crus, faugères et saint-chinian, qui possèdent leur propre appellation. S'accrochant aux premiers contreforts des Cévennes, le rude terroir de faugères contemple la plaine biterroise dont la richesse a attiré jadis plus d'un vigneron du haut pays. Il est vrai que la viticulture dans ce milieu montagnard n'est plus un métier mais une vocation. Ceux qui ont eu la passion de rester pour se battre contre les pierres et la sécheresse ont pu tirer le maximum de sols schisteux d'une remarquable homogénéité. Ils ont su produire, grâce à des rendements faibles (60 000 hl pour 1 200 ha), un vin capiteux et puissant, aux arômes de fruits rouges, d'épices et de réglisse.

Elle aussi marquée par des rendements faibles (100 000 hl pour 2 000 ha), l'aire de saint-chinian est plus vaste et plus diversifiée. La partie nord, autour de Berlou et Roquebrun, est le domaine des terrains schisteux. Dans le sud, autour de Saint-Chinian même, on trouve des calcaires aux argiles rouges et des terrasses villafranchiennes. Partout, en revanche, règne le même microclimat que traduisent la limpidité de l'air comme les mimosas ou les orangers.

La diversité des terroirs saint-chinianais n'est pas sans influer sur la nature des vins. Riches et délicats sur les schistes, ils sont puissants et complexes sur les argiles rouges.

La Costière de Nîmes

Au nord, Nîmes, la Rome française ; à l'est, Beaucaire, l'opulente ville des foires ; au sud, Saint-Gilles, exemple des plus achevés du roman méridional ; à l'ouest, l'oppidum de Nages, haut lieu de l'archéologie languedocienne. Les costières de nîmes, devenues A.O.C. en 1986, se sont offert le luxe d'ac-

Une amphore italique, Iᵉʳ siècle av. J.-C. A droite, une amphore massaliote, 350-150 av. J.-C. (musée archéologique d'Ensérune).

cumuler les chefs-d'œuvre en guise de bornes frontières.

La Costière constitue un ensemble de plateaux et coteaux qui se développent sur une quarantaine de kilomètres de long et une quinzaine de large. En dépit de sa taille, l'appellation présente une unité remarquable, avec un seul type de sol, constitué par la terrasse villafranchienne. Celle-ci associe de nombreux galets à une matrice de sables hétérogènes et de calcaire. Ce dernier a souvent disparu ; dans quelques situations, il s'est concentré et forme une croûte. Les galets les plus friables s'étant dégradés,

l'argile libérée est à l'origine de la coloration rouge caractéristique des terrains de la région. Les galets sont aussi à la base de la vocation viticole de la Costière : ils possèdent la capacité de conserver et restituer la nuit la chaleur emmagasinée le jour.

De l'abbaye au vin

Un tel terroir ne pouvait rester longtemps inexploité. L'apparition de la vigne date de l'époque gréco-romaine. Mais c'est principalement au Moyen Age que s'effectue le grand départ. Après la fondation des abbayes de Saint-Gilles et de Psalmody, au VIIIᵉ siècle, les bénédictins entreprennent de défricher la région et de planter des vignes. Ils déterminent les types de sol les plus aptes à donner du bon vin et effectuent des recherches sur les façons culturales les plus appropriées. On leur doit sans doute l'introduction du mourvèdre, appelé d'ailleurs en Languedoc le « plant de Saint-Gilles ». Au XVIᵉ siècle, la renommée de la région est déjà suffisamment bien établie pour qu'Olivier de Serres puisse faire l'éloge des vins de Saint-Gilles. Dans son Théâtre d'agriculture, il les présente comme « très colorés, corsés, fermes et spiritueux ».

Actuellement, la production de l'appellation est de l'ordre de 200 000 hl de vins rouges et rosés et de 4 000 hl de blancs. Les rouges et rosés sont élaborés

à partir du carignan et du cinsault (limités à 40 %), du grenache noir (25 % minimum), ainsi que de la syrah et du mourvèdre (15 % minimum). Les vins produits diffèrent selon leurs secteurs géographiques d'origine : puissants et charpentés sur les versants de la zone sud orientés vers la mer, les rouges sont au contraire souples, gouleyants et fruités au nord, sur les versants tournés vers les garrigues de Nîmes.

Les Costières de Nîmes et leur terroir de galets roulés.

La clairette de bellegarde
Produite sur des sols rouges cailllouteux dans le sud-est des Costières, entre Beaucaire et Saint-Gilles, la clairette de bellegarde, classée appellation contrôlée dès 1949, est un vin blanc sec aux arômes bien typés. La production ne dépasse pas 3 000 hl par an.

MINERVOIS

L e site le plus fantastique de notre territoire national ». En bon méridional, le duc de Lévis-Mirepois exagérait peut-être un peu à propos de Minerve, inspiré par le nom, héritage mythologique, comme par l'environnement de ce village perché sur son promontoire qu'un isthme étroit relie au plateau dénudé, haut lieu de l'épopée cathare.

Un pays tourné vers la Méditerranée

M ais l'intérêt de ce bourg n'est pas que touristique. Minerve est aussi la capitale d'une appellation qui s'est installée dans le vaste amphithéâtre adossé à la Montagne noire. Là, sur les terrasses successives qui descendent jusqu'à l'Aude, sont produits 200 000 hl de vins blancs, rosés et, principalement, rouges. En raison de ses dimensions (près de 60 km et 61 communes), le Minervois connaît des variations climatiques notables.

L'est du Minervois, principalement formé de collines calcaires aux formes douces, tire sa personnalité de la serre d'Oupia (288 m). Dans la partie la plus orientale, on trouve de larges terrasses caillouteuses, apportées par la Cesse. Dans ce secteur, le climat méditerranéen est très marqué, avec de fortes influences de vents marins humides l'été. Pour les rouges, le cépage de base est le carignan que viennent compléter le grenache et le mourvèdre. Pour les blancs, on trouve principalement le bourboulenc et le macabeu.

A l'opposé, à l'ouest des collines de Laure-Minervois, le climat, tout en restant méditerranéen, est atténué par les influences atlantiques qu'apportent les vents du Nord-Ouest. Le terroir est constitué de molasses entre lesquelles s'intercalent des bancs de grès et de poudingues ainsi que plusieurs niveaux de terrasses déposées par la Clamoux et l'Orbiel. Dans cette zone, le carignan tend à toucher la limite de ses possibilités qualitatives. Entre ces deux secteurs, le cœur du Minervois, relativement abrité des influences atlantiques et mé-

La Caunette, au cœur du vignoble minervois.

diterranéennes, reçoit moins de pluies et présente d'une part de vastes terrasses caillouteuses, dues aux apports de l'Argent-Double et de l'Ognon, et d'autre part un paysage très typé, celui des *mourrels*. Ceux-ci sont des arêtes rocheuses, formées par des couches géologiques relevées et couronnées d'un banc de grès ou de poudingues. Parsemées de pins d'Alep, ces buttes séparent des dépressions de molasses calcaires légèrement ondulées qui portent les vignobles. Rehaussé de mégalithes et de vieilles chapelles, le paysage est un véritable appel à l'imaginaire. Le cépage principal est toujours le carignan que viennent compléter le grenache (sur les marnes), le cinsault (sur les grès), mais aussi la syrah et le mourvèdre.

Enfin, le rebord méridional de la Montagne noire présente un relief tourmenté et des sols caillouteux, essentiellement calcaires. Très chaud dans les parties basses, le climat entraîne une maturation moins rapide dans les zones d'altitude, ce qui per-

met aux raisins de profiter des automnes secs et lumineux, particulièrement bénéfiques au muscat, produit à Saint-Jean-de-Minervois. Le vignoble du Minervois est sillonné de routes séduisantes ; un itinéraire fléché permet de découvrir l'appellation bordée par plusieurs caveaux de dégustation. Depuis de nombreuses années, s'est affirmée la volonté de produire un vin racé. Elle s'est traduite par le développement des vinifications en grains entiers et par l'implantation de cépages fins, grenache et mourvèdre dans les zones les plus chaudes, et syrah en remplacement du carignan. Elle s'est concrétisée également par la création d'une bouteille gravée réservée aux vins de haut de gamme.

Côtes du cabardès et de l'orbiel

P rolongement du Minervois vers l'ouest, les côtes du cabardès et de l'orbiel (V.D.Q.S.) se blottissent contre la Montagne noire. Jadis, le Cabardès, avec ses châteaux perchés sur leur rocher, fut un repaire inexpugnable d'où les cathares purent tenir tête aux troupes de Simon de Montfort, installées à Carcassonne. Aujourd'hui, la région marque plus paisiblement son originalité.

Servant de transition entre les influences méditerranéennes et atlantiques, le vignoble marie les cépages des deux secteurs : le grenache et la syrah côtoient les cabernets et le merlot. A cela s'ajoute la diversité des sols selon l'altitude : schistes au-dessus de 400 m, plateaux calcaires de la zone moyenne, argilo-calcaires et grès dans les zones basses. Les vins possèdent une personnalité bien affirmée.

Côtes de la malepère

S ituées au sud-ouest de Carcassonne, entre le Limouxin et le canal du Midi, les côtes de la malepère (V.D.Q.S.) connaissent un climat de transition accentué par la présence, au centre de l'appellation, du massif de la Malepère. Ces conditions permettent une parfaite implantation des cépages adaptés à l'écologie atlantique.

Le vignoble présente deux types de paysage : en périphérie, des terrasses graveleuses quaternaires ; partout ailleurs, des coteaux, généralement calcaires, entrecoupés de grès et de poudingues. Avec environ 18 000 hl par an, la production se compose de vins rouges et rosés, corsés et fruités.

Le muscat de saint-jean-de-minervois

Perché à 200 m d'altitude au milieu des garrigues, le vignoble de Saint-Jean-de-Minervois produit un muscat dont la vendange se déroule, du fait de l'altitude, trois semaines après celle des autres muscats. Ce vignoble est planté uniquement sur des sols calcaires. Très aromatiques, les vins de Saint-Jean-de-Minervois affirment leur personnalité par leur finesse et des notes florales très caractéristiques.

CORBIÈRES ET FITOU

Corbières

Les « cinq fils de Carcassonne », Peyrepertuse, Puilaurens, Quéribus, Termes et Aguilar, perchés sur leurs crêtes calcaires, sont là pour en témoigner, le passé du massif des Corbières ne fut pas toujours paisible. Mais il est bien lointain le temps où la frontière entre la France et la péninsule ibérique passait quelque part entre Narbonne et Perpignan, le temps où l'ombre du drame cathare planait sur la montagne. Aujourd'hui, les ruines des châteaux forts n'ont plus que leur mémoire à défendre. Leur unique adversaire est le vent qui balaie rudement la garrigue.

En haut, le château d'Aguilar. Ci-dessus, la montagne de Tauch dans les Corbières.

Celle-ci, avec les landes, rochers et montagnes, accapare plus de 80 % de la surface du massif. La vigne doit se contenter de la portion congrue. Mais elle prouve au visiteur qu'aucune plante ne pouvait mieux qu'elle valoriser ces terres arides et donner à l'homme, devenu vigneron, sa fierté. Celui-ci puise sa dignité dans les contraintes d'un terroir qui exige d'emprisonner à l'intérieur de murettes la terre arable, désormais privée du filet que tissaient les racines de la forêt de chênes primitive.
L'homme doit aussi composer avec le vent. Balayant rudement la garrigue pendant près de 300 jours par an, celui-ci n'est pas un épiphénomène. Il conditionne les variations du climat, nuance la dominante méditerranéenne. Le « cers » vient de l'ouest et

apporte sécheresse et violence, alors qu'à l'inverse, le « marin » tempère par son humidité les chaleurs excessives de l'été et déclenche les fortes pluies d'automne et de printemps. Le cloisonnement des sites par le relief et l'extrême diversité des sols rendent difficile le classement des corbières ; c'est en définitive aux vents que revient le rôle essentiel dans la définition des sous-régions de production.

Des Corbières maritimes aux Corbières d'Alaric

Bien individualisées par une série de collines nord-sud, les Corbières maritimes apparaissent comme un ensemble homogène de coteaux calcaires dont l'unité vient du climat. Terroir le plus sec de France (moins de 400 mm de pluie certaines années), la région profite cependant de la proximité de la mer qui joue un rôle de régulateur des températures et apporte le minimum d'humidité nécessaire à la maturation des raisins.

Situées dans la partie sud de l'appellation, les hautes Corbières sont abritées des influences climatiques extrêmes par les sommets élevés qui les environnent. Dans ce secteur à la topographie vigoureuse, le vignoble se développe en coteaux escarpés dans une série de petits bassins, seuls secteurs cultivables au milieu de landes et de garrigues. Les sols schisteux ou argilo-calcaires, généralement peu profonds, permettent d'obtenir des vins puissants et charnus qui se bonifient par l'élevage.
Etabli dans le bassin de l'Orbieu, le vignoble, très dense, des Corbières centrales s'est installé sur les terrasses fluviales quaternaires, ainsi que sur les nombreuses collines, tantôt calcaires, tantôt gréseuses, qui modèlent un paysage à la morphologie douce. Il jouit d'un microclimat particulièrement chaud et sec l'été.
Le quart nord-ouest de l'appellation constitue le domaine du vignoble des Corbières d'Alaric qui entoure le massif montagneux du

même nom. Dans ce secteur, les nuances climatiques permettent d'élaborer une palette de vins différents suivant la situation du vignoble. En effet, si le piémont du versant sud-est possède un climat très chaud, les influences atlantiques se font déjà sentir dans la partie ouest.
Comme dans les autres régions languedociennes, la production des corbières (600 000 hl de vins rouges, rosés et blancs) a profité d'importants investissements, de progrès technologiques et de l'amélioration des cépages, avec l'implantation de la syrah et du mourvèdre à côté du carignan, appelé à être limité à un maximum de 60 % en 1990. Ainsi, tout en conservant leur originalité, les corbières, devenues A.O.C. en 1985, ont gagné en finesse, puissance aromatique et diversité.

Fitou

Incluse dans le vignoble des corbières, l'A.O.C. fitou a le privilège d'être la plus ancienne du Languedoc - Roussillon pour les vins rouges et d'être autorisée à produire des vins doux naturels rivesaltes et muscat de rivesaltes. Elle marque aussi son originalité par une étonnante dualité, avec ses deux îlots que sépare un plateau calcaire. D'un côté, à Fitou même, le vignoble voisine avec les bizarres emboîtements des stations balnéaires ; de l'autre, à plusieurs kilomètres à l'ouest, un second îlot a pour cadre les rudes montagnes des Corbières. Dans le secteur maritime, le vignoble s'est établi sur des terroirs de calcaires durs, donnant des sols peu profonds, caillouteux et chauds. Dans celui des hautes Corbières, les sols sont, selon les communes, soit essentiellement schisteux, soit plus variés, avec des calcaires, des grès et des schistes. Dans tous les cas, les cépages principaux de l'appellation, carignan et grenache, donnent le meilleur d'eux-mêmes. De l'ordre de 100 000 hl, la production de fitou se distingue par le caractère gras et charpenté de ses vins. Rouge rubis foncé, apte au vieillissement, le fitou représente, en Languedoc, le bon exemple d'une production traditionnelle qui a su développer simultanément son marché et sa notoriété.

Château de Lastours
Corbières
Appellation Corbières Contrôlée

PRODUCE OF FRANCE — Mis en bouteille au Château par le C.A.T. producteur/éleveur à Portel (11490) — 75 cl.e

LIMOUX

Certaines villes ne savent pas profiter de leur environnement. Limoux n'est certainement pas de celles-là. Exploitant au mieux les possibilités du bassin verdoyant, « jardin de l'Aude », qui l'entoure, elle prend ses aises, laissant le tissu urbain et la campagne se mêler joyeusement.

Un monde original

Par ici, la joie fait partie de l'identité locale. Même au musée, l'esprit de fête trouve sa place, avec, stylisés, sculptés ou peints, des fleurs et fruits

folklorique et touristique mais a gardé tout son sens. Elle traduit la profonde originalité du pays.
La personnalité du Limouxin vient du cadre naturel : situé entre les contreforts pyrénéens et les massifs de la Malepère et des Corbières, il se présente comme un vaste cirque, cerné de toutes parts par des collines qui l'isolent de ses voisins.
Au cœur de ce territoire, l'Aude délimite, selon un axe sud-nord, deux versants entrecoupés de courts ruisseaux qui marquent fortement de leur empreinte la région et sa vocation viticole. En remontant la vallée, on remarque deux zones d'aspect différent. Au nord d'une ligne Castelreng - Magrie - Saint-Polycarpe, les reliefs sont doux, les sommets inférieurs à 400 m. Au sud, l'altitude s'accroît et le paysage devient plus tourmenté. Derrière ces oppositions et le caractère complexe de

Un vin de fête

La personnalité du Limouxin se traduit aussi par l'originalité de ses vins. C'est le seul grand vignoble d'appellation exclusivement blanc du Languedoc. Sur les 41 communes de l'aire, environ 3 000 ha sont destinés à la production des réputées blanquettes, du prestigieux crémant, sans oublier le limoux.
Il est vrai que cette petite région se démarque des voisins par une climatologie très particulière, caractérisée par une alimentation en eau régulière, ce qui a contribué à l'épanouissement d'une trilogie de cépages, unique en Languedoc. Aucun des cépages des A.O.C. de Limoux n'est présent dans les autres appellations

moelleux, gras et ampleur en plus d'une touche aromatique.
Le processus de vinification est identique pour crémant et blanquette. Le raisin cueilli en caissettes arrive entier au pressoir. Le moût obtenu après pressurage à raison de 100 litres pour 150 kg de raisins est débourbé puis mis à fermenter à basse température. Après clarification, l'œnologue procède à l'élaboration des cuvées. Assemblage de mauzac avec éventuellement au maximum 10 % de l'ensemble chenin-chardonnay (ou un seul des deux) pour la blanquette, et de mauzac avec au maximum 20 % de chenin et 20 % de chardonnay (30 % minimum de l'ensemble) pour le crémant.
Le vin assemblé subit une deuxième fermentation en bouteille après adjonction de la liqueur de tirage et reste sur « lattes » au moins 9 mois.

venus tout droit des jardins magiques et féériques de l'art de la Belle Epoque.
La fête sait aussi prendre corps spectaculairement. Chaque année, autour du Mardi Gras, toute la cité vit au rythme du carnaval des Fecos (masques). Celui-ci est un héritage du temps où les meuniers devaient parcourir les rues étroites du bourg pour jeter des dragées et faire partager ainsi un peu de leur richesse. Aujourd'hui, certes, les meuniers n'existent plus, mais les danseurs masqués qui forment les cortèges savent que leur fête n'est pas simplement une manifestation

la géologie du secteur, se dégage cependant une grande homogénéité des terroirs essentiellement constitués de grès, de calcaires plus ou moins compacts et de marnes. L'alternance de couches dures et de marnes argilo-calcaires (friables) donne un relief de cuestas typique.
Dans cette région où se rencontrent et s'affrontent les influences climatiques méditerranéennes, pyrénéennes et atlantiques, l'exposition est primordiale. Ce sont les pentes tournées vers le midi et quelques terrasses où la végétation spontanée a du mal à pousser qui portent le vignoble.

méditerranéennes. Le plus traditionnel est le mauzac. La blanquette lui doit son nom qui évoque le duvet blanchâtre recouvrant le revers de ses feuilles. Il est le cépage exclusif du limoux, de la blanquette méthode ancestrale et entre au minimum à concurrence de 90 % dans les cuvées de blanquette et 60 % dans le crémant. Il donne un parfum de pomme et possède un bon potentiel aromatique. Tardif, il réclame une grande vigilance du fait de sa sensibilité, tout comme le chenin qui apporte fruité et fraîcheur. Le chardonnay, lui, est précoce et donne

A gauche, la mise en bouteilles de la blanquette de limoux. A droite, Limoux.

Suivent remuage, dégorgeage, adjonction de la liqueur d'expédition et le vin regagne alors les chais d'élevage avant d'être l'un des 7,5 millions de cols effervescents vendus chaque année.
En plus du limoux vin sec déjà cité, il existe une petite production artisanale de blanquette méthode ancestrale élaborée par prise de mousse directement en bouteille d'un vin en fin de fermentation.

ROUSSILLON

Amphithéâtre de montagnes, verrouillé au nord par les redoutables murailles du fort de Salses, le Roussillon (la Catalogne française) pourrait être une terre sévère. Mais la nature qui l'a placé à l'extrême sud de l'hexagone et l'homme qui l'a voué aux vergers et aux vignobles ont conjugué leurs efforts pour lui donner aussi un visage souriant. Il faut voir les tendres couleurs des pêchers en fleurs au printemps ou les vignes qui viennent cerner le fort de Salses pour comprendre que l'âme véritable du pays est porteuse « d'un message de civilisation et de paix » (Louis Camo).

La vigne trouve ici des conditions favorables à son épanouissement : des sols pauvres en matière organique, de couleur et de nature géologique très diversifiées, avec entre autres des cailloux mêlés à des argiles rouges qui constituent un excellent terroir ; et un climat dont le caractère sec et largement ensoleillé (encore accru par la tramontane, le vent dominant du Nord-Ouest) semble avoir été conçu tout exprès pour les vins doux naturels. Ceux-ci sont donc les fleurons de la viticulture roussillonnaise, avec la vaste gamme des banyuls, rivesaltes, maury et muscat de Rivesaltes. Riche, toutefois, d'un vignoble de 50 000 ha, la région ne se contente pas de cette seule spécialité. Elle produit aussi les blancs, rouges et rosés des appellations côtes du roussillon, les rouges côtes du roussillon-villages et les collioures rouges ou rosés.

2 000 ha, la vigne s'insinue dans des vallées intérieures ouvertes aux influences marines et remonte le long de la montagne jusqu'à une altitude d'environ 400 m. En Roussillon, où les travaux hydrauliques sont une vieille tradition régionale qui doit beaucoup au Moyen Age, le vignoble est sillonné d'un astucieux système de canaux qui permet l'évacuation des eaux de pluie. Il faut dire que le climat de Banyuls est très contrasté. Il se caractérise par de violents orages qui, lorsqu'ils éclatent après une période de sécheresse estivale, peuvent provoquer des dégâts considérables.

S'il est d'une grande beauté, ce vignoble en terrasses n'est pas facile à conduire. Pas un seul tracteur ! Les mulets, bardés de vieilles comportes en bois, portent encore les vendanges à la cave. La main du vigneron est en contact permanent avec la terre et la souche. Peut-être parce qu'il accepte lui-même un travail rude, l'homme impose à certains vins (les plus charpentés) un élevage rigoureux, n'hésitant pas à les soumettre (dans des bonbonnes ou des demi-muids) aux coups du soleil, de la pluie, du jour, de la nuit et des saisons. A l'extérieur, le vin trouve en effet des conditions idéales pour son épanouissement, conditions qui ne sont pas sans rappeler celles que rencontraient les vins de Collioure (aussi appelés vins d'Espagne) quand ils partaient par bateaux vers les tables des cours les plus prestigieuses d'Europe, avant le traité

Un vignoble rude pour l'homme

Plongeant littéralement dans la Méditerranée, cernant les cités portuaires de Banyuls et Collioure, le vignoble de la Côte vermeille est sans doute l'un des plus spectaculaires. Il faut le découvrir par la route littorale qui part d'Argelès-sur-Mer pour mener à Cerbère. Aux détours d'un circuit sinueux à souhait, se révèlent les charmes de Collioure, cité des rois de Majorque, l'un des ports les plus pittoresques de la Méditerranée, au clocher immortalisé par de nombreux peintres ; voici Port-Vendres et Banyuls, la ville natale de Maillol.

Pour beaucoup, la Côte vermeille symbolise les vacances et les loisirs. Mais pour les vignerons, c'est surtout un terroir conquis de force sur la nature. Existerait-il si les marins corinthiens n'avaient point eu l'idée de mouiller leurs barques dans les criques abritées de la côte rocheuse ? Existerait-il si les hommes ne remontaient pas après chaque orage les pierres qui soutiennent les terrasses portant les vignes ? La roche nue, de la couleur du schiste brûlé, porte des souches peu vigoureuses dont les racines apparaissent quelquefois à travers les murets. Ici, le maître des lieux est le grenache noir, cépage rustique particulièrement résistant à la sécheresse qui donne, avec des rendements inférieurs à 20 hl par ha, des raisins très riches en sucre. S'étendant sur quelque

Ci-dessus, le château de Salses. En haut, les coteaux de Banyuls et leur système d'écoulement des eaux.

Certains vins doux naturels vieillissent en fûts au soleil et développent ainsi des arômes particuliers et recherchés.

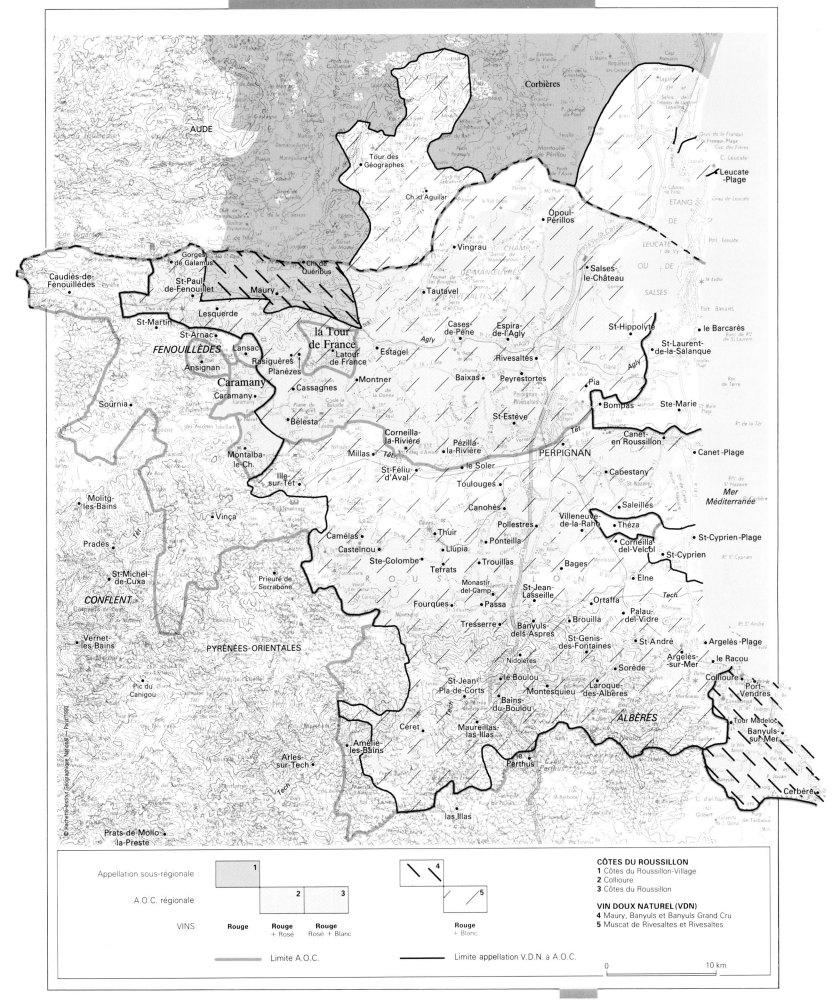

CÔTES DU ROUSSILLON
1 Côtes du Roussillon-Village
2 Collioure
3 Côtes du Roussillon

VIN DOUX NATUREL (VDN)
4 Maury, Banyuls et Banyuls Grand Cru
5 Muscat de Rivesaltes et Rivesaltes

Appellation sous-régionale

A.O.C. régionale

VINS

| Rouge | Rouge + Rosé | Rouge Rosé + Blanc | | Rouge + Blanc |

Limite A.O.C.

Limite appellation V.D.N. à A.O.C.

0   10 km

des Pyrénées (1659), quand le Roussillon appartenait encore à l'Espagne.

Dans l'appellation banyuls grand cru, les vins doivent subir un élevage sous bois de 30 mois minimum. Les banyuls résistent remarquablement à l'épreuve du temps. De couleur rubis quand ils sont jeunes, ils deviennent acajou et tuilés avec l'âge. Leur bouquet rappelle alors les fruits cuits, le café et le pruneau. Les vignerons de Banyuls élaborent aussi une petite quantité de vins secs qui porte l'appellation collioure.

L'encépagement est à base de grenache noir auquel viennent s'ajouter le carignan, la syrah et le mourvèdre. Ce sont des vins rouges corsés, chaleureux et pleins de sève, ou des rosés aromatiques et gouleyants.

Ci-dessus, un vignoble au pied du Canigou. A droite, La Bouteille de banyuls, Juan Gris, 1914 (musée des Beaux-Arts, Berne).

L'Aspre

Entre la chaîne des Albères et Perpignan, le Canigou domine une terre âpre et sèche, peuplée de chapelles romanes, où la vigne court de colline en colline, se mêlant aux chênes verts (les rouvres) et à quelques chênes-lièges sur les versants plus humides. Au cœur de l'Aspre, dominée par le village médiéval de Castelnou, la ville de Thuir offre au visiteur le spectacle de ses caves qui, jadis, animaient toute la viticulture de la région.

Ici, les côtes du roussillon se partagent le pays avec quelques rivesaltes et muscat de rivesaltes. Les premiers ont choisi pour terroir les sols argilo-caillouteux, implantés sur un substrat du Pliocène, qui sont formés d'éléments provenant du massif du Canigou. Souvent fortement lessivés et décalcifiés, ces sols possèdent parfois un caractère acide. Les rivesaltes et muscat de rivesaltes proviennent eux de quelques lambeaux de terrasses de petits fleuves (Canterrane, Réart et Tech) dont les terrains sont classés en V.D.N. C'est au Mas Deu, près de Trouillas, que les Templiers s'installèrent au XIIᵉ siècle

pour reconstituer et parfaire un vignoble qui avait été malmené par les Wisigoths et les Sarrasins. Quelques vignobles se situent également sur les sols de piémont des Albères (partie orientale de la chaîne des Pyrénées célèbre par le col du Perthus franchi jadis par Hannibal et ses éléphants). Les côtes du roussillon sont élaborés aujourd'hui à partir d'au moins trois cépages : le carignan, vieux cépage catalan aux souches robustes, donne au vin sa charpente ; le grenache lui confère chaleur, fruité et gras ; la syrah, délicatement parfumée, apporte ses notes de cerise ou le mourvèdre ses tanins fins et sa puissance. Toutes ces souches, à l'exception de la syrah, sont conduites en gobelet, petit arbrisseau résistant à la violence du vent, et taillées avec des coursons à deux yeux. Les grenache blancs sont réservés aux rivesaltes. Enfin, quelques macabeu (autre cépage typiquement catalan) aux feuilles molles et velues apparaissent à travers le vignoble de l'Aspre ; sur les coteaux les plus secs, à Terrats, ils sont réservés à la production de rivesaltes aux parfums de genêt et de miel de garrigue. Sur des terrains plus frais, à Bages, ils sont destinés à l'élaboration de vins blancs de type vert dont le fruité et la fraîcheur sont très agréables dans les vins consommés jeunes.

Collioure.

Au cœur du Crest, Rivesaltes

Au pied du Canigou, le Crest, vaste plateau de cailloux roulés qui descend doucement vers les étangs et la mer, porte un vignoble dont la vocation a toujours été de produire des vins doux. Rivesaltes (« hautes rives »), ville natale du maréchal Joffre, fait figure de capitale viticole régionale. Elle a donné son nom à une appellation de V.D.N. qui, jadis limitée à la seule région de Rivesaltes, s'étend aujourd'hui sur une aire comprenant une bonne partie du Roussillon viticole et débordant sur neuf communes de l'Aude. Ces vins sont élaborés avec des macabeu,

des grenache (blancs et rouges) et, dans les terrains exceptionnellement ensoleillés, avec des malvoisie. A la fois doux, nerveux, gras et suaves, ils développent un bouquet si singulier qu'il ne laisse jamais indifférent les rares privilégiés qui peuvent les goûter.

C'est dans le secteur de Rivesaltes que furent plantés les premiers muscat qui allaient engendrer plus tard l'appellation muscat de rivesaltes, aujourd'hui étendue à toute l'aire V.D.N. Seules deux variétés de muscat sont tolérées : le muscat à petits grains, aux arômes fins et délicats, apporté par les Grecs, et le muscat d'Alexandrie ou muscat romain, introduit plus tard. Cépage tardif et d'une grande intensité aromatique, le muscat

---

Banyuls et collioure, deux vignobles fils de la mer
Ce n'est pas par hasard que les vignobles de banyuls et de collioure se sont organisés autour de deux ports. Fondés par des Massaliotes, ils ont toujours été tournés vers le large. Dans l'Antiquité, les vins étaient exportés dans des amphores ventrues, appelées marseillaises. Au Moyen Age, le Roussillon expédie ses vins vers les îles Baléares, la Sardaigne, les Echelles du Levant (Proche-Orient), l'Empire byzantin, l'Afrique du Nord et, bien sûr, les Flandres et l'Angleterre.

demande des terres très chaudes. En France, il n'y a d'ailleurs qu'en Roussillon que l'on peut cultiver ce cépage dont les belles grappes dorées font le délice des chasseurs et des vignerons.

En montant vers le pays cathare : la vallée de l'Agly

Menant de Rivesaltes au Fenouillèdes (canton languedocien avant la Révolution française), la vallée de l'Agly est entièrement consacrée à la vigne. Son vignoble de vins doux naturels s'appelait autrefois côtes d'agly. Il fait aujourd'hui partie de l'appellation rivesaltes mais produit aussi des côtes du roussillon-villages. Vins rouges assez corsés (12° minimum) et souvent bien charpentés, ceux-ci peuvent évoluer sans problème au fil des années.

Environnée de rochers et de garrigues assez sèches, la vigne tire profit de la complexité des structures géologiques de la région pour trouver des expressions bien différenciées.

terrasses, tout près des contreforts des Corbières, apparaissent à Calce, Baixas et Espira, des sols rouges méditerranéens plus ou moins calcaires sur lesquels le muscat à petits grains se développe admirablement, produisant des vins très aromatiques.

Il est étonnant et rassurant à la fois que les vignerons, venus de Grèce et de Rome, aient su adapter ces cépages aux conditions pédoclimatiques, les études les plus avancées actuellement ne faisant que retrouver les anciennes implantations de ces vignobles.

Dans la moyenne vallée de l'Agly, la roche-mère sert souvent de substrat à une véritable mosaïque pédologique : schistes à Montner et Rasiguères, gneiss à Caramany, arènes granitiques à Lesquerde, calcaire à Tautavel. Chaque terroir, même à l'intérieur d'une seule commune, donne des vins différents. Ainsi, par une sélection adaptée, les caves ont abouti à l'expression de cuvées spéciales : Rasiguères est réputé pour son côtes du roussillon rosé (vinifié exclusivement par saignée). Caramany et Latour-de-France sont les deux seules communes à pouvoir utiliser leur nom avec l'appellation côtes du roussillon-villages.

Le rancio

L'élevage traditionnel des V.D.N. dans des demi-muids, sans ouillage, soumis aux variations climatiques, aboutit au fil des années à un produit bien particulier : le rancio. Les vins blancs d'origine deviennent alors ambrés puis ambré foncé, alors que les rouges se dépouillent de leur couleur et acquièrent des notes tuilées allant peu à peu sur une teinte ambrée. Au bout d'une longue période (8 à 10 ans minimum), les vins blancs et rouges aboutissent ainsi à la même couleur ambré foncé, avec quelques reflets verts caractéristiques.

L'arôme du rancio évoque à la fois les fruits secs et l'enveloppe de noix. Chaque vigneron a son « tonneau » de rancio qu'il conserve jalousement. Comme le font les vignerons du sud de l'Espagne, avec la pratique de la solera, chaque fois qu'il tire du vin du tonneau, il compense la perte par un apport d'une petite quantité de vin plus jeune.

Dans la basse vallée de l'Agly apparaît un relief de terrasses étagées (couvertes de cailloutis du Villafranchien), reposant sur un substrat limono-argileux du Pliocène. Toutes ces terrasses sont classées en V.D.N. et côtes du roussillon-villages. Elles donnent, avec des rendements assez faibles, des vins capiteux et fortement charpentés. Entre deux étages de terrasses apparaît le substrat, généralement en pente, qui offre des sols plus profonds. Les racines du macabeu parviennent ainsi à trouver un peu de fraîcheur. Ce sont des sols qui conviennent aussi à la syrah et au mourvèdre pour les côtes du roussillon. En bordure de ces

A Latour-de-France, les coteaux, particulièrement ensoleillés et peuplés de vieilles souches, donnent des vins de très bonne garde. A Caramany, le carignan, traditionnellement vinifié par macération carbonique, produit sur les sols de gneiss des vins souples, fruités et très aromatiques, avec un caractère plus ou moins épicé selon les cuvées. La macération carbonique, qui donne ses lettres de noblesse au carignan, s'est fortement développée depuis la création de l'appellation côtes du roussillon. C'est la raison pour laquelle on voit encore, dans ces régions, des vendangeurs transporter avec soin des raisins entiers, non écra-

Les vins doux naturels

C'est la grande spécialité du Roussillon (avec 90 % de la production nationale). Cela est dû aux conditions pédoclimatiques exceptionnelles qui permettent à la vigne de produire des raisins particulièrement riches en sucre. En effet, il faut que le moût puisse atteindre 252 g par l de sucre pour pouvoir être vinifié en V.D.N., soit plus de 14 ° d'alcool en puissance. Le Roussillon a élaboré de tous temps des vins doux naturels plus ou moins doux. C'est au XIIIᵉ siècle qu'un savant catalan, Arnau de Villanova, mit au point le mariage du suc de la vigne et de l'esprit du vin, c'est-à-dire de l'alcool. Le mutage venait de naître. Il est actuellement codifié par l'appellation qui prévoit son intervention pendant la fermentation, avec un taux de 5 à 10 % du moût mis en œuvre. La gamme variée des vins doux naturels est due à l'encépagement. Les V.D.N. ambrés proviennent des grenache blancs ou gris, du macabeu et de la malvoisie du Roussillon. Les rouges et tuilés proviennent du grenache noir. Couleurs et arômes se modifient au cours du vieillissement, souvent en foudres, pour arriver au rancio, terme ultime de l'élevage. Les muscat de rivesaltes, issus des deux cépages muscat à petits grains et muscat d'Alexandrie, se consomment jeunes.

sés, dans des comportes. Cette technique, selon les temps de cuvaison, permet également d'élaborer des vins nouveaux et primeurs qui sont parmi les plus précoces de France.

De nos jours, les vignerons cultivent de plus en plus de syrah et de mourvèdre pour l'élaboration de vins rouges. Le second est surtout implanté sur les terroirs les plus chauds, dans la partie basse de la vallée, car dès que le vignoble monte trop en altitude, seule la syrah arrive à mûrir.

Un site mérite une place à part : Tautavel. C'est là, dans la Caune de l'Arago, que l'on a découvert les restes des plus anciens habitants connus de la France : un crâne d'*homo erectus* datant de quelque 500 000 ans et des traces d'occupation humaine remontant à 1 200 000 ans. Mais Tautavel, c'est aussi un vignoble encadré de hautes falaises calcaires où les raisins surmûris donnent des vins de longue garde, tant en V.D.N. qu'en côtes du roussillon-villages.

Vieillissement du vin doux en bonbonnes au mas Amiel à Maury.

Aux frontières du Languedoc, Fenouillèdes et Maury

Jadis canton oublié aux frontières du Languedoc, le pays du Fenouillèdes offre un terroir montagneux où la vigne s'accroche souvent à la roche nue, dépouillée de toute terre fine. Conservant ses traditions viticoles au musée de Montalba (ancien poste frontalier entre la France et l'Espagne d'avant le traité des Pyrénées), le Fenouillèdes possède une région originale par son environnement de chê-

nes verts (au lieu de la garrigue) et par la fraîcheur relative du climat (due à l'altitude). Il s'agit du secteur de Saint-Martin où l'on obtient d'excellents vins blancs (avec le macabeu) et des vins rouges d'une grande finesse aromatique, à boire jeunes.

Dominé par la légendaire citadelle cathare de Quéribus, posée « comme un dé sur le doigt », le terroir aux schistes noirs plus ou moins décomposés de Maury s'individualise dans l'ensemble des confins languedociens du vignoble roussillonnais. A partir de grenache noir presque uniquement, on y produit des V.D.N. (appellation maury). Ce sont des vins de grande garde. Les vieux maury se distinguent par leurs couleurs, rubis et acajou, et leur bouquet où se mêlent les fruits cuits, le cacao et le café.

SUD-OUEST

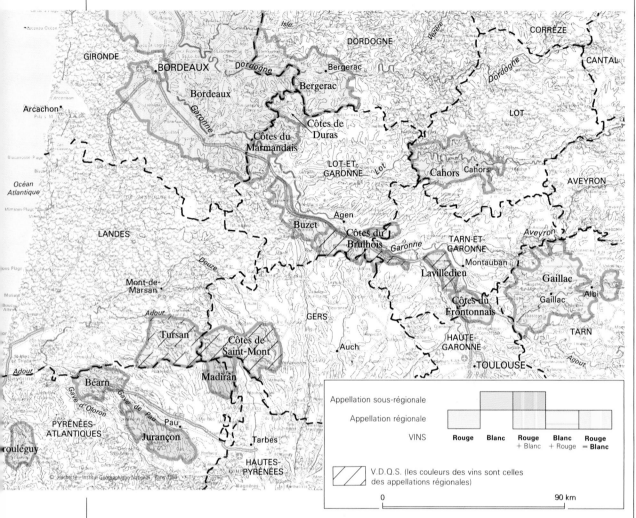

Appellation sous-régionale

Appellation régionale

VINS

Rouge	Blanc	Rouge + Blanc	Blanc + Rouge	Rouge = Blanc

V.D.Q.S. (les couleurs des vins sont celles des appellations régionales)

0   90 km

Les vignobles du Sud-Ouest n'avaient toujours pas réussi à prendre leur essor quand le phylloxéra s'abattit sur eux et les démantela. Le résultat en est aujourd'hui de véritables « miettes » viticoles qui s'articulent en deux grands groupes : l'un autour de la Garonne et de ses affluents ; l'autre au pied des Pyrénées.

Sur les bords de la Garonne et de ses grands affluents, le Tarn, le Lot et la Dordogne, le haut pays fut tour à tour vassal et concurrent de Bordeaux.

En revanche, le vignoble pyrénéen, morcelé entre l'Adour et les Pyrénées, eut pour débouché Bayonne, port d'embarquement vers la Hollande et son grand négoce, et, plus tard, vers l'Amérique du Nord. De ses sillons pentus, on peut apercevoir les sommets enneigés de la chaîne frontière, épine dorsale d'un monde viticole original qui se poursuit, côté espagnol, par le Txacoli, la Navarra et la Rioja ; des similitudes ampélographiques attestent des échanges *tras los montes*.

En bas à gauche, le château de Montaigne.
Ci-dessous, la croix des Vignerons, emblème de l'A.O.C. marcillac (église Saint-Austremoine).

Curieusement regroupés par l'administration sous une bannière commune, les vignobles du Sud-Ouest ont chacun leur personnalité, qu'elle soit basque (à Irouléguy), cadurcienne (à Cahors), béarnaise (à Jurançon) ou périgourdine (à Bergerac). A

l'image des pays et des parlers locaux, la carte viticole dessine ici une mosaïque complexe et savoureuse dont l'unité ne fut cimentée au cours des siècles que par une incessante guerre commerciale avec le puissant et quelque peu protectionniste voisin bordelais.

Fort de sa position géographique qui verrouillait la navigation sur la Garonne, et port d'embarquement vers les pays anglo-saxons, Bordeaux jouissait de nombreux privilèges octroyés par la dynastie des Plantagenêts et défendus par ses jurats. La monarchie française n'osa pas les remettre en question après la guerre de Cent Ans.

Les Bordelais obtinrent notamment la garantie qu'aucun vin étranger à la ville ne pût pénétrer dans le port de la Lune avant que toute la récolte du Bordelais ne fût vendue. Les productions du « haut pays » attendaient donc parfois jusqu'à Noël sur leurs

gabares le bon vouloir de la sénéchaussée et finissaient le plus souvent dans d'obscurs coupages avec quelque vin de palus déficient.

Une renommée durement acquise

Ce fut, paradoxalement, lorsque commencèrent les guerres de Religion que les vins du Sud-Ouest eurent enfin leurs agents de promotion : tous ceux que chassèrent de leur pays la pauvreté et l'intolérance, se chargèrent de porter la renommée des produits gascons dans l'Europe entière, puis outre-Atlantique. Mais la fatalité s'entêtant, quand le privilège bordelais s'effondra avec la Révolution française, les vins du haut pays allaient se heurter au mur du blocus anglais.

Farouchement individualistes, les vignerons de cette région si attachée à ses particularismes ont su conserver leurs cépages locaux, véritables pièces de collection d'un musée sans équivalent : les manseng, tannat, baroque, arrufiat, mauzac, duras, auxerrois, mansoi, négrette et autres folle noire ont traversé les temps pour nous offrir la plus belle palette. A l'image de leurs producteurs, tous ont su garder l'accent le plus authentique dont puisse rêver l'amateur de vins de terroir.

GARONNE

De Toulouse aux portes de la Gironde, la Garonne a vu ses rives se couvrir d'importants foyers de viticulture dont les productions, convoyées sur la voie d'eau, devenaient de l'or pour les cultivateurs comme pour les mariniers. De la relation pluriséculaire avec le fleuve, véritable artère nourricière, est née une identité indéniable.

Vignobles de terrasses et de coteaux, tous présentent une unité pédologique et climatique. Toutefois, l'ampélographie les distingue, les vignobles d'amont faisant une place de choix à la négrette, tandis que ceux de l'aval privilégient des cépages plus bordelais.

Côtes du frontonnais

Trois terrasses descendent jusqu'au Tarn ; les sols, d'une extrême pauvreté (graves, boulbènes et rougets) sont les terroirs d'élection d'un cépage original, la fragile et délicate négrette. Tout engageait à réunir deux anciens V.D.Q.S. (Fronton et Villauric) pour former une seule A.O.C. capable de produire des vins très individualisés par la gamme des sols et des nombreux cépages complémentaires (dont les cabernets, le gamay et la syrah). « Vins des Toulousains », les côtes du frontonnais comportent des rosés, aromatiques et fruités, et des rouges qui peuvent être souples et légers ou plus puissants et corsés, en fonction des sols et de l'encépagement.

Lavilledieu

Prolongement du Frontonnais, le terroir de lavilledieu (V.D.Q.S.), ancien camp de César, occupe les terrasses entre Tarn et Garonne. Sur des sols pauvres en boulbènes lessivées, un encépagement de même nature donne des vins rosés et rouges, fruités et typés, produits par une seule cave coopérative avec des volumes encore un peu confidentiels.

Le château de Duras date du XVIIe siècle.

Brulhois

Ressuscitant un vieux pays historique, le comté de Brulhois, ce V.D.Q.S. occupe des coteaux qui font suite, sur les deux rives de la Garonne, à ceux de Moissac, célèbre par son chasselas, et aux dernières collines gasconnes au sud. Les tannat, cabernets, merlot, fer et malbec produisent des vins rouges et rosés d'un bon niveau.

Buzet

À mi-chemin d'Agen et de Marmande, entre la rive gauche de la Garonne et les confins de la forêt landaise, un paysage de collines découpées par les rivières (Baïse, Gélise, Lourbise et Galaup) abrite un terroir dont les sols variés (boulbènes, terreforts et graves cailouteuses) sont particulièrement propices à la vigne. Plantée en cépages aquitains (cabernet-sauvignon et franc, merlot et malbec), l'appellation buzet a longtemps fait partie du vignoble bordelais. Après une reconstitution post-phylloxérique quelque peu difficile, la renaissance de son identité fut, c'est à noter, le fait d'une seule cave coopérative qui œuvra dès le début pour une production de haute qualité. Les vins sont élevés en barriques, suivant la tradition médocaine. Par leur style classique et une race certaine, les buzet ont conquis une place de choix dans la large gamme des vins du Sud-Ouest. Encou-

ragés par le succès de la cave, plusieurs propriétaires indépendants lui donnent aujourd'hui la réplique.

Côtes du marmandais

Situés aux portes de la Gironde, dans le prolongement naturel des Graves et de l'Entre-Deux-Mers, les coteaux de Cocumont (sur la rive gauche de la Garonne) et ceux de Beaupuy (sur la rive droite) sont plantés en cépages bordelais. Ce V.D.Q.S. donne des vins blancs frais et fruités, des rosés et des rouges souples et bouquetés. Tous possèdent de réelles qualités.

Côtes de duras

Dominé par son superbe château (XIIe-XVIIe siècle) qui, juché sur son promontoire, veille sur la vallée du Dropt, le Duraquois est un vignoble de transition, bordant celui de la Dordogne au nord et celui de la Garonne au sud. Appartenant, comme le plateau de l'Entre-Deux-Mers, aux collines de Guyenne, rien, si ce n'est une limite administrative, ne sépare le petit pays lot-et-garonnais de son voisin girondin. Creusés par les rivières du Dropt et de la Dourdèze, les sols calcaires des sommets de croupe accueillent les cépages blancs cependant que les flancs, pierreux et argilo-calcaires, s'offrent plus volontiers aux cabernets, merlot et malbec. Les vins blancs, autrefois moelleux (il reste du sémillon et quelques traces de muscadelle, d'ondenc et de pineau de la Loire), sont surtout élaborés à base de sauvignon qui trouve ici un terroir d'élection. Frais et aromatiques, racés et nerveux, ils soutiennent la comparaison avec les vins des autres grandes régions productrices de sauvignon. Les vins rouges, souvent vinifiés en cépages séparés, sont charnus et colorés ou légers et parfumés lorsqu'ils sont issus de macération carbonique. Quelques cuvées, vieillies en fûts de chêne, donnent aussi des vins de garde.

Le château de Buzet, du XVIe siècle, et sa tour du XIIIe siècle.

HAUT PAYS

Successions de gorges secrètes et de vallons accueillants, les profondes vallées des deux grands affluents de la Garonne, le Lot et le Tarn, portent deux vignobles historiques : cahors et gaillac. Ils ont su préserver leur identité au travers des siècles, accentuant leur particularisme. Soumis à des climats plus contrastés, carrefour d'influences atlantiques et continentales, ces vignobles offrent un choix ampélographique qui les distingue nettement de leurs voisins aquitains.

Cahors

Pour l'essentiel, le vignoble cadurcien se glisse de part et d'autre de Cahors dans les méandres encaissés de la vallée du Lot, isolée au milieu des plateaux auxquels ne la relient que quelques routes. Dans ce monde compartimenté, le voyageur distingue facilement plu-

sieurs étages : au fond de la vallée (près du fleuve), les terrains d'alluvions modernes, limoneux et fertiles, sont ignorés par l'appellation. Les vignes commencent sur les alluvions anciennes, formées en terrasses et semi-coteaux. Ces sols maigres, riches en galets de quartz, en graves siliceuses mêlées d'argile rouge et en sables ferrugineux sur sous-sol d'alios imperméable, garantissent une bonne alimentation en eau. Les éboulis du causse se mêlent à ces alluvions et, par plaques, le substrat calcaire peut reparaître.

Après avoir franchi les pentes, parfois abruptes, surplombant la vallée, on atteint le causse, jadis couvert de vignes qui furent décimées par le phylloxéra. Quelques tentatives de reconstitution du vignoble, notamment autour du joli château de Haute-Serre, ont ici et là redonné à ce plateau caillouteux, érodé en combes courtes, une allure viticole. Les vignes alternent avec de vastes étendues incultes et des bosquets de chênes porteurs d'une rare qualité, celle d'abriter la truffe, autre richesse gastronomique du Quercy. Sur ces sols chauds et

peu profonds, la vigne mûrit bien ses fruits, mais le calcaire perméable du sous-sol la rend très sensible à la sécheresse. L'hiver, les froids sont rudes et les gelées redoutables. La vallée, en revanche, jouit d'un microclimat très particulier : les deux rives concentrent l'ardeur des rayons solaires, et son fond est à l'abri des froids qui stagnent sur le causse ; les parcelles exposées au sud-est sont les plus favorables à une bonne maturation.

A gauche, Puy-l'Evêque.
Ci-dessous, une bastide du côté de Cahors.

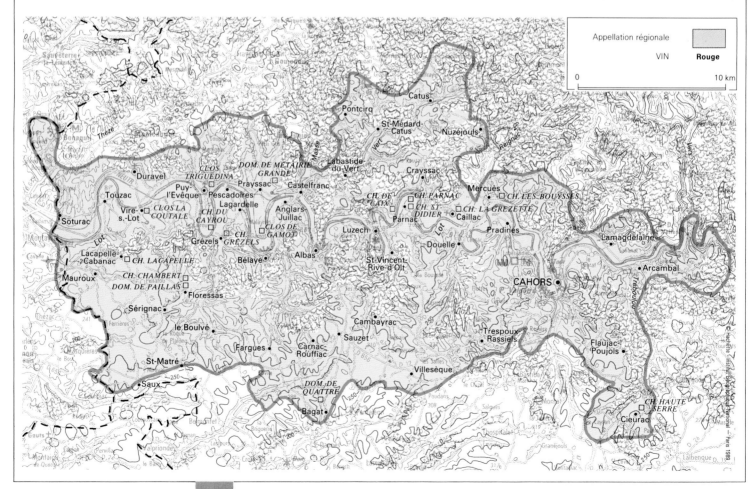

La gloire de l'auxerrois

Cahors de vallée, cahors de causse, vignoble reconstitué, vignoble historique, la querelle est parfois vive dans le monde viticole quercynois. L'unité repose avant tout sur le cépage auxerrois, généralement nommé côt, mais aussi malbec à Bordeaux, pressac à Libourne, piedrouge en Lot-et-Garonne, grofforin en Charentes, grelot à Tours. Il trouve ici un terroir d'élection. Si le jurançon noir (ou folle noire), qui se plaît surtout sur le causse, le tannat et le merlot lui sont associés, cahors est la seule appellation du Sud-Ouest qui ait résisté aux sirènes du cabernet-sauvignon. Sa production n'en est que plus originale.

Une longue histoire

Déjà présents sur la table des Césars, les vins de Cahors furent même adoptés par l'Eglise orthodoxe comme vin de messe. Les Anglais les baptisèrent *black wine*. L'histoire quercynoise a connu ses heures de gloire, mais aussi des désastres cinglants. Ravagé par le phylloxéra, anéanti par les gelées de 1956, le vignoble faillit même sombrer dans l'oubli.
Heureusement, la cave de Parnac, un négoce souvent propriétaire de grands domaines, et des vignerons indépendants ont courageusement ramené sa notoriété au niveau des siècles passés.
Dans l'entre-deux-guerres, Adolfe Asfaux fit de son restaurant parisien une ambassade gastronomique du Lot. Plus récemment, le comte de Montpezat, grand maître de la confrérie des Vins de Cahors, rendit populaire dans le monde entier l'image du cahors, cependant que sa belle-fille, la reine de Danemark, donnait un prestige nouveau à l'appellation en acquérant le château de Caïx.
Riche de sa diversité, cette appellation ne produit cependant qu'un seul vin. D'une robe sombre et profonde, les cahors sont fruités et charnus dans leur jeunesse. Après deux ou trois années de purgatoire, pendant les-

quelles ils sont un peu austères, les tanins puissants assurant leur bonne garde, ils atteignent ampleur et rondeur. Mariage d'amour, l'alliance du cahors et de la truffe s'inscrit dans la logique même du terroir. Les arômes du mystérieux champignon sont mis en valeur par les fragrances d'épices du vieux vin quercynois.

Gaillac

Ero piquant et sautabo dins lou veyre » (il pétillait et sautait dans le verre). Dès le XVIe siècle, quelque 150 ans avant l'invention du champagne par dom Perignon, le poète d'Oc Auger Gaillard pouvait chanter le vin effervescent de Gaillac. C'est dire si l'histoire de ce vignoble est riche. Ne fut-il pas l'une des premières régions à avoir bénéficié d'un décret d'appellation contrôlée avant la lettre, avec la charte, octroyée en 1221 par Raymond VII de Toulouse, qui protégeait l'origine des vins par le marquage obligatoire des tonneaux et l'interdiction d'importer des vendanges étrangères.

Au cœur du pays albigeois, gaillac est en fait une mosaïque de vignobles, ayant pour centre le port situé sur le Tarn. Stimulée par la présence du petit foyer industriel de Graulhet, la production a évolué au rythme du contexte socio-économique régional. Tirée hier vers la consommation courante, voire l'autoconsommation, par la présence de la mine de Carmaux, elle répond aujourd'hui aux mutations du secteur industriel par une remontée vers les coteaux et la qualité.

Gaillac. Ci-dessus, l'abbaye Saint-Michel.
En bas, le vignoble du château Camille Portes.

Seuil ou carrefour ?

L'appellation peut se diviser en cinq parties distinctes : sur la rive gauche du Tarn, les terrasses offrent des sols de graves et des cailloux roulés, avec, un peu à part, la zone de Cunac et ses terres argilograveleuses propices aux cépages rouges ; dans la plaine, seules les alluvions anciennes portent la vigne ; sur la rive droite, les premières côtes, collines mollassiques bien exposées recouvertes de placages de sables et graviers, sont le terroir d'élection des cépages blancs ; suivent, au nord, des coteaux argilo-calcaires bien dessinés ; plus haut, enfin, s'adossant à la forêt qui l'abrite des vents du nord, le Pays cordais convient bien aux vins blancs secs par ses sols calcaires.
Marqué par ses printemps humides et ses arrière-saisons longues et sèches, le Gaillacois possède un climat qui semble hésiter entre les influences atlantiques, méditerranéennes et montagnardes. Si cahors est l'appellation d'un seul vin, gaillac est le terroir de tous les vins ! Les cépages locaux, ceux qui ont façonné le style des vins à travers les siècles

(le *len de l'el*, loin de l'œil, l'ondenc, le mauzac pour les vins blancs ; le duras, à qui l'appellation doit une grande part de sa typicité, le braucol, le fer servadou, pour les vins rouges) se sont vu adjoindre au gré des restructurations et des modes, les cabernets (franc et sauvignon), merlot, sauvignon et sémillon, dans lesquels se sent l'influence du grand et lointain voisin de l'ouest, mais aussi la négrette du Frontonnais tout proche, la muscadelle, le jurançon rouge et même, venus de l'est, la syrah et le gamay.

Ainsi, les vins produits ici ont des styles et caractères fort divers. Leur gamme s'étage du moustillant (hors appellation) qui rappelle des souvenirs émus aux amateurs de vin « bourru » qui coulait autrefois sur les comptoirs de zinc juste après les vendanges, aux vins rouges de garde classiques (charpentés et épicés), en passant par des blancs secs (perlés et moelleux), des rosés, des rouges primeurs, des mousseux, élaborés les uns selon la méthode gaillacoise, les autres selon la méthode traditionnelle.

Défense de fumer
« Les fumiers des pigeons et poulailles sont les meilleurs pour la qualité et quantité du vin, presque tous les autres ne faisant que l'augmenter en empirant son goust, sur tous les puants ou trop pourris desquels vous vous abstiendrez en cest endroict. Telle considération a bien tant ouvré à Gaillac que par décret public le fumier de la vigne y est défendu, n'estant permis mesme au particulier de fumer sa propre vigne : de peur de ravaller la réputation de leurs vins blancs... »
Olivier de Serres, Théâtre d'agriculture et Ménage des champs, Paris, 1600.

DORDOGNE

Terre de la somptueuse trilogie gourmande, truffe, cèpe et foie gras, le Périgord se décline en couleur avec ses trois pays traditionnels, noir, vert et blanc, auxquels il faudrait ajouter un « pourpre et or », à l'image des vins du Bergeracois.

En amont de Castillon, où chaque été la population fait revivre la célèbre bataille qui bouta les Anglais hors d'Aquitaine en 1453, les terroirs viticoles périgourdins prolongent les appellations libournaises. Tout, climat, sols et cépages, a ici un air évident de parenté avec le voisin occidental. La vallée de la Dordogne et ses coteaux étagés suivis de plateaux vallonnés est l'une des plus belles du Sud-Ouest. Emaillée de champs de tournesols, de fiers châteaux, d'élégantes gentilhommières, de sereines abbayes et de vieux villages, la route des Vins évolue dans un décor où depuis les temps préhistoriques les hommes ont su élire domicile.

De la limite de la Gironde à Saint-Pierre-d'Eyraud, seule la rive droite, avec ses terrasses d'alluvions anciennes (sols maigres et lessivés et, au nord, un plateau de sables et graviers) est concernée par l'appellation. Plus en amont, les deux rives abritent, au nord, un terroir de coteaux graveleux, et, au sud, des pentes argilo-calcaires et des plateaux de boulbènes. Sous un climat bordelais mâtiné d'une touche continentale, les cépages aquitains mûrissent au soleil de l'arrière-saison. Pour les vins blancs, encore majoritaires, le sauvignon pour les secs, le sémillon et la muscadelle pour les moelleux se partagent l'encépagement avec un peu d'ugni-blanc, d'ondenc et de chenin. Pour les rouges, cabernets (sauvignon et franc), merlot et éventuellement malbec donnent des accents girondins modulés par le terroir.

Les vins de Bergerac ont réussi à composer avec les Bordelais : la Dordogne, en se jetant dans la Garonne en aval de la capitale aquitaine, permettait d'éviter le port de la Lune. Au XVIIe siècle, les huguenots, nombreux en Périgord, s'expatrièrent après la révocation de l'édit de Nantes et renforcèrent le courant commercial vers leurs terres d'exil, les Pays-Bas et l'Allemagne, tout en imposant le goût de ces acheteurs privilégiés pour les vins sucrés. Ceci orienta pour longtemps la production locale.

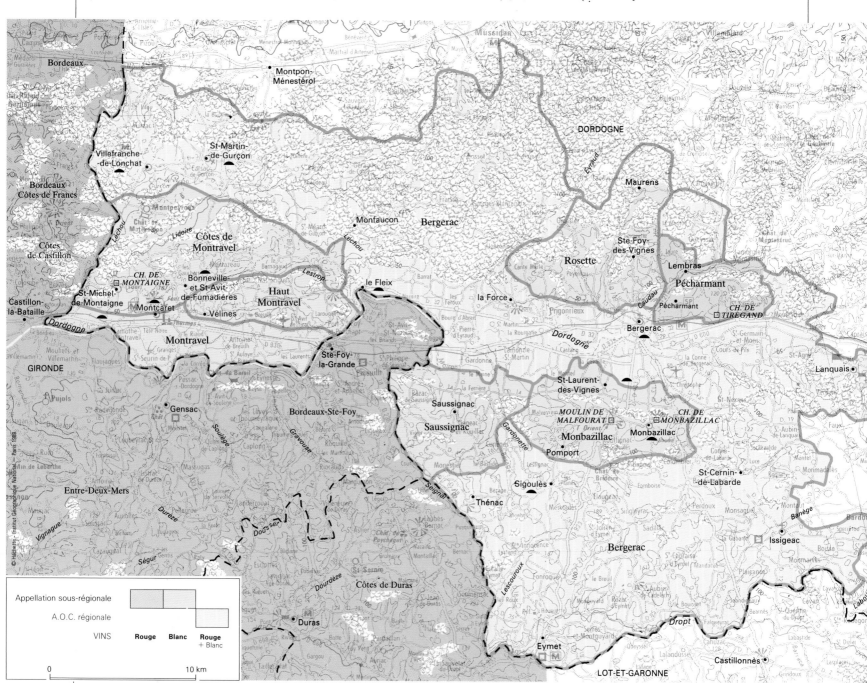

Bergerac

L'appellation régionale bergerac occupe l'ensemble du territoire du Bergeracois, soit 93 communes. Mais, laissant généralement les coteaux aux autres A.O.C., elle provient surtout des plateaux qui s'étendent sur les deux rives derrière les appellations locales. Les rouges (à boire jeunes) sont légers, souples et parfumés ; les blancs sont vifs et fruités (avec une part de sauvignon en expansion) ; les rosés, enfin, sont souples et fruités.

Les côtes de bergerac sont des vins rouges, plus corsés et colorés que les bergerac. Ils manifestent aussi une aptitude supérieure au vieillissement. Moelleux, légers avec une pointe de nervosité, les blancs sont des vins d'apéritif finement bouquetés.

Montravel

Aux portes de la Gironde, tirant son nom du charmant village de Lamothe-Montravel, montravel se subdivise en montravel, haut-montravel et côtes de montravel. En bordure de la Dordogne, sur la plaine, la première de ces trois appellations produit des vins blancs secs, fins et nerveux. Au nord, sur les côtes, on obtient des moelleux élégants et équilibrés. Entre les deux se glissent les haut-montravel dont les sols, plus calcaires, donnent des moelleux racés et charmeurs. Avec un savant dosage entre liqueur et vivacité, ceux-ci acquièrent avec l'âge une belle couleur dorée et des parfums de fruits rôtis et de miel.

Saussignac

Sur la rive gauche de la Dordogne, la petite appellation saussignac se distingue par le caractère suave de ses vins moelleux. Transition entre les bergerac et montravel d'une part, et les monbazillac d'autre part, ce sont des vins très aromatiques.

Le château Monbazillac, construit à la Renaissance.

Pécharmant et rosette

Petit vignoble de vins rouges de 180 ha au nom accrocheur, les coteaux argilo - graveleux qui constituent au nord-est de Bergerac l'aire de l'appellation pécharmant, bénéficient d'une orientation très privilégiée. Ils se singularisent par un sous-sol bien particulier, le tran, très ferrugineux, qui impose des goûts rustiques dans les premières années, mais se fondant harmonieusement au vieillissement. Car les pécharmant sont indiscutablement les vins de garde de la Dordogne. Corsés et charpentés, avec une structure tannique parfois un peu abrupte, ils n'atteignent leur plénitude qu'après quatre à six ans de bouteille.

A cheval sur pécharmant et la zone des bergerac, rosette est, comme son nom ne l'indique pas, une appellation de moelleux, de type léger, dont la production est assez confidentielle.

Monbazillac

Jaillissant des vignes au-dessus de la vallée de la Dordogne, le château de Monbazillac, superbe demeure du XVIe siècle, aujourd'hui propriété de la cave coopérative, est devenu le symbole de l'appellation la plus célèbre de Dordogne. Sur les pentes argilo-calcaires exposées au nord, les cinq communes de Monbazillac, Pomport, Saint-Laurent-des-Vignes, Colombier et Rouffignac-

de-Sigoulès produisent, sur quelque 2 700 ha, l'un des plus vieux vins liquoreux de France. Entre Dordogne et Gardonette, les brouillards matinaux de l'automne initient la pourriture noble *(Botrytis cinerea)* qui fragilise la pellicule des raisins, permet leur concentration, par évaporation sous les rayons du soleil de l'après-midi, et l'apparition de l'arôme de « rôti » caractéristique de ce type de vin. Les grains, pauvres en jus mais riches en sucre, prennent alors un aspect confit.

Comme dans le Sauternais, les vendanges sont effectuées par tries successives, au fur et à mesure du « rotissage » des baies. Les moûts titrant 16 % d'alcool en puissance ne sont pas rares et seule une partie des sucres sera fermentée ; le reste constitue la « liqueur » naturelle du vin. Dorés, profonds et gras, peu acides, puissants et longs en bouche, avec des arômes de miel, de crème de noisette et de fruits rôtis, les monbazillac sont des grands vins liquoreux classiques qui peuvent vieillir très longtemps et donner de remarquables bouteilles qui accompagnent les foies gras ou les poulardes à la crème, nouvelles alliances gastronomiques qui remettent à l'honneur ce « vin gourmandise ».

L'abbatiale Sainte-Foy de Conques.

Marcillac et le vignoble aveyronnais

Au pied de l'Aubrac, la « montagne à viande », avec ses estivages et ses vaches blondes, les appellations rouergates constituent des microvignobles prémontagnards au caractère très pittoresque. Avec leurs banquettes étroites et escarpées à flanc de coteau, noyés dans un paysage montagnard, ils sont tous, marcillac, entraygues comme estaing, des survivances d'une viticulture locale, jadis fort prospère grâce aux travaux entrepris par les moines de l'abbaye de Conques. Même l'habitat marque ici sa différence par rapport aux autres régions viticoles du Sud-Ouest, la brique et la tuile romane cédant la place à la pierre et l'ardoise. Dans les paysages toujours majestueux mais parfois rudes et sévères de l'Aveyron, la vigne vient apporter une note riante.

Dans une cuvette naturelle, le « vallon », au microclimat favorable, le mansoi (nom local du fer servadou) donne à Marcillac des vins rouges (A.O.C.) tanniques et d'une grande originalité, avec des arômes de framboise. C'est un vin reconnaissable entre tous, à boire sur les tripoux de Rouergue. Les vignobles d'entraygues et fel (V.D.Q.S.) qui produisent des vins rouges charnus et fruités (à base de fer, cabernets et gamay) sur les sols schisteux du fel, et des vins blancs (à base de chenin) verts et parfumés sur les *barènes*, sols argilo-siliceux.

Sur les *adrechs* d'estaing (V.D.Q.S.), minuscules banquettes à un ou deux rangs de vigne qui captent les rayons parfois parcimonieux du soleil, une myriade de cépages locaux donne des vins paysans de caractère. Citons pour les rouges, frais et fruités, l'abouriou, le moussaygues et le gamay. Et pour les blancs, vifs et parfumés, le chenin et le rousselou.

Enfin, les 30 ha du V.D.Q.S. Côtes de Millau sont situés sur les éboulis calcaires des Causses (Séverac, Noir et du Larzac) dominant la Vallée du Tarn. Ils produisent des vins rouges fruités issus du « gamet des Papes » servi à la table de Jean XXII en 1330. Les cépages principaux gamay et syrah sont assemblés avec le cabernet-sauvignon, le fer servadou et le duras.

LE VIGNOBLE PYRÉNÉEN

Qu'il soit basque, béarnais ou bigourdan, chaque pays du piémont pyrénéen a voulu avoir son vin. Peut-être pour pouvoir trinquer avec les voyageurs, aujourd'hui touristes, hier pèlerins à la coquille, qui vont pénétrer dans un autre monde, celui des vallées profondément enfoncées dans la chaîne. Comme tous leurs compatriotes de cette Gascogne pyrénéenne, les vignerons ont ici un sens aigu de leur identité. S'ils l'expriment par le port de la « crêpe », le béret posé à plat sur la tête, ils le manifestent aussi par leur caractère, rude mais joyeux, et par leur fort attachement à leurs antiques appellations. Nés du travail des glaciers tertiaires ou du charroi des torrents montagnards, les coteaux viticoles se blottissent contre la chaîne, cédant la place à la forêt et aux pâturages en amont, aux champs de maïs et aux vergers en aval. La vigne ici n'est pas maîtresse absolue du sol ; mais elle défend l'héritage historique et culturel que lui ont légué ses fondateurs, les abbayes et hospices de la route de Saint-Jacques.

Jurançon

Sa renommée, il la doit à la famille royale de Navarre, devenue de France avec Henri IV ; mais le vignoble de Jurançon se cache, au sud de Pau, comme s'il voulait échapper aux regards du visiteur pressé. Au détour d'une crête, on découvre des vignes très morcelées, occu-

pant les versants les plus ensoleillés des coteaux, parfois forts pentus, de Monein, Lasseube, Lahourcade, Gan et Jurançon, rendu célèbre par La Chapelle-de-Rousse.

Sous un climat soumis à la double influence de l'Atlantique et des Pyrénées toutes proches, les ceps sont cultivés en hautains de 1,70 m pour échapper aux gelées printanières, survivance de l'ancienne conduite autour d'arbres fruitiers. S'il rivalise avec le Roussillon et la Corse pour le titre de vignoble le plus méridional de France, jurançon bénéficie d'un climat plus proche de certaines régions viticoles du nord. Les sols d'éboulis sont argilo-calcaires et argilo-siliceux, avec une forte proportion de galets. Trois cépages locaux marquent la personnalité des vins de Jurançon : le gros manseng, le courbu et le petit manseng dont on retiendra, pour l'anecdote, qu'une vigne se trouve au château de Pau, récemment transportée depuis Fontainebleau où elle avait été plantée par Henri IV, soucieux de conserver près de lui un peu de son « cher Béarn ».

Très peu productif, le petit manseng se distingue par sa peau supportant le passerillage (longue concentration des sucs dans la baie de raisin) qui peut se prolonger jusqu'aux vendanges tardives, parfois sous les premières neiges. C'est le cépage des moelleux, aux notes de miel et de fruits exotiques. Une pointe de vivacité les rend légers. Ces moelleux vieillissent bien et sont à ranger parmi les grands vins. Le gros manseng produit des vins secs, fruités et aromatiques dont certains peuvent supporter la garde. Le courbu, enfin, vient participer à l'équilibre original de ces vins encore trop méconnus.

Ci-dessus, le Jurançon.
En bas, Irouléguy.

Irouléguy

Sous le climat atlantique du Pays basque et sur les premières pentes des coteaux abrupts des vallées de Baïgorry, Irouléguy et Anhaux, l'appellation irouléguy, tournée vers le soleil du Midi, est la survivance d'un grand vignoble ancien (comme l'atteste le nom d'une maison médiévale, Ardantz, qui signifie « la vigne » en basque) qui s'étendait jusqu'à Bayonne. Elles produisent le « vin basque » consommé dans le monde entier par la diaspora de ce peuple migrateur.

Béarn

C'est dans les riantes collines de l'Entre-Deux-Gaves, autour de Salies-de-Béarn, et sur la rive droite du gave de Pau, en aval d'Orthez, que se situe l'essentiel du vignoble. Cette appellation morcelée comporte aussi deux autres secteurs coïncidant avec les zones de madiran et de jurançon. Ses vins blancs, fort aromatiques, sont issus principalement du raffiat de Moncade, cependant que les rosés, vifs et délicats, et les rouges, corsés et généreux, proviennent des mêmes cépages que le madiran.

Madiran

A cheval sur les Pyrénées atlantiques, les hautes Pyrénées et le Gers, le Madirannais occupe les collines surplombant la vallée de l'Adour, sur des sols argilo-calcaires et siliceux, mêlés de fines graves. Le cépage roi, le tannat, produit des vins colorés comme de l'encre, virils et tanniques. Le cabernet-sauvignon, le bouchy ou cabernet-franc, le pinenc, ou fer servadou, lui sont associés, complétant sa charpente par leur souplesse et leurs arômes. Certains madiran traditionnels, élevés sous bois, peuvent être des vins de bonne garde, mais on trouve aussi des vins plus légers, frais et parfumés, à boire rapidement. Le madiran, par sa vigueur tannique, met en valeur le confit d'oie dont il fait ressortir le moelleux. Ce vin, qui sait « porter le béret », apporte son caractère gascon aux salmis de palombe et aux magrets rôtis.

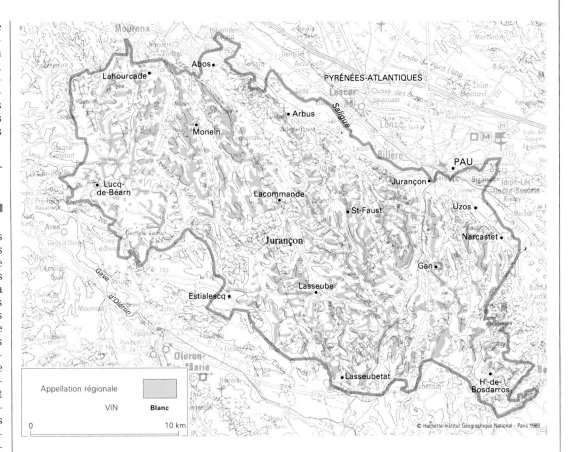

Pacherenc du vic-bilh

E tonnante par son nom (*pacherenc* signifie « piquets en rangs » en gascon), cette A.O.C. assez confidentielle l'est aussi par la mention du *vic-bilh* (vieux pays en béarnais), alors que son aire, loin de se limiter aux seules collines parallèles du nord-est du Béarn, correspond à celle du madiran. Elle surprend, avec des vins blancs très originaux, obtenus à base d'arrufiat, de manseng, courbu, sémillon et sauvignon. Secs ou moelleux, avec des arômes de fruits secs, ils peuvent vieillir quelques années.

A gauche, le tannat.
A droite, une des mosaïques découvertes en 1868 et 1911 dans la villa gallo-romaine de Séviac-Montréal.

Tursan

A u nord-ouest du Madirannais, dans les coteaux alanguis de Chalosse, s'étend un petit pays aux villages perchés, le Tursan, dont le vignoble de V.D.Q.S. appartint autrefois à Aliénor d'Aquitaine. Ici, le baroque, cépage original, produit des vins blancs très typés. A base de tannat, pinenc et cabernets, les rosés et les rouges sont virils et charpentés.

Côtes de saint-mont

C ontiguës au Madirannais, les côtes de saintmont (V.D.Q.S.) se situent sur les collines encadrant l'Adour en amont d'Aire-sur-Adour. Avec le même encépagement que ses voisins, ce pays vallonné produit des vins rouges typés et des blancs secs parfumés. Plus souples que les madiran, ils n'en gardent pas moins un caractère de terroir tout à fait original.

Lou nouste Henric
C'est en 1553 que le jurançon est entré dans l'histoire, avec le baptême d'Henri de Navarre, seigneur de Béarn, qui allait plus tard monter sur le trône de France sous le nom d'Henri IV, mais que les Béarnais ont toujours considéré comme leur roi, l'appelant lou nouste Henric (le nôtre Henri). Afin de donner au bébé un tempérament vigoureux et gaillard, son grand-père, Henri d'Albret, eut l'idée de lui frotter les lèvres avec une gousse d'ail, puis, pour adoucir la brûlure, de lui faire boire quelques gouttes de jurançon.

VALLÉE DE

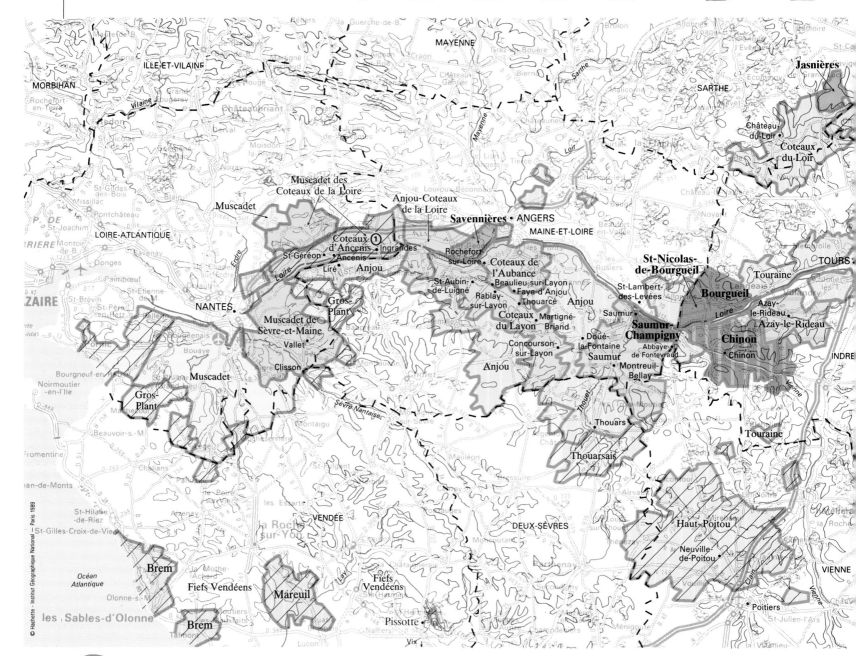

Célèbre pour la douceur de son climat et la beauté de ses châteaux Renaissance, le Val de Loire produit des vins fruités et délicats, limpides et lumineux comme le ciel qui les a vu naître. De nos jours, la majeure partie de la production se répartit en quatre grandes régions d'A.O.C., le Nantais (muscadet : 600 000 hl), l'Anjou et Saumur (800 000 hl), la Touraine (500 000 hl) et la région de Sancerre et Pouilly (130 000 hl), sur des terrains d'élite bordant le fleuve royal et ses affluents.

L'édit des Vingt Lieues

Au XVIe siècle, la viticulture devint libre et envahit la périphérie de Paris. Pour préserver la santé publique et pour mieux contrôler les débits et les taxes, en 1577, le parlement de Paris interdit aux négociants et aux cabaretiers de s'approvisionner en vins dans un périmètre de vingt lieues (88 km) autour de Paris. Cette mesure donna à

Le pineau d'Aunis.

Orléans un monopole qui favorisa les abus. La viticulture de qualité allait être longtemps étouffée dans le Val de Loire.
La Loire et ses affluents furent jusqu'au siècle dernier un grand axe commercial navigable. Au cours de la Renaissance, la région connut son apogée artistique — n'était-elle pas le « jardin des lettres françaises » (Ronsard, d'Aubigné, Du Bellay, Rabelais, Descartes) ? — économique et politique qui précéda de peu une ruine brutale engendrée par les guerres de Religion et l'exil des protestants.

LA LOIRE

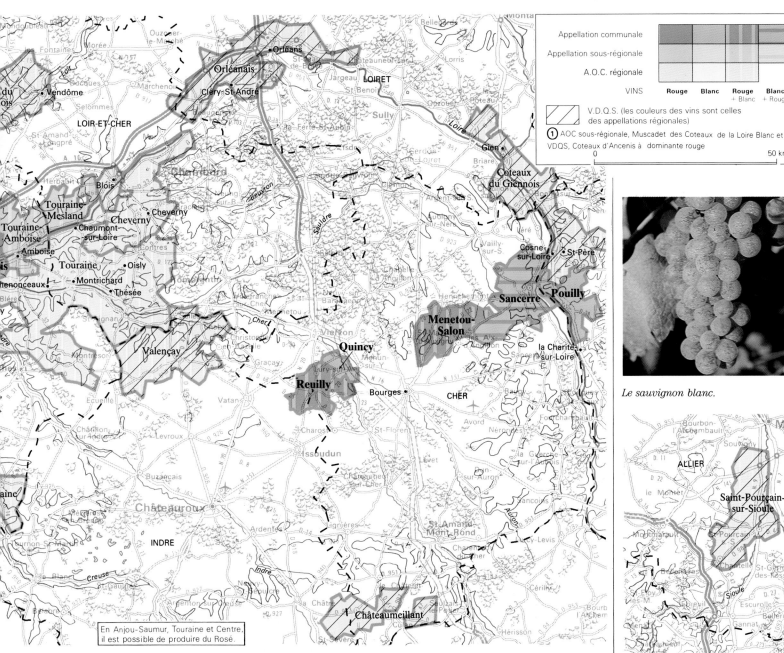

Appellation communale

Appellation sous-régionale

A.O.C. régionale

VINS	Rouge	Blanc	Rouge + Blanc	Blanc + Rouge	Rouge = Blanc

V.D.Q.S. (les couleurs des vins sont celles des appellations régionales)

① AOC sous-régionale, Muscadet des Coteaux de la Loire Blanc et VDQS, Coteaux d'Ancenis à dominante rouge

0   50 km

En Anjou-Saumur, Touraine et Centre, il est possible de produire du Rosé.

Le sauvignon blanc.

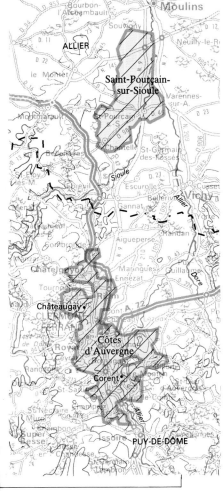

Le chenin.

Dès le Moyen Age, le commerce des vins était actif ; après le règne des Plantagenêts, l'aristocratie anglaise prit l'habitude d'acheter les vins de la Loire et de l'Anjou, jusqu'à Saint-Pourçain. Ceux-ci étaient expédiés depuis Nantes, non sans avoir préalablement été taxés par la douane d'Ingrandes qui séparait la France de sa province bretonne. Jusqu'à la fin de l'Ancien Régime en effet, la Bretagne garda ses privilèges de commerce, le roi de France ne percevant ses droits qu'en amont de la région nantaise. Ceci devait avoir une conséquence importante : les vins exportés, dits « pour la mer », d'Anjou et Touraine, mis en concurrence avec les vins nantais, se devaient d'avoir une valeur suffisante pour supporter ces frais supplémentaires. Cette contrainte explique la différence d'encépagement qui subsiste à la limite de l'Anjou et du Pays nantais ; elle permit aux provinces d'amont de maintenir leurs traditions de qualité alors qu'en Pays nantais la culture des cépages nobles fut, au XVIIe siècle, oubliée au profit des cépages ordinaires.

Un climat privilégié

Les terroirs viticoles de Loire sont toujours situés sur la façade orientale de reliefs qui arrêtent l'excès d'humidité des vents dominants venus de l'océan (moins de 600 mm d'eau par an). Seuls demeurent la douceur des températures et l'ensoleillement. L'Anjou viticole (altitude moyenne 60 m), à l'abri du massif vendéen des Mauges (moyenne 120 m), et le Sancerrois (150 à 250 m), à l'abri de reliefs élevés (400 m environ), illustrent parfaitement cette situation. La plupart des grands vignobles sont ancrés à un confluent et orientés transversalement aux influences océaniques (Sèvre-et-Maine, Layon, Saumurois, Chinon, Vouvray, etc.).

Un contexte géologique varié

Dans la zone septentrionale de la culture de la vigne, en règle générale, la vigne, fuyant les orientations nord, occupe les coteaux ou les terrasses fluviales au climat privilégié. Dans la région nantaise et en Anjou jusqu'aux Ponts-de-Cé, également dans le Massif armoricain, les sols viticoles reposent sur des granites, des gneiss et surtout des schistes, avec, dans certains sites exceptionnels, des vestiges volcaniques de l'ère primaire (Savennières-Coulée de Serrant, coteaux du Layon-Chaume, Bonnezeaux, etc.). Des

Ponts-de-Cé jusqu'à Blois, la Loire s'ouvre un passage bordé de falaises de tuffeau. Cette jolie pierre, utilisée dans tous les châteaux de Loire, n'est plus exploitée aujourd'hui, mais, dans les galeries des carrières, s'élaborent des vins mousseux réputés.

Lorsqu'elles ne sont pas recouvertes de limons, les formations géologiques qui occupent la partie haute des falaises donnent des terrains chauds favorables à la vigne. Les sols de « perruches », riches en silex, sont le plus souvent, comme à Vouvray, des terroirs propices aux cépages blancs. Sur craie du Turonien, riche en micas et glauconies, les sols argilo-calcaires de coteaux sont aptes à produire des vins rouges. Les terres d'aubues, sur turonien inférieur, sont moins favorables.

A ces sols de plateaux et de coteaux s'ajoutent, sur des ter-

rasses anciennes, les sols sablo-graveleux des « varennes », précieux terroirs de vins rouges, à Bourgueil en particulier. En Orléanais, la vigne ne subsiste que sur une bande étroite de terrasses graveleuses de la Loire et du Loiret. Entre Sancerre et Pouilly, un réseau de failles nord-sud engendre un superbe relief de coteaux, avec l'émergence des sols marneux du Kimméridgien que l'on retrouve en Bourgogne à Chablis, mais aussi à Quincy et à Reuilly. Enfin, remontant jusqu'à Saint-Pourçain, au confluent de la Sioule et de l'Allier, on rencontre des terrasses graveleuses anciennes, des sols calcaires (ère tertiaire) et des sols sur socle cristallin de l'ère primaire analogues à ceux du Beaujolais ; il s'agit d'un site climatique et pédologique remarquable qui explique sans doute la grande notoriété de ce vignoble au Moyen Age.

Comme au temps de leur gloire, la Renaissance, les vins de Loire sont en majorité des vins blancs et « clairets », c'est-à-dire des vins peu colorés obtenus après une courte macération de raisins rouges fruités. On distingue quatre catégories de cépages.

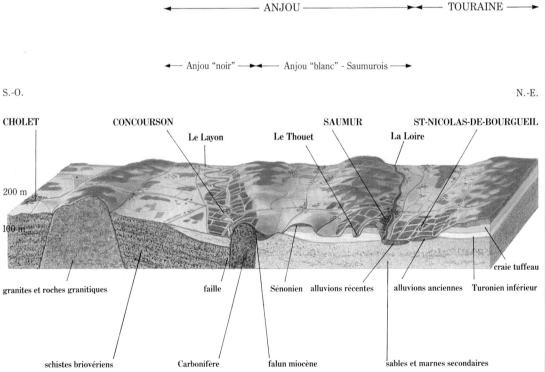

ANJOU ← → TOURAINE →

← Anjou "noir" → ← Anjou "blanc" - Saumurois →

S.-O.   N.-E.

CHOLET   CONCOURSON   SAUMUR   ST-NICOLAS-DE-BOURGUEIL

Le Layon   Le Thouet   La Loire

200 m

100 m

craie tuffeau

granites et roches granitiques   faille   Sénonien   alluvions récentes   alluvions anciennes   Turonien inférieur

schistes briovériens   Carbonifère   falun miocène   sables et marnes secondaires

Les cépages de Loire

L e chenin noir, ou pineau d'Aunis, est le plus ancien cépage de Loire (avant le Xᵉ siècle) ; il excelle pour un vin rosé très typé et friand, mais ne se rencontre plus qu'assez rarement en Anjou et Touraine. Il est admis que le chenin noir donna, par sélection, une variété blanche, le pineau de la Loire ou chenin blanc, le grand cépage d'Anjou et de Touraine. Sa dénomination viendrait du clos du Mont Chenin à Cormery en Touraine ; elle était déjà courante au temps de Rabelais. Ce cépage à maturation tardive dans les premières froideurs de l'automne acquiert des arômes incomparables sur les terrains précieux des coteaux du Layon, à Savennières, en Saumurois et à Vouvray. En dehors de ces terroirs où il est roi, sa réussite est plus difficile.

Bien que certains aient affirmé qu'il vient du Bordelais, le sauvignon est aussi originaire de la Loire. Des travaux récents démontrent en effet la parenté du chenin et du sauvignon. Ce cépage blanc à forte expression aromatique fut assez répandu en Loire et dans le Sud-Ouest jusqu'au XVIIᵉ siècle, mais il a connu ensuite un certain déclin. Très apprécié aujourd'hui, il est le seul cépage admis pour les vins blancs de Sancerre, Pouilly-Fumé, Quincy, Menetou-Salon et Reuilly ; il domine en Touraine.

Les cépages venus du Sud-Ouest

I l s'agit essentiellement des cabernets du Bordelais et du côt de Cahors ; mais signalons aussi la négrette de Fronton, encore présente en Vendée et en Poitou. L'origine bordelaise des cabernets est incontestable. Cependant, en pays de Loire, le cabernet-franc prit le nom de breton car il était acheminé par Nantes. Ce cépage donne des vins rouges de garde élégamment fruités sur les « varennes » et coteaux calcaires de bourgueil, chinon et saumur-champigny. Ailleurs, sa réussite est plus difficile, hormis sur les terroirs des

vallées du Layon et de la région de Brissac en Anjou où il livre les vins racés d'A.O.C. anjou-villages et les vins rosés moelleux.

Le côt est sensible aux gelées d'hiver, ce qui n'encourage guère sa culture. Evincé au profit de cépages grossiers après la crise phylloxérique, il est de nouveau cultivé en Touraine.

Il faut citer également la folle blanche ou gros-plant de la région nantaise. Ce grand cépage est à la base de la production des eaux-de-vie les plus fines de Cognac et d'Armagnac.

Les cépages originaires de Bourgogne

L es pinot noir et gris meunier, ainsi que le chardonnay furent introduits, dès le haut Moyen Age, à Saint-Pourçain. De là, ils s'implantèrent en Orléanais et Touraine où on les appelle encore auvernat

Chinon et son château.

noir, et auvernat blanc. Ils firent la gloire des vins de Saint-Pourçain et de l'Orléanais. La réputation de ces vignobles s'est écroulée après le XVIᵉ siècle, lorsque, favorisés par l'édit des Vingt Lieues, les « gros noirs » teinturiers et divers gamay d'origine lyonnaise ont été introduits. Le pinot noir reste le cépage des vins rouges et rosés de Sancerre ; sa culture progresse dans les A.O.C. et V.D.Q.S. du Centre. Le chardonnay connaît une expansion, en particulier pour l'éla-

boration du crémant de Loire, en Touraine et Anjou.

Le melon de Bourgogne, pratiquement oublié en sa région d'origine, a trouvé au XVIIIᵉ siècle, après un long parcours, son terroir d'élection en Pays nantais où il prend le nom de muscadet.

Les derniers venus

V enu de Cinq-Mars en Touraine au début du XIXᵉ siècle, le grolleau a pris une extension parfois abusive. Gros producteur, il est à la base des rosés d'anjou et de loire.

La famille des gamay est très vaste. Elle donne surtout des vins ordinaires, auxquels a été imputée la décadence des vignobles de Loire aux XVIIIᵉ et XIXᵉ siècles. Mais en Val de Loire, la culture du gamay noir à jus blanc selon les pratiques nobles du Beaujolais date du milieu du XIXᵉ siècle : la princesse de Croy, originaire du Beaujolais, s'intéressa

à cette culture sur sa propriété du château de Monteaux, près de Mesland en Touraine. Sa réussite contribua à la notoriété du cru. Ce cépage domine en Touraine orientale (vallée du Cher). Il donne des vins complets en assemblage avec le côt et parfois le cabernet selon les terroirs. D'autres cépages locaux subsistent dans des vignobles restreints : romorantin à Cheverny, tressalier à Saint-Pourçain.

Le grolleau gris.

La Loire aujourd'hui

E ntre 1955 et 1985, le vignoble A.O.C. de Touraine a doublé de superficie et celui du Sancerrois a plus que triplé. Le vignoble d'Anjou est resté stable, mais avec une forte reconversion face à la crise des vins blancs moelleux. La superficie du chenin est passée de 9 000 ha à 4 500 ha en 30 ans ; ce cépage a été remplacé principalement par le cabernet-franc. Le muscadet progresse en notoriété ; c'est une des grandes réussites du Val de Loire. Sur cette période, le vignoble d'appellation en Loire est passé de 29 000 ha à plus de 40 000 ha ; sa production représente 12 % des vins à appellation d'origine en France. Les vins blancs sont majoritaires et un atout important à l'exportation. Quatrième région exportatrice derrière la Champagne, le Bordelais et la Bourgogne, le Val de Loire exporte plus de 30 % de sa production. Délimités à l'appui des traditions, ses vignobles constituent trois grandes entités.

La basse Loire est principalement formée du vignoble nantais influencé par l'histoire particulière de la Bretagne.

La Loire moyenne, d'Angers à Blois, englobe les vignobles d'anjou, saumur, touraine et les terroirs périphériques du Poitou et de la vallée du Loir. L'aire de production du rosé de loire et du crémant de loire recouvre celle des vins d'Anjou et de Touraine ; ils sont issus des cépages communs à ces deux régions.

Enfin, les vignobles du Centre, dispersés en de petites unités, constituent le noyau d'élite, rescapé d'une histoire agitée.

RÉGION NANTAISE

Au cœur du Muscadet, Vallet est le siège, en mars, de la plus grande foire au vin.

Les envahisseurs bretons du VIe siècle arrêtèrent leur conquête au sud-ouest de Nantes. Ils avaient découvert un petit paradis. Sèvre et Maine représentaient un intérêt non négligeable car la vigne s'y plaisait. La limite des départements de Loire-Atlantique et de Maine-et-Loire respecte aujourd'hui la frontière historique entre la Bretagne et l'Anjou.

La viticulture des ducs de Bretagne n'a guère laissé de traces tangibles. A la fin de la Renaissance, la Bretagne est rattachée à la France, mais elle garde ses droits commerciaux, privilège désastreux pour la viticulture de qualité, car le vignoble nantais se trouva en situation de monopole pour l'approvisionnement en vin ordinaire des négociants hollandais qui, au XVIIe siècle, exportaient vins et eaux-de-vie. Sous leur impulsion, le cépage folle blanche (le gros-plant) envahit le vignoble pour produire une eau-de-vie qui servait à renforcer par vinage les vins faibles. Des négociants et des vignerons scrupuleux réagirent contre ce qu'ils jugeaient être un détournement du vin authentique.

Aussi, après le grand gel de 1709, le cépage melon, introduit de Bourgogne dès 1639, s'est développé dans les meilleurs terroirs pour produire le fameux vin du muscadet.

Suprématie du muscadet

Aujourd'hui, en raison d'un passé complexe, l'unité des vignerons est toujours difficile à réaliser ; aussi la carte des zones viticoles en région nantaise peut-elle paraître compliquée.

L'A.O.C. muscadet possède deux dénominations sous-régionales d'importances inégales. L'A.O.C. muscadet des coteaux de la loire (500 ha) est située sur des coteaux schisteux ou granitiques, entre les communes de la rive nord de la Loire jusqu'à Varades et celles de la rive sud jusqu'à Saint-Florent-le-Vieil, en débordant sur l'Anjou. L'A.O.C. muscadet de sèvre-et-maine concerne 23 communes (9 700 ha) ; elle constitue le cœur du vignoble.

L'A.O.C. régionale muscadet (1 100 ha) occupe le reste du territoire viticole, .soit une quarantaine de communes, en majorité à l'ouest de la région de Sèvre-et-Maine. En général, il s'agit de vignobles très dispersés, dont les sols sablo-graveleux du Miocène ont été remaniés sur le socle du Massif armoricain.

Le V.D.Q.S. gros-plant du pays nantais (3 000 ha), dont l'aire de production recouvre entièrement celle du muscadet, s'étend plus largement en pays de Retz vers l'océan. Les parcelles de gros-plant, disséminées dans cette vaste région, ne constituent pas, à proprement parler, des vignobles autonomes. Le gros-plant donne un vin très vif, agréable avec les fruits de mer.

Le muscadet et le gros-plant sont en France les seuls vins à pouvoir utiliser, après un contrôle spécial, la mention « sur lie » qui fait référence à une méthode particulière d'élevage du vin : une fois la fermentation terminée, on ne soutire pas le vin jusqu'à la mise en bouteille, afin qu'il séjourne sur ses lies fines, qu'il acquiert de l'onctuosité et garde sa fraîcheur. C'est une technique raffinée qui exige des vendanges rigoureusement saines et beaucoup de soins en vinification.

Les coteaux d'ancenis (V.D.Q.S.) recoupent, à quelques communes près, l'aire du muscadet des coteaux de la loire. Elle couvre environ 300 ha, complantés en majorité de gamay et de cépages de l'Anjou. Les principaux producteurs se trouvent à Oudon, Saint-Géréon et Le Cellier en rive droite, à Liré, Champtoceaux et La Varenne en rive gauche. La coopérative d'Ancenis représente également un atout.

Les fiefs vendéens ne sont pas situés en Pays nantais. Nous leur ferons une place, cependant, à côté du vignoble breton. La reconnaissance officielle, en 1984, de ce V.D.Q.S. consacre les efforts des vignerons qui ont su maintenir les traditions de qualité sur les anciens « fiefs » viticoles des possessions ecclésiastiques médiévales. Nous avons la preuve de leur existence à l'époque où Richelieu était cardinal de Luçon.

Ce petit vignoble de 300 ha se répartit en quatre zones, localisées respectivement autour de Mareuil, Brem, Vix et Pissotte. Les vins rouges dominent (assemblages de gamay et pinot), mais les vins rosés et blancs (chenin dominant) ne manquent pas d'intérêt.

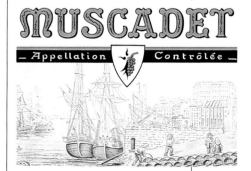

MUSCADET
— Appellation — Contrôlée —

MUSCADET DE SÈVRE-ET-MAINE

En harmonie avec un paysage gracieux, des villages soignés et accueillants, le muscadet séduit par son nez floral et fruité, et plus encore par son incomparable présence en bouche, à la fois glissante, enveloppante et caressante. Le succès du muscadet n'est pas une mode, mais la consécration d'une réussite loyalement acquise. De Vertou à Clisson, les villages les plus renommés s'égrainent sur chaque rive de la Sèvre. Les terroirs se développent sur des schistes au relief découpé par les vallées. Les routes sont belles, qui passent par La Haie Fouassière où la Maison des vins occupe le point culminant du terroir (65 m). Saint-Fiacre, située au confluent de la Sèvre et de la Maine, est souvent citée comme capitale de Sèvre-et-Maine. Il ne faut pas hésiter à flâner dans les caves de Châteauthébaud, Maisdon-sur-Sèvre, Monnières et Gorges. Plus au sud, les terrains granitiques marquent la fin du vignoble et le début du bocage vendéen.

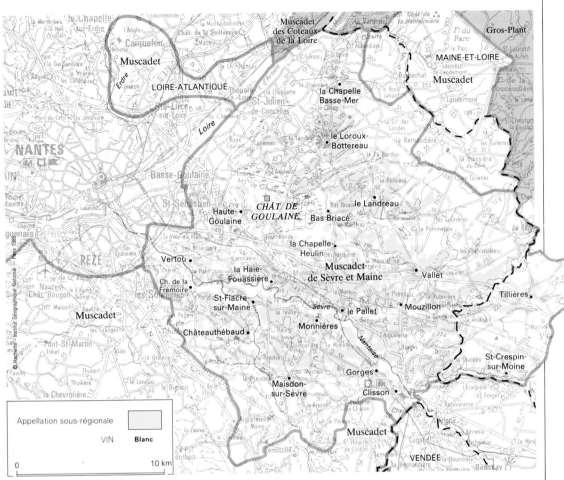

A la frontière de Bretagne

Avant de rejoindre Vallet, capitale du muscadet, on peut visiter, au Pallet, le musée Pierre-Abélard, consacré à la vigne et aux traditions populaires. Dans ce secteur, surtout à Mouzillon, les terroirs reposent sur une roche cristalline foncée originale, les gabbros du Pallet.
Le vignoble de Sèvre-et-Maine s'étend aussi de part et d'autre du marais de Goulaine. Le château de Haute-Goulaine, d'architecture Renaissance, marie le tuffeau et le granite ; c'est le dernier

A gauche, un pressoir du XVIIIe siècle à La Haie Fouassière.
A droite, le château du Coing de Saint-Fiacre.

château de la Loire et le premier de Bretagne. Les terroirs sur gneiss et granite réapparaissent sur les coteaux vers Le Loroux-Bottereau et La Chapelle-Basse-Mer, à la frontière de Bretagne.
Le muscadet possède un bel avenir, car ce vin traditionnel bénéficie d'une solide organisation interprofessionnelle. Un négoce actif et spécialisé assure plus de 80 % de la commercialisation. Le succès se mesure surtout à l'exportation qui absorbe plus de 40 % des ventes. En France, les principaux amateurs se situent dans le Nord, la région parisienne et l'Ouest. Le muscadet n'est donc plus le vin régional qu'il a longtemps été.
La confrérie des Bretvins, dont le chapitre se tient au château de Goulaine, est l'une des plus anciennes de France ; elle reconnaît pour patronne la duchesse Anne de Bretagne.

ANJOU-SAUMUR

Le vignoble de l'Anjou couvre une faible partie seulement de ce que fut autrefois la puissante province royale, aux confins de la Normandie, de la Bretagne et du Poitou. Les vallées de la Maine et du Layon délimitent l'ouest d'une région au climat privilégié, abritée des influences océaniques par la pénéplaine du bocage vendéen. La pluviométrie annuelle moyenne du Layon à Brissac est de l'ordre de 500 mm : c'est une des zones les plus sèches de la France non méridionale. Le vignoble se concentre dans cette « douceur angevine » célébrée par Du Bellay.

Les vins d'Anjou et l'histoire

Angers, capitale de cette région, fut le centre d'un vignoble de notoriété considérable au Moyen Age.
Les terroirs de l'Anjou ont été mis en valeur entre les VIIIᵉ et XIIᵉ

Le château de Fesles.

siècles par d'importants monastères et notamment par les grandes abbayes normandes (Mont-Saint-Michel) et bretonnes. Lorsque Henri Plantagenêt, comte d'Anjou, sera sacré roi d'Angleterre en 1154 sous le nom d'Henri II, l'aristocratie anglaise adoptera de façon durable les vins blancs et

Ci-dessus, le clos de la Coulée de Serrant.
A droite, des vignes de breton du côté de Brissac.

clairets de la province de son prince. Aujourd'hui encore, le Royaume-Uni est le premier client des vins d'Anjou.
Lorsque Philippe Auguste reprit définitivement l'Anjou à Jean sans Terre en 1214 (bataille de La Roche-aux-Moines, près de Savennières), il obtint le soutien des Angevins en leur cédant les privilèges féodaux liés au commerce des vins. Le dernier des comtes d'Anjou, également comte de Provence et roi de Naples, fut le légendaire roi René (1434-1480). Poète, mécène et administrateur pacifique de génie, il fit de l'Anjou, après la guerre de Cent Ans, la plus belle et la plus riche province de France. Avec lui, la renommée des vins d'Anjou atteignit la Provence et l'Italie. Les livres de compte du roi René évaluent la production de vin en Anjou à plus de 300 000 pipes par an, soit 1 300 000 hl, davantage qu'aujourd'hui.
Aux XVIIᵉ et XVIIIᵉ siècles, les guerres perpétuelles avec l'Angleterre et la Hollande, ainsi que les taxes de plus en plus élevées à la douane d'Ingrandes réduisirent les exportations. Les vins de qualité connurent une crise à la fin du XVIIIᵉ siècle. Sous la Révolution, les guerres de Vendée ravagèrent le vignoble et sous l'Empire, les exportations restèrent difficiles. Cependant, l'impératrice Joséphine, amateur des vins de Savennières (Coulée de Serrant), permit aux grands vins d'Anjou de retrouver leur notoriété à Paris.

Virage au rouge

Avant la crise phylloxérique, l'Anjou produisait environ 800 000 hl par an, un volume voisin de la production actuelle de vin de qualité en A.O.C. La reconstitution du vignoble ne s'est pas faite sans dommage pour les cépages nobles, avec l'introduction d'hybrides et de cépages ordinaires. Si, de 1950 à nos jours, la superficie des vignes en Anjou a chuté de 30 000 ha à 20 000 ha, celle des cépages nobles est restée stable : autour de 15 000 ha. Mais la proportion de cépages blancs et rouges s'est inversée ; le chenin occupait 9 000 ha, il n'en occupe plus guère que 4 500 ha ; le grolleau a, lui aussi, diminué et représente environ 3 000 ha ; en revanche, les cabernets (cabernet-franc à plus de 90 %) sont en progression et dépassent 5 500 ha.

On peut penser que l'Anjou ne devrait pas s'écarter davantage de sa vocation passée, tournée vers les vins blancs de chenin. Les vins blancs moelleux et secs, mais également les vins rouges, limités à des terroirs bien choisis, ont fait l'objet d'efforts remarquables.
Une nouvelle appellation, anjou-villages, doit provenir uniquement des cépages cabernet-franc et cabernet-sauvignon. La redécouverte de ces vins précieux fera oublier l'image peu prestigieuse que les vins rosés de grande diffusion avaient donnée à l'Anjou.
A Angers, l'hôtel de la Godeline, qui fut le premier hôtel de ville au XVᵉ siècle, récemment restauré, est devenu le siège du Conseil interprofessionnel des vins d'Anjou et de la confrérie des Chevaliers des Sacavins. On verra également une vigne témoin dans l'enceinte du château, une Maison des vins où se dégustent tous les crus angevins et un musée du Vin, dans l'enceinte de l'ancien hôpital Saint-Jean, consacré aux célèbres tapisseries de Jean Lurçat. Rappelons qu'au château d'Angers se trouve l'exceptionnelle tapisserie de l'Apocalypse (XIVᵉ siècle).

Savennières et les coteaux du Layon

A la rencontre des terrains du Massif armoricain (ère primaire) et de ceux du Bassin parisien (sédiments de l'ère secondaire), le contexte morphologique donne un climat particulier au vignoble angevin.

Celui-ci occupe les corniches rocheuses du Layon et les coteaux du Saumurois. Savennières est orienté au sud-est, en aval du confluent de la Maine. Il se répartit sur quatre principaux coteaux, en une étroite bande qui relie Epiré au bourg de Savennières. Les paysages ont du charme et les vins secs de l'A.O.C. savennières une élégante finesse. Une visite au clos de la Coulée de Serrant ainsi qu'à La Roche-aux-

Moines est vivement recommandée. En ce haut lieu viticole, sur des schistes enrichis de filons de roches d'origine volcanique, le pineau de la Loire trouve l'une de ses plus belles expressions en Val de Loire. Curnonsky citait ces vins parmi les plus grands du monde.

Outre ces deux crus célèbres, on appréciera ceux d'Epiré, du clos de Papillon et enfin celui de Coulaine, à l'ouest de Savenniè-

res, sur la route menant vers Saint-Georges-sur-Loire.

Les coteaux du layon commencent au sud de la Loire, à Rochefort-sur-Loire. Le long de la corniche angevine affleurent les schistes enrichis de filons de roches dures (spilites, rhyolites, jaspes, phtanites). Sur la rive droite du Layon, une faille géologique est à l'origine des superbes coteaux que l'on découvre depuis le Moulin Guérin, à Saint-Aubin-

de-Luigné. Elle se prolonge, en axe nord-ouest - sud-est, depuis Rochefort - sur - Loire jusqu'à Concourson-sur-Layon et Les Verchers-sur-Layon. Dans cette région, les vignerons ont axé leurs recherches sur la surmaturation du chenin.

Après Chaudefons-sur-Layon et Saint-Aubin-de-Luigné, on aperçoit Chaume depuis La Soucherie. Ses sols graveleux sur poudingues carbonifères, son exposition sud-ouest et son environnement qui le protègent des influences océaniques comme du vent du Nord, font de Chaume un site tout à fait rare. Ses vins sont exceptionnels et les quarts de chaume se distinguent toujours par leurs arômes particuliers et leur sève caressante. Ce sont sans doute les vins liquoreux du Val de Loire les plus prestigieux.

L'autre grand cru du Layon, l'A.O.C. bonnezeaux, se trouve à Thouarcé. Son terroir s'allonge sur les coteaux de la rive droite, entaillés de minuscules vallées aux sources taries. Les eaux ferrugineuses, à l'origine du nom du cru, ont disparu, mais les schistes, riches de minéraux durs et colorés (phtanite) forment des pentes vigoureuses jusqu'aux sommets coiffés de moulins ; celui de La Montagne a été restauré. Le vin de Bonnezeaux est, dans un style différent, d'une qualité comparable à celui des Quarts de Chaume ; sa tendresse s'accompagne d'un fruité délicieux indéfinissable. Le château de Fesles produit depuis longtemps un des meilleurs bonnezeaux et son propriétaire a fait des émules autour de lui.

On trouve d'autres excellents vins à Rablay-sur-Layon et au Champ-sur-Layon. Autour de Martigné-Briand, les vins de Maligné et de Chavagnes-les-Eaux bénéficient d'une grande notoriété depuis le XVIIIe siècle. La commune de Saint-Lambert-du-Lattay s'anime d'un musée du Vin.

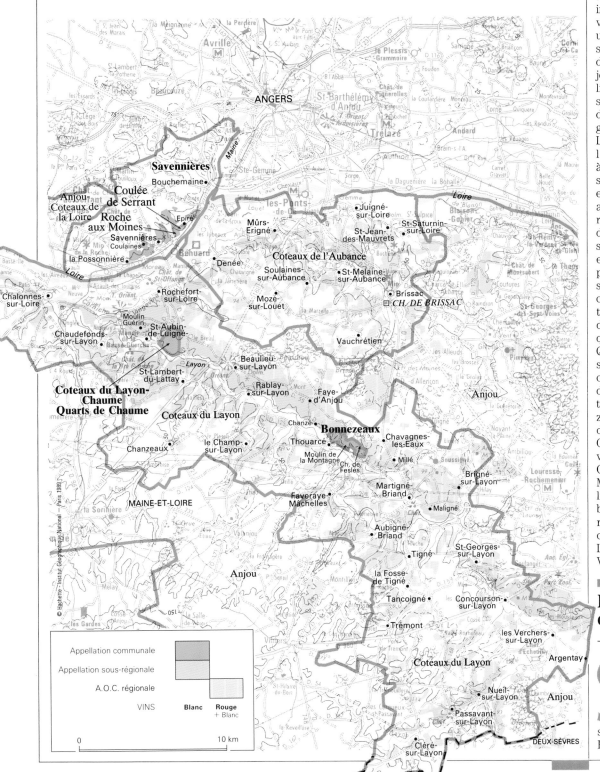

L'Aubance et la région de Brissac-Quincé

Sur les coteaux et le plateau de Denée, de beaux vignobles s'échelonnent vers Mozé-sur-Louet, Saint-Melaine-sur-Aubance, Vauchrétien et Brissac-Quincé, pour rejoindre

Chauvigné. Les producteurs de vins rouges se retrouvent à la confrérie des Echansons de Brissac ; un concours de vins réputé a lieu à la mi-septembre, à Brissac-Quincé. On citera également, sur des terroirs de côtes calcaires, Charcé, Grézillé, Coutures, Blaison-Gohier et enfin Saint-Jean-des-Mauvrets et Juigné-sur-Loire où l'on retrouve les schistes d'Angers.

Le haut Layon

Bien qu'éloignés des grands axes de communication, ces terroirs ne doivent pas être négligés. Certains producteurs réussissent des vins liquoreux aussi remarquables que ceux de leurs collègues des coteaux du layon. En cette extrémité sud de l'Anjou, les vins rouges ont souvent plus de plénitude et d'onctuosité. Concourson-sur-Layon recèle sans doute les meilleurs crus de ce secteur ; on peut citer aussi ceux de Tigné, La Fosse-de-Tigné, Saint-Georges-sur-Layon, Les Verchers-sur-Layon, Passavent et Cléré-sur-Layon.

La ville ancienne de Doué-la-Fontaine est riche de carrières et de caves ; celles de l'exploitation de M. Touchais renferment le plus important stock de vieux layon, commercialisé uniquement après dix ans de garde.

Saumur
Saumur-champigny

Saumur est maintenant devenu, par son négoce, le centre vital de la viticulture angevine. Cette ville est aussi le siège actuel de l'Ecole française de cavalerie. Au temps du règne d'Henri IV, elle fut la capitale du protestantisme, sous l'impulsion de Duplessis-Mornay, le « pape des huguenots ». Au XVIIe siècle, alors que les Hollandais assuraient la vente « vers la mer » des meilleurs vins de Loire, elle fut sans doute la plus importante place de négoce des vins de cette région. De nos jours encore, la plupart des maisons angevines se trouvent autour de Saumur. Certaines ont conservé leurs racines huguenotes ou hollandaises.

Ci-dessus, le château de Montreuil-Bellay. A droite, la cave du château de Brézé.

Le vignoble saumurois est dispersé en îlots sur les buttes de craie tuffeau et les affleurements sénoniens ou éocènes : Brézé, Epieds, Saix sur la rive droite de la Dive ; Le Puy-Notre-Dame et Le Vaudelnay, sur la rive gauche du Thouet. La butte d'Argentay marque l'extrémité sud-ouest du Saumurois.

Les vignes de saumur-champigny occupent une position remarquable sur le plateau de sable du Sénonien et sur les coteaux, coiffant la craie tuffeau. Leurs vins blancs furent jadis aussi réputés que les vouvray. Mais sur le sol calcaire, sensible à la chlorose, les porte-greffes résistants ne permettaient plus d'obtenir une maturité suffisante pour le chenin. En revanche, le cépage breton (cabernet-franc) réussissait fort bien, depuis longtemps, autour de Champigny et

de Chaintre. Fort de ce succès, le vignoble rouge de Champigny s'est étendu sur neuf communes délimitées, depuis Montsoreau jusqu'à Dampierre-sur-Loire et Saint-Cyr-en-Bourg.

Connus depuis des siècles, les vins de cette appellation sont légers, fruités, d'un bel équilibre. Un des précurseurs du vignoble fut le père Cristal, ami de Clemenceau. L'empreinte de ce grand vigneron est encore visible dans la disposition très originale du clos Cristal, actuellement propriété des Hospices de Saumur. A Chaintre subsiste l'ancien prieuré des Oratoriens, du XVIIe siècle, ceinturé d'un clos.

Mousseux et vins tranquilles

La zone de production du saumur mousseux est plus étendue que celle des vins tranquilles, rouges et blancs, de Saumur. Englobant une partie des coteaux du Layon jusqu'à Martigné-Briand et Vihiers, et remontant la zone de l'Aubance, jusqu'à Grézillé et Coutures, elle

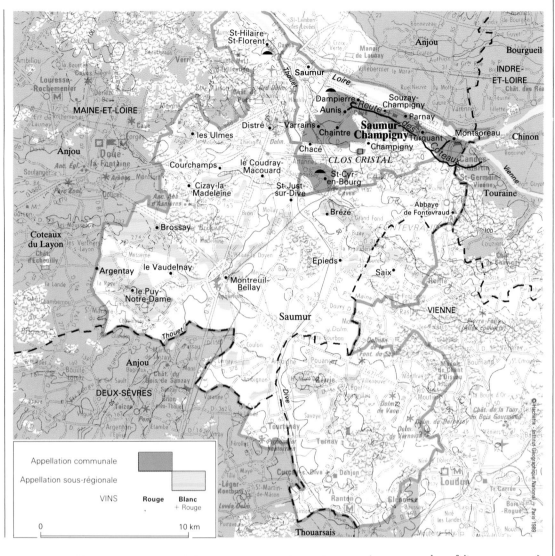

Appellation communale
Appellation sous-régionale

VINS   Rouge   Blanc + Rouge

0   10 km

Le clos Cristal, propriété des Hospices de Saumur, créé par le père Cristal.

correspond en fait aux zones où le chenin est cultivé sur sous-sol calcaire. La plupart des caves où s'élaborent les grands vins mousseux se trouvent à Saint-Hilaire - Saint-Florent, au nord-ouest de Saumur. Citons également la cave de vinification de la coopérative de Saint-Cyr-en-Bourg, aménagée dans une succession de galeries taillées au cœur du tuffeau, à plus de 25 m de profondeur.

Le château de Montsoreau.

TOURAINE

Il existe en Touraine, dans la vallée moyenne de la Loire, presque autant de vignobles que de châteaux célèbres. Et les vins de Touraine associent souvent dans leur appellation le nom de la province à celui des demeures royales ou seigneuriales qui se dressent sur les rives du fleuve historique ou de ses affluents.

Des microclimats contrastés

L'appellation régionale est assez récente (1939). Cependant, les origines de la vigne sont très lointaines (voir le pressoir de Cheillé, du IIe siècle) et confirmées par de nombreux documents dont certains remontent au VIIe siècle, mais on raconte aussi que les premières vignes furent plantées dès 380 par saint Martin à Vouvray.

Le climat, tempéré, est moins océanique que celui de l'Anjou, avec toutefois des nuances sensibles d'ouest en est. La région de Chinon et Bourgueil, située la plus à l'ouest, au confluent de la Vienne et de la Loire, n'est qu'à 150 km de la mer. La vallée y est très large et les influences atlantiques se font encore sentir, des collines boisées la protégeant des vents du Nord. Cette partie de la Touraine jouit donc d'un climat privilégié qui en fait un terroir de prédilection pour le cabernet-franc.

Plus à l'est, à Vouvray et Montlouis, les coteaux présentent des pentes régulières orientées au sud face à la Loire ou au Cher : les automnes sont chauds et ensoleillés, avec une certaine humidité qui permet au viticulteur d'y conduire le chenin blanc, cépage tardif, à la surmaturation avec, une année sur trois, la présence de pourriture noble qui favorise la concentration du sucre dans le grain.

Saint-Martin, 1450 (musée des Beaux-Arts, Bâle). En haut, sculpture de Raymond Mason, 1982 (Marlborough Gallery, Londres).

Tout à l'est en direction de Blois, le caractère continental du climat est affirmé, avec des hivers rigoureux et des printemps moins précoces. Les cépages du centre de la France, le gamay noir à jus blanc, le pinot noir, ou, plus proche du sancerre, le sauvignon, trouvent là des conditions qui leur conviennent.

L'apôtre de la vigne

La légende raconte que saint Martin, apôtre des Gaules, aimait rendre visite aux moines vignerons de l'abbaye de Marmoutier qu'il avait fondée en 372. Un jour, son âne, qu'il avait abandonné au bout des rangs de vigne, se mit à brouter les ceps. Lorsque le temps de vendanges arriva, non seulement les ceps coupés portaient des grappes mais encore celles-ci étaient plus belles que les grappes poussées sur les verges restées longues.

C'est ainsi que les moines de Marmoutier comprirent les vertus de la taille, technique dont le monde entier s'empara.

Une pédologie favorable

Le sous-sol (fin du Secondaire) se présente sous la forme de craie plus ou moins tendre appelée tuffeau. D'immenses caves y sont creusées, autrefois carrières d'où l'on extrayait les pierres pour la construction des châteaux et maisons ou les remblais pour l'édification des digues de la Loire. Aujourd'hui, ces galeries parfois très profondes sont aménagées en chais où mûrissent les vins à une température de 11° tout au long de l'année.

Le tuffeau affleure parfois sur certaines pentes. Recouvertes d'une faible épaisseur (environ 40 cm) de terre argilo-calcaire, elles constituent les meilleures côtes de vouvray.

L'argile à silex, autre formation du Secondaire riche en pierres siliceuses, couvre les coteaux des vallées intermédiaires, naturellement bien drainés. Les silex, nombreux en surface, jouent, lors de la maturation, un rôle important en restituant durant la nuit la chaleur emmagasinée le jour.

Les sables venus du Massif central au Tertiaire et qui se sont déposés en Sologne ont débordé sur la Touraine, à l'est, dans la région de Oisly et à Mesland. Ils ont donné des sols légers, favorables à la production de vins blancs issus de sauvignon d'une grande finesse ou de rouges charpentés. Enfin, au Quaternaire, la Loire, le Cher et la Vienne ont déposé des alluvions graveleuses sur des terrasses qui, lorsqu'elles sont bien exposées, comme à Bourgueil, Chinon ou Montlouis, portent des vignobles de qualité.

Des cépages bien adaptés

Confronté à des conditions climatiques et pédologiques très diverses, l'homme a cherché le ou les cépages les mieux adaptés. Certains sont venus du Sud-Ouest (côt, cabernets), d'autres du Centre-Est (les pinot ou gamay noir à jus blanc) ; le pineau de la Loire, ou chenin blanc, seul ou associé à son cousin l'arbois ou menu pineau, est, lui, typiquement ligérien. Mais sa difficile maturation amène le vigneron à lui adjoindre des cépages plus précoces, tels le chardonnay bourguignon qui n'occupe qu'une petite place, ou le sauvignon.

L'appellation régionale touraine a été reconnue en 1939. Mais ce n'est que dans les années 50 qu'elle a pris conscience de son identité et développé son vigno-

ble. L'encépagement de base n'a guère évolué mais la part réservée à chaque cépage s'est sensiblement modifiée.

Aujourd'hui, le pineau n'est plus guère cultivé que pour la production de mousseux. L'arbois est en voie de disparition. C'est le sauvignon qui a pris leur place pour près de 70 % des blancs.

Dans les cépages rouges, c'est le gamay noir à jus blanc qui couvre

Ci-dessus, le remuage des vins effervescents.
A gauche, la confrérie et le cellier de l'abbaye Saint-Julien à Tours.
En haut, le château de Chenonceau.

la plus grande superficie, suivi du cabernet-franc, auquel on réserve les meilleures pentes, et du côt. Ce dernier, avec les nouvelles sélections plus fertiles, prend de l'extension. D'autres cépages plus ou moins accessoires, comme le grolleau, le pineau d'Aunis, d'origine locale, ou le cabernet-sauvignon, occupent des places non négligeables.

Cent soixante-dix communes peuvent produire des vins

d'A.O.C. touraine, mais beaucoup n'exploitent pas cette possibilité. 5 000 ha fournissent 300 000 hl de vin avec une légère supériorité pour les rouges. Pour ces derniers, des efforts tendent actuellement à dégager et imposer un type touraine, centré sur le gamay et le côt, en dehors du touraine primeur.

Azay-le-Rideau, Amboise, Mesland

La Touraine se compartimente en pays suivant le découpage du réseau hydraulique. Trois zones se détachent un peu de l'appellation touraine régionale qui ajoute ici à son nom ceux d'Amboise et d'Azay-le-Rideau, si proche du château de Saché où vécut Balzac, en Indre-et-Loire, et celui de Mesland, dans le Loir-et-Cher, vignoble créé au XIe siècle par les moines vignerons de Marmoutier sur la rive droite ensoleillée de la Loire et chanté par Charles d'Orléans.

Les nuances entre les microclimats d'une part, les variantes géologiques et pédologiques d'autre part, façonnent les profils des vins qui sont évocateurs de sites différents et de châteaux célèbres. Ainsi, on peut noter que la région d'Amboise et celle de Mesland ont des caractères nettement ligériens. On pourrait aussi se livrer à une amusante comparaison entre vin et architecture. La silhouette fine et élégante du rosé touraine - azay-le-rideau, à base de grolleau, n'est-elle pas en concordance avec la suprême harmonie du château

personnalisés, faciles à boire. Ils jouent un rôle non négligeable dans le tourisme actif de la vallée de la Loire et contribuent à accroître encore le prestige considérable de cette superbe région.

Des vignobles mémorables

Vignobles de villes, vignobles de châteaux, vignobles de monastères, implantés un peu partout dans la région, ils sont indissociables de l'histoire du Val de Loire. Destinés à approvisionner le marché local et à fournir des ressources directes ou indirectes aux maîtres des lieux, ils n'en ont pas moins acquis, pour certains d'entre eux, une grande notoriété.

*A gauche, le grolleau noir.
A droite, une illustration du Gargantua de Rabelais par Adrien Leroy, 1913 (Bibliothèque nationale).
Ci-dessous, un pressoir du XVIIIᵉ-XIXᵉ siècle (cave de la Dive Bouteille, Bourgueil).*

d'Azay ? Les rouges et les rosés du touraine-amboise, solides et amples, n'évoquent-ils pas la belle façade des bords de la Loire ? Quant à Chenonceau, ce n'est pas seulement un magnifique château jouant à saute-mouton sur les eaux du Cher, mais aussi un blanc fleuri, un rosé spirituel et un rouge plein de souplesse. En général, très typés « Loire », les touraine apparaissent frais,

Depuis le haut Poitou, jusqu'à l'Orléanais, la Loire et ses tributaires possèdent leurs cortèges de vignes. Une très longue tradition a souvent maintenu la viticulture dans des îlots encore renommés aujourd'hui. Et l'histoire elle-même mentionne bien des vignobles dont la disparition n'est pas due à un manque d'originalité et de qualité, mais plutôt à des raisons économiques et sociales. Non loin de Poitiers, antique métropole, les efforts de la cave coopérative de Neuville de Poitou permettent d'apprécier des vins légers et agréables, dont l'élégance laisse imaginer ce que fut la gloire de ces vins au cours du haut Moyen Age.

Des sélections importantes ont été opérées dans l'encépagement : en vins rouges le cabernet franc et le gamay noir sont la clef pour l'avenir, et nombreux sont les adeptes des vins blancs du haut Poitou encore vifs et finement sauvages, que ce soit issus de sauvignon ou de chardonnay.

Echos de poèmes de Ronsard ou de Péguy, évocations de grandes heures de notre histoire, Cheverny, Vendôme, Valençay, Orléans offrent encore ces vins si français qui firent un jour l'ornement d'une table royale ou princière.

Cheverny a fait un effort particulier pour ne retenir que ses cépages les plus originaux : en blanc, le vin issu de Romorantin excelle dans les terroirs proches de Cour Cheverny et ailleurs on a gardé les bons terrains alliés à des variétés nobles ou originales (gamay, pinot noir, côt, romoran-

tin, sauvignon) vinifiées par des vignerons particuliers qui méritent plus que de l'estime.

Les coteaux du vendômois, sur les rives vertes du Loir paresseux, tentent, avec un aimable gamay, de maintenir une activité viticole que l'on oublie parfois au profit du jasnières et des coteaux du loir. C'est le pineau blanc de la Loire qui a fait la réputation du jasnières, un vin blanc très fin, presque confidentiel mais tout à fait exceptionnel, avec ses 500 hl de production moyenne. Quant aux coteaux du loir, ils présentent une production intéressante avec près de 1 000 hl d'un rouge léger et fruité (pineau d'Aunis, cabernet, gamay ou côt), 250 hl de blanc sec (chenin ou pineau blanc de la Loire) ou encore 200 hl de rosé.

Le vignoble de valençay, où flotte toujours le souvenir de Talleyrand, n'a pas encore surmonté ses contradictions : Centre ou Touraine, vins d'appellation d'origine ou vins de table... Pourtant, quand les vignerons locaux choisissent la voie de la qualité, leurs vins de gamay, côt, pinot noir et autres apparaissent très dignes d'intérêt.

Les vins de l'Orléanais, descendants directs des produits renommés du Moyen Age, alors que la région ravitaillait Paris et ravissait la cour royale, sortent d'une longue éclipse après bien des vicissitudes. Parmi divers cépages de valeurs inégales et dont les résultats apparaissent souvent irréguliers, l'original gris meunier représente dignement l'appellation.

BOURGUEIL ET SAINT-NICOLAS-DE-BOURGUEIL

Les archives de l'abbaye bénédictine de Bourgueil attestent dès le XIe siècle la renommée de ces vignobles implantés essentiellement sur des terrasses anciennes graveleuses. Ce territoire faisait jadis partie de l'Anjou, et un commerce important de vin s'exerçait à partir du port de Chouzé où quelques anneaux achèvent de rouiller sur de vastes quais déserts.

De nos jours, le vignoble de bourgueil s'est étendu sur les coteaux crayeux du Turonien exposés au sud, au-dessus du vignoble des terrasses. Ce vignoble des coteaux représente le tiers à peine de l'ensemble des terroirs de l'A.O.C. bourgueil. A Chinon, la proportion de ces deux types de terroir est plutôt inversée. Au sud de l'Authion et en partie haute des alluvions anciennes de la Loire, sur les terroirs dits de « Montilles », on trouve des terrains de qualité en légères croupes dispersées.

L'histoire récente a fait distinguer des A.O.C. transversalement à la Loire, bourgueil et saint-nicolas-de-Bourgueil.

L'A.O.C. saint-nicolas-de-bourgueil se distingue sans doute par une plus grande homogénéité de terroir, mais surtout par la personnalité de ses vignerons, les premiers à demander l'A.O.C. en

1935, et déjà au siècle dernier ils furent les premiers à quitter le bourg de Bourgueil pour construire leur paroisse au milieu de leur vigne.

L'A.O.C. bourgueil s'étend sur d'autres communes : Benais, Bourgueil, la Chapelle-sur-Loire, Chouzé-sur-Loire, Ingrandes, Restigné et Saint-Patrice. Les règles de production sont identiques pour les deux A.O.C., que ce soit pour le cépage « breton », la taille de la vigne et la limitation du rendement.

Fleur angevine

Le calme et l'unité du paysage des vignobles de bourgueil invitent au recueillement ; ici, le vin est parfum subtil et floral, comme la beauté évoquée par les *Amours* de Ronsard qui s'éprit en 1555 d'une damoiselle de Bourgueil, « fleur angevine de quinze ans ».

Le bourgueil rouge, issu des terrasses graveleuses, est particulièrement aromatique, avec des tanins fins, élégants et très souples. Cette structure très « gouleyante » explique sans doute le succès de ces vins aimables dès l'année de la récolte, aux arômes floraux

et fruités caractéristiques. Les vins des coteaux crayeux sont corsés, surtout en grande année. Ils étonnent par leur complexité et leur richesse aromatique. Quelques terroirs commencent à jouir d'une notoriété particulière (Les Evois à Restigné, Le Grand Mont à Benais, Chevrette et Beau Puy à Bourgueil).

L'échelonnement des terrains, depuis la Loire jusqu'au plateau

calcaire, est particulièrement bien visible à Bourgueil avec la même série de sols qu'à Chinon. Cependant, en haut de côte, les limons recouvrent les sables sénoniens ; la forêt de Gâtine coiffe ces coteaux.

Le vignoble en A.O.C. occupait déjà plus de 1 100 ha après la dernière guerre mondiale. Actuellement, on recense environ 1 050 ha en A.O.C. bourgueil et 700 ha en A.O.C. saint-nicolas-de-bourgueil. La production oscille autour de 90 000 hl pour ces deux A.O.C. dont les rendements sont identiques. La coopérative de Restigné présente une particularité : après vinification, le vin est restitué aux producteurs qui l'élèvent eux-mêmes avant la mise en bouteilles.

Le vigneron paysan de Bourgueil est prudent et avisé, mais il fraternise volontiers avec ses voisins de Chinon, à la joie souvent plus expansive en terre de Rabelaisie. La commanderie de la Dive Bouteille de Bourgueil et Saint-Nicolas-de-Bourgueil maintient avec dignité les rites traditionnels du terroir. Deux événements importants rythmaient naguère la vie de Bourgueil : la foire aux vins nouveaux, le premier samedi de février après la Saint-Vincent, et le Salon des vins, la semaine pascale. Mais ces manifestations sont maintenant remplacées par d'autres, associées aux A.O.C. du Val de Loire.

Les sols du côté de Saint-Nicolas-de-Bourgueil.

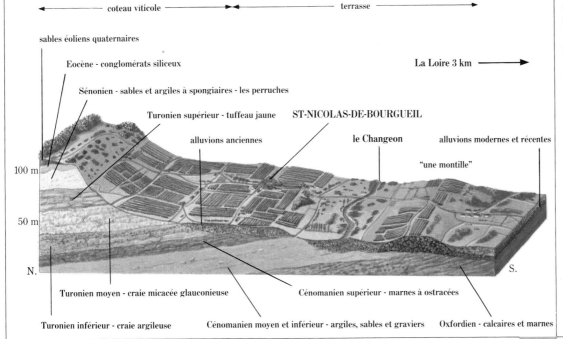

CHINON

La région de Chinon est au carrefour de l'Anjou, du Poitou et de la Touraine. L'histoire de ses vins est sensiblement différente de celle des vins de Bourgueil. De ce côté de la Loire, la proportion des terroirs sur graves et coteaux calcaires est inversée ; ceci explique les nuances que l'on distingue dans les vins de ces deux appellations.

Du clos de l'Echo, on aperçoit le château de Chinon.

Chinon, capitale de la Rabelaisie

L'imposante forteresse qui domine la ville fut édifiée par Henri II Plantagenêt, roi d'Angleterre, seigneur féodal de Normandie, Maine, Anjou, Poitou et Aquitaine. Il fit de Chinon sa résidence préférée, car il appréciait la douceur de son climat et l'attrait de ses vins. Trois siècles plus tard, Chinon était l'une des dernières places fortes du malheureux « roi de Bourges », le futur Charles VII, alors qu'il tentait de conserver le royaume de France que lui disputait Henri VI, roi d'Angleterre. C'est devant cette pauvre cour royale que Jeanne d'Arc vint révéler sa mission. Après ce passé guerrier, le terroir de Chinon vit naître, en 1494, à La Devinière, l'un des plus grands humanistes de la Renaissance, François Rabelais.

La communauté des vignerons réunis en la confrérie des Entonneurs rabelaisiens, en perpétuant la culture du breton, semble avoir conservé l'essentiel du message de Rabelais : « Etre bons pantagruélistes, c'est-à-dire vivre en paix, joie, santé, faisant toujours grande chère ».

En allant à La Devinière, on aperçoit le château de la Roche-Clermault, encore intact, bien que fort malmené dans le récit des guerres picrocholines. Sur les vestiges de l'abbaye de Seuilly plane le souvenir du frère Jean des Entommeures en qui Rabelais a immortalisé l'image populaire du moine médiéval : « Jamais homme noble ne hait le vin, c'est un apophtegme monacal. »

De coteaux en terrasses

On retrouve sur l'aire de chinon les mêmes terroirs qu'à Bourgueil. Mais les vignes des côtes calcaires du Turonien (craie glauconieuse) y dominent largement sur la rive droite de la Vienne, depuis Crouzilles jusqu'à Beaumont-en-Véron. Rive gauche, sur les communes de Ligré et de La Roche-Clermault, l'exposition n'est favorable qu'entre deux affluents de la Vienne, le Négron et la Veude. Ce sont ces terrains qui donnent naissance aux grands vins de Chinon. Conservés en caves de tuffeau, ces vins de garde ne cèdent en rien aux crus du Bordelais et du Médoc, autres seigneurs du cépage breton, ou cabernet. Citons, sur la commune de Chinon, les lieux-dits de Saint-Louans, du Clos de l'Echo et de L'Olive, mentionnés par Rabelais. La Roche Honneur et Les Pigasses à Beaumont-en-Véron, Les Roches Saint-Paul à Ligré semblent par leur notoriété rassembler les suffrages.

A ces terroirs des coteaux du Turonien s'ajoutent ceux des sables du Sénonien situés à une altitude supérieure, sur le plateau au nord de Chinon. Dans ces terres maigres, le vignoble commence à se développer aux dépens de la forêt ; le vin y est fin et fruité, mais n'a pas toujours l'ampleur des vins des coteaux. Plus à l'est, au-dessus des coteaux de Cravant et d'Avon-les-Roches, les dépôts éoliens n'étant pas propices aux vignobles de qualité, les hauts de côtes sont couverts de forêts.

Enfin, au pied des coteaux longeant la Vienne et en vallée de Loire, à Savigny-en-Véron, Avoine et Huismes, il existe des vins très délicatement parfumés et particulièrement élégants, à l'image de ceux de Saint-Nicolas-de-Bourgueil. Mais à Chinon, les vignerons assemblent généralement les productions de leurs différents terroirs, conférant ainsi au vin sa personnalité.

Le vignoble de chinon s'étend sur 18 communes : Anché, Avoine, Avon-les-Roches, Beaumont-en-Véron, Chinon, Cravant, Crouzilles, Huismes, l'Ile-Bouchard, Ligré, Pauzoult, La Rivière, La Roche-Clermault, Saint-Benoît-la-Forêt, Savigny-en-Véron, Sazilly, Tavant, Theneuil. Son renouveau est important : tombé à 500 ha vers 1950, il atteint aujourd'hui 1 750 ha et produit 103 000 hl par an en vin rouge. Il reste encore d'excellents terrains à planter.

Il faut citer, à titre de curiosité, le vin blanc de Chinon, obtenu avec le chenin. La production est minime (200 à 300 hl), mais elle fut jadis beaucoup plus importante sur les coteaux.

Parmi tous les musées et curiosités historiques de la ville de Chinon, le musée du Vin, avec ses automates, est particulièrement original.

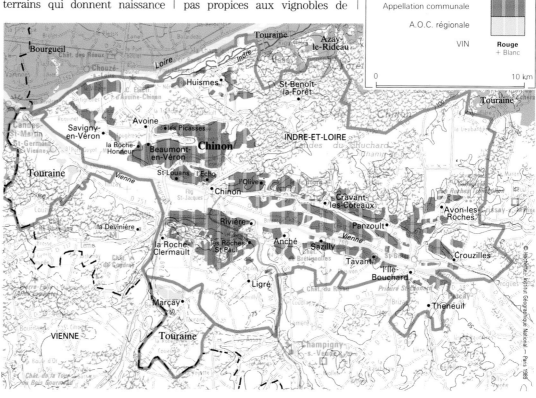

VOUVRAY ET MONTLOUIS

Sans avancer, comme Maurice Bedel, que le terroir de vouvray résume la France, il est aisé d'affirmer qu'il peut, du moins, représenter à lui seul la Touraine. Topographiquement modelé par la Loire (inséparable de la province) et par ses petits affluents locaux tels que la Cisse, le site de vouvray emprunte à plusieurs formations géologiques : Turonien, Sénonien, Eocène, fort répandus en Touraine.

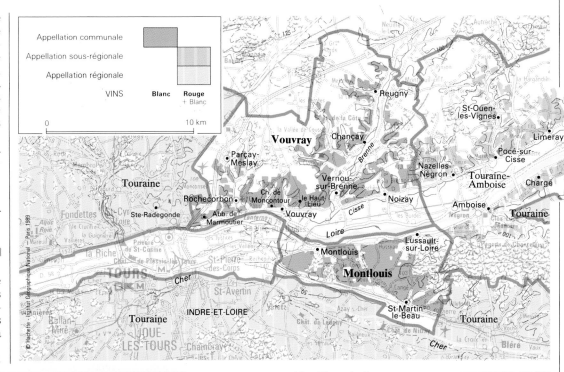

Le noble vouvray

Sur le rebord abrupt de la rive droite et sur les pentes des vallées secondaires se sont formés des sols favorables à la vigne, caractéristiques du lieu, comme les fameux « aubuis » et

« perruches ». Ceux-ci marquent profondément la personnalité et le type des vins blancs de Vouvray, très nobles expressions du chenin blanc, plus connu localement sous le nom de pineau de la Loire.

Comment pouvait-il en être autrement ? Le site est magnifiquement exposé au sud, si bien éclairé et si bien réchauffé qu'y prospèrent des plantes quasi-méridionales (chamérops, magnolia, cyprès). Aux confins océaniques et continentaux, ce microclimat particulier résulte des effets conjugués des roches calcaires, de l'exposition, de la proximité du fleuve et de ses affluents. Les principaux bénéficiaires en sont

la vigne et le vin de Vouvray qui dès les premiers siècles, sous l'occupation romaine d'abord puis sous l'influence des moines tourangeaux, reçoit ses lettres de noblesse que les Hollandais confirment au XIVe siècle, en faisant transiter par Nantes les vins du terroir vouvrillon.

Sur des calcaires si riches en fer que la vigne, encore souvent portée par riparia, n'y chlorose pas, sur des cailloux siliceux chauds et bien drainés, s'alignent les ceps de pineau blanc qui donnent naissance à des vins vifs, fruités, parfois moelleux, voire liquoreux lorsque le millésime apparaît favorable et bénéficie de l'action complémentaire

de la pourriture noble. C'est ainsi que 1904, 1921, 1928, 1934, 1937, 1945, 1947, 1955, etc. ont laissé des souvenirs impérissables ou comblent encore quelques amateurs chanceux.

Une bonne partie de la production de vouvray fournit aussi des pétillants et des mousseux très personnalisés qui comptent parmi les plus réputés de France. L'aptitude à prendre la mousse apparaît quasi naturelle chez ces vins qui réamorcent parfois spontanément leur fermentation au printemps à partir de quelques grammes de sucre. Aujourd'hui les vins de Vouvray effervescents sont élaborés selon la méthode traditionnelle.

Caves à Vouvray. Ci-dessous, une cave troglodytique.

Montlouis aimé d'Henri IV

Entre Amboise et Tours, face à vouvray dont la Loire, omniprésente en Touraine viticole, le sépare, se trouve le bon vignoble de montlouis, implanté au Ve siècle, célèbre par le château de la Bourdaisière où Henri IV apprécia les vins du terroir... et Gabrielle d'Estrées. Les conditions de production ainsi que les vins élaborés sur les deux rives sont assez voisins. Il faut dire que montlouis n'a conquis son indépendance qu'en 1937.

Si l'appellation présente de bons facteurs de production et des propensions attestées à la qualité, elle souffre aujourd'hui de la poussée constante de l'urbanisation de Tours. En outre, elle a toujours paru plus sensible que vouvray aux gelées de printemps.

Il reste néanmoins d'excellents vins blancs vifs pleins de finesse sur Montlouis, Lussault et surtout Saint-Martin-le-Beau qui détient désormais l'essentiel du vignoble de l'appellation. Certains clos (Mosny, Michet, Yvonnet, Grand Clos, Les Brunettes, etc.) ont possédé ou conservent encore un renom mérité.

CENTRE

Un archipel de vignobles

Des Côtes du Forez à l'Orléanais, les vignobles du « cœur de la France » occupent coteaux ou plateaux modelés au cours des âges géologiques par la Loire et ses affluents, l'Allier et le Cher. Le fleuve royal demeure donc, ici comme en Touraine ou en Anjou, le grand trait d'union entre tous les vignobles. Mais le Centre se différencie bien des régions voisines tant par la nature des sols (Jurassique et Massif central primaire) que par le climat, semi-continental aux hivers froids et aux étés chauds, voire continental sur les Côtes roannaises et le Forez.

Toujours bien exposés, les vignobles du Centre ont en commun un nombre restreint de cépages où dominent surtout le gamay et le pinot noir pour les vins rouges et rosés, et le sauvignon, probablement indigène, pour les vins blancs.

Autres liens de parenté : la légèreté, la fraîcheur et le fruité qui rendent ces vins particulièrement attrayants, agréables, digestes... et combien en accord avec la cuisine régionale.

La cathédrale de Bourges est une grande page de l'art gothique. Elle se dresse à quelques pas de Menetou-Salon qui doit la naissance de son vignoble à la proximité de l'ancienne métropole médiévale. Sur ses coteaux bien adaptés, menetou-salon partage sols favorables et cépages nobles (sauvignon blanc et pinot noir) avec sa prestigieuse voisine sancerre. D'où ces vins blancs frais et épicés, ces rosés délicats et fruités, ces rouges harmonieux et bouquetés à boire jeunes.

C'est sur les bords du Cher, près de Mehun-sur-Yèvre, riche en souvenirs historiques du XVIᵉ siècle, que les vignobles de quincy développent une centaine d'hectares de vignes sur des plateaux recouverts de sables et de graviers anciens.

Le seul cépage sauvignon blanc fournit les vins de Quincy (6 700 hl) qui présentent une grande légèreté, une certaine finesse et de la distinction dans le type frais et fruité.

Le sauvignon blanc est encore à l'honneur avec les vins de Reuilly produits sur des coteaux bien ensoleillés que sillonnent les charmantes vallées du Cher, de l'Arnon et du Théols. L'appellation recouvre sept communes de l'Indre et du Cher. Forte de ses blancs secs et fruités, à l'ampleur remarquable, reuilly se distingue aussi par ses rosés originaux issus du pinot gris, d'une finesse et d'une subtilité inégalables, mais en forte régression devant les rouges pleins et enveloppés que donne le pinot noir.

A droite, la ville-citadelle de Sancerre.
Ci-dessous, le vignoble de Menetou-Salon.
En bas à droite, le gamay.

Ci-dessus, Jacques Cœur, par Préault, 1879, Bourges. En bas, Octobre, une illustration de Maurice Lenoir, 1904 (bibliothèque des Arts décoratifs, Paris).

ci, au point de rencontre tourmenté de terrains sédimentaires et volcaniques, donne des vins qui devraient être différents les uns des autres mais qui sont en fait unifiés par le gamay lorsqu'ils sont rouges ou rosés, et par le tressallier, mêlé quelque peu de chardonnay, sauvignon ou autre, quand ils sont blancs. Ce beau vignoble du plantureux Bourbonnais couvre 500 ha et produit 23 000 hl.

Qu'ils soient issus des vignobles des puys, en Limagne, ou des vignobles des monts Dôme, en bordure orientale du Massif central, les bons vins d'Auvergne proviennent du gamay associé parfois au pinot noir. Très anciennement produits, ils naissent d'environ 500 ha de vignes qui donnent 21 000 hl par an : des rosés malicieux, quelquefois nommés « blancs », et des rouges agréables, d'où se détachent les vins de Chanturge, à déguster avec les charcuteries locales.

La côte roannaise accède à l'A.O.C. en 1993. De part et d'autre de la Loire 24 communes (80 ha) produisent d'excellents rouges issus du seul gamay, appelé ici saint-romain, et de frais rosés, plus rares. Une pointe d'accent méridional est perceptible dans ces vins de caractère, pointe qui s'affirme à mesure que l'on descend vers le sud pour aborder les côtes du forez. Les sols sont toujours d'origine éruptive ou métamorphique et les pentes parfois accentuées. La garrigue n'est plus très loin et les vins de gamay produits par la cave coopérative de Boën fleurent déjà le thym et le romarin.

Des vignobles historiques

C e cépage affectionne particulièrement les terroirs du Centre et produit des V.D.Q.S. rouges, fruités et pleins de fraîcheur. En remontant la Loire, on découvre sur les deux rives les coteaux du giennois. Sur des sols siliceux ou calcaires, trois cépages traditionnels, gamay, pinot et sauvignon, donnent près de 4 000 hl de V.D.Q.S. peu tanniques, authentique expression d'un terroir original. Sur les graviers de châteaumeillant, le gamay retrouve ses terroirs préférés. Les sols anciens appartien-

nent déjà au Massif central et sont voués à la vigne depuis fort longtemps, comme on peut le constater au musée local.

La réputation de châteaumeillant s'est établie grâce à son célèbre « gris », vin issu du pressurage immédiat des raisins de gamay ; les rouges, à boire jeunes et frais, allient légèreté, bouquet et gouleyant. La cave coopérative regroupe l'essentiel de la production. Jadis célèbre pour ses truites, la Sioule descend des monts d'Auvergne. Peu avant son confluent avec l'Allier, elle borde le vignoble de saint-pourçain. Celui-

SANCERRE

Des collines bien orientées, du bois pour fûts et piquets, un grand fleuve permettant l'écoulement des produits : un site tel que celui-là ne pouvait manquer d'attirer les hommes et notamment les vignerons. Sancerre, c'est donc avant tout un site, un lieu prédestiné accroché au-dessus d'une Loire déjà majestueuse. Du sommet de la tour des Fiefs, par-delà les vieux toits paisibles, le regard embrasse toute l'étendue du vignoble douillettement exposé au soleil, les pieds bien au sec sur les fortes pentes pierreuses. C'est de là qu'on peut le mieux saisir la réalité d'une véritable appellation : un terroir homogène et généreux, des cépages en adéquation, l'expérience d'hommes peu avares d'efforts pour produire des vins élégants. L'appellation sancerre s'étend sur 2 100 ha et concerne 14 communes. Aujourd'hui, on récolte près de 110 000 hl de vin blanc et 30 000 hl de vins rouge et rosé, au sein d'entreprises qui demeurent en majorité familiales. Les petites routes du Sancerrois serpentent entre les vignes, traversent les « caillottes » calcaires, dures ou tendres, des coteaux d'altitude moyenne, grimpent sur les « terres blanches » marneuses ou, plus à l'est, sur les cailloux à silex, passant ainsi en revue toutes les séquences pédologiques qui contribuent à la personnalité des vins de Sancerre. De cave en cave, on découvrira les sauvignon élégants et racés, de type cassis ou buis, des caillottes, les vins puissants et pleins, de note tubéreuse ou narcisse, des terres blanches, ceux aux odeurs d'acacia ou de genêt des cailloux ou des sols bruns plus argileux. Ainsi le sauvignon traduit-il toutes les subtilités du sol. Il les personnalise, les restitue en nuances aromatiques infiniment diverses où cependant se distingue une dominante spécifique du cru.

Dans son type frais et fruité, le vin blanc de Sancerre est l'un des meilleurs de France et sert de modèle à ses voisins. Le pinot noir exprime sans doute moins, ici, le terroir que les conditions de vinification. Il donne des rouges friands et somptueux, rappelant la griotte fraîche ou la marasque épanouie. Très en vogue, notamment à Paris, les vins rouges de Sancerre bénéficient d'une large demande qui dépasse l'offre. Certains d'entre eux, vinifiés à la bourguignonne, sont près d'atteindre la grande classe.

Aristocratique et léger, évoquant les fruits d'automne, le rosé peut être également considéré comme l'un des plus accomplis parmi les vins gris obtenus par pressurage direct.

Sancerre, c'est aussi un milieu humain particulièrement attachant, celui des vignerons fiers de leur terroir et de leurs vins. Car il n'est pas facile de produire un grand vin avec le sauvignon, cépage de deuxième époque de maturité, non loin de la limite nord de la culture de la vigne et sur des sols qui comptent parmi les plus pentus de notre vignoble, d'autant plus que les fermentations se déroulent dans une conjoncture délicate de fin de saison tardive. On appréciera particulièrement le sancerre blanc sur les fromages de chèvre secs, comme le fameux crottin de Chavignol, village lui-même producteur de vin, mais aussi sur les poissons.

Ci-dessous, une hersette de tonnelier. En bas, Verdigny.

POUILLY-SUR-LOIRE

Ici encore la vigne s'intègre harmonieusement à de lumineux paysages de Loire, pleins d'équilibre et de sérénité. Profitant d'un éperon calcaire qui semble repousser le fleuve vers l'ouest, pouilly expose face au sud son bon vignoble de tradition millénaire, œuvre de moines bénédictins. Le sol est ici moins calcaire qu'à Sancerre. Consacré longtemps à la culture du chasselas, ce terroir produisait essentiellement des blancs légers, désaltérants et digestes, types accomplis des vins de comptoir. On les retrouve aujourd'hui, anoblis par l'âge respectable des vignes, sous l'appellation pouilly-sur-loire (4 000 hl). Ils ne manquent pas de charme lorsqu'ils sont cultivés sur sols siliceux.

Pouilly fumé

Mais l'orgueil du meilleur vignoble nivernais, c'est le blanc fumé de Pouilly qui couvre désormais les cinq sixièmes du vignoble. Il est issu du sauvignon, traducteur fidèle des qualités enfouies en terre calcaire : une fraîcheur qui n'exclut pas une certaine fermeté, un assortiment d'arômes spécifiques du cépage, affinés par le milieu de culture et les conditions de fermentation du moût. Ainsi le sauvignon reflète-t-il bien la spécificité de chaque terroir et le pouilly fumé se distingue-t-il bien, par son fruité affirmé et sa constitution très puissante, des produits voisins issus du même cépage, malgré des conditions de production somme toute homogènes.

Sept communes (parmi lesquelles Pouilly, Saint-Andelain et Tracy) entretiennent 600 ha de vignes fournissant 35 000 hl de vins blancs dans les deux appellations

Le hameau des Loges et la Loire.

locales. Après une phase de régression, due essentiellement aux calamités naturelles (gels de printemps en particulier) et à la conjoncture économique, pouilly connaît de nouveau une dynamique d'expansion fondée à la fois sur l'amélioration de la qualité, la présence d'un cépage personnalisé (sauvignon blanc fumé) et la motivation d'une nouvelle génération de vignerons.

Le charme des paysages de Loire incite à une promenade dans le vignoble. Le point de vue des Loges, coquet village viticole, est une fête pour les yeux. Il faut aussi grimper sur la butte de Saint-Andelain par Les Berthiers et redescendre par Le Bouchot. Le regard embrasse tout l'horizon : les échappées de vignes et de forêts, la Loire toujours et, par temps clair, la toile de fond mauve du Morvan. On devine aussi, à ses tourelles d'ardoises crevant le feuillage, le château du Nozet serré de près par son vignoble, le plus vaste de la région.

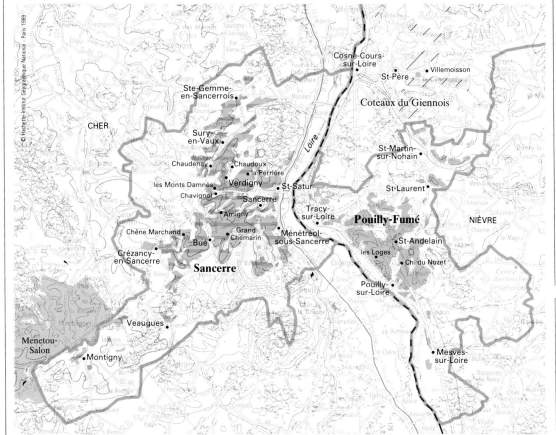

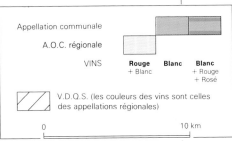

Appellation communale		
A.O.C. régionale		
VINS	**Rouge** + Blanc	**Blanc**	**Blanc** + Rouge + Rosé

V.D.Q.S. (les couleurs des vins sont celles des appellations régionales)

0   10 km

GLOSSAIRE

ACESCENCE *Maladie provoquée par des micro-organismes et donnant un vin piqué.*
ACIDITÉ *Présente sans excès, l'acidité contribue à l'équilibre du vin, en lui apportant fraîcheur et nervosité. Très forte, elle devient un défaut. Si elle est insuffisante, le vin est mou.*
AIRE GÉOGRAPHIQUE *Zone définie administrativement à l'intérieur de laquelle sont délimités, parcelle par parcelle ou groupe de parcelles, les terrains aptes à produire les vins de l'appellation d'origine considérée.*
ALCOOL *Composant le plus important du vin après l'eau, l'alcool éthylique lui apporte son caractère chaleureux. Mais s'il domine trop, le vin devient brûlant.*
ALIGOTÉ *Cépage blanc de Bourgogne donnant le « bourgogne aligoté », vin de carafe à boire jeune.*
ALTESSE *Cépage blanc donnant des « roussettes de Savoie » d'une grande finesse.*
AMBRE *En vieillissant longuement, ou en s'oxydant prématurément, les vins blancs prennent parfois une teinte proche de celle de l'ambre.*
AMERTUME *Normale pour certains vins rouges jeunes et riches en tanin, l'amertume est dans les autres cas un défaut dû à une maladie bactérienne.*
AMPÉLOGRAPHIE *Science des cépages.*
AMPLE *Se dit d'un vin harmonieux et long.*
ANALYSE SENSORIELLE *Nom technique de la dégustation.*
ANIMAL *Qualifie l'ensemble des odeurs du règne animal : musc, venaison, cuir..., surtout fréquentes dans les vins rouges vieux.*
A.O.C. *(Appellation d'Origine Contrôlée) Système réglementaire garantissant l'authenticité d'un vin issu d'un terroir donné.*
APRETÉ *Sensation rude, un peu râpeuse, provoquée par un excès de tanin.*
ARAMON *Cépage noir du Midi méditerranéen, en faveur après la crise phylloxérique ; en recul aujourd'hui.*
ARBOIS *Cépage blanc ordinaire de Touraine (sans aucun rapport avec le vin du même nom récolté dans le Jura).*
ARÔME *Arôme devrait être réservé aux sensations olfactives perçues en bouche. Mais le mot désigne aussi fréquemment les odeurs en général.*
ARRUFIAC *Cépage blanc assez fin, participant à l'élaboration de certains vins béarnais.*
ASSEMBLAGE *Mélange de plusieurs vins pour obtenir un lot unique. Faisant appel à des vins de même origine, l'assemblage est très différent du coupage, ayant, lui, une connotation péjorative.*
ASTRINGENCE *Caractère un peu âpre et rude en bouche, souvent présent dans de jeunes vins rouges riches en tanin et ayant besoin de s'arrondir.*
AUXERROIS *Cépage lorrain donnant l'alsace-pinot ou alsace-klevner ; nom donné aussi au malbec, à Cahors.*
BALSAMIQUE *Odeurs comprenant la vanille, l'encens, la résine et le benjoin.*
BAN DES VENDANGES *Date autorisant le début des vendanges.*
BAROQUE *Cépage blanc du Béarn (pacherenc du Vic-Bilh), donnant un vin de garde.*
BARRIQUE *Fût bordelais de 225 litres, ayant servi à déterminer le « tonneau » (unité de mesure correspondant à quatre barriques).*
BLANC FUMÉ *Nom donné au sauvignon à Pouilly-sur-Loire.*
BOTRYTIS *Champignon entraînant la pourriture des raisins. Généralement très néfaste, il peut sous certaines conditions climatiques produire une concentration des raisins qui est à la base de l'élaboration des vins blancs liquoreux.*
BOUQUET *Caractères odorants se percevant au nez lorsque l'on flaire le vin dans le verre, puis dans la bouche sous le nom d'arôme.*
BOURBOULENC *Cépage blanc de qualité de la région méditerranéenne.*
BRETON *Nom donné au cabernet-franc en Val-de-Loire.*
BRUT *Vin effervescent comportant très peu de sucre (juste assez pour tempérer l'acidité du vin) ; « brut zéro » correspond à l'absence totale de sucre.*
CABERNET-FRANC *Cépage noir associé au cabernet-sauvignon et au merlot dans le Bordelais, et produisant certains vins du Val-de-Loire. Il donne un vin de garde d'une bonne finesse.*
CABERNET-SAUVIGNON *Cépage noir noble, dominant en Médoc et dans les Graves, mais présent aussi dans d'autres régions et donnant des vins de longue garde.*
CAPITEUX *Caractère d'un vin très riche en alcool, jusqu'à en être fatiguant.*
CARIGNAN *Cépage noir du vignoble méditerranéen donnant des vins très charpentés.*
CAUDALIE *Unité de mesure de la durée de persistance en bouche des arômes après la dégustation = une seconde.*
CÉPAGE *Nom de la variété, en matière de vignes.*
CÉSAR *Cépage très tannique, utilisé en petite proportion à Irancy et donnant un caractère particulier aux vins de pinot noir (appelé aussi romain).*
CHAI *Bâtiment situé au-dessus du sol et destiné aux vins (synonyme de cellier).*
CHAIR *Caractéristique d'un vin donnant dans la bouche une impression de plénitude et de densité, sans aspérité.*
CHALEUREUX *Se dit d'un vin procurant, notamment par sa richesse alcoolique, une impression de chaleur.*
CHAPTALISATION *Addition de sucre dans la vendange, contrôlée par la loi, afin d'obtenir un bon équilibre du vin par augmentation de la richesse en alcool lorsque celle-ci est trop faible.*
CHARDONNAY *Cépage bourguignon blanc de qualité, cultivé également dans d'autres régions, en particulier en Champagne et en Franche-Comté. Il donne du vin fin et d'une bonne aptitude au vieillissement.*
CHARPENTE *Constitution d'un vin avec une prédominance tannique ouvrant de bonnes possibilités de vieillissement.*
CHARTREUSE *Dans le bordelais, petit château du* XVIII*e s. ou du début du* XIX*e.*
CHASSELAS *Cépage blanc cultivé surtout comme raisin de table, mais également utilisé en vinification.*
CHÂTEAU *Terme souvent utilisé pour désigner des exploitations vinicoles, même si parfois elles ne comportent pas de véritable château.*
CHENIN *Cépage blanc très répandu en Val-de-Loire, donnant des vins équilibrés et fins.*
CINSAULT *(ou cinsaut) Cépage noir du vignoble méditerranéen donnant des vins très fruités.*
CLAIRET *Vin rouge léger et fruité, ou vin rosé produit en Bordelais et en Bourgogne.*
CLAIRETTE *Cépage blanc du vignoble méditerranéen donnant des vins assez fins.*
CLARET *Nom donné par les Anglais au vin rouge de Bordeaux.*
CLAVELIN *Bouteille d'une contenance de 60 cl, réservée aux vins du Jura.*
CLIMAT *Nom de lieu-dit cadastral dans le vignoble bourguignon.*
CLONE *Ensemble des pieds de vigne issus d'un pied unique par multiplication (bouturage ou greffage).*
CLOS *Très usité dans certaines régions pour désigner les vignes entourées de murs (clos de Vougeot), ce terme a pris souvent un usage plus large, désignant parfois les exploitations elles-mêmes.*
COLLAGE *Opération de clarification réalisée avec un produit (blanc d'œuf, colle de poisson) se coagulant dans le vin en entraînant dans sa chute les particules restées en suspension.*
COLOMBARD *Cépage blanc du Sud-Ouest donnant des vins assez communs.*
CORDON *Mode de conduite des vignes palissées.*
CORPS *Caractère d'un vin alliant une bonne constitution (charpente et chair) à de la chaleur.*
CORSÉ *Se dit d'un vin ayant du corps.*
CÔT *Nom donné au cépage malbec dans certaines régions.*
COULANT *Un vin coulant (ou gouleyant) est souple et agréable.*
COULURE ***Non transformation de la fleur en fruit dûe à une mauvaise fécondation, s'expliquant par des raisons diverses (climatiques, physiologiques, etc.).***
COURBU *Cépage blanc du Béarn et du Pays Basque.*
COURGÉE *Nom de la branche à fruits laissés à la taille et qui est ensuite arquée le long du palissage dans le jura (en Mâconnais, elle porte le nom de queue).*
COURT *Se dit d'un vin laissant peu de trace en bouche.*
CRÉMANT *Champagne ou vin effervescent de « petite mousse », c'est-à-dire comportant moins de gaz carbonique en solution.*
CRU *Terme dont le sens varie selon les régions, mais contenant partout l'idée d'identification d'un vin à un lieu défini de production.*
CUVAISON *Période pendant laquelle, après la vendange en rouge, les matières solides restent en contact avec le jus en fermentation dans la cuve. Sa longueur détermine la coloration et la force tannique du vin.*
DÉBOURBAGE *Clarification du jus de raisin non fermenté, séparé de la bourbe.*
DÉBOURREMENT *Ouverture des bourgeons et apparition des premières feuilles de la vigne.*
DÉCANTER *Transvaser un vin de sa bouteille dans une carafe, pour lui permettre de se rééquilibrer ou d'abandonner son dépôt.*
DÉCLASSEMENT *Suppression du droit à l'appellation d'origine d'un vin ; celuici est alors commercialisé comme « vin de table ».*
DÉCUVAGE *Séparation du vin de goutte et du marc après fermentation.*
DÉGORGEMENT *Dans la méthode champenoise, élimination du dépôt de levures formé lors de la seconde fermentation en bouteille.*
DÉPÔT *Particules solides contenues dans le vin, notamment dans les vins vieux (où il est enlevé avant dégustation par la décantation).*
DOSAGE *Apport de sucre sous forme de « liqueur de tirage » à un vin champagnisé, après le dégorgement.*
DOUX *Terme s'appliquant à des vins sucrés.*
DURAS *Cépage noir produit surtout à Gaillac.*
DURIF *Cépage noir du Dauphiné.*
ÉCHELLE DES CRUS *Système complexe de classement des communes de Champagne en fonction de la valeur des raisins qui y sont produits. Dans d'autres régions, situation hiérarchique des productions classées par des autorités diverses.*
EFFERVESCENT *Se dit d'un vin dégageant des bulles de gaz.*
ÉGRAPPAGE *Séparation des grains de raisin de la rafle.*
ÉLEVAGE *Ensemble des opérations destinées à préparer les vins au vieillissement jusqu'à la mise en bouteilles.*
EMPYREUMATIQUE *Qualificatif d'une série d'odeurs rappelant le brûlé, le cuit ou la fumée.*
ÉQUILIBRE *Désigne un vin dans lequel l'acidité et le moelleux (ainsi que le tanin pour les rouges) s'équilibrent bien mutuellement.*
ÉTAMPAGE *Marquage des bouchons, des barriques ou des caisses à l'aide d'un fer.*
FER *Cépage noir donnant des vins de garde.*
FERMÉ *S'applique à un vin de qualité encore jeune et n'ayant pas acquis un bouquet très prononcé, et qui nécessite donc d'être attendu.*
FERMENTATION *Processus permettant au jus de raisin de devenir du vin, grâce à l'action de levures transformant le sucre en alcool.*
FERMENTATION MALOLACTIQUE *Transformation de l'acide malique en acide lactique et gaz carbonique, dont l'effet est de rendre le vin moins acide.*
FILTRATION *Clarification du vin à l'aide de filtres.*
FOLLE BLANCHE *Cépage blanc donnant un vin très vif (gros plant).*
FOUDRE *Tonneau de grande capacité (200 à 300 hectolitres).*
FOULAGE *Opération consistant à faire éclater la peau des grains de raisin.*
FUMÉ *Qualificatif d'odeur proche de celle des aliments fumés, caractéristique, entre autres, du cépage sauvignon ; voir blanc fumé.*
GAMAY *Cépage noir assez répandu dans de nombreuses régions, unique en Beaujolais, et donnant un vin très fruité.*
GARDE *(vin de) Désigne un vin montrant une bonne aptitude au vieillissement.*
GÉNÉREUX *Caractère d'un vin riche en alcool, mais sans être fatigant, à la différence d'un vin capiteux.*
GEWURZTRAMINER *Cépage alsacien rose, très aromatique.*
GLYCÉROL *Tri-alcool légèrement sucré, issu de la fermentation du jus de raisin, qui donne au vin son onctuosité.*
GOULEYANT *Voir coulant.*
GOUTTE *(vin de) Dans la vinification en rouge, vin issu directement de la cuve au décuvage.*
GRAS *Synonyme d'onctueux.*
GRAVELLE *Terme désignant le dépôt de cristaux de tartre dans les vins blancs en bouteille.*
GRAVES *Sol composé de cailloux roulés et de graviers, très favorable à la production des vins de qualité.*
GREFFAGE *Méthode employée depuis la crise phylloxérique, consistant à fixer sur un porte greffe résistant au phylloxéra un greffon d'origine locale.*
GRENACHE *Cépage noir cultivé dans certaines régions du Midi, comme Banyuls ou Châteauneuf-du-Pape. Donne un vin parfumé et très chaleureux.*
GRIS *(vin) Vin obtenu en vinifiant en blanc des raisins rouges.*
GROLLEAU *Cépage noir du Val-de-Loire.*
GROS-PLANT *Nom donné au cépage folle blanche dans la région de Nantes.*
HAUTAIN *(en) Taille de la vigne en hauteur.*
HERBACÉ *Désigne des odeurs ou arômes rappelant l'herbe (avec une connotation péjorative).*
HYBRIDES *Terme désignant les cépages obtenus à partir de deux espèces de vignes différentes. Impropres aux A.O.C.*
JACQUÈRE *Cépage blanc, produit en Savoie et dans le Dauphiné, donnant un bon vin à boire assez rapidement.*
JAMBES *Voir larmes.*
JÉROBOAM *Grande bouteille contenant l'équivalent de quatre bouteilles.*
JEUNE *Qualificatif très relatif pouvant désigner un vin de l'année déjà à son optimum, aussi bien qu'un vin ayant passé sa première année mais n'ayant pas encore développé toutes ses qualités.*
JURANÇON *Blanc, cépage peu répandu présent encore en Charente ; noir, cé-*

page accessoire du Sud-Ouest au vin assez commun.
LACTIQUE *(acide) Acide obtenu par la fermentation malolactique.*
LARMES *Traces laissées par le vin sur les parois du verre lorsqu'on l'agite ou l'incline.*
LÉGER *Se dit d'un vin peu coloré et peu corsé, mais équilibré et agréable.*
LEVURES *Champignons microscopiques unicellulaires provoquant la fermentation alcoolique.*
LIQUOREUX *Vins blancs riches en sucre, obtenus à partir de raisins sur lesquels s'est développée la pourriture noble.*
LONG *Se dit d'un vin dont les arômes laissent une impression plaisante et persistante.*
LOURD *Se dit d'un vin excessivement épais.*
MACABEU *Cépage blanc du Roussillon donnant un vin agréable en jeunesse.*
MACÉRATION *Contact du moût avec les parties solides du raisin pendant la cuvaison.*
MACÉRATION CARBONIQUE *Mode de vinification utilisé surtout pour la production de certains vins de primeur.*
MÂCHE *Terme s'appliquant à un vin possédant à la fois épaisseur et volume.*
MADÉRISÉ *Se dit d'un vin blanc qui, en vieillissant, prend une couleur ambrée et un goût rappelant d'une certaine façon celui du madère.*
MAGNUM *Bouteille correspondant à deux bouteilles ordinaires.*
MALBEC *Nom donné en Bordelais au cépage cot.*
MALIQUE *(acide) Acide présent à l'état naturel dans beaucoup de vins et qui se transforme en acide lactique par la fermentation malolactique.*
MANSENG *Gros manseng et petit manseng sont les deux cépages blancs de base du jurançon.*
MARC *Matières solides restant après le pressurage.*
MARSANNE *Cépage blanc surtout cultivé dans la région de l'hermitage.*
MATURATION *Transformation subie par le raisin quand il s'enrichit en sucre et perd une partie de son acidité pour arriver à maturité.*
MAUZAC *Cépage blanc cultivé notamment dans le Midi toulousain et le Languedoc, donnant un vin fin mais de faible garde.*
MELON *Nom d'un cépage de Côte-d'Or, le muscadet en pays nantais.*
MERLOT *Cépage noir dominant dans le Libournais (Pomerol, Saint-Émilion), et associé aux autres cépages dans l'ensemble du Bordelais.*
MÉTHODE TRADITIONNELLE *Technique d'élaboration des vins effervescents comprenant une prise de mousse en bouteille, un vieillissement sur lies et l'opération de dégorgement.*
MEUNIER *Cépage noir se caractérisant par un feuillage velu plus rustique que le pinot dont il est issu.*
MILDIOU *Maladie provoquée par un champignon parasite qui attaque les organes verts de la vigne.*
MILLÉSIME *Année de récolte d'un vin.*
MISTELLE *Moût de raisin frais, riche en sucre, dont la fermentation a été arrêtée par l'adjonction d'alcool.*
MOELLEUX *Qualificatif s'appliquant généralement à des vins blancs doux se situant entre les secs et les liquoreux.*
MONDEUSE *Cépage noir de Savoie et du Dauphiné donnant un vin de garde de grande qualité.*
MOURVÈDRE *Cépage noir de Provence donnant des vins de grande garde.*
MOUSSEUX *Vins effervescents rentrant dans les catégories des vins de table et des V.Q.P.R.D.*
MOÛT *Désigne le liquide sucré extrait du raisin.*
MUSCADELLE *Cépage blanc du Bordelais associé au sémillon et au sauvignon.*
MUSCADET *(melon) Cépage blanc cultivé en Loire-Atlantique.*
MUSCAT *Terme désignant l'ensemble des cépages dont les raisins ont la qualité aromatique muscatée. Désigne également les vins obtenus avec ces cépages.*
MUSQUÉE *Odeur rappelant celle du musc.*
MUTAGE *Opération consistant à arrêter la fermentation alcoolique du moût.*
NABUCHODONOSOR *Bouteille géante équivalant à 20 bouteilles ordinaires.*
NÉGOCIANT-ÉLEVEUR *Dans les grandes régions d'appellations, négociant ne se contentant pas d'acheter et de revendre les vins, mais, à partir de vins très jeunes, réalisant toutes les opérations et conservations jusqu'à la mise en bouteilles.*
NÉGOCIANT-MANIPULANT *Terme champenois désignant le négociant qui achète des vendanges pour élaborer lui-même un vin de champagne.*
NÉGRETTE *Cépage noir donnant un vin riche, coloré et peu acide.*
NERVEUX *Se dit d'un vin marquant le palais par des caractères bien accusés et une pointe d'acidité, mais sans excès.*
NIELLUCIO *Cépage noir planté en Corse, qui donne des vins de garde de haute qualité (en particulier à Patrimonio).*
NOUVEAU *Se dit d'un vin des dernières vendanges.*
ŒIL *Synonyme de bourgeon.*
ŒNOLOGIE *Science étudiant le vin.*
OIDIUM *Maladie de la vigne provoquée par un petit champignon et qui se traduit par une teinte grise et un dessèchement des raisins ; se traite par le soufre.*
ORGANOLEPTIQUE *Désigne des qualités ou propriétés perçues par les sens lors de la dégustation, comme la couleur, l'odeur ou le goût.*
OUILLAGE *Opération consistant à rajouter régulièrement du vin dans chaque barrique pour les maintenir pleines et éviter le contact du vin avec l'air.*
OXYDATION *Résultat de l'action de l'oxygène de l'air sur le vin. Excessive, elle se traduit par une modification de la couleur (pelure d'oignon pour les rouges) et du bouquet.*
PASSERILLAGE *Dessèchement du raisin à l'air s'accompagnant d'un enrichissement en sucre.*
PASTEURISATION *Technique de stérilisation par la chaleur mise au point par Pasteur.*
PÉDOLOGIE *Science de la physique des sols, de leur nature biochimique.*
PERLANT *Se dit d'un vin dégageant de petites bulles de gaz carbonique.*
PÉTILLANT *Désigne un vin dont la mousse est moins forte que celle des vins mousseux.*
PETIT VERDOT *L'un des cépages accompagnant parfois en Bordelais les cabernets et le merlot.*
PHYLLOXÉRA *Puceron qui, entre 1860 et 1880, ravagea le vignoble français, en provoquant la mort des racines par sa piqûre.*
PIÈCE *Nom du tonneau de Bourgogne (228 ou 216 litres).*
PIERRE À FUSIL *Se dit du goût d'un vin dont l'arôme évoque l'odeur du silex venant de produire des étincelles.*
PINEAU D'AUNIS *Cépage noir cultivé dans certaines régions de la vallée de la Loire, et donnant un vin peu coloré.*
PINOT *Cépage noir, cultivé notamment en Bourgogne, qui donne des vins assez peu colorés mais de longue garde. Vinifié en blanc en Champagne.*
PIQUÉ *Qualificatif d'un vin atteint d'acescence, maladie se traduisant par une odeur aigre prononcée.*
PLEIN *Se dit d'un vin ayant les qualités demandées à un bon vin, et qui donne en bouche une sensation de plénitude.*
POULSARD *Cépage noir, utilisé notamment dans le Jura, donnant des vins peu colorés mais très fins.*
POURRITURE NOBLE *Nom donné à l'action du botrytis cinerea dans les régions où elle permet de réaliser des vins blancs liquoreux.*
PRESSE *(vin de) Dans la vinification en rouge, vin tiré des marcs par pressurage après le décuvage.*
PRESSURAGE *Opération consistant à presser le marc de raisin pour extraire le jus ou le vin.*
PRIMEUR *(vin de) Vin élaboré pour être bu très jeune.*
PRIMEUR *(achat en) Achat fait peu après la récolte et avant que le vin soit consommable.*
PRISE DE MOUSSE *Nom donné à la deuxième fermentation alcoolique que subissent les vins mousseux.*
PUISSANCE *Caractère d'un vin qui est à la fois plein, corsé, généreux et d'un riche bouquet.*
RAFLE *Désigne dans la grappe le petit branchage supportant les grains de raisin et qui, lors d'une vendange non éraflée, apporte une certaine astringence au vin.*
RANCIO *Caractère particulier pris par certains vins doux naturels au cours de leur vieillissement.*
RATAFIA *Vin de liqueur élaboré par mélange de marc et de jus de raisin en Champagne et en Bourgogne.*
REBÈCHE *(vin de) Vin issu des dernières presses, qui ne participera pas à l'élaboration de cuvées destinées à la champagnisation.*
RÉCOLTANT-MANIPULANT *En Champagne, viticulteur élaborant lui-même son champagne.*
REMUAGE *Dans la méthode champenoise, opération visant à amener les dépôts contre le bouchon par le mouvement imprimé aux bouteilles placées sur des pupitres.*
RIESLING *Cépage blanc, cultivé en Alsace, donnant des vins d'une grande distinction.*
ROBE *Terme employé souvent pour désigner la couleur d'un vin et son aspect extérieur.*
ROGNAGE *Action de couper le bout des rameaux de vigne en fin de végétation.*
ROLLE *Cépage blanc de Provence et du Pays niçois donnant des vins très fins.*
ROMORANTIN *Cépage blanc assez ordinaire cultivé dans quelques secteurs de la vallée de la Loire.*
ROND *Se dit d'un vin dont la souplesse, le moelleux et la chair donnent en bouche une agréable impression de rondeur.*
RÔTI *Caractère spécifique donné par la pourriture noble aux vins liquoreux, qui se traduit par un goût et des arômes de confit.*
ROUSSANNE *Cépage blanc, cultivé dans la Drôme, donnant un vin de garde très fin.*
SACY *Cépage blanc, cultivé dans l'Yonne et l'Allier, donnant un vin frais et sec.*
SAIGNÉE *(rosé de) Vin rosé tiré d'une cuve de raisin noir au bout d'un court temps de macération.*
SALMANAZAR *Bouteille géante contenant l'équivalent de 12 bouteilles ordinaires.*
SARMENT *Rameau de vigne de l'année.*
SAUVIGNON *Cépage blanc, cultivé dans de nombreuses régions, donnant un vin fin et de bonne garde dont l'une des caractéristiques est son arôme de fumé, très particulier.*
SAVAGNIN *Cépage jurassien donnant le célèbre vin jaune et dont des variétés roses existent en Alsace (klevner et gewurztraminer).*
SCIACARELLO *Cépage noir, de Corse, produisant un vin charnu et fruité.*
SEC *Pour les vins tranquilles, caractère dépourvu de saveur sucrée (moins de 49 g par litre) ; dans l'échelle de douceur des vins effervescents, caractère peu sucré (moins de 35 g).*
SÉMILLON *Cépage blanc noble, cultivé notamment en Gironde et donnant entre autres les grands vins liquoreux.*
SOUPLE *Se dit d'un vin coulant, où le moelleux l'emporte sur l'astringence.*
SOUTIRAGE *Opération consistant à transvaser un vin d'un fût dans un autre pour en séparer la lie.*
STABILISATION *Ensemble des traitements destinés à la bonne conservation des vins.*
STRUCTURE *Désigne à la fois la charpente et la constitution d'ensemble d'un vin.*
SULFATAGE *Traitement, jadis pratiqué à l'aide de sulfate de cuivre, appliqué à la vigne pour prévenir les maladies cryptogamiques.*
SULFITAGE *Introduction de solution sulfureuse dans un moût ou dans un vin pour le protéger d'accidents ou maladies, ou pour sélectionner les ferments.*
SYLVANER *Cépage blanc alsacien produisant en général un vin type de carafe.*
SYRAH *Cépage noir planté notamment dans la vallée du Rhône et en Languedoc-Roussillon.*
TAILLE *Coupe des sarments pour régulariser et équilibrer la croissance de la vigne afin de contrôler la productivité.*
TANNAT *Produit dans les Pyrénées-Atlantiques, ce cépage noir donne des vins très charpentés, mais fins et de bonne garde.*
TANIN *Substance se trouvant dans le raisin, et qui apporte au vin sa capacité de longue conservation et certaines de ses propriétés gustatives.*
TANNIQUE *Caractère d'un vin laissant apparaître une note d'astringence due à sa richesse en tanin.*
TERROIR *Territoire s'individualisant par certaines caractéristiques physiques déterminantes pour son vin.*
THERMORÉGULATION *Technique permettant de contrôler et de maîtriser la température des cuves pendant la fermentation.*
TIRAGE *Synonyme de soutirage.*
TOKAY *Nom donné en Alsace au pinot gris.*
TRANQUILLE *(vin) Désigne un vin non effervescent.*
TRESSALLIER *Autre nom du cépage sacy.*
TUILÉ *Caractère des vins rouges qui, en vieillissant, prennent une teinte rouge-jaune.*
UGNI-BLANC *Cépage blanc, cultivé dans le Midi (et en Charente sous le nom de saint-émilion), donnant un vin assez acide et de faible garde.*
V.D.L. *Vin de liqueur ; vin doux ne répondant pas aux normes réglementaires des VDN, ou vin obtenu par mélange de vin et d'alcool (Pineau des Charentes).*
V.D.N. *Vin doux naturel ; vin issu de muscat, grenache, macabéo et malvoisie, et correspondant à des conditions strictes de production, de richesse et d'élaboration.*
V.D.P. *Vin de pays ; vin appartenant au groupe des vins de table, mais dont on peut mentionner sur l'étiquette la région géographique d'origine.*
V.D.Q.S. *Vin délimité de qualité supérieure ; vin de qualité produit dans une région et selon une réglementation précises.*
VÉGÉTAL *Se dit du bouquet ou des arômes d'un vin (principalement jeune) rappelant l'herbe ou la végétation.*
VERMENTINO *Cépage blanc connu sous le nom de rolle à Nice et en Provence et sous celui de malvoisie en Corse.*
VERT *Se dit d'un vin trop acide.*
VIF *Se dit d'un vin frais et léger, avec une petite dominante acide mais sans excès, et agréable.*
VILLAGE *Terme employé dans certaines régions pour individualiser un secteur particulier au sein d'une appellation plus large (Beaujolais, Côtes-du-Rhône).*
VINIFICATION *Méthode et ensemble des techniques d'élaboration du vin.*
VIOGNIER *Cépage blanc, cultivé dans la vallée du Rhône, donnant un vin fin de haute qualité.*
V.Q.P.R.D. *Vin de qualité produit dans une région déterminée. Se distingue des vins de table, dans le langage réglementaire de la Communauté Economique Européenne, et regroupe, en France, les A.O.C. et V.D.Q.S.*

INDEX

Sont en caractères gras les noms des appellations ainsi que ceux des climats, lieux-dits, communes et sous-régions pouvant être adjoints réglementairement à un nom d'appellation.

CRÉDITS PHOTOGRAPHIQUES

De haut en bas et de gauche à droite, sauf précision.

8 : affiche du cinquantenaire de l'I.N.A.O., œuvre d'Arikha, 1985. 11 : Heures de la duchesse de Bourgogne, septembre ; vers 1450 (musée Condé, Chantilly ; cliché Lauros-Giraudon). 12 : J.-M. Labat (Explorer), R. Pratta (Explorer archives). 13 : coll. Devaux (Explorer archives), Ph. Roy (Explorer), Hug (Explorer). 14 : coll. Ville de Bayeux. 14-15 : F. Jalain (Explorer). 15 : J.-L. Charmet (Explorer). 16 : J.-L. Charmet (Explorer), Pierre Mackiewicz (I.T.V.). 17 : D. Clément (Explorer), coll. Viollet. 18 : coll. Viollet. 19 : Ph. Roy (Explorer). 20-21 : F. Jalain (Explorer). 21 : T. Bates. 22 : F. Jalain (Explorer), P.-D. Forestier (Explorer). 23 : H. Veiller (Explorer), Hug (Explorer). 24 : F. Jalain (Explorer), Ph. Roy (Explorer). 25 : Ph. Roy (Explorer), F. Danrigal (Explorer). 26 : Ph. Roy (Explorer), F. Danrigal (Explorer), Ph. Roy (Explorer). 27 : Ph. Roy (Explorer) ; en haut à dr., G. Martin-Guillou (Explorer). 28 : F. Danrigal (Explorer), R. Truchot (Explorer). 28-29 : F. Danrigal (Explorer). 29 : Ch. Errath (Explorer), F. Danrigal (Explorer). 30 : F. Jalain (Explorer), Ph. Roy (Explorer). 30-31 : Ph. Roy (Explorer). 31 : Hug (Explorer), H. Berthoule (Explorer). 34 : Ph. Roy (Explorer). 35 : F. Danrigal (Explorer), Pujebet (Explorer), Ph. Roy (Explorer). 36 : H. Veiller (Explorer), Martinez (Explorer), P. Tétrel (Explorer), Ph. Roy (Explorer). 37 : Ph. Roy (Explorer), H. Veiller (Explorer) ; M. Mercier, S. Lafon-Lafourcade et B. Pucheu-Plante (département de microscopie électronique, université de Bordeaux I. 38 : F. Jalain (Explorer), Ph. Roy (Explorer), C. Portes (Explorer) ; N. Thibaut (Explorer). 39 : N. Thibaut (Explorer) ; 4 photos centrales, Ph. Roy (Explorer) ; M. Plassart (Explorer). 40 : Ph. Roy (Explorer) ; grappe, P. Lanneluc. 41 : N. Thibaut (Explorer), Hug (Explorer), F. Jalain (Explorer). 42 : en haut et en bas à g., F. Jalain (Explorer) ; 3 photos de dr., Ph. Roy (Explorer). 43 : Ph. Roy (Explorer), cellier des Samsons. 45 : M. Plassart (Explorer). 46 : Ph. Roy (Explorer), Ph. Roy (Explorer). 48 : Ph. Roy (Explorer). 49 : Ph. Roy (Explorer), M. Plassart (Explorer). 50 : 3 photos du haut, Ph. Roy (Explorer) ; en bas, Ph. Roy-Villegier (Explorer). 51 : Giraudon, Pataut (Maison de Marie-Claire). 52 : Giraudon. 53 : R.M.N. 54 : Lauros-Giraudon, Giraudon. 54-55 : M. de Lorenzo (musée des Beaux-Arts, Nice). 55 : Giraudon, Hug (Explorer). 56 : 3 photos, R.M.N. ; tableau de Chardin, Museum of Fine Arts (Springfield). 57 : G. Dagli Orti, J.-L. Bohin (Explorer), Giraudon, Lauros-Giraudon, Alte Pinakothek (Artothek, Munich). 58 : Giraudon, R.M.N. 59 : Explorer archives. R.M.N., Lauros-Giraudon. 60 : Jules (Galerie de Paris). 61 : D.C.A., C. Cabrol (Kipa), Cinémathèque française. 62 : Comité de liaison des A.O.C. du Languedoc-Roussillon. 63 : C. Délu (Explorer), L. Salou (Explorer). 65 : J.-P. Nacivet (Explorer). 68 : F. Jalain (Explorer). 69 : F. Jalain (Explorer). 70 : F. Jalain (Explorer). 71 : F. Jalain (Explorer). 72 : I.N.R.A./I.N.A.O., I.T.V., I.N.R.A./I.N.A.O., P. Bouard (C.I.V.A., Colmar). 73 : Rothan (Airdiasol), F. Jalain (Explorer), Desmarteau (Explorer), I.T.V., I.N.R.A./I.N.A.O. 74 : F. Jalain (Explorer). 75 : Ch. Cuny (Rapho) ; 2 photos, F. Jalain (Explorer). 76 : S. Cordier (Explorer), F. Jalain (Explorer). 77 : F. Jalain (Explorer), D. Clément (Explorer). 78 : Ph. Roy (Explorer), Explorer archives. 80 : Giraudon. 81 : à g., P. Mackiewicz (I.T.V.) ; 2 photos de J.-P. Nacivet (Explorer). 82 : Ph. Roy (Explorer), J.-L. Charmet (Explorer archives). 84 : Ph. Roy (Explorer), J.-P. Nacivet (Explorer). 86 : Ph. Roy (Explorer). 87 : Ph. Roy (Explorer), J.-P. Nacivet (Explorer). 88 : Ph. Roy (Explorer). 90 : J.-P. Nacivet (Explorer), Ph. Roy (Explorer), G. Boutin (Explorer). 91 : Ph. Roy (Explorer). 92 : château Latour, F. Jalain (Explorer). 93 : J.-P. Nacivet (Explorer). 94 : J.-P. Nacivet (Explorer). 95 : G. Boutin (Explorer), J.-P. Nacivet (Explorer). 96 : J.-P. Nacivet (Explorer). 97 : musée des Beaux-Arts, Bordeaux. 98 : Ph. Roy (Explorer). 100 : Ph. Roy (Explorer). 102 : Ph. Roy (Explorer) ; 2 photos du bas, F. Jalain (Explorer). 104 : domaine d'Yquem de F. Lyon (Rapho) ; F. Jalain (Explorer). 105 : J.-P. Nacivet (Explorer). 106 : F. Jalain (Explorer), syndicat de l'Entre-Deux-Mers. 108 : Ph. Roy (Explorer), G. Boutin (Explorer). 110 : 2 photos du haut, F. Jalain (Explorer) ; Ph. Roy (Explorer). 112 : F. Jalain (Explorer), Ph. Roy (Explorer). 113 : Ph. Roy (Explorer). 114 : château Saint-Georges, château de Francs. 115 : Ph. Roy (Explorer). 116 : Ph. Roy (Explorer). 117 : Ph. Roy (Explorer). 118 : C. Hervé, Ph. Roy (Explorer), Solaire Photo. 119 : Ph. Roy (Explorer), F. Ducasse (Rapho). 120 : H. Veiller (Explorer), musée Saint-Rémi à Reims. 122 : Moët et Chandon, Hug (Explorer). 122-123 : Hug (Explorer). 123 : N. Thibaut (Explorer), Moët et Chandon, Hug (Explorer). 124 : Deutz, Laurent-Perrier, coll. Piper-Heisieck. 125 : Hug (Explorer), C. Huyghens (caves Pommery), Taittinger, Veuve Cliquot. 126 : J.-L. Charmet (Explorer archives), J.-G. Auriol (coll. Cahiers du cinéma). 127 : F. Danrigal (Explorer) ; tableau, Bulloz. 128 : Hug-F. Danrigal (Explorer) ; moulin de G. Boutin (Explorer). 129 : Ph. Roy (Explorer). 130 : F..Jalain (Explorer archives). 131 : M. Plassart (Explorer), J.-P. Courau (Explorer). 132 : F. Jalain (Explorer). 134 : F. Jalain (Explorer). 135 : G. Cros (Explorer). 136 : H. Berthoule (Explorer). 137 : M. Plassart (Explorer), B. Thomas (Explorer). 138 : H. Plassart (Explorer), F. Jalain (Explorer). 139 : M. Plassart (Explorer). 141 : H. Berthoule (Explorer). 142 : J. Mathiaut (Explorer), L. Salou (Explorer). 143 : J. Dupont (Explorer), A. Berlin (Explorer). 144 : M. Plassart (Explorer). 146 : F. Jalain (Explorer). 148 : M. Plassart (Explorer), L. Salou (Explorer). 150 : F. Jalain (Explorer), château de Corton-André. 152 : J. Dupont (Explorer), M. Plassart (Explorer). 153 : F. Jalain (Explorer), H. Veiller (Explorer). 154 : L.-Y. Loirat (Explorer). 155 : M. Plassart (Explorer). 157 : F. Jalain (Explorer), H. Veiller (Explorer). 158 : Cliché S.D. M. Plassart (Explorer). 160 : F. Jalain (Explorer), R. Truchot (Explorer). 161 : M. Plassart (Explorer). 162 : J.-F. Bazin, H. Berthoule (Explorer). 164 : H. Veiller (Explorer). 166 : Cliché S.D., M. Plassart (Explorer). 167 : H. Veiller (Explorer), M. Plassart (Explorer). 168 : Ch. Cuny (Explorer), H. Veiller (Explorer). 169 : M. Plassart (Explorer), A. Wolf (Explorer). 170 : P. Lorne (Explorer). 172 : M. Plassart (Explorer), Lauros-Giraudon, Ch. Errath (Explorer). 172-173 : P. Cottin (Explorer). 173 : L.-Y. Loirat (Explorer). 174 : P. Cottin. 175 : M. Plassart (Explorer), P. Lorne (Explorer). 176 : château de Pizay, H. Veiller (Explorer). 177 : J.-L. Charmet (Explorer archives), H. Veiller (Explorer), M. Plassart (Explorer). 178 : A. Le Toquin (Explorer). 179 : F. Danrigal (Explorer), I.T.V., E. Sampers (Explorer). 180 : G. Sommer (Explorer). 181 : Fontana et Thomasset. 182 : L.-Y. Loirat (Explorer), G. Dagli Orti. 183 : P. Thomas (Explorer). 186 : Ch. Errath (Explorer), P. Thomas (Explorer), P. Lorne (Explorer). 187 : L.-Y. Loirat (Explorer), P. Mackiewicz (I.T.V.), F. Jalain (Explorer), P. Thomas (Explorer). 188 : L.-Y. Loirat (Explorer). 189 : Ph. Médard. 190 : P. Thomas (Explorer). 191 : J.-L. Charmet (Explorer archives). 192 : Ph. Médard, F. Jalain (Explorer), P. Thomas (Explorer). 193 : F. Jalain (Explorer), P. Thomas (Explorer). 194 : F. Jalain (Explorer), P. Thomas (Explorer), D. Rougemont (Cuisine et Vins de France). 195 : P. Thomas (Explorer). 196 : F. Jalain (Explorer), L.-Y. Loirat (Explorer). 197 : P. Thomas (Explorer). 198 : L.-Y. Loirat (Explorer) ; 2 photos du bas, P. Thomas (Explorer). 199 : P. Thomas (Explorer). 200 : F. Jalain (Explorer). 201 : F. Jalain (Explorer). 202 : tableau, G. Dagli Orti ; cépages, P. Mackiewicz (I.T.V.) ; chapiteau et sculpture, F. Jalain (Explorer). 203 : E. Montalbetti, F. Jalain (Explorer) ; cépages, P. Mackiewicz (I.T.V.). 204 : F. Jalain (Explorer). 204-205 : D.P.A. (Explorer). 205 : château de Bellet, Dagli Orti. 206 : F. Jalain (Explorer), photo de dr., L.-Y. Loirat (Explorer). 207 : F. Lyon (Rapho), Fiore (Explorer). 208 : château de Fonscolombe, C. Délu (Explorer). 209 : D. Délu (Explorer). 211 : Pascale (Explorer). 212 : G. Martin-Guillou (Explorer). 212-213 : J.-P. Ferrero (Explorer). 213 : R. Baillaud (château de Flaugergues). 214 : amphores, musée archéologique d'Ensérune ; les Vignerons du Gard. 215 : H. Veiller (Explorer). 216 : G. Le Cossec (Explorer), F. Jalain (Explorer). 217 : N. Thibaut (Explorer). 218 : G. Martin-Guillou (Explorer), L.-Y. Loirat (Explorer), F. Jalain (Explorer). 220 : G. Martin-Guillou (Explorer) ; tableau, P. Willi (Top). 221 : G. Martin-Guillou (Explorer). 222 : J.-L. Nespoulous (Explorer). 223 : Ch. Errath (Explorer), Mopy (Rapho). 224 : J.-L. Nespoulous (Explorer), F. Jalain (Explorer). 225 : Foucault, C. Portes. 227 : F. Jalain (Explorer). 228 : F. Gohier (Explorer), Ema-Photo. 229 : I.T.V., N. Thibaut (Explorer). 230 : P. Mackiewicz (I.T.V.). 231 : Ph. Roy (Explorer), C.I.V.A.S. 232 : Lauros-Giraudon. 233 : P. Mackiewicz (I.T.V.), L. Salou (Explorer). 234 : Frappier. 235 : D. Clément (Explorer), château du Coing de Saint-Fiacre. 236 : C.I.V.A.S., N. Thibaut (Explorer), F. Jalain (Explorer). 238 : C. Délu (Explorer), F. Jalain (Explorer). 239 : F. Jalain (Explorer), C.I.V.A.S. 240 : B. Hatala (centre Georges-Pompidou), Roger-Viollet. 241 : 2 photos du C.I.V.T. ; en bas, Arsicaud (Explorer). 242 : I.T.V., J.-L. Charmet (Explorer archives), H. Veiller (Explorer). 244 : M. Plassart (Explorer). 245 : Ph. Roy (Explorer), F. Jalain (Explorer). 246 : F. Jalain (Explorer), Goudouneix (Explorer). 246-247 : C. Délu (Explorer). 247 : N. Thibaut (Explorer), J.-L. Charmet (Explorer archives). 248 : Jean-Paul (Explorer), F. Jalain (Explorer). 249 : F. Jalain (Explorer).

Composition réalisée par Nord Compo, Villeneuve-d'Ascq
Photogravure : S.C.R.O., Paris
Achevé d'imprimer sur les presses de l'imprimerie
Canale Spa, Turin, Italie
N° Editeur : 33888 — Dépôt légal n° 9232 — Septembre 1995
23-51-6114-01-5
I.S.B.N. 2-01-236114-5

23-6114-5

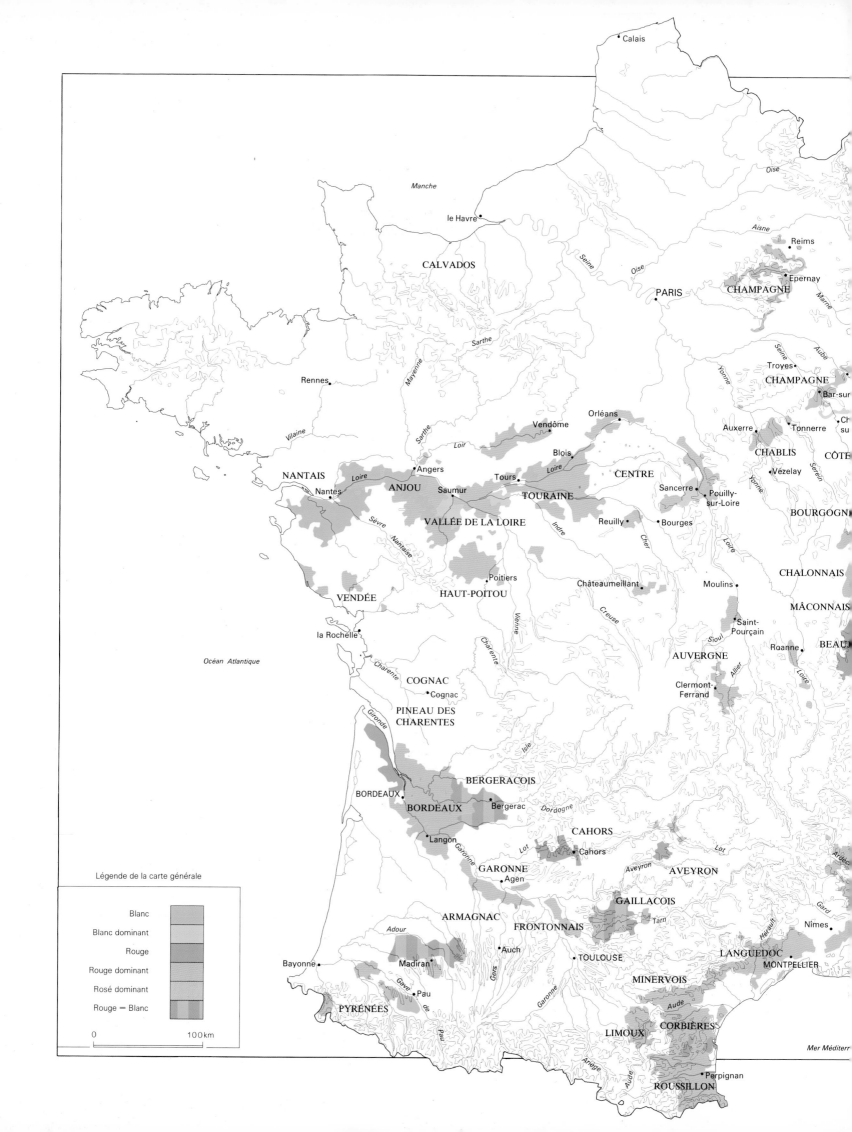

Légende de la carte générale

Blanc	
Blanc dominant	
Rouge	
Rouge dominant	
Rosé dominant	
Rouge = Blanc	

0   100km